저자 조영엽 박사

- 평양시 기림리에서 출생
- 서울 대광고등학교 졸업(10회)
- 총신대학교 신학과 수료
- 육군부관학교 수료, 육군본부 부관감실, 군종감실
- 단국대학교 영문과 졸업(B. A.)
- 총신대학교신학대학원 졸업(M. Div., 58회)
- 총신대학교대학원 졸업(Th. M., 4회)
- 미국 Faith신학교 Philadelphia 졸업(D. Min.)
- 미국 Grace신학대학원 졸업(Ph. D.)
- 강도사고시(합동측, 1967. 6.)
- 서울 삼양동교회 전도사
- 평안교회 강도사(김윤찬 목사 시무시)
- 대한예수교장로회(합동측) 수도노회에서 목사안수 받음(1972. 10. 12)
- 이태원교회 부목사(김종근 목사 시무시)
- 국제기독교연합회(I.C.C.C.) 한국지부 간사
- 미국독립장로해외선교부(I. P. M.: The Independant Board for Presbyterian Foreign Missions, J. Grerham Machen 설립) 선교사
- 총회신학교(합동보수) 대학원장
- 예장신학연구원장
- 칼 맥킨타이어(Carl McIntire) 박사를 비롯한 영계의 지도자들에 대한 통역 30년 이상 담당
- 특별집회 세미나 그리고 극동방송국과 기독교방송국에서 수년간 방송사역 담당
- 국군정신전력학교 외래교수
- 서울 예인장로교회 시무
- 계약신학대학원대학교(조직신학, 주경신학, 현대신학) 객원교수 및 국내외 세미나 · 특강 · 특별집회 강사
- 현, (사)성경보수개혁교회단체연합회 대표회장
- 현, 대한예수교장로회 총회신학연구원(성경보수) 교수
- 현, 한국기독교총연합회 신학특별위원

인죄론

The Doctrine of Man and Sin

(Anthropology-Hamartology)

조 영 엽 박사 著

Rev. **Joseph Youngyup Cho**, Ph.D.

(B.A., M.Div., Th.M., D.Min., Ph.D.)

기독교문서선교회

기독교문서선교회(Christian Literature Crusade: 약칭 CLC)는
1941년 영국 콜체스터에서 켄 아담스에 의해 시작되었으며
국제 본부는 영국의 쉐필드에 있습니다.
국제 CLC는 59개 나라에서 180개의 본부를 두고, 약 650여 명의
선교사들이 이동도서차량 40대를 이용하여 문서 보급에 힘쓰고 있으며
이메일 주문을 통해 130여 국으로 책을 공급하고 있습니다.
한국 CLC는 청교도적 복음주의 신학과 신앙서적을 출판하는
문서선교기관으로서, 한 영혼이라도 구원되길 소망하면서
주님이 오시는 그날까지 최선을 다할 것입니다.

이 저서를 존경하는
고(故) 그레샴 메이첸 박사님(J. Gresham Machen)께
겸손히 드립니다.
이 불초는 메이첸 박사님이 설립한
I.P.M.(Independent Board for Presbyterian Mission)
선교사이었습니다.

I humbly dedicate this volume
to my esteemed late
Dr. J. Gresham Machen and also to self sacrified wife.

■ 추천사(Recommendations)

    한국과 전(全) 세계 교회가 혼돈을 거듭하고 있는 인죄론에 대하여 금번 조영엽 박사님께서 칼빈주의·개혁주의 입장에서 새롭게 정립하였습니다. 이 귀한『인죄론』이 한국교회의 이정표가 되기를 기도하면서 기쁜 마음으로 추천합니다.

_곽선희 박사(소망아카데미원장, 소망교회 원로목사)

    조영엽 박사님의『인죄론』을 필독서로 강력히 추천하는 바입니다. 저는 조 목사님의 노고를 잘 알고 있습니다. 본서를 읽음으로 그 이유를 확실히 알게 될 것이기 때문입니다.

_강덕영 박사(한국유나이티드제약(주) 대표이사)

    이 책은 죄에 관한 난해하고 광범위한 주제를 일목요연하게 정리하고 있습니다. 즉 이 사회에 범람하고 있는 "영적인 악"(전 4:1-3)을 제거하는 데 필요한 성경적 기준을 제시하고, 영원한 삶을 추구하는데 도움을 줄 수 있는 저서라고 생각됩니다. 진심으로 저자에게 감사드리며, 추천하는 바입니다.

_강신택 박사(전 예일대학, 트리니티신학대학원 교수)

    죽산 박형룡 박사님의 제자로 평생 스승의 신학과 사상을 이어가기를 힘쓰시는 조영엽 박사님께서 금번『인죄론』을 출간하셨기에 필독서로 추천하는 바입니다.

_김길성 박사(전 총신대학교신학대학원 부총장 및 조직신학 교수)

칼빈주의·개혁주의 신앙과 신학을 연구·발전시키는 데 일평생 헌신해 오시는 조영엽 박사님의 『인죄론』은 내용이 확실하고, 범위가 방대합니다. 출간을 경하드리며, 교수, 목회자, 신학도, 평신도 등 독자들에게 필독서로 추천합니다.

_나용화 박사(전 개신대학원대학교 총장)

저자 조영엽 박사님은 한국 보수신학계의 대부(大父) 박형룡 박사님의 수(首)제자로 신학적 전통을 계승한 정통보수신학자입니다. 『인죄론』을 비롯한 조 박사님의 하나 하나의 모든 저서들을 필독서로 추천합니다.

_박영호 박사(CLC 대표, 전 한국성서대학교 교수)

조영엽 박사님의 『인죄론』은 신학교수들의 교과서로, 목회자들의 설교 자료로, 성도들의 바른 신앙의 길잡이로 필독해야 하는 귀한 저서입니다.

_박형용 박사(웨스트민스터신학대학원대학교 총장)

조영엽 박사님의 『인죄론』은 종말과 내세에 대한 확신을 갖고 증거 할 수 있는 저서로서 교리적인 지식을 갈망하고 추구하는 분들에게 신앙의 큰 지침서가 될 것을 확신하며 추천합니다.

_박혜근 박사(칼빈대학교신학대학원 조직신학 교수)

성령의 검인 말씀과 진리의 띠를 두르고 강하고 담대하게 예수 그리스도의 복음이 하늘에서와 같이 땅에서 이루어지도록 평생을 헌신하신 조영엽 박사님의 명저 인죄론은 영적 대각성과 영적 전투를 통한 진리와 사랑을 실천하는 지혜와 용기를 주는 영적 양식이 될 것입니다.
조영엽 박사님의 명저가 널리 읽혀지기를 간곡히 소원합니다.

_서석구 변호사
(한미우호증진협의회 한국본부 대표, 대한민국수호천주교인모임 상임대표)

조영엽 박사님께서는 평생을 목회자 양성과 개혁신학의 사수, 계승을 위해 헌신하셨고 그간에 15여 권 이상의 귀한 저서를 집필하셨습니다. 이는 기존의 많은 책들과 달리 조 박사님의 고결한 신앙 인품과 신학적, 학문적 체계가 있는 저술입니다. 바라기는 본 저서가 주님을 사랑하는 성도들과 신학생들, 모든 목회자들에게 크게 유익하게 활동되기를 기원합니다.

_서요한 박사(총신대학교 역사신학 교수)

금번 조영엽 박사님의 귀한 저서『인죄론』을 출판하게 됨을 마음깊이 축하합니다. 교수·목회자·평신도 모두를 위한 필독서로 추천합니다.

_서정배 박사(대한예수교장로회 〈합동〉 전 총회장,
한국기독교총연합회 공동회장)

여기 한국 교회의 귀한 어르신 한분이 스승 고(故) **박형룡 박사님과 박윤선 박사님의 뒤를 계승하여** 이제 그 다음 세대 신학자이신 조 박사님에 의해서 새로운 판으로 출간된다는 것은 큰 의미를 우리에게 주는 일이 아닐 수 없습니다.

조 박사님은 철저히 오직 성경에 근거해서 신학적 작업을 하시고, 근본주의 입장에 서 있는 것을 부끄러워하지 않으십니다. 우리 나라 근본주의자들 가운데 가장 학문적으로 탄탄하게 작업을 하신 조박사님의 조직신학 시리즈는 그런 의미에서 우리들이 잘 참고해야 할 책이라고 하지 않을 수 없습니다. 이 새로운 판도 여러 분들이 많이 읽고 유익을 얻고, 우리들 모두가 철저히 성경적인 입장에 서서 생각하고 살아 갔으면 합니다.

_이승구 박사(합동신학대학원대학교 조직신학 교수)

학자는 연구실에서 주로 만나는데 전쟁터에서 맹렬한 군사로 만나니 새롭게 보입니다. WCC의 정체를 들어내신 저자가 WCC 총본부를 처들어가 그 실체를 공격하는 조영엽 박사님을 하나님이 강하고 지혜롭게 세워주시고 계심을 확신하며 인죄론도…확신되어집니다. 부디 강건하시어 휴거를 준비하는 귀한 마지막 날의 주님의 사랑 받는 사자가 되시길 바랍니다.

_이종문 박사(JSTV 예수위성방송 대표)

보수신학과 옛 신앙을 지키기 위해 영적 전투의 최선봉에 서서 일하시는 조영엽 박사님의 이 귀한 저서가 하나님의 강력한 도구로 사용될 것을 확신하여 기쁜 마음으로 감히 추천하는 바입니다.

_이필립 박사(미국 Faith Theological Seminary 구약학 교수)

금번 조영엽 박사님의 『인죄론』을 발간하게 됨을 하나님께 감사드립니다. 교수, 교역자, 신학도, 평신도 모두에게 도움이 되는 훌륭한 저서로 추천하는 바입니다.

_임택권 박사(전 아세아연합신학대학교 총장)

철저한 칼빈주의 신학자이신 조영엽 박사님이 금번에 『인죄론』을 펴내셨기에 기쁘게 추천하는 바입니다. 조 박사님은 학창시절 같이 공부한 동문입니다.

_정성구 박사(전 총신대학교 총장)

『인죄론』의 출간을 진심으로 축하드립니다. 조영엽 박사님은 스승 고(故) 박형룡 박사님의 신학사상을 계승하는 칼빈주의 보수신학자로서 조직신학 전권(全卷)을 비롯한 다수의 주요 신학저서들과 논문들을 집필하셨고, 『사도바울의 생애와 선교』, 『자유주의 해방신학』, 『열린예배』, 『목적이 이끄는 삶(교회를 타락시키는 베스트셀러)』, 『가톨릭교회 교리서 비평』,『W.C.C. 정체(세계교회협의회의 실상을 밝힌다)』등의 저자로 널리 알려진 분이십니다.

_正論 기독신보사

Dr. Youngyup Cho is an international speaker for the Word of God and a separatist, fundamentalist among his Presbyterian brethren. It is rare, in our time of Neo-christianity, to find such a man persisting in the truths of the entire Bible.

I trust that *the Doctrine of Man and Sin*, one of his excellent books will bring a large Korean audience to all of it's chapters.

_Dr. O. Talmadge Spence,
(President: Foundations Bible College and
Seminary, Dunn, North Carolina, USA.)

I have known Dr. Cho for forty years and found him to be an indefatiguable champion for the faith. His travels on behalf of the truth have taken him to many parts of the globe. Whenever and whereever there is a protest to be made against heresy or false doctrine or compromise, especially from the World Council of Churches, Dr. Cho is there. …

This book will certainly enlighten the earnest seeker. It is my hope that his series on systematic theology will become the standard for Korean theological seminaries for years to come.

_Dr. Ken Johnson,
(President, Bob Jones Memorial Seminary)

저자 서문

먼저 만복(萬福)의 근원(根源)되시는 우리 주 하나님 앞에 감사와 찬송, 존귀와 영광을 돌리나이다.

불초 미약한 종이 복음진리 증거와 전수, 변호와 수호에 분망하던 중 금번 『인죄론』을 출간하게 되니 이는 오로지 우리 주 하나님의 망극하신 은혜라고 믿습니다. 다만 저자가 본서를 저술함에 있어서 최선을 다하지 못한 것을 매우 송구스럽게 생각합니다. 그러나 저는 저의 저서들을 평균 5번 정도 볼펜으로 손수 기록하였습니다. 바라기는 이 저서를 통하여 바른 신앙적 지식이 함양, 정립되어 신앙의 정체성이 확립되었으면 하는 마음이 간절합니다.

지금 한국 신학계에는 이 불초의 스승이시요, 보수신학의 거목(巨木)이신 고(故) 박형룡 박사님(Machen 박사의 제자, 구 프린스턴신학교 졸업, 1926)의 『교의신학전집』을 비롯하여 개혁주의 신학을 대표하는 칼빈(J. Calvin), 핫지(C. Hodge), A. A.핫지(A. A. Hodge), 워필드(B. B. Warfield), 메이첸(J. Gresham Machen), 바빙크(H. Bavinck), 벌코프(L. Berkhof), 반틸(C. Van Til), 머레이(J. Murray), 호크마(A. Hoekema), 버즈웰(O. Buswell), 핑크(A. W. Pink), 해리스(R. Laird Harris), 가이슬러(N. L. Geisler), 레이몬드(R. Raymond), 그루뎀(W. Grudem) 등 저명한 신학자들의 저서들이 출간 또는 번역되었습니다. 이는 놀라우신 하나님의 은혜의 역사이며 축복입니다. 그럼에도 그 방대한 저서들이 번역 또는 고어(古語)로 기록되어 있으므로 독자들의 이해에 어려움 또는 분명하지 못한 경우가 있는 것 같습니다. 저자는 이 점들을 감안하여 가급적 간결한 문체를 사용하였으며, 중요 신학술어들은 원문(히브리어, 헬라어)과 영어로 표기하였습니다. 그리고 내용 자체를 **강의 또는 설교로 활용할 수 있도록** 하였습니다.

지금은 배교와 불신앙으로 타락한 말세지말입니다. 기독교 내의 자유주의자들의 비성경적 연합운동(Un-biblical Ecumenical Movement), 비진리와 타협하는 신복음주의(Neo-evangelicalism), 성령은사운동(신오순절운동, Neo-pentecostal Movement), 세속적 교회음악(Secular Music in the Church), 열린예배(Seeker's Service), 사이비 이단사조들, 인본주의 사상, 육신의 부패성 등이 우리의 고귀한 역사적 기독교 신앙을 파괴하고 있습니다.

이러한 영적 흑암의 시대에 앞서간 선지자들과 사도들과 믿음의 열조들을 통하여 우리 주님 예수 그리스도로부터 받은 전통적 정통 복음진리를 보전·전파·변호·수호하는 일은 우리에게 주어진 지상명령이요, 특권입니다.

> 사랑하는 자들아 견고하며 흔들리지 말며 항상 주님의 일에 더욱 힘쓰는 자들이 되라 이는 너희 수고가 주 안에서 결코 헛되지 않은 줄 앎이니라(고전 15:58).

우리 주님 예수 그리스도의 무한하신 은혜와, 하나님 아버지의 극진하신 사랑하심과, 성령님의 감화·교통·인도하심이 주님의 피로써 형제자매가 되신 독자 여러분 위에 항상 같이 하시기를 기도합니다(고후 13:13).

A.D. 2014년 2월 15일
천국가는 나그네 길에서 조영엽 박사

목차

추천사	4
저자 서문	9

제1장 사람의 기원 ... 23
  Ⅰ. 성경에 의한 인류의 연대 측정 ... 24
    1. 예수님의 두 족보 ... 27
      1) 마태복음에 기록된 예수님의 족보(마 1:1-17) ... 28
      2) 누가복음에 기록된 예수님의 족보(눅 3:23-38) ... 31
  Ⅱ. 과학에 의한 인류의 연대 측정 ... 34
  Ⅲ. 진화론에 의한 인류의 기원 ... 37
    1. 진화론 ... 37
    2. 유신진화론 ... 41

제2장 사람의 구성 요소들 ... 45
  Ⅰ. 이분설 ... 46
    1. 어원 ... 47
    2. 중심성경구절들 ... 47
    3. 사람의 물질적 요소: 소마, 삵스 ... 50

    4. 사람의 비물질적 요소: 영혼(프뉴마, 프쉬케)　　53
    5. 사람은 단일체　　58
  Ⅱ. 삼분설　　60
    1. 어원　　60
    2. 중심성경구절들　　62
    3. 삼분설은 삼위일체를 반영한다는 주장　　71
    4. 비성경적 삼분설　　72

제3장 영혼의 기원과 기능적 명칭들　　75
  Ⅰ. 영혼의 기원　　75
    1. 영혼 선재설　　76
    2. 영혼 유전설　　78
    3. 영혼 창조설　　81
  Ⅱ. 영혼의 기능적 명칭들　　83
    1. 정신　　83
    2. 마음　　84
    3. 양심　　85
    4. 의지　　87
  Ⅲ. 인간의 자유의지　　88
    1. 타락 전 자유의지　　88
    2. 타락 후 자유의지　　89
    3. 아담 후손들의 자유의지　　89

제4장 원인(原人)의 하나님의 형상　　91
  Ⅰ. 어원적 고찰　　93
    1. 형상　　93
    2. 모양, 유사　　94
  Ⅱ. 형상과 모양에 대한 여러 질문들　　95
    1. 형상과 모양은 서로 상이한가, 아니면 동일한 의미의
       상이한 명칭인가?　　95

2. 사람은 하나님의 형상대로 창조되었다고 할 때 하나님과
      사람 사이의 관계는 존재(existence)의 유사인가, 아니면
      관계(relation)의 유사인가?   97
   3. 사람은 하나님의 형상대로 창조되었다고 할 때에 육체와
      영혼이 다 포함되는가, 아니면 육체와 영혼 둘 중 어느
      하나만을 뜻하는가?   97
   4. 사람은 하나님의 형상대로 창조되었다고 할 때에 남자와
      여자가 다 포함되는가, 아니면 남자만을 뜻하는가?   98
 Ⅲ. 개혁파의 하나님의 형상관   99
   1. 도덕적 면에서의 하나님의 형상   99
   2. 영적 면에서의 하나님의 형상   105
   3. 지능적 면에서의 하나님의 형상   107
   4. 사람의 몸   108
   5. 피조물에 대한 지배권   109
 Ⅳ. 하나님의 형상이신 그리스도   112
 Ⅴ. 하나님의 형상에 대한 여러 견해들   115
   1. 로마 가톨릭의 견해   115
   2. 루터파의 견해   116

제5장 인간 창조에 대한 성경적 교훈   117
   1. 먼저 삼위일체 하나님의 도모와 계획이 있었다.   119
   2. 사람 창조는 하나님의 특별한 사역이었다.   119
   3. 하나님은 사람을 몸과 영혼으로 창조하셨다.   120
   4. 사람은 육체와 영혼의 단일체이다.   121
   5. 하나님은 사람을 남자와 여자로 창조하셨다.   123
   6. 하나님은 남자의 갈빗대로 여자를 창조하셨다.   123
   7. 하나님은 첫 사람 아담과 하와를 성인으로 창조하셨다.   124
   8. 하나님은 사람을 하나님의 형상대로 창조하셨다.   125
   9. 하나님은 아담과 하와를 무죄인으로 창조하셨다.   126
   10. 하나님은 사람을 만물의 영장으로 창조하셨다.   127

11. 하나님은 아담을 가장 천재적인 지능적 존재로
　　창조하셨다.　　　　　　　　　　　　　　　　128
12. 하나님은 사람을 일종의 불멸의 존재로 창조하셨다.　128
13. 사람은 땅에서 나는 소산물을 먹고 살도록 창조되었다.　129
14. 하나님은 낙원을 창설하셨다.　　　　　　　　　129
15. 사람의 제일 되는 목적이 무엇인가?　　　　　　130

제6장 행위 언약　　　　　　　　　　　　　　　131
Ⅰ. 어원적 고찰　　　　　　　　　　　　　　133
Ⅱ. 정의　　　　　　　　　　　　　　　　　135
Ⅲ. 언약의 구성 요소들　　　　　　　　　　　137
　　1. 계약 당사자들: 하나님과 아담　　　　　　　137
　　2. 약속: 영생　　　　　　　　　　　　　　　138
　　3. 조건: 완전한 순종　　　　　　　　　　　　138
　　4. 형벌: 죽음　　　　　　　　　　　　　　　140
　　5. 인호: 생명나무　　　　　　　　　　　　　141
Ⅳ. 사탄의 시험　　　　　　　　　　　　　　144
　　1. 사탄: 시험자　　　　　　　　　　　　　　144
　　2. 뱀: 사탄의 도구　　　　　　　　　　　　　145
　　3. 뱀의 유혹-하와　　　　　　　　　　　　　147
Ⅴ. 하와와 아담의 범죄　　　　　　　　　　　150
　　1. 하와의 범죄　　　　　　　　　　　　　　150
　　2. 아담의 범죄　　　　　　　　　　　　　　151
Ⅵ. 최초 범죄의 결과: 형벌들　　　　　　　　152
　　1. 온 인류 위에: 창 3:7-13　　　　　　　　　152
　　2. 뱀 위에: 창 3:14　　　　　　　　　　　　159
　　3. 사탄 위에: 창 3:15　　　　　　　　　　　160
　　4. 모든 피조물 위에: 창 3:17-18　　　　　　　160

제7장 전가(傳嫁)의 원리 163
Ⅰ. 어원적 고찰 164
Ⅱ. 두 기본적 전가 165
1. 죄의 전가 165
2. 의의 전가 173
Ⅲ. 전가와 관련된 이설들 178
1. 펠라기안파의 견해 178
2. 간접 전가설 180

제8장 인간의 전적 부패와 전적 무능 183
Ⅰ. 전적 부패 184
1. 정신의 전적 부패 186
2. 양심의 전적 부패 190
3. 의지의 전적 부패 193
4. 몸의 전적 부패 195
Ⅱ. 전적 무능 195
1. 정신의 전적 무능－바로 알지 못함 196
2. 양심의 전적 무능－바로 느끼지 못함 196
3. 의지의 전적 무능－바로 결정하지 못함 197
4. 몸의 전적 무능－바로 행하지 못함 197

제9장 죄 199
Ⅰ. 죄에 대한 단어 연구 200
1. 하말티아 200
2. 파라코에 201
3. 파라노미아 202
4. 아그노에마 202
5. 파라바시스 203
6. 아디키아 203
7. 파랍토마 204

8. 아노미아　　　　　　　　　　　　　　　　204
Ⅱ. 죄의 정의　　　　　　　　　　　　　　　　　206
　　1. 죄는 하나님의 거룩한 성품에 반대되는 것이다　206
　　2. 죄는 하나님의 뜻에 대한 실제적 반대이다　　206
　　3. 죄는 하나님의 법을 위반하는 것이다　　　　207
　　4. 죄는 하나님의 법을 순종함에 있어서 부족하거나 그것을
　　　 어기는 것이다　　　　　　　　　　　　　207
　　5. 죄는 절대적 특성을 지니고 있다　　　　　　208
Ⅲ. 죄의 구별　　　　　　　　　　　　　　　　　209
　　1. 원죄　　　　　　　　　　　　　　　　　209
　　　1) 아담의 죄　　　　　　　　　　　　　209
　　　2) 원의의 손상(침해)　　　　　　　　　210
　　　3) 죄의 성질　　　　　　　　　　　　　210
　　　4) 유전죄　　　　　　　　　　　　　　211
　　2. 자범죄　　　　　　　　　　　　　　　　213
　　　1) 자범죄의 등급(분류)　　　　　　　　215
　　　2) 연약죄와 고범죄　　　　　　　　　　217
Ⅳ. 성령 훼방죄=용서받을 수 없는 죄　　　　　　220
　　1. 마가복음 3:28-30　　　　　　　　　　　220
　　2. 히브리서 6:4-6　　　　　　　　　　　　223
　　3. 히브리서 10:26-29　　　　　　　　　　　225
　　4. 요한일서 5:16　　　　　　　　　　　　227
Ⅴ. 자유주의자들의 원죄 부인　　　　　　　　　229
　　1. 에밀 브루너　　　　　　　　　　　　　229
　　2. 라인홀드 니버　　　　　　　　　　　　230

제10장 성경의 몸들　　　　　　　　　　　　　231
　어원적 고찰　　　　　　　　　　　　　　　　232
　　Ⅰ. 타락 전 아담의 몸: 죄 없는 몸　　　　　233
　　Ⅱ. 타락 후 아담의 몸: 죄 있는 몸　　　　　233

Ⅲ. 아담 후손들의 몸: 죄의 몸　　　　　　　　　　　233
　　Ⅳ. 죽을 몸　　　　　　　　　　　　　　　　　　　236
　　Ⅴ. 그리스도인의 몸: 그리스도와 교회와의 관계　　237
　　Ⅵ. 신자 부활체로서의 몸: 죽었다가 다시 살아난 몸　239
　　Ⅶ. 예수 그리스도의 신비적인 몸　　　　　　　　　247
　　Ⅷ. 예수 그리스도의 몸　　　　　　　　　　　　　　248

제11장 은혜 언약　　　　　　　　　　　　　　　　251

　　Ⅰ. 언약의 구성 요소　　　　　　　　　　　　　　252
　　　1. 계약 당사자들: 삼위일체 하나님과 피택된 죄인들　252
　　　2. 조건: 무조건적이다, 조건적이다　　　　　　　253
　　　3. 약속: 나는 너의 하나님이 되고,
　　　　　너희는 나의 자녀가 되거라　　　　　　　　　255

특집 1　세계교회협의회의 동성애 교회들　　　　　257

　　Ⅰ. 진전과정　　　　　　　　　　　　　　　　　　259
　　Ⅱ. 동성애 교회들　　　　　　　　　　　　　　　　261
　　Ⅲ. 동성애에 대한 성경적 교훈　　　　　　　　　　291

특집 2　사형제도의 정당성과 필요성　　　　　　　297

　　Ⅰ. 사형이란 무엇인가?　　　　　　　　　　　　　298
　　Ⅱ. 사형제도란 무엇인가?　　　　　　　　　　　　298
　　Ⅲ. 사형의 대상자들: 흉악한 살인범들　　　　　　298
　　Ⅳ. 사형제도 반대?　　　　　　　　　　　　　　　299
　　Ⅴ. 사형의 방법들　　　　　　　　　　　　　　　　299
　　Ⅵ. 사형제도 폐지론자들의 궤변들　　　　　　　　300
　　Ⅶ. 하나님은 사형권을 세상 정부에 부여하였음　　306
　　Ⅷ. 사형제도 폐지- 엄청난 국고(國庫) 낭비　　　307

부록 인물 소개   309

✎ 일러두기
조영엽 박사의 조직신학 전(全) 권에 등장하는 신학자들에 대한 설명은 부록에 있습니다. 부록에 설명되지 않은 신학자들은 색인을 참고하여 본문에서 찾아볼 수 있습니다.

1. 박형룡 박사   309
2. 가이슬러   312
3. 구티에레즈   313
4. 그루뎀   314
5. 라인홀드 니버   315
6. 댑니   317
7. 디센   319
8. 얼 랄프   320
9. 루터   320
10. 칼 맥킨타이어   327
11. 존 머레이   335
12. 메이첸   336
13. 바빙크   340
14. 반틸   341
15. 반하우스   342
16. 버즈웰   343
17. 벌코프   344
18. 에밀 브루너   346
19. 쉐드   348
20. 스트롱   348
21. 스펜스   349
22. 어거스틴   350
23. 오리겐   355
24. 제임스 오르   357
25. 요세푸스   359

26. 워필드	360
27. 스테펜 차녹	363
28. 카이퍼	364
29. 존 칼빈	365
30. A. A. 핫지	370
31. 찰스 핫지	371
32. 안토니 후크마	373

참고문헌	374
색인	382
영문 이력서	386

◈ 시(Poet, 詩)

이기게 하소서	20
생명	74
주와 동행	90
생명이 저들속에 역사하게 하소서!	162
침묵	182
당신 안에 내가 있게 하소서	250
주님 계신 곳으로	308
정결케 하소서	389
고통의 터널	390
나는 향기를 날리리라	391

이기게 하소서

나의 눈을 여사 주를 보게 하시고,
나의 귀를 여사 주를 듣게 하소서.
나의 손에 힘을 주사 주를 섬기게 하시고,
나의 발을 굳게 하사 주를 따르게 하소서.

주님의 은혜를 구합니다.
주님의 사랑을 구합니다.
주님의 얼굴을 구합니다.
주님의 능력을 구합니다.

주님의 은혜와 사랑으로 이기게 하시고,
주님의 말씀과 능력으로 이기게 하소서.
내 무릎에 힘을 주사 기도하게 하시고,
주님의 약속을 믿음으로써 이기게 하소서.

나를 이기게 하시고,
죄를 이기게 하시고,
세상을 이기게 하시사,
세상이 감당치 못하는 '이기는 자'가 되게 하소서.

◆ 무릇 하나님께로부터 난 자마다 세상을 이기느니라 세상을 이기는 승리는 이것이니 우리의 믿음이니라(요일 5:4).

- 시인 Eun Ye Cheung(정은예)
Seattle, U.S.A.

인죄론

The Doctrine of Man and Sin
(Anthropology-Hamartology)

하나님의 존재와 사역에 관한 교리들(神論) 다음에 사람을 연구하는 인죄론(人罪論)이 뒤따르는 것은 마땅한 순서이다. 왜냐하면 사람은 하나님의 창조 사역의 절정일 뿐만 아니라 최고의 산물, 관심의 대상이기 때문이다. 따라서 성경에서 사람은 중요한 중심적 위치이며, 하나님과의 관계에서 사람이 무엇인지를 바로 아는 것은 구속의 진리를 올바로 이해하는 데 매우 중요하다.

우리는 이 과목의 본론으로 들어가기 전에 영어 명칭 Anthroplogy(人間學)의 개념을 분명히 인식해야 할 필요가 있다. 왜냐하면 이 명칭은 과학적 측면에서의 개념과 신학적 측면에서의 개념이 서로 차이가 나기 때문이다.

'과학적 측면에서의 인간학'(Scientific Anthropology)은 인류의 기원과 역사, 인류의 일반적 특성들인 인종적·언어적·문화적·종교적 발전, 인종들의 생리적 구조 등을 연구하는 학문이요, '신학적 측면에서의 인간학'(Theological Anthropology)은 사람의 기원, 원시 상태, 타락, 죄, 구원 문제 등을 논하는 학문이다.

따라서 이 과목이 영어로는 Anthropology(인간론)이나 우리말로는 박형룡 박사님이 명명하신 대로 죄론(Hamartology; 罪論)과 연결하여 인죄론(人罪論; Anthropology-Hamartology)이라 칭하는 것이 가장 성경적 표현이라고 생각한다.

시편 23편

여호와는 나의 목자시니
내가 부족함이 없으리로다

그가 나를 푸른 초장에 누이시며
쉴만한 물 가으로 인도하시는도다

내 영혼을 소생시키시고 자기 이름을 위하여
의의 길로 인도하시는도다

내가 사망의 음침한 골짜기로 다닐찌라도
해를 두려워하지 않을 것은
주께서 나와 함께 하심이라

주의 지팡이와 막대기가 나를 안위하시나이다
주께서 내 원수의 목전에서 내게 상을 베푸시고
기름으로 내 머리에 바르셨으니
내 잔이 넘치나이다

나의 평생에 선하심과 인자하심이
정녕 나를 따르리니
내가 여호와의 집에 영원히 거하리로다

제 1 장

사람의 기원
(*The Origin of Man*)

    Ⅰ. 성경에 의한 인류의 연대 측정
       1. 예수님의 두 족보
         1) 마태복음에 기록된 예수님의 족보
         2) 누가복음에 기록된 예수님의 족보
    Ⅱ. 과학에 의한 인류의 연대 측정
    Ⅲ. 진화론에 의한 인류의 기원
       1. 진화론
       2. 유신진화론

    사람의 기원은 언제부터(from when)**일까**? 사람은 언제부터 이 지구상에 살기 시작하였을까? 성경은 사람의 기원에 대해서는 침묵을 지키고 있다.

    성경은 하나님이 사람을 어떻게(how) 창조하셨는가에 대한 기사는 상세히 보도하였으나, 사람을 언제(when) 창조하셨는가에 대해서는 "태초에"(in the beginning)라고만 말씀하심으로써 사람 창조의 시기에 대해서는 침묵하고 있다.

    "**태초에**"(베레쉬트, בְּרֵאשִׁית; in the beginning)라는 말씀은 시간·공간·물질을 포함한 전체 피조물 세계의 시작을 가리킨다. 하나님은 영원한 시간선상의 어느 한 시점에 피조물 세계를 창조하셨다. 그 어느 한 시점이 곧 "태초에"라는 말씀이다. 요한복음 1:1의 "**태초에**"(엔 아르케, ἐν ἀρχῇ; in the beginning)라는 말씀은 창세기 1:1의 말씀과 동일하다. 하늘과 땅과 바다와 그 가운데에 있는 모든 것은 존재의 시작을 가지고 있다(시 90:2; 102:25; 마 19:4, 8; 막 10:6; 요 1:2; 히 1:10). 그럼에도 불구하고 "태초에"라는 말씀이 창조의 시기를 언제부터라고 분명히 지적하지는 않았다. 모든 피조물은 영원부터 하나님과 공존하는 것이 결코 아니다.

다만 성경은 사람의 기원(origin)에 대한 연대를 측정함에 있어서 비교적 단기간을 암시하는 듯하고, 인류학·언어학·고고학·지질학 등 세상의 과학 분야에서는 비교적 장기간을 제안하여 이 두 진영 사이에 불일치와 충돌 그리고 불신을 보게 된다.

Ⅰ. 성경에 의한 인류의 연대 측정(The Chronology of Humans according to the Bible)

- **성경 연대표**(Ussher's Chronology)**의 부정확성**

영국의 **어셔 대감독**(Archbishop Ussher)은 1650-1654년 사이에 성경 연대표를 출판하였다. 그는 그의 성경 연대표에서 창세기 초두 몇 장의 족보들에 기록된 인물들은 한 대(代)를 나타낸다고 추정하였다. 그리하여 아담의 창조를 주전(B.C.) 4004년, 인류의 역사를 약 6,000년으로 계산하였다.

어셔(Ussher)[1]는 창세기 11:26-12:4을 분석하면서 아브라함이 갈대아 사람들의 땅 바벨론을 떠나서 하란에 정착하고 그의 아버지 데라가 별세한 후 하란을 떠날 때까지의 기간과 창세기 11장 끝 절의 가계들과 가문들(families and dynasties)도 무시하였다. 그리고 성경 연대를 족보들의 기록에 의하여 측정하였다.

다수의 성경학자들도 70인역과 요세비우스의 연대표를 채용하여 아담

---

1) James Ussher, 1581-1656, 영국의 대감독으로 청교도들은 물론 로마 가톨릭도 그를 존경하였다.

의 창조부터 그리스도의 탄생까지를 약 5,500년으로, 인류의 전체적인 연대를 약 7,500년으로 계산하였다.

창세기 5:1-32에는 아담부터 노아까지 10여 명의 이름들(아담, 셋, 에노스, 게난, 마할랄렐, 야렛, 에녹, 무드셀라, 라멕, 노아)이 기록되어 있으며, 창세기 11:10-21에는 셈부터 아브라함까지 10명의 이름들(셈, 아르박삿, 셀라, 에벨, 벨렉, 르우, 스룩, 나홀, 데라, 아브라함)이 기록되어 있다.

- 만일 이 두 족보가 완전하고 간격(gap)이 없다면, 만일 이 모든 이름이 예외 없이 한 시대가 아니고 개인들이라면, 우리는 태어난 자들의 연수를 계산하여 아담 때부터 아브라함 때까지의 대략의 연대를 결정할 수 있을 것이다.

그러나 창세기 5장의 아담 때부터 노아 때까지의 족보와 창세기 11장의 셈부터 아브라함까지의 족보들은 물론 신구약 성경 다른 곳들에 기록된 족보들도 연대 측정을 위하여 사용되도록 의도된 것이 아니다. 성경의 기록자들은 목적상 불필요한 이름들을 공공연히 나열함으로써 쓸데없이 지면을 채우기를 원치 아니하므로 **생략의 법칙**을 사용한 것이다.

그러므로 **족보들에 기록되어 있는 연수들을 여자적**(如字的)**으로 계산한다는 것은 옳지 않다.**

- **역대상 6:3-14**에는 에스라의 족보가 기록되어 있다. 그런데 에스라 7:1-5에는 아마랴, 아히둡, 사독, 아히마아스, 아사랴, 요하난 등 6명의 명단이 들어 있지 않다. 그런데 에스라와 더불어 바벨론에서 돌아온 족장들의 계보(스 8:1-2)에 의하면 "아닥사스다 왕이 위에 있을 때에 나와 함께 바벨론에서 올라온 족장들과 그들의 계보가 이러하니라 비느하스 자손 중에서는 게르솜이요, 이다말 자손 중에서는 다니엘이요, 다윗 자손 중에서는 핫두스요"라고 기록되어 있다.

만일 위의 계보에 이름들이 생략되지 않았다면 에스라와 함께 바벨론 포로 후에 돌아온 사람들은 아론의 증손자(게르솜)와 손자(다니엘) 그리고 다윗의 아들(핫두스)이 에스라와 함께 바벨론 포로에서 돌아온 것으로 된다. 그러나 여기서 우리는 다시금 저자들이 직접적인 목적에서 불필요한 것은 무엇이든지 생략함으로써 족보를 축소한 것을 본다.

- **역대상 6:22-24**의 사무엘 족보에서는 일반 법칙대로 아버지에게서 아들, 손자 등으로 내려오지만(그핫→암미나답→고라→), 앗실과 엘가나와 에비아삽은 형제들이다. 이것은 역대상 6:37-38과 비교해 보면 알 수 있다. 그리고 역대상 6:37-38에는 앗실, 엘가나 형제는 생략되고 에비아삽만 기록되어 있다.

- **역대상 6:22**에는 "그핫에게서 난 자는 암미나답"이라고 하였는데, 역대상 6:38에는 "이스할"로 기록되어 있다. 그러면 그핫의 아들 암미나답과 이스할은 형제들인가? 암미나답과 이스할은 상이한 명칭을 가지고 있는 동일 인물이다. 옛날에는 동일 인물이 두 개의 이름을 가진 경우들이 흔히 있었다. 예를 들면 아브람을 아브라함, 야곱을 이스라엘, 기드온을 여룹바알, 솔로몬을 여디디야, 아사랴를 웃시야, 사울을 바울, 게바를 베드로라고 부른 것 등이다.

- **역대상 24:3; 25:1; 26:26**에서 다윗왕의 신하들의 임명 명단을 본다. 그런데 역대상 26:24에는 "모세의 아들 게르솜의 자손 스브엘은 곳간(재정)을 맡았고"라고 기록되어 있고 역대상 23:15-16에는 "모세의 아들은 게르솜과 엘리에셀이라 게르솜의 아들 중에 스브엘이 족장이 되었고"라고 기록되어 있다. 그렇다면 다윗은 모세의 손자를 정부의 요직에 임명하였단 말인가?

- **역대상 26:31**에는 "헤브론 자손 중에 여리야가 …족장이 되었더라"고 기록되어 있다. 그런데 역대상 23:19에 의하면 여리야는 헤브론의 아들들 중 장자였고, 헤브론은 그핫의 아들이었고, 그핫은 레위의 둘째 아들이었다. 그렇다면 족보의 계대대로라면 여리야는 레위의 증손자(great grandson)로서 다윗왕의 정부 요직에 임명되었다는 말이 아닌가.

그것은 언어도단이다. 역대기의 저자가 무식하여 다윗이 모세의 손자와 레위의 증손자를 다윗 정부의 요직에 임명하였다고 말했겠는가? 모세와 다윗은 약 500년의 차이가 있다.

• **출애굽기 12:40**에서 모세는 "이스라엘 자손이 애굽에 거한 지 430년이라"고 했다. 사도 바울은 이 말씀을 갈라디아서 3:17에서 그대로 인용하였다. 430년이란 하나님이 아브라함에게 약속하신 때부터 모세가 시내산에서 율법을 받은 때까지이다.

그러나 창세기 15:13; 사도행전 7:6에 의하면 이스라엘 자손이 애굽에서 400년 동안 종살이 하리라고 했다. 그리고 사도행전 13:19에서는 450년이라고 했다. 그러면 이스라엘 자손들이 애굽에서 종살이 한 기간이 400년인가, 430년인가, 아니면 450년인가? 성경은 서로 모순되는가?

사도행전 13:19의 450년은 400년에 광야 생활 40년과 가나안 정복기간 10년을 더한 것이다.

1. 예수님의 두 족보(The Two Genealogies of Jesus)

족보는 조상들의 혈통을 압축하여 기록한 가계도(家系圖)로서 특히 이스라엘 백성은 조상들의 족보를 중요시하여 왔다. 이스라엘 백성은 각 지파별로, 가족의 혈통대로, 자기의 계통이 있으며(민 1:18), 열두 지파의 기업분배도 "그 가족을 따라서", "그 가족대로" 주어졌다(수 13:15, 23-24, 28-29, 31).

족보는 히브리어 톨레도트(תּוֹלְדֹת), 헬라어 게네시스(γένεσις), 영어 genelogy로서 일반적으로는 집안의 혈통을 기록한 가계도(家系圖)이다. 족보는 집안의 뿌리이며, 다양한 사건과 사연을 담고 있는 시간과 공간의 역사이며, 후대의 후손들을 든든히 떠받치고 있는 기둥이자 후손들의 긍지를 보장하는 희망이다.

마태복음 1:1, "아브라함과 다윗의 자손 예수 그리스도의 세계라"(눅 3:23-38)는 하나님께서 어떤 자손들을 통하여 예수 그리스도께서 오시기까지 구속사를 이끌어 가시는가를 밝히 보여 주고 있다.

그러나 예수 그리스도의 족보는 구속사적 차원에서 하나님의 은총과 축복이 흘러온 거룩한 계보이며, 그 속에는 사회적으로 천대받는 여인들의 이름들도 기록되어 있다.

특히 마태복음과 누가복음에 기록된 **예수 그리스도의 족보**는 예수 그리스도의 탄생에 대한 **역사적 사실의 확증이요**, 본질적으로는 하나님의 원대하신 **인류 구원을 위해 만세 전부터 예정되셨고**, 구약에서 약속한 법률적 메시야이신 성자 하나님이시다.

예수 그리스도의 족보는 마태복음과 누가복음에 기록되어 있다.

1) 마태복음에 기록된 예수님의 족보(마 1:1-17)

마태복음에는 아브라함부터 시작하여 그리스도까지 시대를 14세대씩 3시기로 나누어 41명의 선별된 이름들이 하향적으로 기록되어 있다. 마태복음에 기록된 족보는 일반적으로 요셉 계통(Joseph's line)을 따라 기록하였다. 요셉 계통을 따라 기록하였다는 말은 요셉이 예수님의 아버지라는 의미는 결코 아니다. 예수 그리스도는 성령의 잉태로 처녀 마리아의 몸에서 탄생되셨으므로 실제로 육신의 아버지는 없으시다.

마태는 마리아가 예수님을 낳을 때까지는 분명히 처녀였다는 사실을 믿었다. 그러기에 그는 예수님의 처녀 탄생에 대한 이사야서 예언(사 7:14)이 예수님의 탄생으로 성취되었음을 분명히 하지 않았는가!(마 1:22-23)

요셉은 예수님의 아버지가 아니라, 마리아의 남편으로 명시되었다. 요셉은 마리아가 첫아들을 낳기까지는 동침하지 아니하였다(마 1:25). 그리고 예수님을 낳은 후 예수님을 그의 아들이나 그들의 아들(his son or their son)이라 하지 아니하고 "그 처녀(여자)의 아들"(her Son)이라고 선언하였다. 마태복음에는 예수님의 탄생이 처녀 탄생임을 적어도 7번이나 직간접적으로 언급하였다. 예수님의 처녀 탄생은 기독교의 중요한 교리들 중의 하나로 초대 예루살렘 교회 성도들에게도 가르쳤을 것이다(행 2:42).

마태복음은 일반적으로 마태가 유대인들을 염두에 두고 요셉의 족보를 기록하였다고 인정된다. 그렇지만 마태복음은 유대인들에게만 국한되었다는 뜻은 아니다. 한편 지적(知的)인 유대인들은 자기 조상들의 족보와 자기 나라 역사에 관심을 가지고 마태복음을 읽기를 기대하였을 것이다. 만일 마태복음이 예루살렘 성전 멸망 이전에 기록되었다면(물론 우리는 그렇게 믿지만) 성전은 아직도 그대로 있었고, 성전 안에 있는 족보도 그대로 보관되어 있었을 것이다.

(1) 마태복음 1장 1절의 매우 짧은 족보

마태복음 1:1, "아브라함과 다윗의 자손 예수 그리스도의 족보라."

예수 그리스도는 아브라함과 다윗을 통해 약속된 메시야이심을 증거한다.

하나님은 아브라함을 통하여 "또 네 씨로 말미암아 천하 만민이 복을 얻으리니"라고 약속하셨고(창 22:18),

다윗을 통하여 "내가 네 몸에서 난 자식을 네 위에 세워 그 나라를 견고케 하시리라"(삼하 7:12)고 약속하셨다.

이 말씀은 메시야가 아브라함과 다윗의 자손으로 오실 것을 예언하신 말씀이다. 다윗의 자손은 메시야의 별명(messianic title)이다(마 12:23; 20:30; 21:9; 22:41-45).

이 예언은 아브라함에게 약속하신 이후 약 2087년 만에, 다윗에게 약속하신 이후 약 1,000년 만에, B.C. 4년 예수 그리스도의 탄생으로 성취되었다. 예수 그리스도는 아브라함의 자손, 다윗의 자손으로 강림하신 메시야이시다.

헬라어 원문에는 "비블로스 게네세오스 예수 크리스투 휘우 다위드 휘우 아브라암"(Βίβλος γενέσεως Ἰησοῦ Χριστοῦ υἱοῦ Δαυὶδ υἱοῦ Ἀβραάμ; ⟨the⟩ generation of Jesus Christ, the son of David, the son of Abraham; 다윗의 아들, 아브라함의 아들 예수 그리스도의 족보⟨기원의 역사⟩)라고 되어 있다.

그러면 예수님이 다윗의 아들이며, 아브라함의 손자인가?

다윗은 예수님의 약 1,000년 전 조상이며, 아브라함은 약 2,000년 전 조상이다. 그러므로 예수님과 다윗과 아브라함은 각기 1,000년의 시대를 달리한 인물들이다.

그러면 마태는 어떻게 예수 그리스도를 "다윗의 아들", "아브라함의 아들"이라고 언급하였을까? 여기서 '아들'(휘오스, υἱός; son; 아들)이란 우리가 통상적으로 생각하는 개념과는 상이하다.

여기서

① 예수 그리스도는 유대인의 풍속과 법대로는 아브라함과 다윗의 자손이다.

② '아들'이란 먼 후손(a remote descendant)을 가리킨다. 예를 들면 님시의 아들 예후는 실제로는 님시의 손자였다. 예후의 아버지는 여호사밧이고 할아버지가 님시였다(왕하 9:2, 20).

③ '아들'이란 가정이나 또는 부족(family or tribe)에 양자로 들인 경우에도 아들이라고 했다(출 2:10; 창 17:9-14). 그리고 여기에는 야곱의 아들들의 아내들도 포함되었다(창 46:26; 출 1:5).

그러므로 **아들이라 할 때** 그 사용된 용법에 따라서 상당한 유연성, 융통성이 있음을 알아야 한다. 그렇지 않다면 마태복음 1:1, "아브라함과 다윗의 자손 예수 그리스도의 세계라"는 말씀을 여자적(如字的)으로 해석한다면 예수 그리스도는 다윗의 아들, 아브라함의 손자가 될 것이 아닌가? 예수 그리스도는 다윗의 아들, 아브라함의 손자가 아닌 것같이 다윗은 아브라함의 아들이 아니다. 다윗과 아브라함은 예수 그리스도의 중요한 조상들이요, 예수 그리스도는 다윗의 씨, 아브라함의 씨이다. 따라서 다윗의 자손이란 메시야적 명칭(a Messianic title)이다.

그리고 "**낳고**"(begot)라는 단어도 부모가 자식을 낳는다는 통상적 개념은 물론 후손들을 낳는다는 의미로도 사용되었다는 사실을 묵과해서는 안 될 것이다.

(2) 마태복음 1:2-17의 족보

마태복음 1:2-17에 기록된 족보에는 14대(代)씩 3분한 족보를 발견한다. 17절 "그런즉 모든 대 수가 아브라함부터 다윗까지 14대요, 다윗부터 바벨론에 포로로 잡혀갈 때까지 14대요, 바벨론 포로 때부터 그리스도까지 14대더라"는 말씀에 요약되어 있다.

그런데 마태복음 1:2-17에 기록된 예수 그리스도의 선조들은 아브라함과 예수의 양부 요셉을 다 포함하여 42명이 아니라 40명이다. 자세히 살펴본즉 첫 14명 중 나중 인물인 다윗은 두 번째 14명 중 첫 번째로 두 번 계수되었고(6, 7절), 두 번째 14명 중 나중 인물인 여고냐는 세 번째 14명 중 첫 번째로 두 번 계수되었다(11, 12절).

여기서 우리가 분명히 이해할 것은 마태가 가장 중요한 하나님의 말씀을 기록하면서 계산법(14×3=42)을 알지 못하거나 어리석어서가 아니라는 것이다. 사실상 마태의 관심은 아브라함으로부터 다윗을 통하여 내려온 역사적 계속성에 있었다고 생각한다.

마태복음 1:1-17에 기록된 예수님의 족보에도 생략된 부분이 많다.

1절에는 "아브라함과 다윗의 자손 예수 그리스도의 세계라"고 선언함으로써 족보 전체를 과감하게 두 단계로 묶었다.

8절에는 요담과 웃시야 사이에는 아하시야(왕하 8:25), 요아스(왕하 12:1), 아마샤(왕하 14:1) 등 세 사람의 이름이 생략되었다.

11절에도 요시야 다음에 여호야김이 생략되었다(왕하 23:34; 대상 3:16).

일반적으로 주석가들은 마태가 14대 구조로 3분하여 족보를 구성한 것은 유대인들의 관습에 따라 암기하기 쉽도록 하기 위함이라는 설과 '14' 수는 '7'이라는 완전수의 두 배이므로 예수의 족보에 완전수를 관련시키기 위함이라는 설이 있다. 저자는 첫째 설의 입장을 취한다.

2) 누가복음에 기록된 예수님의 족보(눅 3:23-38)

누가복음에는 예수 그리스도의 족보가 인류의 조상 아담에게까지 상향식으로 거슬러 올라갔으며, 77명의 선별된 이름들이 7대씩 11개의 그룹으로 나누어 족보에 기록되어 있다.[2]

누가복음은 일반적으로 마리아의 계통(Mary's line)을 따라 족보를 기록하였다. 의사요, 역사가인 누가는 보도하기를 하나님의 기쁜 소식을 전하는 가브리엘 천사 그리고 요셉과 마리아 자신도 처녀라고 주장하였다고 했다. "다윗의 자손 요셉이라 하는 사람과 정혼한 처녀에게 이르니 그 처녀의 이름은 마리아라…처녀가 그 말을 듣고 놀라 이런 인사가 어찜인고 생각하매…마리아가 천사에게 말하되 나는 사내를 알지 못하니 어찌 이일이 있으리이까"(눅 1:27, 29, 34).

누가는 예수 그리스도는 결코 요셉의 아들이라 하지 아니하고 지극히 높은 자의 아들 또는 하나님의 아들(the Son of the Highest or the Son of God)이라고 호칭하였다(눅 1:32, 35). 누가는 처녀 탄생에 대한 사실을 근원부터 자세히 조사한 후에 성령의 감동으로 기록하였다.

누가복음은 일반적으로 사학자요 의사인 누가가 이방인들을 염두에 두고 당시 로마 제국의 고위 관리이며 거부인 데오빌로를 통하여 복음이 전 세계 이방인들에게도 전파되기를 원하여 기록하였다고 인정된다.

누가복음 3:23-38에는 예수님부터 아담까지 76명의 이름들이 기록되어 있다. 그중에 아브라함부터 예수님까지는 56명의 이름들이 기록되어 있다. 이것은 조상들의 이름들이 중복됨 없이 14대씩 4부분(14×4=56)으로 구성된 셈이다.

아담 이전의 예수님의 족보는 다음과 같다.
- 아담부터 노아까지 10명의 이름들(아담, 셋, 에노스, 게난, 마할랄렐, 야렛, 에녹, 므두셀라, 라멕),
- 노아부터 데라까지 10명의 이름들(셈, 아르박삿, 셀라, 에벨, 벨렉, 르우, 스룩, 나홀, 데라),

---

[2] 박윤식(아브라함 박), 『영원한 언약의 약속: 예수 그리스도의 족보 3』 (서울: 휘선, 2009), pp. 86-90.

- 아브라함부터 다윗까지 14명의 이름들(아브라함, 이삭, 야곱, 유다, 베레스, 헤스론, 람, 아비나답, 나손, 살몬, 보아스, 오벳, 이새, 다윗),
- 다윗의 아들 나단부터 예수님까지(맛디아, 멘나, 벨레아, 엘리야김, 요난, 요셉, 유다, 레위, 맛닷, 요림, 엘리).

마태복음과 누가복음을 비교할 때 아브라함부터 다윗까지는 일치하며, 소수 몇 사람(맛디아, 멘나, 벨레아, 엘리야김, 요난, 요셉, 유다, 레위, 맛닷, 요림, 엘리)의 이름들만 공통적으로 기록되어 있다. 그 이유는 제임스 오르(James Orr)가 제시하는 대로 누가는 마리아의 족보를, 마태는 요셉의 족보를 기록하였기 때문이다.[3]

예수님은 처녀 마리아에게서 태어났는데 어떻게 요셉의 아들로 간주될 수 있는가? 이 질문에 대한 해답은 누가복음 3:23에서 찾는다.

누가복음 3:23, "…사람들의 아는 대로는 요셉의 아들이니…."

말씀 중에 "사람들의 아는 대로"(호스 에노미제토, ὡς ἐνομίζετο; as was supposed; 생각하는 것처럼)는 사람의 '풍속대로'(according to custom)라고 해석하여야 한다. 따라서 예수님은 동정녀 마리아에게서 나셨지만, 유대인들의 풍속과 법대로는 요셉의 가문에 요셉의 아들로 인정되었다. 물론 혈통적으로는 요셉의 아들이 아니지만 말이다.

옛 프린스턴신학교의 교수였던 윌리암 헨리 그린(William Henry Green, D.D.)은 말하기를, "성경 연대표가 하는 바와 같이 이 족보들에 크게 의존하는 시간의 계산은 불확실성(uncertainty)의 요소가 있다. 홍수 이전과 아브라함 이전의 족보들이 아브라함 이후의 족보들과 같은 모양으로 축소(단축)되지 않았다고 누가 증명할 것인가? …아브라함 이전의 이름들의 선별되고, 부분적인 기록이 전체적인 기록으로 잘못 해석된 결과를 보여 줄 것이다"라고 했다.[4]

---

3) James Orr, *The Virgin Birth of Christ* (London: Hodder and Stoughton, 1915), ch. III.

4) William Henry Green, *The Pentateuch Vindicated from the Aspersions of Bishop Colenso* (Whitefish: Kessinger Publishing, 2007), p. 128.

찰스 핫지(C. Hodge)는 말하기를, "성경의 연대를 결정하려는 모든 시도는 극심한 불확실성이 따른다는 것은 아담과 그리스도 사이의 기간의 길이에 관하여 유대인들과 기독교 저자들이 180도 상이한 계산들이 나왔다는 사실에 의해서도 명백해졌다. 이중에 가장 긴 것은 6,984년이요, 가장 짧은 것은 3,483년이다. …만일 과학이나 역사의 사건들(사실들)이 인류창조 이후에 8,000년이나 10,000년이 지났다는 것을 시인하지 않을 수 없다 할지라도 성경에는 그와 같은 양보를 하게 하는 그 무엇도 있지 않다. **성경은 지구에 사람이 얼마나 오랫동안 살아왔는지를 우리에게 가르치지 않는다**(The Scriptures do not teach us how long men have existed on the earth). 성경의 족보 도표들은 그리스도는 다윗의 자손이며 아브라함의 후예라는 것을 증명하기 위하여 의도된 것이요, 창조와 그리스도의 탄생 사이에 얼마나 많은 해(year)가 경과하였는가를 증명하기 위한 것이 아니다"[5]라고 했다.

인류학적 연구, 언어학적 발견, 지질학적 조사, 고고학적 증명 또한 모두 증명할 수 없는 과장된 년수들이니 수납할 수 없다.

II. 과학에 의한 인류의 연대 측정(The Chronology of Humans according to Science)

성경에 나오는 아담과 하와를 인류의 시조로, 그리고 역사적 인물로 전제하였을 때 아담과 하와는 언제 살았을까?

창세기 4장은 아담이 언제 살았을까에 대한 역사적 자료를 제공한다. 창세기 4장에 의하면 가인은 아담과 하와의 첫째 아들이었다. 가인은 농사 짓는 사람이었으며 땅의 소산물을 하나님께 제물로 드렸다. 그의 동생 아벨은 양을 치는 사람이었으며 양들 중 첫 새끼를 하나님께 제물로

---

[5] C. Hodge, *Systematic Theology*, vol. II (Grand Rapids: Eerdmans, 1872), p. 41.

드렸다.

그런데 하나님은 가인의 제물은 열납하지 않으시고, 아벨의 제물은 열납하셨다. 이에 격분한 가인은 하나님을 불평하고, 그것도 못마땅하여 들판에 있을 때에 그의 아우를 쳐죽였다(1-8절). 그 후 가인은 에덴 동편 놋(Nod)으로 도망가서 에녹을 낳고, 성을 쌓고, 아들의 이름을 따서 그 성 이름을 에녹이라 했다(16-17절).

만일 가인과 아벨이 아담의 첫 자식들이었다면, 아담과 하와는 가인과 아벨 바로 전 세대(generation)에 살았을 것이다. 그런데 창세기 5:3은 셋(Seth)이 태어났을 때 아담의 나이 130세였다고 보고하였다. 셋은 가인이 아벨을 죽인 후에 태어났다. 아담이 에덴동산을 개간하고, 가족들에게 이름을 지어 주고(창 2:19-20) 한 것은 농사와 축사와 관계되는 것으로 여겨진다.

또한 창세기 4장은 문명의 발달을 보도해 준다. 가인의 몇 대 자손들 중 야발은 육축 치는 자의 조상이 되었고, 야발의 아우 유발은 수금과 퉁소를 잡는 모든 자의 조상이 되었고, 두발가인은 동철로 각양 기계들을 만드는 자의 조상이 되었다(창 4:20-22).

이상의 모든 내용을 고찰해 보면 신석기시대(Neolitlic revolution)와 관계된 문명의 발달을 보게 된다. 이것은 고대 근동지방(Near East) 전역에서 발굴된 고고학적 유적지들과 유물들이 이 사실을 뒷받침해 준다.

가장 오래된 철기로 알려진 놋 품목들(copper items)은 약 B.C. 7000년으로 추정되며,[6] 동부 지중해 및 그 연안 섬들(Levant)에서 크고 둥근 오두막 집들(huts)을 짓고 마을을 형성하여 한곳에 정착한 것은 아마도 약 B.C. 9000년이며, 흙벽돌로 건물을 지은 것은 약 B.C. 8000년으로 추정된다.[7]

조하리(Zohari; 14세기 유대인의 경전)에 의하면 "옛날 초기 신석기 시대 근

---

[6] Edwin Yamauchi, *Perspectives on Science and Christian Faith*, 1993, p. 45.

[7] John A. J. Gowlett, *Ascent to Civilization*, (New York: McGraw-Hill Humanities, 1965).

동지방의 농사를 짓는 마을들은 약 B.C. 7500-7000년경이다"[8]라고 했다.

초기 근동지방에서 밀, 보리, 완두콩 등 씨를 뿌리고 추수를 거두는 것은 곧 남부 유럽, 서아시아, 그리고 북아프리카로 퍼져 나갔다. 그리하여 농사를 짓고 가축을 기르는 것은 근동지방에서부터 시작되었다. 바로 그 후부터 소와 돼지 같은 가축들을 길렀다.[9]

그렇지만 만일 농사와 가축을 기르는 것이 약 B.C. 7500년 이전에 시작되었다면, 그리고 만일 가인이 농부요 아벨이 목자였다면, 가인과 아벨은 약 B.C. 7500년경에 살았을 것이다. 그리고 만일 가인과 아벨이 아담의 첫 자식들이라면, 아담은 그들보다 조금 전에 살았을 것이다. 그러므로 성경과 고고학은 아담과 하와를 약 B.C. 8000년 전, 좀 길게는 대략 10,000년 이전에는 살지 않았을 것이라고 결론짓는다.

기구 발명이 석기시대, 철기시대, 청동기시대 등의 유구한 여러 시대들을 통과하였다고 하는 추측도 인류의 연대를 바로 측정하는 것이 못 된다. 그 이유는 이 시대들은 동시적일 수도 있기 때문이다. 미 대륙에는 몇 백년 전에 석기시대가 있었고, 뉴기니아에는 오늘날도 석기시대가 계속되고 있다.

신뢰할 만한 여러 지방의 고고학적 역사의 기원이 창세기 연대보다 오래되지 않은 것은 의미심장한 일이니 그것은 인류의 문화가 그렇게 먼 과거에서 시작된 것이 아님을 보여 준다.

보수적인 지질학자들은 인류의 연대를 10,000년으로 정하면 모든 과학적 난제를 해결함에 충족하다고 한다.

---

8) D. Zohari, *The Origin and Early Spread of Agriculture in the Old World* (Amsterdam: Elsevier, 1986), pp. 3-20.

9) W. Hene and M. Rohrs, *Zoo Logical Consideration on the Original of Farming and Domestication*, 1977, pp. 245-279.

Ⅲ. 진화론에 의한 인류의 기원(The Origin of Humans according to Evolution)

1. 진화론(Evolution)

진화론은 영원부터 물질이 있었고, 물질에서 미생물체가 발생했으며, 그것이 수백억 년 지나면서 점진적으로 고등한 생물체로 진화되어 왔고, 지금도 계속 진화되어 가고 있다고 한다. 진화론자들은 식물계를 포함하여 물고기들과 새들, 그리고 모든 동물은 동일한 종류의 생명체에서 진화되고 발전되어 나온 것들이라고 주장한다. 어떤 이들은 비생명체가 생명체로 진화되기는 약 300억 년 전이었으며, 생명체가 사람으로 진화되기는 약 200만 년 전이었다고 한다.

비평(A Critique)

① **진화론은 물질 영원설에 기초하였다.** 진화론은 모든 생명체(all living things)는 그 근원이 같다고 한다. 진화론은 진화하는 물질이 이미 존재하는 것으로 가정하므로, 이미 존재하는 물질의 유래를 설명하기 위해서는 물질 영원설을 지지한다. 그럼에도 불구하고 물질의 기원에 관하여는 함구무언이다. 진화론은 하나님 없이 존재의 기원을 설명하려고 시도한다.

② 진화론자들은 미생명체에서 생명체로 그리고 고등한 생명체로 진화되기에는 수백억 년이 걸렸다고 주장하나, 아무도 그 진화 과정을 관찰하거나 증명하거나 진화 과정의 기간을 단정하는 자가 없다.

③ 많은 동식물이 오랜 세월 동안 존재하고 있으나, 그 동식물들이 진화되어 새로운 종류의 생명체로 나타난 예는 없다. 예로부터 식물은 식물이요, 동물은 동물이다. 진화론자들은 어떤 한 존재가 한 종류에서 다른 한 종류로 진화되었다는 여하한 실제적 변화도 보지 못하였으며, 증명하지도 못한다. 아무도 진화가 어떻게 이루어지는지 알 수 없다.

④ **진화론은 범신론적이다.** 진화론은 처음부터 물질 영원설에 근거하고, 그 물질이 생명체로, 생명체가 고등한 생명체로 진화된다고 주장하니 범신론적이다. 미생물체에서 생명체, 생명체에서 고등한 생명체로 진화했다면, 고등한 생명체는 앞으로 완전한 신(神)이 될 것이 아닌가! 따라서 진화론에서는 창조주와 피조물의 구별이 없다.

⑤ **진화론은 철학적이며 종교적이다.** 그런데 그 철학은 철저한 인본주의에 입각한 인간의 허황된 상상의 산물이요, 그 진화론이 종교적임은 수많은 사람들, 특히 상당수의 지식층의 사람들까지도 진화론을 하나의 신앙처럼 믿고 있다는 점에서이다. 그리고 진화론은 과학적이 아님에도 불구하고 과학적인 것같이 보이는 것은 인류학자들, 고고학자들, 생물학자들을 위시하여 여러 분야의 전문인들이 그것을 계속 연구한다는 뜻에서이다. 그러나 진화론을 과학적으로 증명한다는 것은 불가능하다. 왜냐하면 창조는 하나님의 초자연적 역사이기 때문이다. 미국의 유명한 지질학자였던 라이트(G. F. Wright) 교수는 "진화론은 그 10분의 1이 그릇된 과학이요, 그 10분의 9는 그릇된 철학이다"[10]라고 했다.

⑥ **진화론은 사람의 탄생을 가장 불충분한 방법으로 기술하고, 사람의 인격을 가장 저하시킨다.** 미생명체가 사람이 되기까지는 상당한 기간 동안 진화와 변화를 가져왔을 것이니 그 방법이 얼마나 잔인하며, 사람의 원시 근원은 미생명체였을 것이요, 전신(前身)은 원숭이였을 것이니 사람의 인격을 저하시킨 것이 아닌가!

성경은 분명히 "여호와께서 흙으로 사람을 지으시고"라고 말씀하심으로써 사람이 오랜 세월 동안 진화와 변화를 통하여 만들어졌다는 가정을 부인한다.

⑦ **진화론은 무신론적 특성을 가지고 있다.**

헨리 모리스(Henry Morris)는 "진화론은 사회주의, 공산주의, 무정부주의 그리고 다른 많은 좌경 운동들을 위한 이론적 근거로 주장되어 왔다.

---

10) Alexander Patterson, *The Other Side of Evolution* (Whitefish: Kessinger Publishing, 2007).

…마르크스, 레닌, 스탈린은 열렬한 진화론자들이었고, 헤겔, 니체, 히틀러 등도 그러했다. …어떤 형태의 무신론, 범신론 또는 점성술(강신술)은 필연적으로 진화론에 근거를 두고 있다. 운명론, 실존주의, 행동주의, 프로이드 학설, 기타 부도덕한 심리적 체제들은 진화적 이론에 근거하고 있다."[11]

"…evolution has been claimed as the scientific rationale for socialism, communism, anarchism, and many other left-wing movements. …Marx, Lenin, and Stalin were ardent evolutionists but so were Haeckel, Nietzsche, and Hitler. …Any form of atheism or pantheism or occultism must necessarily be based on evolution. Determinism, existentialism, behaviorism, Freudianism, and other such amoral psychological systems are grounded in evolutionary theory."

진화론은 철저한 인본주의의 산물이다. 엥겔스(Engels)는 칼 마르크스(Karl marx)의 장례식에서, "다윈이 유기적 특성에서 진화의 법칙을 발견했던 것과 같이, 마르크스는 인류의 역사에서 진화의 법칙을 발견했다"[12]고 했다. 하나님을 떠난 무신론적 진화론 사상이다.

⑧ **진화론은 창조의 사역을 미완성으로 본다.** 진화론은 영원히 스스로 존재하는 그 어떤 물체가 수백억 년 전부터 계속해서 서서히 진화, 변화된다고 주장함으로써 창조의 사역을 미완성으로 본다. 그리고 그 무엇이 다음 단계의 그 무엇으로 진화, 발전되기까지는 천문학적 세월이 소요되므로 진화 또는 진화 과정의 연구란 짧은 인생들로서는 영원히 불가능하다.

성경은 창조론을 교훈한다. 성경은 영원자존자, 능력이 무한하신 하나님이 6일 동안에 창조의 사역을 완성하셨다고 계시한다.

창세기 2:1, 3, "그리하여 하늘들과 땅이 끝났고 …하나님이 일곱째 날을 축복하셨으며 그날을 거룩하게 하셨다 이는 하나님이 창조하고 만드

---

11) Henry M. Morris, *Science and the Bible* (Chicago: Moody press, 1986), pp. 40-41.
12) Otto Ruhle, *Karl Marx* (N.Y.: Home Liberty, 1943), p. 366.

신 모든 일을 마치시고 이날에 안식하셨기 때문이다."

하나님은 모든 창조의 사역을 끝마치셨다. 그러므로 창조에 관한 한 성경은 항상 과거 시상(past tense)을 사용하였다. 신약에도 하나님의 창조 사역을 과거 시상으로 사용하였다. 골로새서 1:16에서는 "…만물이 그로 말미암아 창조되었다"(created)고 했으며, 히브리서 4:3에서는 "세상을 창조하는 하나님의 사역이 끝났다"(finished)고 했다. 창조는 과거에 이미 끝났으므로 오늘날은 창조의 역사가 없다. 창조는 계속되는 것이 아니다.

종류대로(레미나흐, לְמִינָהּ; to kind of him, after his kind; 종류를 따라서)라는 단어는 민(מִין; kind, species; 종류, 종〈種〉)에서 나왔다. 창세기 1장에 의하면 하나님은 모든 생물을 창조하실 때 종류대로 창조하셨다고 했다(창 1:11, 12, 21, 24, 25). 종류 또는 종이란 생물 분류의 기초 단위(basic unit of biological classification)로서 기원, 원인, 발생한 최초의 근원(origin), 성질(nature)을 말한다. 따라서 하나님이 모든 생물을 그 종류대로 창조하셨다는 말씀은 모든 생물이 창조함을 받을 때부터 기초 단위, 종류, 성질 등이 이미 결정되었다는 뜻이다. 따라서 어느 한 종류가 다른 한 종류로 변화되거나, 다른 종류를 생산하지 못함을 분명히 한다. 어느 한 종류는 다른 종류로 이미 결정된 경계선을 넘지 못한다. 예를 들면 식물은 동물로, 동물은 사람으로 진화될 수 없다. 모든 것이 그들 나름대로의 종류나 성질을 가지고 있기 때문에, 어느 한 종류가 다른 종류와 결합하여 새로운 종류가 되기는 불가능하다.

사도 바울은 인류의 초자연적 기원(supernatural origin)에 관하여 "육체는 다 같은 육체가 아니니 하나는 사람의 육체요, 하나는 짐승의 육체요, 하나는 새의 육체요, 하나는 물고기의 육체라"(고전 15:39)고 했다. 사람들, 짐승들, 새들, 물고기들은 각기 상이한 종류들이다. 이 상이한 종류들은 하나님이 창조하신 최초부터 존재한다. 피조물들은 본래부터 다양한 종류로 창조되었다.

2. 유신진화론(Theistic Evolution)

유신진화론은 성경이 계시한 창조의 교리와 진화론자들의 진화론을 조화시켜 진화의 방법에 의한 창조론을 주장한다. 즉 하나님이 세계를 창조하신 것은 사실이나, 그 방법에 있어서는 진화적이었다는 것이다. 유신진화론은 하나님이 세계와 그 가운데 있는 모든 것을 창조함에 있어서 자연적 진화의 과정을 지시하고, 사용하고, 지배하셨다고 한다. 그리하여 점진적 발전 과정에 의해서 현상 세계가 형성되었다고 한다. 유신진화론에 의하면 현재 세계로의 변화에 수백만 년이 요구되었으며, 하나님은 식물과 동물의 여러 종을 창조하여 각기 종류대로 생식케 하지 않으셨으며, 사람은 적어도 그 육체적 방면에서 짐승의 후예여서 자기의 행적을 심히 낮은 수준에서 시작했다고 한다.

일반적으로 유신진화론자들은 창세기 1장의 날들(days)을 장기적인 년들(years)이라고 한다. 그리고 지구의 창조, 아담의 창조는 상당히 오래되었다고 한다. 이 점에 있어서 유신진화론은 장기설과 맥락을 같이한다.

비평(A Critique)

① 유신진화론은 진화론을 합리화하기 위하여 창조론과 진화론을 합친 혼합물이니 그 자체에 논리적 모순이 있다. 창조론은 하나님이 태초에 모든 것을 무에서 유로, 즉각적으로, 말씀으로, 엿새 동안에 창조하였다고 믿는다. 진화론은 이미 무엇인가 존재하는 것이 수백억 년 동안 점진적으로 진화, 발전하여 지금의 현상에 이르렀다고 한다. 그러므로 창조론과 진화론은 서로 반대된다. 유신진화론은 창조론도 아니요, 진화론도 아니요, 자연론도 아니다. 유신진화론에 의하면 "사람도 하등동물에서 고등동물로의 진화이니, 태초에 하나님이 사람을 하나님의 형상대로 만물의 영장으로 창조하셨다는 창조의 교리를 파괴하고 인간 본래의 위치를 극도로 저하시킨다." 이 이론은 사람이 육체적으로 짐승에게서 유래되었다는 설도 증명하지 못한다.

성경은 하나님의 창조적 말씀이 즉각적으로 성취되었음을 증거한다. 예를 들면 "하나님이 빛이 있으라" 하시니 즉시로 "빛이 있었다"(창 1:3). 이 말씀은 하나님이 한 번 말씀하신 후 수백만 년을 지나서 마침내 그분이 명하신 결과에 도달하게 되었다는 유신진화론의 주장과는 맞지 않는다.

② **유신진화론은 맹목적 우연론이요, 위험한 인본주의 철학이요, 빈약한 무신론이다.** 훼어헐스트(Fairhurst) 박사는 "유신진화론은 무신 진화론과 같이 영감된 성경을 파괴한다"[13]라고 했다. 유신진화론은 창조론과 진화론을 모두 포용하기 위해 전연 상이한 두 말(two horses)을 동시에 타려는 매우 위험한 인본주의 철학이다. 진화론은 과학이 아니라, 일종의 인본주의자들의 철학적 개념이다. 유신론과 진화론은 성질상 반대되므로 동시에 수용한다는 것은 모순이다.

③ **유신진화론은 모든 육체는 다 같은 육체라고 주장한다.** 그러면 사도 바울의 진술(고전 15:39)은 유신진화론과 반대되지 않는가?

인간의 초자연적 기원은 고린도전서 11:8, 12에서 발견된다. 즉 "남자가 여자에게서 난 것이 아니요, 여자가 남자에게서 났으며…"라고 했다. 모든 사람은 부모가 있으며, 모든 여자는 남자에 기원을 둔다. 인류의 번식은 아담에 의하여 이브를 통하여 성취되었는데, "이브는 모든 산 자의 어머니"(창 3:20)였다고 했다. 이 모든 말씀은 유신진화론이 거짓이라는 사실이 규명될 때 가능하다. 그렇지 않으면 첫 여자(이브)는 육체적으로 남성으로부터가 아니라 암컷(female) 동물로부터 태어난 것이 되기 때문이다.

진화론자들(Evolutionists)은 사람의 기원에 대하여 사람은 단세포 생명체(one-cell, living things)에서부터 자연적 변천과정을 통하여 오랜 세월 동안 진화되어 드디어 인간 비슷한 원숭이(anthropoid apes)로 진화되고 최종적으로 사람이 되었다고 믿는다. 진화론자들이 그렇게 주장하는 것은 원숭이들과 사람들은 유사한 점들(similarities)이 많이 있기 때문이라

---

13) Alfred Fairhurst, *Theistic Evolution* (Cincinnati: Standard Publishing, 1919), p. 7.

고 한다.

　물론 원숭이들과 사람들의 유사점들이 다른 동물들보다는 많이 있는 것이 사실일지라도 원숭이와 사람은 영원히 상이한 점들이 100가지가 넘는다. 특히 사람은 인격적 존재(지식·감정·의지의 존재)로서 언어와 문화를 발달시켜 왔고 또 오랜 역사와 전통을 가지고 있다. 원숭이와 사람은 도저히 연관지을 수 없는 영원한 간격(gap)을 가지고 있다. 진화론자들이 주장하는 사람으로 진화되기 직전의 사람(prehuman)은 원숭이와 비슷한 사람이었다는 주장은 모두 거짓이다.

　그들이 주장하는 초기 사람의 형태는 구석기시대 사람(Neanderthal man)으로 흔히 역사책과 생물학 책들에는 원숭이 비슷한 사람(apelike man)으로 동굴에 사는 야인 'cave man'으로 묘사하고 있다. 그러나 소돔성이 멸망당한 후에 롯(Lot) 자신은 동굴에 거하는 사람(cave man)이라고 한 것과(창 19:30), 사울이 다윗을 추적할 때에 다윗은 아둘람 굴(cave of Adullam)로 도망가서 거기서 굴 사람들과 합세하였는데 아둘람 굴에 모인 사람이 400명이나 되었고 다윗은 그들의 장관이 되었다(삼상 22:1-2)는 것은 흥미 있는 일이다.

　결론적으로 성경의 족보들을 중심으로 성경 연대표를 작성하고, 그 성경 연대표에 의하여 사람의 기원을 측정한다는 것은 인류학, 언어학, 고고학, 지질학 등에 의하여 사람의 기원을 측정한다는 것과 똑같은 과오를 범하는 일이다.

　다만 우리는 오래전에 창조주 하나님이 천지를 창조하신 후 창조의 마지막 날(6일째 되는 날) 이 지구상에 사람을 창조하셨다는 것, 사람은 범죄 타락하였다는 것, 하나님이 독생자 예수 그리스도를 이 세상에 보내셨다는 것, 예수 그리스도는 피택자들을 죄와 사탄의 권세와 사망으로부터 구원하시기 위하여 십자가에 대신 돌아가셨다는 것, 3일 안에 부활하시고 40일 후에 승천하시고 장차 다시 재림하실 우리의 구주, 만왕의 왕, 만유의 주이심을 고백할 뿐이다.

시편 8:3-9

주의 손가락으로 만드신 주의 하늘과
주의 베풀어 두신 달과
별들을 내가 보오니

사람이 무엇이관대
주께서 저를 생각하시며
인자가 무엇이관대
주께서 저를 권고하시나이까

저를 천사보다 조금 못하게 하시고
영화와 존귀로 관을 씌우셨나이다

주의 손으로 만드신 것을 다 하시고
만물을 그 발 아래 두셨으니
곧 모든 우양과 들짐승이며
…
여호와 우리 주여 주의 이름이
온 땅에 어찌 그리 아름다운지요!

제 2 장

사람의 구성 요소들
(*The Constitutional Elements of Man*)

Ⅰ. 이분설: 디코토미
  1. 어원
  2. 중심성경구절들
  3. 사람의 물질적 요소-소마, 삵스
  4. 사람의 비물질적 요소-영혼(프뉴마, 프쉬케)
  5. 사람은 단일체
Ⅱ. 삼분설: 트리코토미
  1. 어원
  2. 중심성경구절들
  3. 삼분설은 삼위일체를 반영한다는 주장
  4. 비성경적 삼분설

    사람의 구성 요소는 무엇인가? 사람은 어떤 요소들로 구성되어 있는가? 일반적으로 사람은 몸과 영혼(물질적 요소와 비물질적 요소)으로 구성되어 있다는 이분설과, 몸·영·혼으로 구성되어 있다는 삼분설이 있다.
    이분설은 혼과 영을 동일한 실체(entity)로 보고 기능적 구별을 하며,
    삼분설은 혼과 영을 각기 달리 존재하는 실체들로 본다.
    이분설은 성경의 지지를 받으며 교회 역사상 일반적으로 채택되어 왔으며, 반면에 삼분설은 철학에 기원하고 이단설에 이용되었다.

Ⅰ. 이분설: 디코토미(Dichotomy)

기독교 역사상 가장 보편적 견해는 사람이 영혼과 육체(비물질적 요소와 물질적 요소)의 두 실체(實體)로 구성되어 있다는 주장이다. 이 경우 영과 혼은 동일한 실체로 본다. 이것을 일반적으로 이분설이라 한다.

※ 육체와 몸은 동일한 것으로 문장의 문맥에 따라서 상호 교대적으로 사용된다.

이분설은 성경이 교훈하는 진리요, 초대 교회 시대부터 통상적으로 지지받아 왔다. 콘스탄티노플 대회(the Council of Constantinople, A.D. 381년) 이후 이분설은 더욱 인기가 있어서 교회의 보편적, 우주적 신앙 고백이 되어 왔다.

라틴 교회(서방 교회)는 사람의 이분설을 분명히 주장하였다. 터툴리안과 어거스틴은 그 대표적 인물들이었다. 특별히 어거스틴의 『심리학』은 이분설을 크게 지원하였고, 이분설은 중세기에 일반적인 신념이 되었다.

종교개혁 시대에는 루터파와 개혁파, 즉 전(全) 프로테스탄트 교회들이 혼과 영은 하나요 같은 실체(實體)라고 주장하였다.

웨스트민스터 신앙고백서 4장 2절, "사람을 남자와 여자로 창조하시되, 이성적이며 불멸의 영혼을 주셨으며."

웨스트민스터 신앙고백서 32장 1절, "사람의 육체는 죽은 후에 흙으로 돌아가 썩음을 본다. 그러나 영혼은 불멸의 본질이 있어서 그것을 주신 하나님께로 직접 돌아간다. 의인의 영혼은 그때 온전히 거룩해져서 지극히 높은 천국에 들어가 빛과 영광 가운데에서 하나님을 뵈옵고, 그 몸의 온전한 구속을 기다린다. 그리고 악인의 영혼은 지옥에 던지운 바 되어 고통과 극한 흑암 가운데에서 남아서 마지막 날의 심판을 기다린다. 육신을 떠난 영혼들을 위해서 예비된 것은 이 두 장소 외에 다른 것을 성경은 인정하지 않는다."

이분설도 철학의 논제가 되어 왔다. 플라톤(Plato, B.C. 428-347년)은 "혼

(soul)이 천계(天界)의 순수한 형태(form) 또는 관념(idea)으로 존재하다가 사람의 몸에 화신(化身; incarnation)이 되었다. 그러므로 혼은 창조되지 않았고 불사적이다. 몸은 혼의 감옥이니 혼이 몸에 갇혀 있는 것은 굴(oyster)이 그 껍데기 안에 있는 것과 같다. 죽을 때에 혼은 몸을 떠나 천계로 올라가거나 다른 어떤 몸으로 재화신(再化身)된다"고 가르쳤다.

혼이 천계에서 순수한 관념으로 존재했다고 하는 것은 **철학적 이원론**이요, 혼이 천계에서 순수한 형태 또는 관념으로 존재하다가 사람의 몸 안으로 들어왔다는 것은 **영혼의 윤회설**이요, 혼이 몸에 갇혀 있다고 한 것은 혼의 자유를 몰이해한 결과이다.

그러나 정통 교회들이 이분설을 주장하는 것은 철학이 이분설을 지원해서가 아니라, 성경이 이 진리를 교훈하기 때문이다. 성경의 인류학은 인간 존재를 과학적으로 조사한 결과도 아니며, 철학적 인류학도 아니다.

1. 어원(Etymology)

이분설이란 헬라어 디코토메오(διχοτομέω; to cut into two parts; 두 부분으로 자르다, 쪼개다)에서 나온 단어이다. 디코토메오는 디카(διχα; in two parts; 두 부분)와 템노(τέμνω; to cut; 자르다)로 구성된 합성어이다. 영어의 디코토미(dichotomy)는 헬라어 디코토메오에서 유래되었으며 이 단어의 문자적 의미는 두 부분으로의 분리(division into two parts)를 뜻한다.[1]

2. 중심성경구절들(Important Bible Verses)

성경은 사람을 구성하고 있는 두 개의 독특한 요소 또는 본질, 즉 몸과 영혼이 있음을 가르친다. 몸은 물질적·가견적이요, 영혼은 비물질적·불가견적이다. 몸은 영혼이 거하는 장소(dwelling place of soul)이다.

---

1) Vine's *Expository Dictionary of Biblical Words*, p. 142; Webster's *New World Dictionary*, p. 382.

창세기 2:7, "여호와 하나님이 흙으로 사람을 지으시고 생기를 그 코에 불어넣으시니 사람이 생령이 된지라."

이 말씀에 의하면 하나님이 첫 사람 아담을 지으실 때 흙으로 빚으시고, 코에 생명의 '호흡'(니사마, נְשָׁמָה; breath of life)을 불어넣으심으로 산 사람(a living person)을 만드셨다는 것을 알 수 있다. 흙은 물질적 요소이며, 호흡(영혼)은 비물질적 요소다. 사람의 몸은 한 존재요, 사람의 영혼은 또 다른 한 존재다. 몸은 영혼이 아니며, 영혼은 몸이 아니다. 서로 상반되는 두 요소가 합하여 하나의 인격적 존재, 곧 사람이 되었다.

사람이 이 두 상이한 요소들로 구성되어 있다는 것 그리고 영혼이 어떻게 몸에 작용하는가, 몸이 어떻게 영혼에 반응하는가는 놀랍고도 신기한 일이다. 이것은 하나님의 놀라운 창조의 역사이다. 사람은 분명히 물질적 요소와 비물질적 요소로 구성되어 있다.

전도서 12:7, "흙은 여전히 땅으로 돌아가고 신(spirit; 영)은 그 주신 하나님께로 돌아가기 전에 기억하라."

사람이 죽으면 육신은 썩어 흙으로 돌아가고(창 3:19), 신(spirit; 영)은 그 주신 하나님께로 돌아간다. 신은 그 주신 하나님께로 돌아간다는 말씀은 사람의 영혼이 심판받기 위하여 하나님 앞에 선다는 뜻이다. 이 말씀도 사람이 물질적인 몸과 비물질적인 영으로 구성되었음을 가리키며 창세기 2:7과 맥락을 같이한다.

마태복음 6:25, "그러므로 내가 너희에게 이르노니 목숨을 위하여 무엇을 먹을까 무엇을 마실까 몸을 위하여 무엇을 입을까 염려하지 말라."

본절에서 목숨은 '프쉬케'(ψυχή; life, soul; 생명, 영혼)를, 몸은 '소마'(σῶμα; body; 육체, 몸)를 가리킨다. 그러므로 목숨과 몸은 사람의 영혼과 육체를 가리킨다. 사람의 구성 요소는 영혼과 육체이다.

마태복음 10:28, "몸은 죽여도 영혼은 능히 죽이지 못하는 자들을 두려워하지 말고 오직 몸과 영혼을 능히 지옥에 멸하시는 자를 두려워하라."

주님은 말씀하시기를 사람이 죽일 수 있는 실재가 있는데 그것을 '몸'

(σῶμα; body)이라고 했다. 그러나 사람이 죽일 수 없는 실재가 있는데 그것을 '영혼'(ψυχή; soul)이라고 했다. 그리고 몸과 영혼 사이에 '그리고'(카이, καί; and)라는 등위접속사는 몸과 영혼은 사람을 구성하고 있는 두 실재임을 분명히 가르친다. 예수님이 몸과 영혼을 구별하신 것은 사실상 하나님 말씀의 모든 교훈의 저변에 깔려 있는 것을 명백히 나타내고 있는 것뿐이다.

사도행전 7:59, "…주 예수여 내 영혼을 받으시옵소서."

이 말씀은 스데반이 순교하면서 하나님께 드린 최후의 기도이다. 사람은 영혼과 육체가 결합되었을 때 산 사람이요, 영혼이 몸에서 떠나면 죽은 사람이다. 왜냐하면 생명은 육체에 있지 않고 영혼에 있기 때문이다.

빌립보서 1:23-24, "내가 그 두 사이에 끼였으니 떠나서 그리스도와 함께 있을 욕망을 가진 이것이 더욱 좋으나, 그러나 내가 육신에 거하는 것이 너희를 위하여 더 유익하리라."

이 말씀은 신자가 죽을 때, 영혼은 몸을 떠나 그리스도와 함께 거할 것을 분명히 가르친다.

고린도후서 5:6, 8, "이러므로 우리가 항상 담대하여 몸에 거할 때에는 주와 따로 거하는 줄을 아노니…우리가 담대하여 원하는 바는 차라리 몸을 떠나 주와 함께 거하는 그것이라."

이 말씀은 우리의 육체를 하나의 장막(tent)으로 비유하고, 영혼이 우리의 몸을 떠나면 그리스도와 함께 거할 것을 분명히 가르친다. 사람의 영혼은 몸을 떠나도 존재하며 활동한다. 영혼이 존재하며 활동하기 위해서는 영혼이 몸 안에 계속 있어야만 하는 것이 아니다.

빌립보서 1:21-24, "이는 내게 사는 것이 그리스도니 죽는 것도 유익함이니라 그러나 만일 육신으로 사는 이것이 내 일의 열매일진대 무엇을 가릴는지 나는 알지 못하노라 내가 그 두 사이에 끼였으니 떠나서 그리스도와 함께 있을 욕망을 가진 이것이 더욱 좋으나 그러나 내가 육신에 거하는 것이 너희를 위하여 더 유익하리라."

야고보서 2:26, "영혼 없는 몸이 죽은 것같이 행함이 없는 믿음은 죽은 것이니라."

"영혼이 없는 몸"(소마 코리스 프뉴마토스, σῶμα χωρίς πνεύματος; body without spirit)은 "죽었다"는 말씀은, 곧 영혼이 있는 몸은 산 사람이라는 뜻이다. 이 말씀은 영혼이 사람 생명의 근원이요 주체임을 가르친다. 영혼이 몸에서 떠나면 몸의 감각과 활동이 정지되며, 몸은 즉시 화학적으로 분해되어 흙의 먼지로 돌아간다. 산 사람의 구성 요소는 영혼과 몸이다.

이상의 말씀들은 영혼이 육체와 다른 별개의 본질이며, 영혼이 육체와 분리되어 존재할 수 있을 뿐만 아니라, 그리스도의 재림과 최후의 심판이 있기 전에 죽은 사람들의 경우에 있어서는 실제로 육체와 분리되어 존재하면서도 영혼의 기능적 활동들은 계속함을 가르친다. 우리는 성경의 이 교훈을 큰 확신을 가지고 수납해야 한다.

3. 사람의 물질적 요소(The Material Element of Man)

사람의 물질적 요소는 몸(body; 육체)**이다.** 성경은 사람의 물질적 요소들은 살, 피, 뼈(flesh, blood, bones)로 구성되어 있다고 했다(창 2:7, 23; 9:4; 29:14; 레 17:10, 11, 14; 신 12:16, 23).

몸에 관한 용어들로는 소마와 삵스(σῶμα καὶ σάρξ; body and flesh)를 들 수 있는데 이 두 단어는 동일한 의미의 상이한 표현들이다. 이 두 단어는 상호 교대적으로, 그리고 다양한 의미로 사용되었다. 즉 전인(全人; a whole person), 육체(몸), 육체의 연약, 몸 안에 내재하는 죄의 성질, 육신의 부패성, 예속 상태에 놓여 있는 몸, 도구로 사용되는 몸, 죽을 몸, 부활의 몸, 그리스도의 몸(교회) 등 여러 면으로 다양하게 사용되었다.

1) 소마(σῶμα; body; 몸)

신약에서 소마는 적어도 아홉 가지 이상의 의미를 나열하고 있다. 그런데 여기에서 소마는 물질적 요소인 사람의 몸을 강조한다.

① 소마는 나(I)라고 하는 전인(全人; a whole person)을 가리킨다(시 63:1; 고전 13:3; 9:27; 7:4; 롬 12:1; 빌 1:20; 약 3:6).

② 소마는 물질적 요소인 사람의 몸(육체)을 가리킨다. 이 단어는 산 사람의 몸, 죽은 사람의 몸, 부활체 등에 모두 사용되었다(마 6:22; 27:52; 고전 15:44).

③ 소마는 영혼의 도구를 가리킨다. 사람의 주체는 영혼이다. 그러므로 몸은 내적 자아인 영혼의 명령에 의하여 움직이는 영혼의 도구이다.

④ 소마는 몸의 연약성을 가리킨다. 몸의 연약성과 부패성을 우리는 흔히 육신이라고 한다. 성경은 육체의 연약성을 가리켜 깨지기 쉬운 '질그릇'으로 묘사하였다(고후 4:7). 시편 22:15에서는 "내 힘이 말라 질그릇 조각 같고"라고 했으며, 이사야 45:9에서는 "질그릇 조각 중 한 조각 같은 자"라고 했다.

주님은 사도 베드로에게 "마음에는 원이로되 육신이 약하도다"(마 26:41; 막 14:38)라고 했으며, 사도 바울은 신자들의 일상생활을 예를 들어 육신이 연약하므로 율법을 지킬 수 없음을(롬 6:19; 8:3) 말씀하셨다. 실로 몸은 연약하므로 먹지 않으면 배고프고, 잠자지 않으면 졸리고, 과로하면 피곤하고, 병들면 아프고, 세월이 흐를수록 쇠약해진다(고전 15:43; 갈 4:13).

⑤ 소마는 죄의 몸을 가리킨다(롬 6:6). 죄의 몸이란 죄의 성질이 있는 몸, 죄의 세력의 지배를 받는 몸을 가리킨다. 죄의 몸은 죄의 종이다(롬 6:20). 죄의 몸은 죄로 인하여 영이 죽은 몸이다(롬 8:10).

⑥ 소마는 죽을 몸을 가리킨다. 몸은 죄로 인하여 죽을 몸이다(롬 6:23; 8:10).

⑦ 소마는 그리스도의 보혈로 값 주고 사신 몸, 그리스도인을 가리킨다. 따라서 우리는 우리의 몸을 의의 병기, 성령의 도구로 사용하여 하나님께 영광을 돌려야 한다(고전 6:20).

⑧ 소마는 부활의 몸, 부활체를 가리킨다(고전 15:42-44). 현재의 부끄러운 몸, 약한 몸, 육신의 소욕이 있는 몸, 천한 몸, 썩을 몸이 그리스도의 재림 시에는 영광스러운 몸, 강한 몸, 신령한 몸, 썩지 않을 몸으로 될 것이다.

⑨ 소마는 상징적으로는 그리스도의 몸, 곧 교회를 가리킨다(롬 12:4-5; 엡 1:23; 골 2:17). 교회를 그리스도의 몸이라고 언급한 곳은 신약에 10번 발견된다(엡 1:23; 4:12, 16; 5:23, 30; 골 1:18, 24; 롬 12:5 고전 12:27). 교회를 그리스도의 몸이라고 말씀한 이유는 그리스도가 곧 교회의 머리라는 뜻이다.

2) 삵스(σάρξ; flesh; 몸, 육신)

신약에서 삵스는 적어도 다섯 가지 이상의 의미를 나열하고 있다. 그런데 여기서 삵스는 소마와 같이 사람의 물질적 요소인 몸을 강조한다.

① 삵스는 인류 전체를 가리킨다(마 24:22; 요 1:13; 롬 3:20).

② 삵스는 사람의 전인(a whole man)을 가리킨다(요 6:51-57; 고후 7:5; 약 5:3; 벧전 1:24-25; 사 40:6-8).

③ 삵스는 사람의 물질적 요소인 몸(육체)을 가리킨다(행 2:30-31; 고전 15:39; 고후 10:3; 갈 2:20; 엡 5:29; 빌 1:22).

④ 삵스는 몸(육체)의 연약성을 가리킨다(마 26:41; 롬 6:19; 8:3). 육체의 연약성을 언급할 때에는 우리나라 말로는 흔히 육신이라고 표현한다.

⑤ 삵스는 죄의 몸을 가리킨다. 죄의 몸이란 죄의 성질이 있는 몸을 가리킨다. 죄의 성질이 있는 몸을 베드로후서 2:18, 요한일서 2:16에서는 '육

체의 정욕'(에피두미아스 살코스, ἐπιθυμίαις σαρκός; lust of flesh)이라고 했다.

빈센트(Vincent)는 "죄의 몸이란 죄에 속한, 또는 죄의 세력의 지배를 받는 몸을 가리킨다"고 했고, **웨스트**(Wuest)는 "죄의 몸은 죄의 성질에 의하여 지배를 받는 몸을 가리킨다"(p. 101)고 했으며, **데니**(Denny)는 "죄의 몸은 우리의 살아 있는 몸을 가리킨다"(EGT, 2:633)고 했다.

4. 사람의 비물질적 요소(The Immaterial Element of Man)

사람의 비물질적 요소는 영(프뉴마, πνεῦμα; spirit) **또는 혼**(프쉬케, ψυχή; soul; 혼 또는 영혼)**이다**. 영과 혼(영혼)은 동일한 실체를 나타내는 동의어로 교대적으로 사용되었다. "영과 혼은 동일한 실체(same essence)를 나타내는 상이한 국면들(different aspects)로 간주한다"(Hammond, *In Understanding*, p. 71). 그러므로 우리는 사람의 비물질적 요소를 영 또는 혼, 영혼이라고 부른다.

사도 바울은 영이라는 단어를 사용하였고, 혼이라는 단어는 자주 사용하지 않았다. 혼이라는 단어는 신약성경 전체에 101번 나오는데 사도 바울은 이 중 14번만 혼이라는 단어를 사용하였다.[2]

1) 영(프뉴마, πνεῦμα; Spirit; 靈; 영)
프뉴마는 히브리어 '루아흐'(רוּחַ; Spirit)의 상당어이다.

① 프뉴마는 사람의 비물질적 요소인 영(spirit; 靈)을 가리킨다(눅 8:55; 행 7:59; 고전 5:5; 약 2:26; 전 12:7). 프뉴마는 몸(body)과 대조적으로 사용된다.

② 프뉴마는 속사람(the inward man)을 가리킨다(롬 7:22; 고후 4:16; 엡 3:16). 즉 육체적인 본성보다 심적 본성을 강조한다. 속사람은 신자들의

---

2) 참조. Young's *Analytical Concordance* (Grand Rapids: Eerdmans, 1980), pp. 917-918, 924-926.

중생한 영을 가리키기도 한다.

③ 프뉴마는 부활체를 가리킨다(고전 15:45; 딤전 3:16; 벧전 3:18). 히브리서 12:23에서는 죽은 성도들을 '온전케 된 의인의 영들'이라고 했으며, 그리스도께서는 운명할 때 자신의 '영'을 성부 하나님께 부탁하셨으며, 스데반은 운명할 때 자신의 영을 성자 하나님께 부탁하였다.

2) 혼(프쉬케, ψυχή; Soul; 혼 또는 영혼)

프쉬케는 히브리어 네페쉬(נֶפֶשׁ; soul)의 상당어이다.

① 프쉬케는 사람의 비물질적 요소인 영혼을 가리킨다(마 10:28; 행 2:27; 왕상 17:21).

② 프쉬케는 속사람(the inward person)을 가리킨다(눅 21:19; 마 10:39; 벧전 2:11; 요삼 2).

③ 프쉬케는 전인(全人, a whole person)을 가리킨다(행 2:41, 43; 롬 2:9; 약 5:20; 벧후 2:14).

3) 영과 혼의 교대적 사용

신구약 성경에 영과 혼은 교대적으로 사용되었다. 영 또는 혼은 동일한 실체를 나타내는 두 상이한 명칭들이다. 성경은 영과 혼을 구별하지 않는다.

(1) 성경은 영과 혼을 교대적으로 사용하였다.

예수님이 "지금 내 마음(프쉬케, ψυχή; soul; 영혼)이 민망하니"(요 12:27)라고 말씀하신 반면에, 사도 요한은 그 다음 장에서 "예수님께서 이 말씀을 하시고 '심령'(프뉴마티, πνεύματι; spirit; 영)이 민망하여"(요 13:21)라고 했다.

마리아는 "내 영혼(프쉬케)이 주를 찬양하며 내 마음(프뉴마)이 하나님

내 구주를 기뻐하였나이다"(눅 1:46-47)라고 했다.

죽어서 천국 또는 지옥에 가는 사람들을 온전케 된 의인의 '영들'(프뉴마시, πνεύμασι; to spirits; 히 12:23), 또는 옥에 있는 '영들'(프뉴마티, πνεύματι; spirits; 벧전 3:19)이라고 했고, 하나님의 말씀과 예수 그리스도의 증거로 인하여 죽임을 당한 '혼들'(프쉬카스, ψυχάς; souls, 계 6:9), 하나님의 말씀으로 인하여 목 베임을 받은 자의 '혼들'(프쉬카스, ψυχάς; souls)이라고 했다.

맥도날드(H. D. MacDonald)는 영과 혼(spirit and soul)을 구별하기를, "영과 혼 이 용어는 육체 또는 몸과 대조되는 사람의 내적 본질(Man's inner nature)을 가리킨다. 그리고 사람의 육체는 시간과 공간 속에서 존재하는 사람의 외적인(outer aspect of man)을 가리킨다."[3]

(2) 사람 전체를 가리킬 때 몸과 혼이라고 했다.

시편 기자는 "내 영혼(네페쉬, נֶפֶשׁ; soul; 혼)이 주를 갈망하며 내 육체가 주를 앙모하나이다"(시 63:1)라고 했고, "내 마음(네페쉬, נֶפֶשׁ; soul; 영혼)과 육체가 생존하시는 하나님께 부르짖나이다"라고 했다.

예수님은 산상보훈 때 "목숨(프쉬케, ψυχή; soul; life; 영혼, 생명)을 위하여 무엇을 먹을까 무엇을 마실까, 몸을 위하여 무엇을 입을까 염려하지 말라 목숨(ψυχή)이 음식보다 중하지 아니하며 몸이 의복보다 중하지 아니하냐"(마 6:25)라고 물으셨다.

또한 **예수님**은 "몸은 죽여도 영혼(프쉬켄, ψυχήν; soul; 영혼)은 능히 죽이지 못하는 자들을 두려워하지 말고 오직 몸과 영혼(프쉬켄 카이 소마, ψυχήν καί σῶμα; soul and body; 혼과 몸)을 능히 지옥에 멸하시는 자를 두려워하라"(마 10:28)고 말씀하셨으며, 겟세마네 동산에서는 베드로·야고보·요한에게 이르시기를 "내 마음(프쉬케 무, ψυχή μοῦ; my soul; 나의 영혼)이 심히 고민하여 죽게 되었으니"(마 26:38)라고 하셨다.

---

3) H. D. MacDonald, Man, *Doctrine of in Evangelical Dictionary of Theology*, ed. Watten A. Elulell (Grand Rapids: Baker, 1984), p. 678.

사도 바울이 안식 후 첫날, 곧 주일 밤중까지 강론할 때 유두고라는 청년이 창가에 걸터앉아 졸다가 삼층루에서 떨어져 죽었다. 사도 바울은 그 몸을 껴안고 "'생명'(프쉬케, ψυχή; life)이 저에게 있다"라고 했다(행 20:7-12).

사도 요한은 "사랑하는 자여 네 영혼(프쉬케, ψυχή; soul)이 잘됨 같이 네가 범사에 잘되고 강건하기를 내가 간구하노라"(요삼 2)고 축복하였다.

※ 히브리어와 헬라어 단어 '혼' 또는 '영'을 때로는 생명, 목숨(life), 마음(heart), 정신(mind) 등으로도 번역하였음을 기억하라.

(3) 사람 전체를 몸과 영(σῶμα καὶ πνεῦμα; body and spirit)이라고도 했다.

전도서 기자는 "흙은 여전히 땅으로 돌아가고 신(루아흐, רוּחַ; spirit; 영)은 그 주신 하나님께로 돌아가기 전에 기억하라"(전 12:7)고 했다.

예수님은 회당장의 죽은 딸 아이의 손을 잡고 "일어나라 하시니 그 영(프뉴마 아우테스, πνεῦμα αὐτῆς; her spirit; 그 여아의 영)이 돌아와 아이가 곧 일어났다"(눅 8:55)고 하셨다.

사도 바울은 고린도 교인들이 "육신은 멸하고 영(프뉴마, πνεῦμα; spirit)은 주 예수의 날에 구원 얻게 하려 함이라"(고전 5:3, 5)고 했으며, "몸과 영(소마티 카이 토 프뉴마티, σύματι καὶ τῷ πνεύματι)을 다 거룩하게 하려는" 여인에 관하여 말하였다(고전 7:34).

(4) 성경은 죽음의 순간에 혼(구약에서 네페쉬〈נֶפֶשׁ〉, 신약에서 프쉬케〈ψυχή〉)이 떠난다고 말한다.

라헬이 죽을 때 그 "혼(네페쉬, נֶפֶשׁ; soul)이 떠나려 했다"(창 35:18)고 했으며, 엘리야는 죽은 아이의 '혼'(네페쉬)이 돌아오기를 기도했다(왕상 17:21).

하나님은 어리석은 부자에게 "오늘밤에 '네 영혼'(프쉬켄 수, ψυχὴν σοῦ; your soul; 너의 영혼)을 도로 찾으리니 그러면 네 예비한 것이 뉘 것이 되겠느냐"(눅 12:20)라고 했다.

(5) 성경은 또한 죽음을 영(구약에서 루아흐⟨רוּחַ⟩, 신약에서 프뉴마⟨πνεῦμα⟩)이 떠난다고도 했다.

전도서 기자는 사람이 죽을 때 "신(루아흐, רוּחַ; spirit; 영)은 그 주신 하나님께로 돌아간다"(전 12:7)고 했고, 다윗은 예수님이 인용하신 말씀대로 "나의 영(프뉴마 무, πνεῦμά μου; my spirit)을 주의 손에 부탁하나이다"(시 31:5 참조 눅 23:46)라고 기도했다.

마태는 예수님이 운명하실 때 "예수께서 다시 크게 소리 지르시고 영혼(프뉴마, πνεῦμα)이 떠나시다"(마 27:50)라고 했고, 요한은 예수님께서 운명하실 때 "머리를 숙이시고 영혼(프뉴마, πνεῦμα; spirit)이 돌아가시니라"(요 19:30)고 했으며, 스데반도 임종 때 "주 예수여 '내 영혼'(프뉴마 무, πνεῦμα μοῦ; my spirit)을 받으시옵소서"(행 7:59)라고 했다.

스트롱(Strong)은 이분설을 매우 분명하게 설명하기를 "사람은 두 성질을 가지고 있다. 한편은 물질적 요소, 다른 한편은 비물질적 요소이다. 사람은 몸과 영(spirit) 또는 혼(soul)으로 구성되어 있다. 사람이 두 가지 요소로만 구성되어 있다는 것은 양심이 증거하며, 이 증거는 성경이 보증한다.

① 인간의 창조 기사(창 2:7)를 보면 하나님이 흙으로 사람을 지으시고 그 코에 호흡을 불어넣어서 생령(산 사람)이 되게 하셨다. 몸과 영혼이 합하여 한 산 사람이 되었다(욥 27:3; 33:4).

② 영혼 또는 영은 그것이 거하는 몸(육체)으로부터 구별된다(민 16:22; 슥 12:1; 고전 2:11; 전 12:7; 약 2:26).

③ 영과 혼(πνεῦμα와 ψυχή)은 교대적으로 사용되었다(창 41:8; 시 42:6; 요 12:27; 마 20:28; 27:50; 히 12:23; 계 6:9).

④ 영 또는 영혼과 육신이 합하여 온전한 사람을 구성한다"(마 10:28; 고전 5:3; 요삼 2).[4] 스트롱은 결론짓기를 "그러므로 사람의 존재는 삼분

---

4) James Strong, *The New Strong's Exhaustive Concordance of the Bible* (Edinburgh: Nelson, 1990), p. 483.

설이 아니라, 이분설이다"라고 했다.[5]

메이첸(J. G. Machen)은 "성경은 인간의 혼과 영은 두 개의 다른 이름으로 불리어질 뿐 정확히 동일한 것이라고 가르친다"고 했다.[6] 그러므로 우리는 영과 혼을 합하여 영혼이라고 부르는 것이 합당하다.

버즈웰(O. Buswell)은 "사람의 물질적 요소와 비물질적 요소인 몸과 영혼, 이 두 면은 논리적으로 구별될 뿐만 아니라 또한 분리된다. 그래서 사람이 죽을 때 비물질적 영혼은 보이지 않는 영역인 천국 또는 악한 자의 죽음의 장소(지옥: 역자 주)로 들어가 있다가 부활시에 그의 몸과 재결합한다. 몸은 흙으로 돌아가 부활을 기다린다. 성경이 제시하는 바와 같이 사람 안에 이 두 가지 요소가 있다는 것은 매우 분명하다"라고 했다.[7]

5. 사람은 단일체(A Single Entity)

1) 성경은 사람의 구성 요소들을 영(혼)과 몸으로 분리하나 그것을 사람 안의 이원체(二元體; duality), 즉 이중 주체(二重主體)로 보지 않고 사람의 유기적 단일체를 강조한다.

사람은 영혼과 몸으로 구성된 단일체이다. 사람은 영혼과 몸의 연합으로 구성되었으므로 영혼 없는 몸만으로 또는 몸 없는 영혼만으로는 완전한 사람이 될 수 없다. 성경은 사람 구성의 복합성(complex nature)을 가르치나, 영혼과 몸을 분리하여 이중적 주체(twofold subject)로 보지 않는다. 왜냐하면 영혼 없는 몸이나 몸 없는 영혼만으로는 한 인격적 존재로서의 주체가 되기에 불가능하기 때문이다. 뿐만 아니라 한 인격체 안에 이중적 주체를 인정한다는 것은 이성과 논리에도 맞지 않는다. 우리는 결

---

5) Ibid.
6) 그레샴 메이첸, 『기독교 인간관』, 채겸희 역 (서울: 나침반, 1992), p. 162.
7) J. Oliver Buswell, *A Systematic Theology of the Christian Religion* (Grand Rapids: Zondervan, 1978), p. 237.

단코 한 사람에게서 영혼과 몸을 구별하여 각기 독립적 존재로 간주하지 않는다.

물론 우리는 영혼과 몸의 존재론적, 기능적 구별을 배제하지 않는다. 그리고 그로 인한 영향이 영혼과 몸에 따로 미친다는 것도 부인하지 않는다. 예를 들면 사람은 예수 그리스도를 개인의 구주로 영접할 때 구원을 받는다. 그러나 이때의 구원은 몸 안에 있는 영혼에게만 적용된다. 다시 말하면 몸에는 구원이 이루어지지 않았다는 뜻이다. 따라서 믿는 사람이 죽으면 영혼은 즉시로 육체를 떠나 천국으로 가서 안식하며, 주님과 교제하고, 몸의 구원(구속)을 위하여 간절히 간구하나(롬 8:23), 몸은 썩어 부패되어 흙으로 돌아간다. 성경은 하나님의 말씀과 저희의 가진 증거로 인하여 죽임을 당한 영혼들이 천국에서 하나님께 탄원하는 것은 육체를 떠난 영혼의 활동임을 증거한다(계 6:9; 20:4). 몸의 구원은 예수 그리스도께서 재림하셔서 하나님의 초자연적 역사로 부활체로 변화될 때 비로소 이루어진다. 그러므로 우리는 사람이 무슨 선을 행하여 상급을 받을 때 선을 행한 사람이 상급을 받는다고 하며, 반면에 범죄로 인한 형벌도 사람이 받는다고 한다.

2) 따라서 사람의 행동마다 사람 전체의 행동이니, 영혼이 범죄하는 것이 아니라 사람이 범죄하며, 몸이 죽는 것이 아니라 사람이 죽는 것이다.

벌카우워(G. C. Berkouwer)는 사람은 단일체임을 강조하고, 이분설이냐 삼분설이냐에 대해서는 무게를 두지 않았다. 그는 말하기를 "이분설이냐 삼분설이냐는 신학적 관심의 적절한 대상이 아니다"[8]라고 하면서 "그럼에도 불구하고 영혼 또는 영(soul or spirit)은 상호 교리적으로 사용됐다"라고 이분설을 주장하였다.

사람은 전인(Whole man; 全人)으로 존재론적으로는 영혼과 육체로 구별된 통일체이다.

---

[8] Lewis B. Smedes, G. C. Berkouwer, *In Creative Minds in Contemporary Theology* (Grand Rapids: Eerdmans), 1966, p. 84.

Ⅱ. 삼분설: 트리코토미(Trichotomy)

삼분설에 의하면 사람은 몸(body), 혼(soul), 영(spirit)으로 구성되어 있다고 한다. 사람의 몸(육체)은 물질적 요소이며, 혼과 영은 비물질적 요소들로서 각기 구별되고 상이한 실체들(존재들)이다. 다시 말하면 혼과 영은 존재에서나 기능면에서 각기 상이하다. 따라서 사람을 구성하고 있는 요소들은 몸, 혼, 영이라 한다. 그들은 혼과 영을 존재론적으로 구분한다.

메이첸(J. G. Machen)은 "이 견해는 사실상 많은 경건한 그리스도인들에 의하여 주장되어 온 과오이며, 또한 그것은 학구적으로 그리고 경건한 태도로서 옹호되어 왔지만, 그럼에도 불구하고 그것은 중대한 과오다"라고 했다.[9] 삼분설은 성경적이 아니라, 헬라 철학 사상과 이단설에 기인하였다.

1. 어원(Etymology)

삼분설이란 헬라어 트리카(τρίχα; in three parts; 세 부분)와 템노(τέμνω; to cut; 자르다)로 구성된 합성어이다. 따라서 이 단어의 문자적 의미는 세 부분으로의 분리(division into three parts)를 뜻한다. 이 단어가 신학적으로는 삼분설에 적용되었다.

삼분설에 의하면 제1 요소는 **몸**(육체, body)이다. 몸은 물질적이다. 몸은 사람이나 동물이나 다 가지고 있다. 따라서 사람의 몸이나 동물의 몸이나 다를 바가 없다.

제2 요소는 **혼**(soul)이다. 혼은 비물질적, 불가견적이다. 혼은 사람이나 동물이나 다 가지고 있다. 비록 사람의 혼은 동물의 혼보다 월등하지만 종류상으로는 유사하다. 사람이 세상을 떠날 때 육체와 혼은 없어진다.

제3 요소는 **영**(spirit)이다. 영은 비물질적, 불가견적, 불가사적이다. 영

---
9) Ibid., p. 166.

은 사람만이 가지고 있다. 사람은 영으로 하나님과 교통한다. 사람은 영이 있기 때문에 동물보다 우월하다. 그러므로 삼분설은 "사람의 구성 요소는 육체, 혼, 영이다"라고 주장한다.

삼분설에 의하면 혼은 비물질로 간주되나 몸(육체)과 관련될 때에는 육신적·가사적 존재(carnal and mortal being)이며, 영은 하나님과 관련된 이성적·불사적 요소(rational and immortal element)라고 한다. 뿐만 아니라 혼은 사람과 동물이 다 같이 소유하고 있으며, 영은 사람만이 소유하고 있다. 사람은 영이 있기 때문에 동물과 다르다. 동물은 죽을 때 혼과 몸이 다 없어지지만 사람은 몸·혼·영으로 구성되어 있어서 몸은 혼과 함께 죽으나 영은 불멸이라고 한다.

한 걸음 더 나아가서 몸과 영은 혼을 방편으로 상호 연관성을 가진다고 한다. 영은 하나님과의 관계를, 몸은 세상과의 관계를 갖는다. 따라서 혼이 영과 관련될 때에는 영이 주격이 되어 하나님이 기뻐하시는 일을 하게 되고, 혼이 몸과 관련될 때에는 몸(육신의 부패성)이 주격이 되어 하나님이 기뻐하시지 않는 일을 하게 된다고 한다. 삼분설에서는 영은 혼보다 우월하며, 영과 혼은 몸보다 우월하다. 혼은 상상·기억·이해 등을, 영은 이성·양심·의지 등을 포함한다고 한다.

삼분설은 헬라 철학 사상에 기인하였다. 피타고라스와 아리스토텔레스 그리고 그 후의 많은 헬라와 로마의 철학자들은 "사람은 이성적 영(rational spirit), 동물적 혼(animal soul), 몸(body) 등 3요소로 구성되어 있다. 영은 인간의 비물질적인 면, 몸은 인간의 물질적인 면인데, 혼은 몸과 영을 서로 관련시키는 제3의 요소이다. 영은 불멸이요, 몸과 혼은 죽을 것이다"라고 했다.[10]

삼분설의 최초 주장자들 가운데 한 사람은 이레니우스(Irenaeus)였다. 그는 "불신자들은 단지 몸과 혼만을 갖고 있는 반면에, 신자들은 몸과 혼

---

10) Franz Delitzsch, *A System of Biblical Psychology* (Grand Rapids: Baker, 1966), pp. 106-107.

은 물론 성령에 의하여 창조된 영을 갖게 된다"(Unbelivers have only souls and bodies, believers acquire in addition spirits, which have been created by the Holy Spirit)[11]고 가르쳤다.

일반적으로 삼분설은 동방교회(The Eastern Church)가 신봉하였다. 삼분설 개념은 초대교회 시대에 소개되어 **알렉산더의 클레멘트, 오리겐, 닛사의 그레고리와 같은 헬라 신학자들의 총애를 받았다.**

4세기 라오디게아의 아폴리내리스(Apollinaris)가 헬라 철학자들의 삼분설 개념을 수용하여 사람은 몸과 혼과 영혼으로 구성되었다고 주장하였다. 그는 또 삼분설에 의하여 잘못된 기독론 곧 예수 그리스도의 인성의 완전성을 감소한 이래 삼분설은 점차적으로 불신임받기 시작하였다. 그의 이단설(그리스도의 인성의 완전성 부인)은 A.D. 381년 콘스탄티노플 회의에서 정죄되었다. 그러나 헬라(동방)교회는 계속 삼분설을 지지해 왔다.

삼분설은 19세기의 루스(Roos), 올스하우젠(Olshausen), 베크(J. T. Beck), 델리취(Franz Delitzsch), 오벌린(Auberlen), 화이트(White), 허드(J. B. Heard) 같은 독일과 영국의 일부 신학자들에 의하여 부흥되었으나 큰 총애를 받지는 못하였다.

스코필드관주성경(Scofield Reference Bible)은 3분설을 옹호하는 주석성경으로 세대론자들(주로 침례교)의 지지를 받는다. 우리나라에는 알미니안 교리를 신봉하는 감리교, 신오순절파(하나님의 성회), 성결교 그리고 장로교의 일부도 삼분설을 신봉한다.

2. 중심성경구절들(The Bible Verses Seeming to Support Tricotomy)

데살로니가전서 5:23, "평강의 하나님이 친히 너희로 온전히 거룩하게 하시고 또 너희 온 영과 혼과 몸이 우리 주 예수 그리스도 강림하실 때까

---

11) Anthony Hoekema, *Created in God's Image* (Grand Rapids: Eerdmans, 1986), p. 205.

지 흠 없게 보전되기를 원하노라."

사도 바울은 데살로니가 교회에 보내는 서신 끝에 데살로니가 교회 성도들이 이 세상에 사는 동안 영육간에 흠 없이 보전되고 성결한 삶을 살기를 기원하였다.

삼분설자들은 본절에 기록된 몸·혼·영을 근거로 사람의 구성 요소는 셋이라고 주장한다.

1) 삼분설자들은 몸·혼·영 이 세 단어들은 모두 사람을 구성하고 있는 개별적 존재들이라고 한다.

2) 삼분설자들은 "영과 혼과 몸"(τὸ πνεῦμα καὶ ἡ ψυχὴ καὶ τὸ σῶμα; spirit and soul and body)이라는 말씀 중에 특히 '과'(καί; and; 그리고)라는 등위 접속사에 치중한다. 그리하여 영과 혼과 몸은 각기 상이한, 그리고 구별된 개별적 존재들이라고 주장한다.

3) 삼분설자들은 "온 영과 혼과 몸"이라는 말씀 중에 형용사 '온'(홀로클레론, ὁλόκληρον; entire, whole, complete; 온, 전체, 전부)이라는 단어의 문법적 구조를 강조하여 '온'이란 단어를 '영'에만 적용하지 않고 '혼과 몸'에도 모두 적용하여 온 영, 온 혼, 온 몸이라고 주장한다.

엘리코트(C. Ellicott)는 데살로니가전서 5:23을 주해하면서 "'온'은 온 영·혼·몸 그리고 이 셋이 다 보전되기를 기도하였다. 그런데 영·혼·몸이 각기 완전한 상태에서 보존되기를 원한 것이 사도 바울의 기도였다. … 끝으로 사람은 영·혼·몸 등 3요소로 구성되어 있다는 결론으로 우리를 인도한다"라고 했다.[12]

4) 삼분설자들은 "영과 혼은 원문에도 각기 다른 단어들(πνεῦμα와 ψυχή)이며 이 단어들이 동의어라는 증거도 없다. 만일 영과 혼이 동일한 비물질이라면 왜 상이한 단어들을 사용했겠는가? 상이한 단어들은 상이한 개념을 나타내지 않는가"라고 한다.

---

12) Charles J. Ellicott, *The Threefold Nature of Man*, p. 107.

반증(Counter-Evidence; 反證)

① 만일 영·혼·몸이 사람 구성의 3요소라면 어찌하여 사도 바울은 마음(heart)·정신(mind)·의지(will)·양심(conscience) 등은 사람의 구성 요소에 포함시키지 않았는가?[13]

② 삼분설자들은 "그와 같은 논법으로 마태복음 22:37; 마가복음 12:30; 누가복음 10:27의 '마음과 목숨과 뜻과 힘'(heart and soul and mind and strength)을 기초로 해 인성사분설(人性四分設)을 주장할 수도 있지 않겠는가" 만일 영·혼·몸·마음·뜻(정신)·양심·의지 등을 포함한다면 인성칠분설을 주장할 수도 있지 않겠는가? 그러나 교회 역사에 인성사분설이나 인성칠분설을 주장한 사람은 아무도 없다. 테일러는 "마음과 목숨과 뜻과 힘이라는 말씀의 의도는 기능들과 능력들의 구별이 아니라, 전인(全人)의 완전한 반응을 강조하는 것이다"라고 했다.[14] 영·혼·마음·정신·양심·의지 등은 존재의 구별이 아니라 영혼의 기능적 구별들이다.

③ 데살로니가전서 5:23은 사람 전체의 성화를 강조한다. "'온'사람 전체의 국면들을 마음에 두었다는 것을 보여 준다."[15] 사도 바울의 말씀은 "사람의 구성 요소들 하나하나를 구별하는 생각을 하지 않고, 전인(全人; whole person)의 성화를 강조한 말씀이다."[16] 바울은 자신의 소원을 나타내기에 충분한 표현 방법을 사용한 것이 분명하다. 그는 자신의 생각을 나타내기 위하여 그러한 생각을 나타낼 수 있는 또 다른 표현들이 있었다면, 그 다른 말들도 사용하였을 것이다.

따라서 우리는 이 구절이 교리상의 진술이 아니라, 하나의 간구라는 사실에 주목해야 한다. 사도 바울은 데살로니가 교회 성도들이 그리스도의 재림시까지 전인(全人)이 온전히 성화되고, 보전되기를 간구한 것이

---

13) Charles C. Ryrie, *Basic Theology* (Chicago: Moody press, 1987), p. 196.

14) Vincent Taylor, *Luke* (Grand Rapids: Eerdmans, 1975), p. 486.

15) Ibid.

16) *Thomson Bible*, p. 1826.

다. 본절에서는 전인의 성화가 두 개의 단어로 표현되었다. 첫 번째 단어 '온전히'(홀로텔레이스, ὁλοτελεῖς; complete; 완전한)는 '모든 부분에 있어서 완전한'이란 뜻이다. 두 번째 단어 '온'(홀로클레론, ὁλόκληρον; entire, whole; 전체, 전부)도 전인을 뜻한다. 이 두 단어는 모두 영혼과 육체를 포함한 전인(全人)을 가리킨다.

테일러(Vincent Taylor)는 '온'(ὁλόκληρον)은 모든 부분의 전체(전부)로서 이 구절은 윤리적으로 죄로부터의 자유, 무흠을 뜻한다고(p. 443) 했다.

히브리서 4:12, "하나님의 말씀은 살았고 운동력이 있어 좌우에 날 선 어떤 검보다도 예리하여 혼과 영과 및 관절과 골수를 찔러 쪼개기까지 하며 또 마음의 생각과 뜻을 감찰하나니."

삼분설자들은 히브리서 4:12에 기록된 "혼과 영과 관절과 골수를 찔러 쪼개기까지 하며…"(as the division of soul and spirit, of both joints and marrow)라는 말씀에 근거하여 삼분설을 주장한다. 즉 그들은 하나님의 말씀이 혼과 영을 쪼갠다고 주장하면서 혼과 영을 두 상이한 실체(實體)로 간주한다.

델리취(Delitzsch)는 그의 명저 『성경 심리학의 구조』(*A System of Biblical Psychology*, 1861)에서 "하나님의 말씀은 사람의 은밀한 존재로 침투할 뿐만 아니라, 그것은 그 구성 요소로 나누기까지 한다. …하나님의 말씀은 …사람 속에 있는 영(πνευμα)을 분명히 드러내며 분리해 낸다"고 했다. 동 저서의 '거짓과 참의 삼분설'(The False and the True Trichotomy)이라는 항목에서는 "이분설이나 삼분설이 인간 구조의 성경적 제시라고 말하는 것은 도움이 되지 않는다. 성경은 한편으로는 마태복음 6:25; 야고보서 2:26; 고린도전서 6:20에서와 같이 결정적으로 이분설적인 경향으로 말하고, 다른 한편으로는 데살로니가전서 5:23; 히브리서 4:12에서와 같이 절대적으로 또는 부인할 수 없이 삼분설적인 경향으로 말한다. 거짓 삼분설이 있고 그것에 반대되는 성경적 이분설(a scriptural dichotomy)이 있으며, 거짓 이분설이 있고 반면에 성경적 삼분설(a scriptural trichotomy)이 있다"(p. 103)고 했다.

반증(Counter-Evidence; 反證)

본문에 "쪼개기까지 하며"라는 표현은 혼을 영으로부터 분리할 수 있음을 지시하지 않는다. 본절에서 삼분설자들은 '혼과 영'이라는 소유격(genitive)은 '쪼개고'라는 분사(participle)에 지배를 받는다는 사실을 무시한다. '쪼개고'(메리스모스, μερισμός; dividing; 나누는, 분리하는, 쪼개는)라는 말씀은 하반절에 "마음의 생각과 뜻을 감찰하신다"는 말씀과 결부시켜 해석해야 한다. 다시 말하면 히브리서 4:12의 의미는 13절에서 재강조되었다. 즉 말씀의 눈(eyes of the Word) 앞에는 아무것도 숨길 수 없다는 뜻이다. 성경은 하나님의 말씀을 좌우에 날선 검으로 비유하였다. 실제로 관절과 골수는 만나는 곳이기 때문에 쪼갤 수 없다. 이 단어는 혼을 영으로부터, 또는 마디를 골수로부터 분리하는 것으로 이해하지 않는다. 만일 혼과 영을 분리하는 의미를 가진다면 혼과 영을 구별하는 '메탁수'(μεταξύ; between; 사이) 같은 어떤 전치사가 요구되었을 것이다.

델리취는 혼과 영의 실재적인 것과 기능적인 면을 구별하지 못한 결과로 나온 오류를 범하고 있다. 만일 실체적 실재들(substantive entities)과 기능적 속성들(functional attributes) 사이의 구별을 분명히 한다면 삼분설을 주장할 수 없게 될 것이다. 델리취의 혼과 영의 구별은 기능적 구별이요, 실체적 구별이 아닌 것은 다음 문장에서 증명된다. 그는 "혼은 영의 외적 국면(external aspect)이요, 영은 혼의 내적 국면(internal aspect)이며, 사람의 가장 내적 성질은 그의 자아(Ego)이니, 그것은 영·혼·몸으로부터 구별된다."[17] 이 인용문에서 구별(distinct)이란 기능적인 구별을 의미하고, 실체적인 구별을 의미하지 않는 것이 분명하다. 델리취의 저서에는 동일한 실체의 기능적 구별을 보여 주는 것 외에 아무것도 없다.

웨스트코트(B. F. Westcott)는 "혼과 영, 마디와 골수…처음의 둘(혼과 영)

---

17) Ibid., p. 179.

은 사람의 비물질적 요소를, 다음의 둘(마디와 골수)은 사람의 물질적 요소를 대표한다. 이것들은 인간 구조의 총체적, 일반적 개념을 말한다"고 했다.[18]

찰스 핫지(C. Hodge)는 "관절과 골수는 서로 다른 실체들이 아니다. 그것들은 동일한 실체의 서로 상이한 형태들(different forms of the same substance)이다. 그래서 혼과 영은 서로 다른 국면들 또는 관계들 하에서 하나요 동일한 실체이다. 우리는 하나님의 말씀이 감정에 미칠 뿐 아니라, 양심에도 미친다고 말할 수 있으나, 마음과 양심이 구별된 다른 실재들(entities)이라고 가정함 없이 미친다고 말할 수 있다"[19]라고 했다. 그러므로 히브리서 4:12은 삼분설을 지지하지 않는다.

플러머(Plummer)는 요약하여 진술하기를 "관절과 골수는 우리 육체 구조의 가장 신비로운 부분들을, 혼과 영은 우리의 영적 존재를, 마음의 생각과 뜻은 우리의 내밀한 정신적 활동들을 묘사한다"고 했다.

고린도전서 2:14-4:4, "육에 속한 사람⋯신령하지 못한 사람⋯신령한 사람⋯."

삼분설자들은 혼과 영이 상이한 실재들이라고 주장하면서 이 말씀들을 몸·혼·영으로 해석한다. 삼분설자들은 '프쉬키코스'(ψυχικός)는 혼, '사르키코스'(σαρκίκος)는 몸, '프뉴마티코스'(πνευματικός)는 영(spirit)으로 해석한다.

반증(Counter-Evidence; 反證)

사도 바울은 본문에서 사람의 구성 요소들에 관하여 언급한 것이 아니라, 불신자와 신자 그리고 신자들 중에는 성령의 감화와 지배를 받는 사람과 그렇지 않은 사람에 관하여 언급하고 있다.

---

18) Brooke Foss Westcott, *The Epistle to the Hebrews* (Grand Rapids: Eerdmans, 1950), p. 103.
19) C. Hodges, *Systematic Theology* II, p. 50.

이 구절은 분명히 인간의 본질을 몸·혼·영으로 구분하는 삼분설을 반대하고, 육체와 영혼으로 구분하는 이분설을 지지한다. 명백한 사실은 '영에 속한 자'라는 어구에 사용된 형용사 '영에 속한'(신령한)에서 인간의 영을 가리키는 것이 아니라 하나님의 영을 가리킨다. 그 이유는 "사람의 사정을 사람의 속에 있는 영 외에는 누가 알리요 이와 같이 하나님의 사정도 '하나님의 영'(πνεῦμα τοῦ θεοῦ; Spirit of God) 외에는 아무도 알지 못하느니라"(고전 2:11)고 한 말씀 다음에 계속해서 하나님의 영이 그 속에 계심으로 하나님의 일들을 깨닫는 자에 대하여 말씀하시기 때문이다. 그러므로 이 단어(영)의 첫 번째 철자가 대문자(Spirit)로 쓰여진 것으로 생각하는 것이 바울 서신의 다른 구절들에 있어서와 마찬가지로 이 구절을 바로 이해하는 열쇠이다.

① **육에 속한 사람**(프쉬키코스, ψυχικός; 혼적인 사람): 헬라어 원문에는 혼적인 사람으로 되어 있으나 영어에는 혼적인(soulish)이라는 말이 없다. 영어성경 K.J.V.에는 'natural man'(자연인)으로 번역되었고, 우리말 성경에는 '육에 속한 사람'으로 번역되었다. **자연인은 중생하지 못한 불신자**, 성령이 없는 사람을 가리킨다. 프쉬키코스가 고린도전서 2:15; 15:44, 46에서는 신령한 몸과 대조적으로 사용되었다.

자연인은 야고보서 3:15에서는 지혜에 적용하여 지혜로운 사람을 가리킨다. 헬라 문학에서는 이 단어(ψυχικός)를 최고의 의미로 사용하여 지식인(educated person), 현대인(modern man)을 가리킨다. 따라서 육에 속한 사람=자연인=지식인=현대인은 우주·과학·예술 등 다방면에서 두각을 나타낸다.

그러나 자연인, 육에 속한 사람은 하나님의 일을 깨닫지도 못하며 받지도 못한다. 왜냐하면 세상의 지혜는 위로부터 내려온 것이 아니기 때문이다. 세상의 지혜로는 신령한 것을 깨닫지 못한다. "이 세상(사람)이 자기 지혜로 하나님을 알지 못한다"(고전 1:21).

② **신령하지 못한 사람**(사르키코스, σαρκίκος; fleshy; 육적, 세속적인 사람):

중생한 그리스도인이면서도 영적으로 어린 사람(baby in Christ), 육체의 소욕을 따라 사는 사람을 가리킨다. 육체의 소욕이란 죄의 성질을 가리킨다. 죄의 성질·영향·지배를 받는 신자는 육에 속한 사람이다. 육에 속한 사람은 성령의 소욕을 거스른다(갈 5:17). 따라서 신령하지 못한 사람은 성령의 감화·인도·지배를 받지 않는 사람이다.

그러나 다른 한편으로는 중생함으로써 새로운 성질(a new nature)이 있기 때문에 선을 행하고자 하는 욕망이 있다. 따라서 신령하지 못한 사람 안에는 두 가지 상반된 성질이 있어서 서로 충돌한다. 신령하지 못한 사람은 신령한 사람이 되도록 날마다 육체의 소욕을 제어하고 성령의 소욕을 따라 행해야 한다.

※ 사르키코스(σαρκίκος)가 육적·육체의 소욕·죄의 성질을 가리키는 반면에 사르키노스(σαρκίνος)는 사람의 육체·몸 그리고 육체의 연약성을 가리킨다.

③ **신령한 사람**(프뉴마티코스, πνευματικός; spiritual man; 영의 사람): 중생한 그리스도인으로 본성의 전부가 하나님의 영(성령)에 의하여 지배를 받는 사람, 영적으로 **성숙한 그리스도인, 곧 영의 사람**(a mature christian/a spiritual man)을 가리킨다. 신령한 사람은 성령의 소욕을 좇아 행하는 사람(갈 5:17), 성령의 감화·인도·지배를 받는 사람이다. 이 사람은 우리의 중생한 영이 주체가 되어 활동하는 사람이다.

신령한 사람은 자연인에 반대이며, 신령하지 못한 사람과 대조적이다. 우리는 그리스도인으로서 신령한 사람, 신앙이 성숙한 사람, 성령의 지배를 받는 사람, 중생한 영이 주체가 되어 활동하는 사람이 되어야 한다.

삼분설자들이 프쉬키코스는 몸, 사르키코스는 혼, 프뉴마티코스는 영으로 해석하여 삼분설을 주장하는 것은 잘못이다.

고린도전서 14:14, "내가 만일 방언으로 기도하면 나의 영이 기도하거니와 나의 마음은 열매를 맺지 못하느니라."

삼분설자들은 나의 '영'(πνεῦμα; spirit)과 나의 '마음'(누스, νοῦς; mind; 정

신, 혼)은 별개의 존재이고, 우리의 생각은 영이 아닌 혼의 활동이라고 주장하면서 인성삼분설을 주장한다.

반증(Counter-Evidence; 反證)
본문은 사도 바울이 당시 고린도 교회의 일부 신자들이 무아지경의 황홀하고도 모호한, 영문 모를, 계속적이고도 반복적인, 이상야릇한, 정신 나간 사람들의 헛소리 같은, 횡설수설하는, 중언부언하는, 알아들을 수 없는, 이성과 양심에 지배를 받지 않는 말로 기도하면서(그것을 방언기도라고 하면서) 그들의 실생활은 조금도 열매를 맺지 못하는 것을 지적하고 교훈한 말씀이다.

사도 바울의 "내가 만일 방언으로 기도하면"이라는 말씀 중에 '만일'(에안, 'Εὰν; if)은 가정(假定)을 나타내는 접속사이다. 가정은 사실이 아니거나, 사실에 반대된다. 그러므로 "내가 만일 방언으로 기도하면"이라는 말씀은 방언으로 기도하지 않았다는 말씀이다. 그리고 "열매를 맺지 못하느니라"는 말씀은 다른 사람들에게는 물론 나 자신에게도 아무 유익이 되지 못한다는 뜻이다. 왜냐하면 말하는 이의 열매는 듣는 자의 유익에서 맺혀지기 때문이다. 외국어인 영어나 러시아어나 독일어나 중국어나 일본어 같은 방언으로 기도해도 열매를 맺지 못하거든 하물며 소위 현대 방언으로 기도한다면 무슨 열매를 맺겠는가?[20]

일반적으로 삼분설자들은 몸·혼·영을 가리켜 삼분설을 말하는데 본절에서 마음(정신)도 별개의 존재로 본다면 인성사분설이라고 주장하여야 마땅하지 않겠는가? 삼분설자들이 영과 마음을 별개의 존재로 주장하여 인성삼분설을 주장하는 것은 성경적이 아니다.

고린도전서 15:44, "육의 몸으로 심고 신령한 몸으로 다시 사나니 육의 몸이 있은즉 또 신령한 몸이 있느니라."

본절에서 사도 바울은 현재의 몸과 부활체는 성질상 차이가 있음을 교

---

20) 조영엽, 『교회론』(서울: CLC, 2012), pp. 289-290.

훈하였다. 원문에 육의 몸은 '혼의 몸'(σῶμα ψυχικόν; body of soul)이요, 신령한 몸은 '영의 몸'(σῶμα πνευματικόν; body of spirit)이다. 따라서 삼분설자들은 혼과 영을 구별하여 사람 구성의 3요소를 주장한다.

반증(Counter-Evidence; 反證)

본문에서 육(혼)의 몸은 분명히 죄의 성질과 연약함과 부패성이 있는 현세의 몸을 가리키며, 영의 몸은 분명히 죄의 성질이 없는 신령한 내세의 몸(부활체)을 가리킨다. 여기서 육의 몸은 자연인 불신자가 아니라, 중생함을 받은 현세의 신자를 가리킨다. 혼의 원어 '프쉬케'(ψυχή; soul)는 또한 육체적 생명을 가리키는 말이므로(마 2:20; 6:25) 혼의 몸 대신에 육의 몸(natural body)으로 역술(譯述)되었으며, 육의 몸은 죄의 성질과 연약성이 있는 몸이다. 반면에 영의 몸은 부활체를 가리키는 것으로 신령한 몸(spiritual body)으로 역술되었다. 육의 몸과 신령한 몸은 몸의 성질의 차이를 가리키는 말씀이요, 몸을 구성하고 있는 수(數)를 가리키는 말씀이 아니다.

머레이(J. Murray)는 "…그것은 구별되는 한 실체와 구별되는 또 하나의 실체를 나누는 것이 아니고, 하나의 사물 그 자체를 나누고 가르는 것이다. 갈라 나눔(division between)은 두 개의 사물을 전제로 하나, 내부에서의 나눔(division within)은 하나의 사물에 적용할 수 있다"고 해 영과 혼을 한 실체로 보고, 한 실체 내에서의 구별은 기능적 작용으로 보았다.[21]

3. 삼분설은 삼위일체를 반영한다는 주장(A Reflection of Triunity)

"거의 모든 삼분설자들의 마음에 깊이 자리 잡은 관념은 몸·혼·영으로 구성된 사람은 성부, 성자, 성령 삼위일체의 반영(a reflection of the

---

21) John Murray, *Collected Writings of John Murray* (Edinburgh: Banner of Truth, 1977), Vol. II, Ch. 3. Tricotomy.

Triunity)이라는 것이다. 사람의 삼분적 성질은 하나님의 형상을 구성하는 것이며, 적어도 그 형상의 한 국면이라는 것이다."[22]

성경은 하나님의 형상을 논할 때 지식·의·거룩과 만물 위의 주관권을 포함한다고 가르친다(창 1:27; 골 3:10; 엡 4:24; 웨스트민스터 소요리문답 10문). 하나님의 형상을 논할 때 어떠한 의미에서도 몸(육체)은 포함하지 않는다. 그런데 삼분설자들이 사람을 몸·혼·영 등으로 삼분하여 그것들을 삼위의 형상의 반영으로 본다는 것은 성경적 근거가 없으며, 개혁파 신학의 지지를 받지 못한다.

삼위일체 교리에서 진술한 대로 성부·성자·성령은 본체는 하나시요, 영광과 권능은 동등하다고 고백한다. 그러나 삼분설에서는 영은 혼보다 월등하며, 혼과 영은 몸보다 월등하다고 한다. 그렇다면 사람의 동등하지 못한 요소들이 어떻게 성부·성자·성령의 동등성을 반영한다고 할 수 있겠는가? 영·혼·몸이 하나님의 삼위의 반영이라는 주장은 그 이론 자체가 논리적 모순이요, 그것은 이단이다.

4. 비성경적 삼분설(Unbiblical Trichotomy)

1) 신구약 성경은 이분설을 가르친다. 창세기 2:7; 전도서 12:7; 마태복음 6:25; 10:28; 사도행전 7:59; 빌립보서 1:23, 24; 고린도후서 5:6, 8; 야고보서 2:26 등 신구약 성경은 초지일관 사람은 영혼과 육체, 비물질적 요소와 물질적 요소로 구성되어 있다고 가르친다.

2) 영과 혼은 동일한 뜻의 상이한 표현들로서 각기 독립적으로, 또는 상호 교대적으로 사용되었다(요 12:27; 13:21; 눅 1:46, 47; 히 12:23; 벧전 3:19; 시 63:1; 마 6:25; 10:28; 26:38; 행 20:7-12; 전 12:7; 눅 8:55; 고전 5:3, 5; 눅 12:20 등). 영과 혼을 두 구별된 비물질적 존재들로 생각하는 것은 성경 해석의 오류이다.

---

22) Buswell, *A Systematic Theology of the Christian Religion*, p. 247.

3) 사람의 양심은 이분설을 지지한다. 양심은 도덕법의 주인, 도덕적 판단의 기준, 선과 악, 옳고 그릇됨을 판단하는 도덕적 의식이다. 그런데 우리의 양심은 영과 혼이 각기 상이한 독립적 존재라는 것을 전연 의식하지 못한다.

 4) 교회 역사와 정통 신조들과 신앙고백서들은 시대 여하를 막론하고 삼분설을 정죄하고 이분설을 옹호하였다. 삼분설은 성경의 진리를 바로 깨닫지 못한 사람들의 해석이다.

호크마(A. A. Hockema)는 다음과 같은 3가지 이유를 들어 3분설을 반대하였다.

① 삼분설은 사람의 단일성(the unity of man)에 위배되기 때문에 거절하여야 한다.

② 삼분설은 종종 영혼과 육체 사이에 화해할 수 없는 대립(an irreconcilable antithesis)을 전제로 하기 때문에 거절하여야 한다.

③ 삼분설은 성경의 지지를 받지 못하는 영과 혼(spirit and soul) 사이에 예리한 구별을 두기 때문에 거절하여야 한다"고 하였다.[23]

---

23) Hoekema, *Created in God's Image*, p. 206.

생명

봄이 오더니 움이 돋고
여름이 오더니 꽃이 피고
가을이 오더니 열매를 맺는도다.

생명의 씨가 갈한 영혼에 떨어지더니
사랑의 꽃을 피우고
의의 풍성한 열매를 맺는도다.

생명의 물이 목마른 가슴을 적시더니
샘물되어 솟아나고
강물되어 창일하게 흐르는도다.

생명의 빛이 한 줄기의 빛이더니
주위를 환희 비추고
온 세상에 빛이되어 퍼져가는도다.

죽은자를 살리는 생명의 떡은
영원히 목마르지 않은 생명의 물은
어둠을 몰아내는 생명의 빛은
우리 주 예수 그리스도이심이라!

◈ 진실로 생명의 원천이 주께 있사오니 주의 빛 안에서 우리가 빛을 보리이다
 (시 36:9).

- 시인 Eun Ye Cheung(정은예)
Seattle, U.S.A.

제 3 장
영혼의 기원과 기능적 명칭들
(*The Origin and the Functional Names of the Soul*)

Ⅰ. 영혼의 기원
  1. 영혼 선재설
  2. 영혼 유전설
  3. 영혼 창조설
Ⅱ. 영혼의 기능적 명칭들
  1. 정신
  2. 마음
  3. 양심
  4. 의지
Ⅲ. 인간의 자유의지
  1. 타락 전 자유의지
  2. 타락 후 자유의지
  3. 아담 후손들의 자유의지

Ⅰ. 영혼의 기원(The Origin of the Soul)

사람의 비물질적 존재를 가리켜 영혼(영 또는 혼)이라고 한다. 영혼은 영적, 비물질적, 무형적 존재이다. 그런데 사람 안에 영혼이 존재하는가에 대해서는 의문의 여지가 없다. 그러나 영혼의 기원에 대해서는 몇 가지 설이 있다.

사람의 영혼의 기원은 어디인가? 성경은 사람(전인; whole man; 全人)의 기원에 대해서는 계시하였으나 영혼의 기원에 대해서는 침묵하고 있다. 교회 역사상 영혼의 기원에 대해서는 선재설, 유전설, 창조설 등 세 가지설이 있다. 교회 역사상 정통 신학자들과 교회들은 창조설과 유전설을 신봉한다. 그러나 창조설과 유전설도 해결하지 못할 문제들을 안고 있다.

1. 영혼 선재설(The Pre-Existence Theory)

영혼 선재설에 의하면 하나님이 이 세상에 태어나는 모든 사람의 영혼을 영원 세계에서 일시에 창조하신 후, 사람들이 태어날 때마다 새 생명의 초기 발달기 어느 한 시점에서 영혼을 육체 안에 넣어 준다는 것이다.

플라톤(Plato, B.C. 429-347년, 아테네의 철학자)은 "관념들(ideas)은 영원하다. 이 관념들은 단순한 생각들이 아니라, 산 실체들(living entities)이다. 그것들은 모든 생명체의 실체와 생명(essence and life)이다. …그래서 한 관념은 시공 세계에서 실제로 존재하게 되었다…"[1]라고 했다. 플라톤주의에서는 영혼들이 개별적으로 인간 육체들 안으로 들어오기 전에 어떤 고등한 존재로 있었다고 주장하면서 영혼의 선재와 불멸, 그리고 윤회를 믿었다.

필로(Philo, B.C. 20 - A.D. 50년, 알렉산드리아의 유대인 철학자)는 "모든 영혼은 하나님으로부터 창조되었으나, 범죄함으로 말미암아 형벌을 받아 몸에 수감되니 반드시 해탈을 얻어야 한다"고 했다.

오리겐(Origen, A.D. 185-254년, 알렉산드리아의 철학자)은 "신체 없는 순수한 영들과 신체를 구분하고, 영혼의 인격적 선재(personal preexistence)를 주장하였다.

오리겐은 "선재설에 의하면 전세(前世)에서의 타락으로 말미암아 죄가

---

[1] C. Hodge, *Systematic Theology* II, p. 5.

기원하였다. 영혼들의 전세에서의 행위가 다양하였으므로 그것에 대한 보응으로 그들이 이 세상에 다양한 상태로 출생하게 된다. 하나님은 공의로우시기 때문에 모든 영혼을 동등하게 창조하셨으나, 이 세상에서의 실제적인 도덕적 불평등과 불규칙을 포함하는 다양한 상태는 전세에서 그들의 죄책(罪責)에 적응하는 것이다"[2]라고 한다.

이 이론은 신체와의 연합을 영혼에 대한 형벌로 보는 이교(異敎) 사상이다. 이 설에 의하면 영혼은 역사 세계에서 계속 돌고 돈다. 이것은 영혼의 윤회설(transmigration of soul)로서 힌두교, 불교 등에서 지지한다. 이 설은 또한 플라톤(Plato), 필로(Philo), 오리겐(Origen) 그리고 알렉산드리아의 교부들도 주장하였다.

"영혼은 선재 상태에서 범죄하고 정죄받아 이 세상에 죄의 상태로 태어나게 되었다"[3]고 한다. 영혼 선재설은 주후 5세기와 6세기에 널리 정죄받았다.

최근에는 접신 학자들(theosophists)과 다른 사교 집단들(cultists)뿐만 아니라 옥스퍼드대학의 쉴러(F. C. S. Schiller), 캠브리지대학의 테넌트(F. R. Tennant)와 같은 탁월한 철학자들도 영혼의 실체적 선재(a substantive pre-existence)를 주장하고 있다.[4]

영혼 선재설을 주장하는 이들은 "영혼은 인간 몸 안으로 들어오기 전 천계(heavenly world)에서 하나의 순수한 형태, 또는 관념(a pureform or idea)으로 존재하였다. 그러므로 영혼은 창조되지 않은 불멸의 존재이다. 몸은 영혼의 감옥이다. 영혼은 마치 굴이 조개껍질 안에 있는 것같이 갇혀 있다. 사람이 죽을 때 영혼은 몸을 떠나 천계로 돌아가거나, 또는 다른 존재로 여러 번 다시 태어나되 1천 년까지 다시 태어난다. 고로 참 철

---

2) 박형룡, 교의신학전집 『인죄론』 (서울: 한국기독교교육연구원, 1983), p. 76.
3) Sinclair B. Ferguson, David F. Wright and J. I. Packer, *New Dictionary of Theology* (Inter Varsity, 1988), p. 482.
4) Buswell, *A Systematic Theology of the Christian Religion*, p. 248.

학자들은 죽음을 두려워하지 않아야 한다"⁵⁾고 주장한다.

반증(Counter-Evidence; 反證)
① 선재설은 엄격히 이방 사상(heathen thought)의 산물이다. 옛날에는 플라톤, 필로 등 헬라 철학자들이 지지하였으며, 심지어는 오리겐 같은 일부 기독교인들도 이와 유사한 생각들을 갖고 있었다.

② 선재설은 성경의 지원을 받지 못한다. 영혼 선재설은 성경에 근거하지 않았으므로 정통 교회의 지지를 받지 못한다. 이 설은 사람이 하나님의 형상대로 지음 받았다는 창조의 기사에 직접적으로 충돌된다. 사람은 모태에 잉태되기 전에는 아무것도 존재하지 않았다.

③ 영혼이 선재했다면 영혼이 이 세상에 들어오기 전의 일들을 회상(recall)할 수 있어야 할 것이 아닌가? 그런데 우리는 이 세상에 태어나기 전 전세(前世)의 일들을 전연 알지 못한다.

④ 선재설은 죄의 기원과 하나님의 공의를 밝히지 못한다. 모든 죄와 사망은 죄의 결과라는 진리에 상충된다.

⑤ 선재설은 인간 기원의 단일성을 파괴한다. 모든 사람의 영혼이 현세(現世)에 들어오기 오래전에 이미 존재했다고 추상하기 때문이다. 영혼 선재설은 성경에 위배되며, 교회 역사상 정통 신학자들에게 받아들여진 일이 전연 없다.

2. 영혼 유전설(The Traducian Theory)

유전설에 의하면 사람의 영혼은 몸과 함께 부모로부터 출생에 의하여 어린아이들에게 전가된다(is transmitted)고 한다. 인류는 아담 안에서 몸과 영혼이 아울러 종(a species; 種)으로서 직접 창조를 받았고, 그 번식은

---

5) Plato, *Phaedo*, pp. 65-68, 91-94.

자연적 출생에 의하며, 아담 이후의 모든 영혼에게 유전적으로 전가된다고 한다.

유전설은 선재설보다 많은 지지를 받는다. 고대(古代) 교회에 있어서는 터툴리안, 루피누스, 아폴리내리스, 닛사의 그레고리 등이 유전설자들이었다. 터툴리안은 영혼도 물질적이라고 믿었다. 중세기 마틴 루터는 유전설을 선호하였고, 그 후로 유전설은 루터교의 입장이 되었다. 그리고 최근 개혁파 신학자들 중에는 스미스(H. B. Smith), 쉐드(Shedd), 댑니(R. L. Dabney), 스트롱(A. H. Strong) 등이 유전설의 입장을 취하였다. 유전설은 주로 창세기 2:2, 21; 로마서 5:12; 고린도전서 11:8; 히브리서 7:9-10 등을 근거로 한다.

논증(Arguments): 유전설을 지지하는 논증들은 다음과 같다.

① 성경적 지지

㉮ 하나님이 사람의 코에 생기(생명의 호흡, breath of life)를 한 번(once) 불어넣은 다음에는 사람에게 종들(species; 생물 분류의 기초 단위)을 번식하게 했다(창 1:27-28).

㉯ 하와의 영혼 창조는 아담의 창조에 포함되어 있었다. 왜냐하면 하와는 남자에게 속해 있다고 언급되었으며, 하와의 영혼 창조에 관해서는 아무 말도 언급되지 않았다(창 2:23; 고전 11:8).

㉰ 하나님은 사람을 창조하신 후에 창조의 사역을 마치셨다(창 2:2).

㉱ 후손들은 조상들의 허리(loin)에 있다고 말했다(창 46:26; 히 7:9-10).

㉲ 사람의 이성적, 도덕적 행위들(rational and moral acts)이 유전설을 지지한다.

② 동식물 생활의 유추: 유전설은 동식물 생활의 유추에 의하여 지지를 받는다. 동식물의 수적 증가는 부모의 혈통으로부터 새 개체들의 자연적 파생(natural derivation)에 의한 것이다(시 104:30 참조).

③ 정신적 특성들의 계승: 정신적 특성들과 가족적 특색들의 계승

(inheritance)은 종종 육체적인 유사성과 매우 유사하다. 종족적, 가족적, 부모적 특성들, 곧 정신 상태, 성격, 체질 등은 유전을 부인할 수 없다.

④ 원죄 유전의 기초: 유전설은 죄의 전가를 잘 설명해 준다. 유전설은 몸(육체)보다는 영혼의 문제인 도덕적, 영적 타락의 계승을 설명하기 위한 최고의 기초를 제공하는 것처럼 보인다. 죄의 성질이 아담으로부터 그의 후손들에게 계승되는 사실은 유전설을 상당히 뒷받침한다(욥 14:4; 15:14; 시 51:5; 58:3; 요 3:6; 롬 5:12; 엡 2:3).

⑤ 성육신 교리에 포함: 예수 그리스도의 성육신(incarnation)의 교리는 필연적으로 유전설과 관련된다. 그리스도는 여인에게서 나셨다. 그는 여인의 후손이셨다. 영혼과 몸이 그의 인생 모친으로부터 인출되지 않았다면, 그는 우리와 같은 인종(the same race)이 될 수 없다.[6] 유전설자들은 상기와 같은 이유들로 유전설을 주장한다.

반증(Counter-Evidence; 反證)
① **유전설**은 영혼의 단순성과 독립성에 대한 교리에 충돌된다. 영혼은 순수한 영적 실체(a pure spiritual substance)이다. 그리고 "자녀의 영혼이 아버지의 영혼으로부터 기원하는가, 어머니의 영혼으로부터 기원하는가, 그렇지 않으면 아버지, 어머니 모두에게서 기원하는가"라는 문제가 제기된다.

② 위에 언급된 난관을 피하기 위해서는 다음 세 이론들 중 하나에 의거해야 한다.
　㉮ 아이의 영혼은 이전 존재(pre-existence)를 가지고 있었다는 일종의 선재론,
　㉯ 영혼은 남자나 여자의 생식 세포 속에 존재한다는 일종의 유물론,
　㉰ 영혼은 부모에 의하여 창조된다는 견해. 이 견해는 부모를 일종의

---
6) C. Hodge, *Systematic Theology* II, p. 69.

창조자로 만드는 결과를 초래한다.

③ 영혼이 유전에 의하여 계속적으로 창조된다면 창조의 사역과 모순된다. 하나님의 창조 역사는 6일 창조로 끝났다(창 1장). 6일 창조 이후로는 창조하신 것을 보존하고 섭리하신다.

④ 유전설대로라면 영혼은 본체로부터의 분리를 가져온다는 결론에 도달하게 되니, 그것은 그노시스주의의 영혼 유출설이 아닌가? 영혼이 본체에서 유출되거나 분할된다는 유출설은 교회가 기각하였다.

⑤ 하나님을 악의 조성자로 만든다. "이 이론은 만일 영혼이 본래 타락된 경향을 소유했다면 그것은 하나님을 도덕적 악의 직접 조성자로 만드는 것이요, 만일 영혼이 순결하게 창조되었다고 주장하면 그것은 순수한 영이 불가피하게 부패될 것에 배치시킨다(넣는다)고 가르침으로써 간접적으로 하나님을 도덕적 악의 조성자로 만드는 것이다."[7]

⑥ 유전설은 예수 그리스도의 인성의 무죄성을 변호하지 못한다. 왜냐하면 유전설에 의하면 아담의 죄의 성질이 자자손손을 통하여 후손들에게 전가되기 때문이다. 유전설에 의하면 그리스도의 인성의 무죄함을 면할 길이 없다. 우리는 아담의 원죄의 전가는 믿으나, 영혼의 유전설은 신봉하지 않는다. 영혼은 육체의 일부가 아니다.

3. 영혼 창조설(The Creation Theory)

영혼 창조설에 의하면 각 사람의 '임신 순간에'(at the moment of conception) 또는 '탄생 때'(at birth), 또는 임신과 탄생 사이 '어느 한 시점에'(sometime in between) 하나님이 직접 영혼을 개별적으로 창조하여 육체와 즉각적으로 결합시킨다는 것이다. 창조설은 성경의 지지를 받는다(창 2:7; 전 12:7; 사 42:5; 57:16; 슥 12:1; 히 12:9).

---

7) Strong, *The New Strong's Exhaustive Concordance of the Bible*, p. 493.

창조설은 영혼과 육체, 각기 상이한 두 존재가 연합하여 한 사람을 구성한다는 성경의 교훈을 지지한다. 칼빈을 비롯한 개혁주의 신학자들은 아이의 영혼은 부모로부터 유래된 것이 아니라, 하나님의 직접적 사역으로 창조되었다는 창조설을 지지한다. 창조설은 로마 천주교에서도 공적으로 가르치는 교리다. 그들도 1950년에 '진화론을 반대하여 인간 창조'를 재확인하였다.

찰스 핫지(C. Hodge)는 다음과 같은 세 가지 이유로 영혼 창조설을 지지하였다.

① 몸과 영혼은 각기 상이한 기원과 실체를 가지고 있다. "사람의 육체는 흙으로부터 유래된 반면에, 영혼은 하나님으로부터 직접 유래되었다는 성경말씀들(민 16:22; 히 12:9)과 일치한다." 창조 기사는 영혼의 창조와 몸의 창조를 분명히 구별하였다. 몸과 영혼은 다른 실체들일 뿐만 아니라, 그 기원들도 다르다. 몸은 땅에서, 영혼은 하나님으로부터 인출되었다. 몸과 영혼 모두 하나님이 창조하셨다(창 2:7). 그러므로 민수기 16:22, "모든 육체의 생명(영혼)의 아버지", 히브리서 12:9, "육체의 아버지"라고 육체와 영혼을 대조하여 말할 때, 전자가 하나님을 의미하는 것은 모든 영혼의 직접 창조를 가리킨다.

② 영혼의 성질은 비물질적, 영적, 불가견적이다. 영혼은 비물질적인 이상 비물질적 영혼이 물질적인 몸에서 나올 수 없다. 영혼이 몸에서 나온다면 유전설이요, 유전설은 죄의 오염을 피할 길이 없다.

③ 그리스도의 성육신 교리와 일치한다. 그리스도께서는 도성인신하심으로써 인성을 취하셨으나, 그의 인성은 죄가 없으시다.[8] 창조설은 그리스도의 무죄성을 지원한다. 그리스도는 처녀 마리아에게서 탄생하셨으나 죄의 성질은 이어받지 않으셨다. 영혼의 기능과 동작(활동)에 따라 마음·정신·의지·양심 등으로 분류하는 것은 영혼의 단일성과 이분설을 옹

---

8) C. Hodge, *Systematic Theology* II, pp. 70-72.

원하는 좋은 분류이다.

반증(Counter-Evidence; 反證)
① 만일 하나님이 각 사람의 영혼을 직접 창조하셨다면 사람 안에 있는 죄의 성질도 하나님이 창조하였는가? 아니면 사람 안에 있는 죄의 성질은 부모로부터 유전되는가? 그렇다면 사람의 영혼은 창조설이고, 죄의 성질은 유전설인가를 설명할 수 없다. 찰스 핫지는 창조설을 주장하면서도 이상의 질문들에 대하여 답변을 못하였다.[9]

② 만일 하나님이 각 사람의 영혼을 임신 순간에 또는 탄생 때 또는 임신과 탄생 사이 어느 한순간에 창조한다면, 하나님의 창조 사역은 6일 창조로 끝난 것이 아니라 계속적 창조를 지원하는 것이 아닌가? 계속적 창조는 성경적이 아니다.

Ⅱ. 영혼의 기능적 명칭들(The Functional Names of the Soul)

사람의 비물질적 요소는 영 또는 혼 또는 영혼이라고 한다.
영혼의 기능과 작용에 따라 정신·마음·양심·의지 등 상이한 명칭들을 사용한다. 그러므로 정신·마음·양심·의지 등은 각기 상이한 존재들이 아니다. 만일 이것들이 각기 상이한 존재들이라면 사람의 구성요소는 이분설이 아니라, 오분설, 칠분설이 될 것이다. 그것은 비성경적이다.

1. 정신(프로네마, 누스, 디아노이아; $\phi\rho\acute{o}\nu\eta\mu\alpha$, $\nu o\hat{u}\varsigma$, $\delta\iota\acute{a}\nu o\iota\alpha$; mind; 정신)

'**정신**'은 **생각의 주체**(主體), **생각하는 사고자**(thinker), **이성적 기능의 자아**(ego)**이다.** 정신은 이성적 측면에서의 영혼의 기능이다.

---

[9] Ibid., 2:69, 253.

① 정신은 지식의 기능(the faculty of knowing), 이해의 좌소(the seat of the understanding)이다(롬 14:5; 빌 4:7; 골 2:18; 딤전 6:5; 딤후 3:8; 계 13:18; 17:9). 정신은 지적인 면과 관련된다.

② 정신은 판단 결정의 기능(faculties of judging and determining)이다.

③ 정신은 기억의 저장소(store of memory)이다.

④ 불신자들의 정신은 타락한 정신(fallen mind, 롬 1:28; 고후 4:4; 엡 4:17; 빌 3:19), 내버려둔 정신(마음, 롬 1:28), 혼미케 된 정신(고후 4:4), 무익한 생각(엡 4:17), 더럽혀진 생각(딛 1:15)이다.

신자들의 정신은 갱신된 정신(renewed mind, 롬 12:2; 엡 4:23)이다. 하나님은 신자들이 갱신된 정신으로 진리를 깨닫고(눅 24:45; 고전 14: 14-15), 거룩을 추구하며(벧전 1:13), 주님의 뜻을 이해하며(엡 5:17), 주님을 사랑하며(마 22:37), 모든 생각을 사로잡아 그리스도께 복종케 하신다(고후 10:5).

2. 마음(레밥, לֵבָב; 카르디아, καρδία; 마음)

'마음'은 감정적 측면에서의 영혼의 기능이다. 마음은 신구약 성경에 약 955번 나타난다. 마음은 몇 가지 상이한 의미로 사용되었다.

1) 마음은 육체적 조직인 심장(heart)을 가리킨다(삼하 18:14; 왕하 9:24; 눅 21:34; 약 5:5). 심장은 육체 조직에 있어서 가장 중요한 부분이다. 심장은 정맥(veins)에서 피를 받아 동맥(arteries)을 통하여 몸의 각 기관에 혈액을 보내는 순환 기관이다.

2) 마음은 몸의 한 부분인 가슴(breast)을 가리킨다. 가슴은 목과 배 사이의 앞부분을 가리킨다.

3) 마음은 지식·감정·의지의 중심 좌소를 가리킨다.

① 마음은 지식의 중심 좌소(center seat of knowledge)이다. 마음은 숙

고하며(신 8:5), 말씀의 지식을 획득하며(시 119:1), 악한 생각과 행동의 근원이며(마 15:19-20), 생각과 의도를 가지고(히 4:12), 속임을 당할 수도 있다(렘 17:9).

② 마음은 감정의 중심 좌소(center seat of emotion)이다. 마음으로 사랑하고(신 6:5), 자신을 책망하며(욥 27:6), 기뻐하며(시 104:15; 사 30:29), 슬퍼하며(느 2:2; 롬 9:2), 욕망(바라는 것)하기도 하고(시 37:4), 음란한 생각을 품기도 한다(시 73:21; 마 5:28; 벧후 2:14).

③ 마음은 의지의 중심 좌소(center seat of will)이다. 마음은 돌아서며(출 14:5), 완악해지고(출 8:15; 히 4:7), 선택의 능력이 있으며(출 7:22-23), 결심하기도 한다.

4) 마음은 도덕적 국면의 중심 좌소(center seat of moral aspect)이다. 따라서 마음을 양심이라고도 하며, 양심을 바로 사용하라고 한다. 예레미야 17:9; 로마서 1:24, 26; 2:5에서는 타락된 마음을, 로마서 5:5; 에베소서 4:26-27; 빌립보서 4:7; 골로새서 3:15; 5:2; 야고보서 1:2; 베드로전서 1:8 등에서는 갱신된 마음을 가리킨다.

5) 마음은 영혼의 중심 좌소(center seat of soul)를 가리킨다. 마음은 종교적 중심지(religious center)이다. 사람은 마음으로 믿어 의에 이른다(롬 10:9-10).

6) 신자들의 마음은 성령 하나님이 내주하시는 거주지(indwelling place)이다(고후 1:22). 그러므로 신자들의 마음은 순결해야 하며(딤전 1:5; 히 10:22), 마음의 할례를 받아야 한다(롬 2:29).

※ 성경에는 마음이라는 단어가 육체적 조직인 심장이나 가슴으로는 사용되지 않았다.

3. 양심(쉬네이데시스, συνείδησις; conscience; 양심)

'양심'은 도덕적 측면에서의 영혼의 기능이다. 양심은 도덕법의 주인이다. 양심은 도덕적 판단의 기준이다. 양심은 도덕적 충고자·권고자·감시자이다.

양심은 선과 악, 옳고 그름(잘못됨)을 판단하고 명령하는 도덕적 의식이다. 양심은 사람 자신이 옳다고 믿는 것은 행해야 하며, 옳지 않다고 믿는 것은 행하지 말아야 한다고 말해 주는 한 증인(a witness)이다. 양심은 우리가 옳다고 배우고 깨달은 것을 행하도록 권면한다. 양심은 인격과 구별하여 생각할 수 없다. 사람의 인격은 양심을 어떻게 쓰느냐에 따라서 측정할 수 있기 때문이다. 사람이 범죄할 때, 양심의 가책을 받는 것은 양심이 죄를 책망하기 때문이다.

- **저크**(R. B. Zuck)는 두 가지 종류의 양심이 있다고 했다. 하나는 칭찬할 양심(commending conscience)이요, 다른 하나는 정죄받을 양심(condemning conscience)이다. 칭찬할 양심은 순수하고 선하고 고상하며 마음에 걸리지 않는 양심이요, 정죄받을 양심은 연약하고 더럽고 악하고 화인 맞은 양심이다.[10]

- **디센**(H. C. Thiessen)은 "양심에 대하여 두 가지 질문이 가끔 제기된다. 첫째, 양심은 파괴될 수 없는 것인가?

둘째, 양심은 무오(판단의 오류가 없음)한가?

첫째 질문에 관해서는 성경은 양심이 더럽혀졌고(고전 8:7; 딛 1:15; 히 9:14; 10:22), 화인 맞았고(딤전 4:2), 굳어졌다(사 46:12; 마 13:15)고 가르친다. 그러나 굳어진 죄인들은 가끔…양심이 정죄하는 증거로 큰 후회의 고통(고민)을 경험한다.

두 번째 질문에 관해서는 양심은 양심에 주어진 표준(기준)에 따라서 판단한다. …양심이 판단하는 표준은…하나님이 사람에게 부여한 도덕적 품질(moral qualities)이다. 그러나 그것이 죄로 인하여 타락된 이상 판단의 건전한 기초를 형성하지 못한다. …양심을 위한 유일하고 참된 표

---

[10] Roy B. Zuck, "The Doctrine of the Conscience", *Bibliotheca Sacra*, Vol. 126, 1969, pp. 336-340.

준은 성령에 의하여 해석되는 하나님의 말씀이다(롬 9:1). (하나님의 말씀이 아닌) 다른 표준들을 따라서 판단할 때, 그 결정은 무오하지 않다. 그러나 신적(神的)으로 영감된 말씀에 의하여 판단할 때, 그 판단은 절대적으로 무오하다"[11]라고 했다.

• **라이리**(C. Ryrie)는 양심을 구원받지 못한 사람의 양심과 그리스도인의 양심으로 나누고, 구원받지 못한 사람의 양심은 잘 지도할 수 있을지 모르나 신뢰할 수 없고, 그리스도인의 양심은 옳은 것을 행하도록 작용한다고 했다.[12]

양심은 양심의 주인이신 하나님과 양심의 원리, 법, 표준인 하나님의 말씀에 순종해야 하며, 또한 제재를 받아야 한다.

4. 의지(델레마, θέλημα; will; 의지, 뜻)

'**의지**'는 **결정적 측면에서의 영혼의 기능이다**. 의지는 생각하고 선택하고 결정하여 실행하는 능력을 말한다. 의지는 결정적 요소이다. 따라서 의지는 행함을 산출한다. 사람은 자신의 의지의 결정에 따라 무엇을 선택하고 행할 능력을 가진 자유 행동자이다. 그런데 성경은 인간의 의지보다는 하나님의 의지에 관하여 훨씬 많이 언급했다(마 18:14; 막 3:35).

• **밴크로프트**(Bancroft)는 "의지는 동기를 선택하고 동기에 따른 행동을 지시하는 영혼의 능력이다"(Will is the soul's power to choose between motives and to direct its subsequent activity…)라고 했다.[13]

사람은 자신의 의지의 결정에 따라서 무엇을 선택하고 행할 능력을 가지고 있다. 그러나 사람의 의지는 그의 지식과 감정에 의하여 영향을 받

---

11) Henry C. Thiessen, *Lectures in Systematic Theology* (Grand Rapids: Eerdmans, 1989), pp. 162-163.
12) Ryrie, *Basic Theology*, p. 199.
13) Emery Bancroft, *Christian Theology* (Grand Rapids: Zondervan, 1949), p. 146.

는다. 그러므로 사람이 무엇을 어떻게 알고 있으며 어느 정도 느끼고 있는가에 따라서 의지의 결정도 달라지게 마련이다. 이것은 인간의 자유의지에 근거한 것이다.

아담은 무죄 상태에 있을 때에는 죄를 범치 않을 의지도, 죄를 범할 의지도 가지고 있었다. 그러나 아담이 범죄하여 타락한 이후로는 모든 사람 안에 죄의 성질이 있어서, 하나님이 원하는 선은 행치 않고 도리어 원치 않는 악은 행하게 되었다(롬 7:15-25; 엡 2:2-3).

신자들에게는 성령께서 신자들의 의지를 하나님께로 돌이켜 마음과 뜻과 정성을 다하여 하나님의 뜻을 행하도록 역사하신다(요 7:17; 빌 2:13). 그리하여 사람의 의지가 하나님의 뜻과 일치하도록 하신다.

Ⅲ. 인간의 자유의지(Man's Free Will)

성경과 인류 역사는 시종일관 사람이 자유의지와 자유선택권(free will and free choice)을 소유하고 있다고 증거한다. 자유의지란 사람이 생각하고 계획하고 결정하고 행동하는 것이 자신의 자유로운 마음의 뜻이라는 것이다.

1. 타락 전 자유의지(Free Will before the Fall)

아담의 타락 전 자유의지를 말한다. 인류의 시조 아담은 하나님의 형상대로 지음을 받았으므로 자유의지와 자유선택권을 소유하고 있었다. 하나님은 아담과 하와에게 선악과를 따 먹지 말라고 명령하셨다(창 2:16-17). 그런데 창세기 3:6에 의하면 하와가 선악과를 따 먹고 그의 남편 아담에게도 따주어 먹게 했다. 그것은 곧 아담은 죄를 짓지 않을(able not to sin) 자유도 있었다는 증거이다. 그러나 아담은 죄를 범하였다. 그러니 그 자유는 완전한 자유(perpect freedom)는 아니었다. 하나님이 그것을 허용하심은 장차 예수 그리스도께서 여인이 후손으로 처녀의 몸에 탄생하심으로 피택된 죄인들을 죄와 사망에서 구속하시기 위한 심오한 구속사적 경륜이다. 그것은 곧 아담과 하와가 자유의지와 자유선택권이 있었음을 증거한다.

2. 타락 후 자유의지(Free Will after the Fall)

아담의 타락 후 자유 의지를 말한다. 아담은 범죄 타락으로 인하여 그의 영혼이 영적으로 죽었고(창 2:17; 엡 2:1), 그의 인간 성질이 전적으로 부패되었음에도 불구하고 자유의지와 자유선택권이 있었다. 아담은 범죄한 후 하나님이, "네가 어디 있느냐"(where are you?, 창 3:9)라고 물으셨을 때 대답하기를, "내가 동산에서 하나님의 음성을 듣고 내가 벗었기 때문에 두려워하여 숨었나이다"(창 3:10)라고 했다. 그것은 아담이 타락한 후에도 자유의지와 자유선택권이 있었음을 증거한다. 그러므로 성경은 아담이 선악과를 따 먹은 행위를 죄된 행동이라고 정죄하였다(롬 5:15-17).

3. 아담 후손들의 자유의지(Free Will of Adam's Descendants)

아담 후손들의 자유의지를 말한다. 아담의 후손들이란 전 인류를 가리킨다. 그 이유는 아담은 전 인류의 시조이며, 동시에 대표자이기 때문이다. 아담의 후손들도 자유의지를 소유하고 있다. 아담 후손들의 자유의지는 타락 후 아담의 자유의지보다 더 타락되고 부패된 자유의지를 말한다. 그 이유는 세월이 흐름에 따라 타락과 부패가 더욱 심화되기 때문이다.

범죄 타락으로 인하여 전적으로 부패된 인간의 자유의지에서 나오는 행동들은 하나님과 하나님의 말씀에 대한 전적 불순종·배반·반역·악독 등으로 나타난다. 죄를 짓지 않을 수 없는 상태(a state not able not to sin)로 들어가게 된 것이다.

주와 동행

주 가시는 곳에 나도 가기 원합니다
주 하시는 일을 나도 하기 원합니다
주 멈추는 곳에 나도 서기 원합니다
주 쉬시는 곳에 나도 쉬기 원합니다.

주의 눈처럼 나도 바라보기 원합니다
주의 심장이 나의 심장되기 원합니다
주의 눈물이 나의 눈물되기 원합니다
주의 기쁨이 나의 기쁨되기 원합니다.

나의 입이 온전히 주의 것 되게 하소서
나의 손이 온전히 주의 것 되게 하소서
나의 발이 온전히 주의 것 되게 하소서
나의 삶이 온전히 주의 것 되게 하소서.

◈ 에녹이 하나님과 동행하더니 하나님이 그를 데려 가시므로 세상에 있지 아니하였더라(창 5:24).

- 시인 Eun Ye Cheung(정은예)
Seattle, U.S.A.

제 4 장

원인(原人)의 하나님의 형상
(*Man in the Image of God*)

Ⅰ. 어원적 고찰
　1. 형상(구약:첼렘, 신약:에이콘)
　2. 모양, 유사(구약:데무트, 신약:호모이오시스)
Ⅱ. 형상과 모양에 대한 여러 질문들
　1. 형상과 모양은 서로 상이한가, 아니면 동일한 의미의 상이한 명칭인가?
　2. 사람은 하나님의 형상대로 창조되었다고 할 때 하나님과 사람 사이의 관계는 존재의 유사인가, 아니면 관계의 유사인가?
　3. 사람은 하나님의 형상대로 창조되었다고 할 때에 육체와 영혼이 다 포함되는가, 아니면 육체와 영혼 둘 중 어느 하나만을 뜻하는가?
　4. 사람은 하나님의 형상대로 창조되었다고 할 때에 남자와 여자가 다 포함되는가, 아니면 남자만을 뜻하는가?
Ⅲ. 개혁파의 하나님의 형상관
　1. 도덕적 면에서의 하나님의 형상
　2. 영적 면에서의 하나님의 형상
　3. 지능적 면에서의 하나님의 형상
　4. 사람의 몸
　5. 피조물에 대한 지배권
Ⅳ. 하나님의 형상이신 그리스도
Ⅴ. 하나님의 형상에 대한 여러 견해들
　1. 로마 가톨릭의 견해
　2. 루터파의 견해

성경은 원인(原人=아담)은 하나님의 형상대로 창조되었다고 계시한다.

원인의 하나님의 형상은 주로 창세기 1:26-28; 5:1-3; 9:6; 시편 8장; 골로새서 3:10 등에 근거한다. '하나님의 형상'이란 성경의 용어이고, 신학적 용어는 라틴어로 '이마고 데이'(*Imago Dei*)이다.

창세기 1:26-27, "하나님이 가라사대 우리의 형상을 따라 우리의 모양대로 우리가 사람을 만들고 그로 바다의 고기와 공중의 새와 육축과 온 땅과 땅에 기는 모든 것을 다스리게 하자 하시고, 하나님이 자기 형상 곧 하나님의 형상대로 사람을 창조하시되 남자와 여자를 창조하시고."

태초에 하나님은 우주와 그 가운데 있는 모든 것, 곧 보이는 것들과 보이지 않는 것들을 다 그의 초자연적 능력의 말씀으로, 무(無)에서, 즉각적으로 창조하시고, 창조의 마지막 날(여섯째 날) 동물들을 그 종류대로 (창 1:21, 24-25) 창조하신 후 최종적으로 사람만을 유독히 하나님의 형상을 따라 하나님의 모양대로 창조하셨다. 다른 말로 표현하자면 사람 이외의 다른 모든 피조물은 하나님의 형상대로 지음 받은 존재들이 아니다. 이 점에서 사람은 다른 모든 생명체와는 판이하다. 사람이 하나님의 형상대로 창조되었다는 말은 특별히 하나님의 도덕적 형상대로 지음을 받았다는 것을 강조한다. 그리고 하나님의 도덕적 형상들의 전시(splendour)는 참된 지식, 참된 의, 참된 거룩 등을 가지고 있었다는 뜻이다.

웨스트민스터 신앙고백서는 영국 웨스트민스터 총회에서 1647년에 채택되고, 스코틀랜드 교회 총회에서 인준되었다. 대소요리문답(Larger and Shorter Catechism)은 1648년에 채택, 인준되었다. 이 신앙고백서는 그때부터 지금까지 계속 보수근본주의 장로교회들과 개혁교회들의 신앙고백서로 사용하고 있다.

웨스트민스터 신앙고백서 4:2, "하나님은 사람을 남자와 여자로 창조하시고, 이성적이고 불멸적인 영혼과 하나님의 형상을 따라 지식과 의와 참된 거룩을 부여하여 주셨으며…."

웨스트민스터 신앙고백서 소요리문답 10문, "하나님이 사람을 남자와 여자로 창조하시되 그의 형상을 따라 지식과 의와 거룩으로 창조하시고 피조물을 다스리게 하셨다"(God created man, male and female, after his own image, in knowledge, righteousness, and holiness…).

> **벨기에 신앙고백서**는 프랜덜스(Flanders)와 네델란드에 있는 교회들을 위하여 프랑스에서 작성되었다. 이 신앙고백서는 1571년 엠덴(Emden)에서 개최된 개혁주의 대회(The Reformed Synod)에서 채택되었으며, 1619년 돌트대회(The Synod of Dort)에서도 채택되었다.

벨기에 신앙고백서 4조, "…하나님이 사람을 흙으로 창조하시되 자기의 형상과 모양을 따라 지으시고…."

Ⅰ. 어원적 고찰(Etymology)

1. 형상(Image)

이 단어는 히브리어로 첼렘(צֶלֶם), 헬라어로 에이콘(εἰκών), 라틴어로 이마고(imago), 영어로 image, 한국어로는 형상이라고 번역하였다. 일반적으로 형상이란 어떤 실체의 모방(replica) 또는 표상(representation)을 말한다. 형상이란 구약에 34번, 신약에 23번 기록되어 있다.[1] (창 1:26, 27;

---

1) Young's *Analytical Concordance*, p. 509.

5:3; 9:6; 민 33:52; 삼상 6:5, 11; 왕하 11:18; 대하 23:17; 시 73:20; 겔 7:20; 16:17; 23:14; 암 5:26; 롬 1:23; 8:29; 고전 11:7; 15:49; 고후 3:18; 4:4; 골 1:15; 3:10 등).

2. 모양(Likeness), 유사(Similarity)

이 단어는 히브리어로 데무트(דְּמוּת), 헬라어로 호모이오시스(ὁμοίωσις), 라틴어로 시미리투도(*similitudo*), 영어로 likeness, similarity, 한국어로는 모양, 유사라고 번역하였다. 일반적으로 모양은 유사(닮음, 비슷함)를 말한다. 데무트는 구약에 26번밖에 나타나지 않지만 매우 중요한 단어들 중의 하나이다.

이 단어는 에스겔서에서는 "…의 모양같이"(like appearance of…)가 가끔 신적 현현(theophanic appear)에 사용되었다(겔 1:5, 10, 13, 16, 22, 26, 28 10:1, 10, 21, 22). 이사야 선지자는 이사야 6:1에서 자신이 본 환상의 내용은 하나님(아도나이)이나, 그는 다만 하나님의 모양(likeness of God)을 보았다고 했다. 이 말씀은 다니엘이 본 환상(단 10:16), 사도 요한이 본 환상(계 1:13)과도 비교된다.[2]

형상이나 모양이라는 히브리어 단어는 어느 물체와 동일한 것이 아니라, 그것을 나타내는 비슷한 것을 가리킨다. 따라서 형상과 모양이라는 이 단어들의 의미는 분명히 사람이 어떤 중요한 면에서 하나님을 닮았고, 하나님을 대표하는 존재로 창조되었음을 보여 준다. 하나님이 "우리의 형상을 따라 우리의 모양대로 사람을 만들자"(창 1:26)라고 하셨을 때, 그 의미는 하나님이 본인과 유사한 피조물로 만들기로 계획하셨다는 것이다. 사람이 하나님의 형상대로 지음을 받았다는 것은 도덕적 순결함, 지능적 능력, 영적 성품, 만물의 지배 같은 면에서 하나님을 닮았다는 의미이다.

---

[2] R. Laird Harris, *Theological Wordbook of the O.T.* (Chicago: Moody press), pp. 191-192.

Ⅱ. 형상과 모양(Image and Likeness)에 대한 여러 질문들

1. 형상과 모양은 서로 상이한가, 아니면 동일한 의미의 상이한 명칭인가?

성경에 형상과 모양은 동의어로 사용되기도 하고, 독립적으로 사용되기도 하고, 상호 교대적으로 사용되기도 했다. 즉 창세기 1:26에는 형상과 모양, 창세기 5:3에는 모양과 형상으로 이 두 단어가 동시에 사용되었으며, 창세기 1:27; 9:6; 고린도전서 11:7; 골로새서 3:10에는 '형상'(에이콘, εἰκών; image)만이 사용되었으며, 창세기 5:1; 야고보서 3:9에는 '모양'(호모이오시스, ὁμοίωσις; likness, similarity)만이 사용되었다. 형상만 사용되었든지 또는 모양만 사용되었든지 이 단어들은 하나님의 형상에 대한 근본적 개념을 충분히 설명한다.

호크마(Anthony A. Hoekma)는 형상과 모양은 표현만 다를 뿐 내용은 같다고 하면서 "'…우리의 형상을 따라 우리의 모양대로 우리가 사람을 만들자.' 여기서 히브리어 원문에는 형상과 모양 두 단어 사이에 접속사(and)가 없다. 따라서 본문은 단지 '우리의 형상, 우리의 모양으로 사람을 만들자'라고 되어 있다. 그런데 70인역(LXX, 헬라어로 번역한 구약성경)과 라틴어 역본(Vulgate)은 이 두 단어 사이에 접속사인 '카이'(καί; and; 그리고)를 삽입하였다. 그렇게 함으로써 이 두 단어가 서로 다른 것들을 가리키고 있는 듯한 인상을 주게 된 것이다. 그러나 히브리어 원문에는 '형상'과 '모양'이라는 단어 사이에 아무런 의미적 차이를 두고 있지 않다. "우리의 형상을 따라"(after our likeness)라는 어귀나 "우리의 모양대로"(in our image)라는 어귀는 표현 양식만 다를 뿐 동일한 내용을 말하고 있다. 그러므로 '우리의 모양, 우리의 형상대로'라는 뜻이다"[3]라고 설명하였다. 그러므로 이 두 단어는 동일한 그 무엇을 뜻하는 것이 분명하다.

---

3) Hoekema, *Created in God's Image*, p. 13.

버즈웰, 벌코프, 박형룡과 같은 신학자들은 형상은 협의적 의미에서, 모양은 광의적(포괄적) 의미에서 표현되었으나, 이 두 단어를 엄밀히 구별하고자 하는 것은 공연한 일이라고 했다.[4]

찰스 파인버그(C. Feinberg)는 "창세기 1:26-27; 5:1, 3; 9:6을 조심히 연구하면 히브리어 첼렘과 데무트는 두 상이한 실재(존재)를 언급하는 것이 아니라는 결론을 피하기가 불능하다. 요약하면 이 단어들은 상호 교대적으로 사용되었음을 나타낸다"[5]라고 했다.

라드(Gerhard V. Rad)는 "전치사 '안에'(in)와 '따라서'(after) 또한 분명히 상호 교대적으로 사용되었으며, 아마도 어떤 특별한 구별들을 규정하는 것은 아니다"[6]라고 했다.

머레이(J. Murray)는 "형상과 모양의 인류학적 차이를 도출해내려는 것은 적절하지 않다. 창세기 1:26에서 '우리의 모양대로'는 '우리의 형상을 따라'와 등치되어 있으므로, 이들은 보충적이라기보다 설명적 또는 정의적인 것으로 보아야 한다"[7]라고 했다.

찰스 핫지(C. Hodge)는 "형상과 모양 사이에는 분명한 구별이 없다. 히브리어에서는 병행하는 말들이 근본적으로 같은 사상을 나타내는 것은 흔히 있는 표현 방식이다. 형상에 모양이 부가된 것은 바로 그 형상이 실체(實體)와 가장 유사하다는 관념을 표현하기 위한 것이다. 그러므로 형상과 모양은 모양과 같은 형상을 의미한다"(Image and likeness means an image which is like)[8]라고 했다.

따라서 형상과 모양은 실체와 (비교해 볼 때) 성질과 모양이 유사하다.

---

4) Buswell, *A Systematic Theology of the Christian Religion*, p. 232; Lewis Berkhof, *Summary of Christian Doctrine* (Grand Rapids: Eerdmans, 1983), p. 203; 박형룡, 『인죄론』, p. 95.

5) Charles Feinberg, "The Image of God", *Bibliotheca Sacra*, 129:515, 237.

6) Gerhard Von Rad, *Genesis* (Louisville: John Knox Press, 1972), p. 58.

7) 존 머레이, 『존 머레이 조직신학』 2권, 박문재 역(서울: 크리스챤다이제스트, 2008), p. 44.

8) C. Hodge, *Systematic Theology* II, p. 96.

따라서 사람은 어떤 중요한 면에서, 특히 그의 도덕적 속성들에서 하나님과 성질과 모양이 유사하게 닮았다.

그러므로 사람만이 바로 하나님의 형상(very image of God) 또는 완전한 모양(perfect likeness)으로 하나님을 반영한다.

2. 사람은 하나님의 형상대로 창조되었다고 할 때 하나님과 사람 사이의 관계는 존재(existence)의 유사인가, 아니면 관계(relation)의 유사인가?

부정적으로 하나님과 사람의 관계는 존재의 유사가 아니다. 하나님은 영원자존·전지·전능·무한·완전자이시오, 사람은 피조물·유한·불완전자이다. 만일 사람이 하나님과의 관계에 있어서 존재의 유사라면 사람이 하나님이 되는 것이니 그것은 상상도 할 수 없다.

긍정적으로 하나님과 사람의 관계는 관계의 유사이다. 하나님은 모든 피조물 가운데 특별히 사람만을 하나님의 형상대로 창조하셨다. 그리하여 하나님과 사람은 인격적 교제를 가진다.

3. 사람은 하나님의 형상대로 창조되었다고 할 때에 육체와 영혼이 다 포함되는가, 아니면 육체와 영혼 둘 중 어느 하나만을 뜻하는가?

하나님의 형상에는 어떠한 의미에서도 육체는 포함되지 않는다(not included physical in any sense). 사람이 하나님의 형상대로 창조되었다는 말씀은 사람의 몸과 관계된 것이 아니라, 사람의 인격(人格)과 영성(靈性)이 하나님의 형상대로 창조되었다는 뜻이다. 왜냐하면 하나님은 본질적으로 영(靈)이시기 때문이다(요 4:24).

버즈웰(O. Buswell)은 "하나님은 본질적으로 비물질적 영(靈)이시므로 어떤 면으로는 사람의 육체적 존재를, 다른 면으로는 하나님의 존재를 닮았다고 주장하는 것은 용어상 모순이다"[9]라고 했다.

메이첸(Gresham, Machen)은 "하나님의 형상이란 결코 인간의 육체와 관련된 것일 수는 없다. 왜냐하면 하나님은 영이시기 때문이다. 그러므로 그것은 인간의 영혼과 관련된 것임에 틀림없다. 하나님의 형상 또는 하나님의 모양대로 창조된 것은 인간의 영혼이다"[10]라고 기록하였다.

쉐이퍼(L. Chafer)는 결론짓기를 "형상(image)은 사람의 비물질적인 면에 관련되어야만 한다"[11]라고 했다.

하나님의 형상은 사람의 육체를 포함하지 않으므로 사람은 하나님의 형상이 아니라, 하나님의 형상이 사람 안에 있다(The image of God is in man)고 표현해야 할 것이다. 육체는 물질(질료)로 구성되어 있으며, 물질은 하나님의 형상을 직접 반영하기가 불가능하다. 성경에는 우리의 육체가 하나님의 형상이라는 여하한 암시도 없다. 이 말은 육체나 물질은 악하다는 잘못된 사상을 지원하는 것이 아니다.

그러나 사람의 육체는 영혼의 도구(기구)이므로 하나님의 형상은 육체(몸)를 통하여 부분적으로 나타난다. 이런 의미에서 "육체라는 정체성을 가진 사람을 하나님의 형상의 범위로부터 배제하는 것은 불가능하다."[12]

4. 사람은 하나님의 형상대로 창조되었다고 할 때에 남자와 여자가 다 포함되는가, 아니면 남자만을 뜻하는가?

어떤 사람들은 고린도전서 11:7을 오용하여 남자만이 하나님의 형상대로 지음을 받았다고 한다. 그러나 그와 같은 주장은 창세기 1:27의 말씀

---

9) Buswell, *A Systematic Theology of the Christian Religion*, p. 232.
10) 그레샴 메이첸, 『기독교 인간관』, pp. 167-168.
11) Lewis Sperry Chafer, *Systematic Theology* I, (Dallas: Dallas Seminary Press. 1948), p. 181.
12) 존 머레이, 『존 머레이 조직신학』 2권, p. 50.

에 위배된다. 창세기 1:27, "하나님이 자기의 형상 곧 하나님의 형상대로 사람을 창조하시되 '남자와 여자로 창조하시고'"라고 한 말씀은 곧 남자와 여자가 다 하나님의 형상대로 창조되었음을 분명히 계시한다. 고린도전서 11:7의 말씀은 남녀의 행정적 질서와 권위의 순서(하나님, 그리스도, 남자, 여자)를 가리키는 말씀이다. 하나님의 형상에는 사람의 육체가 포함되지 않으므로 남자만이 하나님의 형상대로 지음을 받았다는 주장은 비성경적이다.

Ⅲ. 개혁파의 하나님의 형상관(Reformed View on God's Image)

개혁파는 칼빈주의의 발자취를 따라 헬라(동방) 정교, 로마 천주교, 루터교, 기타 다른 교파들보다 훨씬 더 포괄적인 하나님의 형상관을 가진다. 그러면 사람은 어떤 의미에서 하나님의 형상대로 지음을 받았다고 할 것인가? 사람은 어떻게 하나님을 반영하는가?

개혁파의 하나님의 형상관은 적어도 다섯 가지 부분을 포함한다.

사람 안에 있는 하나님의 형상은 그의 도덕적 형상, 영적 형상, 지능적 형상, 몸의 형상과 피조물 지배 등이다(The image of God in man is his moral, spiritual, intellectual, and physical image, together with a domination over the creatures).

1. 도덕적 면에서의 하나님의 형상(Moral Image)

도덕적인 면에서의 하나님의 형상이란 참된 지식(true knowledge), 의(righteousness), 거룩(holiness)이 포함되어 있는 원시적 의(original righteousness)를 말한다. 특히 에베소서 4:24; 골로새서 3:10은 하나님의 도덕적 형상을 요약한 말씀이다. 원시적 의(혹은 원의; 原義)는 인류의 시조 아담이 창조되었을 때 하나님으로부터 받은 '의'(義)를 말한다.

사람이 하나님의 형상대로 창조되었을 때, 사람은 참된 지식, 참된 의, 참된 거룩을 가지고 있었다. 이것이 도덕적 측면에서의 본래의 형상(Original image)이었다.

하나님은 사람을 창조하실 때 참된 지식과 의와 거룩으로 창조하셨다.

그러나 사람이 범죄·타락하므로 막대한 침해와 손상을 입게 되었다. 이것이 뒤집어진 변질된 형상(perverted image)이다.

1) 도덕적 형상은 지식·의·거룩 뿐인가?

존 칼빈(J. Calvin)은 에베소서 4:24; 골로새서 3:10에 근거하여 결론짓기를 하나님의 형상에는 참된 지식·의·거룩을 포함하고 있다고 했다.[13]

찰스 핫지(C. Hodge)는 에베소서 4:24의 지식·의·거룩을 설명하면서 "하나님의 형상 또는 모양은 모든 도덕적 탁월성(all moral excellence) 전부를 포함한다. …지식·의·거룩 등은 사람이 처음 창조될 때 하나님의 형상의 요소들이었다"[14]라고 했다. 따라서 지식·의·거룩 이외에도 사랑·자비·긍휼·인내 등 하나님의 공유적 속성들도 하나님의 형상에 포함된다고 할 것이다.

그러나 하나님의 형상에 자존성·단순성·무한성·불변성 같은 하나님의 비공유적 속성들을 포함할 수는 없다. 왜냐하면 하나님의 형상에 하나님의 비공유적 속성들을 포함시킨다면 사람은 더 이상 피조물이 아니라, 바로 하나님이 되기 때문이다.

2) 하나님의 형상대로 지음 받은 인간이 어떻게 범죄·타락할 수 있었을까?

하나님이 사람을 자기의 형상을 따라 지식과 의와 거룩으로 창조하셨다는 것은 절대적 완전의 상태로 창조하셨다는 것이 아니라, 상대적 완전의 상태로 창조하셨다고 이해해야 한다. 따라서 그는 부분적으로는 완

---

13) Calvin's *Commentaries on Eph. 4:24, Col. 3:10.*
14) C. Hodges, *Systematic Theology* II, p. 101.

전하였으나, 아직 정도(degree)로는 그렇지 못했다. 그러므로 그는 마음속에 새겨진 하나님의 율법을 지킬 수 있는 능력을 충분히 가진 동시에 범죄할 가능성도 있었다.

이에 대하여 **바빙크**(H. Bavinck)는, "아담은 죄를 짓지 않을 수 있는 잠재성(able not to sin)은 지녔으나 죄를 지을 수 없는 상태(not able to sin)에 이른 것은 아니었다. 그는 여전히 죄를 지을 수 있는 가능성 가운데 살았다. …개혁주의 신학자들은 죄를 지을 수 있는 이러한 가능성과 가변성(possibility and changeableness)은 하나님의 형상의 한 국면이나 내용이 아니라 오히려 하나님의 형상의 한계성 또는 제한(boundry or limitation)이다"라고 했다.[15]

3) 타락한 이후에도 사람은 하나님의 형상을 계속 지니고 있는가? 아니면 상실되었는가? 아니면 하나님의 형상이 남아 있되 막대한 침해와 상처를 입었는가?

개혁주의 신학자들 다수는 하나님의 형상이 상실되었다고도 하고, 막대한 침해와 상처를 입었다고도 한다.

루터(Martin Luther)는 사람 안에 있는 하나님의 형상은 타락시 완전히 상실되었다고 간주하고,

칼빈(John Calvin)은 사람 안에 있는 하나님의 형상은 타락시 상실되지는 않고, 막대한 영향을 받았다고 간주한다.[16]

칼빈은 "비록 하나님의 형상이 그 안에서(in him) 완전히 도말되고 파괴된 것은 아니지만 그 부패가 너무 심하여 남아 있는 것은 무엇이든지 무서우리만큼 그 형체가 알아보기 힘들게 되었다."[17] "그러므로 인간의 선

---

15) Herman Bavinck, *Reformed Dogmatics* (Grand Rapids: Baker, 2008), p. 617.
16) Robert L. Reymond, *A New Systematic Theology of the Christian Faith* (Edinburgh: Nelson, 1983), p. 426.
17) John Calvin, *Institutes of the Christian Religion*, I. 15. 4.

과 악을 분간하여 이해하고 판단하는 능력인 이성은 자연적 은사이기 때문에 완전히 말소될 수는 없다. 그러나 부분적으로 약해졌고, 부분적으로 부패되었으므로 기형적인 잔해만 보일 뿐이다"라고 했다.[18]

원인(原人)이 범죄하여 타락함으로 말미암아 사람 안에 있는 영적 형상들(영성, 불사성)이 상실되었고, 도덕적 형상들, 지능적 형상들 그리고 만물의 지배권 등은 막대한 침해를 받았다는 점에서 이러한 대답들은 모두 옳다.

그런데 아담이 범죄하여 타락한 결과로 사람 안에 있는 하나님의 도덕적 형상-도덕적 속성들-은 상실되지 않고 남아 있으나 막대한 침해(상처, 손상, 고장)를 입었다. 다시 말하면 하나님의 도덕적 형상들이 철저하게 병들고, 부패하고, 비틀어지고, 뒤틀리고, 비정상적이고, 악하게 되었다. 따라서 침해받은 하나님의 도덕적 형상은 그의 본성·성향·기능·능력·방향들이 크게 잘못되었다.

그 결과 참된 지식은 거짓 지식으로, 의는 불의로, 거룩은 불순, 불결로 변질되었다. 그리하여 타락한 사람은 신령한 지식에 무지하며, 불경건하고 불의하여 하나님을 알지도 못하고 반역하며 사람들에게도 악한 일들을 행한다.

4) 도덕적 측면에서의 하나님의 형상은 언제, 어떻게 다시 회복될 수 있을까?

아담의 범죄·타락으로 영(靈)은 죽고, 불멸성은 상실되고, 하나님과의 교제는 단절되었으므로 하나님의 형상이 다시 회복되어야 할 필요성을 갖게 되었다.

그런데 인간 안에 있는 하나님의 형상의 회복은 기본적으로는 성령의 사역(the work of the Holy Spirit)이라는 사실을 알아야 한다. 다시 말하면 성령 하나님께서 허물과 죄로 죽었던 우리의 영을 다시 살리는(엡 2:1)

---

18) Ibid., II. 2. 12.

중생의 역사가 선행되어야 한다. 그리고 하나님의 말씀을 도구로 사용하여 새롭게 하신다.

예수 그리스도를 자신의 구주로 영접할 때, 물과 성령으로 거듭날 때, 신분상 하나님의 도덕적 형상은 회복되며, 실제적으로는 자기를 창조하신 자의 형상을 좇아 날마다 갱신됨으로써 점차 회복되며, 완전한 회복은 그리스도께서 재림하실 때 부활체로 영화롭게 변화될 때 비로소 완성된다. 다시 말하면 하나님의 도덕적 형상은 중생으로 시작되고, 성화로 진행되며, 영화로 완결된다. 사도 바울은 우리가 "저와 같은 형상으로 화하여 영광으로 영광에 이르니"(고후 3:18)라고 했다.

갱신된 하나님의 형상(The Renewed Image)

에베소서 4:24, "하나님을 따라 의와 진리의 거룩함으로 지으심을 받은 새 사람을 입으라."

골로새서 3:10, "새 사람을 입었으니 이는 자기를 창조하신 자의 형상을 좇아 지식에까지 새롭게 하심을 받는 자니라"는 말씀은 다시 갱신될 필요성을 강조한다.

성경은 예수 그리스도를 구주로 영접하기 전의 사람을 옛 사람(old man)이라 하고, 예수 그리스도를 구주로 영접한 후의 사람을 새 사람(new man)이라고 했다. 옛 사람이 새 사람으로 되는 일은 오로지 성령 하나님의 단독 사역이다. 이것은 칭의(Justification)로 신분상으로 구분한 말씀이다.

그러나 신분상 새 사람이 된 사람들은 실제로 새 사람을 입어야 한다.

'**새 사람**'(카이논 안트로폰, καινόν ἄνθρωπον; new man)이라는 문구에서 '**새로운**'(카이논, καινόν)이라는 단어는 질적인 면(aspect of quality)에서의 새로운 것을 말한다. 그러므로 새 사람이란 과거와는 질적으로 전연 상이한 새로운 성질의 사람을 가리킨다. 신분상 새 사람이 된 그리스도인들이 실제로 새 사람을 입어야 한다는 말씀은 성화(Sanctification)를 가리킨다.

새 사람을 입되 "**하나님을 따라**"(카타 데온, κατὰ θεὸν; according to God)

입으라고 했다. "하나님을 따라"는 하나님이 새 사람의 모델(model)이라는 뜻이다. 새 사람은 의와 거룩에 있어서 하나님을 닮아야 한다. 의와 거룩은 아담이 처음 지음을 받았을 때의 원시 상태였다. 사람 안에서 하나님의 형상의 회복은 하나님의 의와 거룩을 본받는 일이다.

"하나님을 따라 의와 진리의 거룩함으로 지으심을 받은 새 사람을 입으라." 헬라어 원문에서 "의와 거룩"은 접속사 카이(καί; and; 그리고)로 연결된 동등어이고, 진리는(테스 알레데이아스, τῆς ἀληθείας; of truth; 진리의, 참된) '진리의' 또는 '참된'이라는 형용사로서 의와 거룩을 다 수식한다. 그러므로 우리말 성경의 "의와 진리의 거룩함으로"는 "참된 의와 거룩으로"(in righteousness and holiness of the truth or in true righteousness and holiness)라는 뜻이다.

'진리'는 하나님을 바로 아는 참 지식으로 이해해야 한다. 그와 같은 지식은 아담이 처음 창조함을 받았을 때, 하나님의 형상의 일부였음에 틀림없다.

'의'는 하나님의 율법을 지키는 것으로 이해해야 한다. 의는 행해야 할 바른 도리다. 의는 사람과의 관계에서 올바른 행위의 표준이다.

'거룩'은 그 존재의 순수성과 깨끗함으로 이해해야 한다. 거룩은 하나님을 섬기며, 하나님과 교제할 수 있는 도덕적 자질이다. 따라서 거룩은 사람이 자기의 조물주와 교제하는 데 필요한 요건이다.

쉐드(W. Shedd)는 "거룩은 무죄보다 더 의미가 있다. 사람이 무죄의 상태에서 창조되었다고 말하는 것만으로는 충분치 못하다. …사람은 소극적으로는 무죄하게 지음을 받았을 뿐 아니라, 적극적으로는 거룩하게 지음을 받았다. 사람이 중생한 상태는 그의 원시적 상태(primitive state)의 회복이다. 그래서 중생한 자로서의 의가 '하나님을 따라서'(카타 데온, according to God)라고 묘사되었다"[19](엡 4:24)라고 했다.

---

[19] William Shedd, *Dogmatic Theology* II (Grand Rapids: Zondervan, 1969), p. 96.

2. 영적 면에서의 하나님의 형상(Spiritual Image)

영적인 면에서의 하나님의 형상이란 영성(靈性)과 불멸성(不滅性)이다.
　원시인(原始人=아담)은 창조시 영성과 불사성을 부여받았으므로 하나님과 교제하고, 영생할 수 있었다. 웨스트민스터 신앙고백서 4장 2절에는 "하나님이 사람을 남자와 여자로 창조하시고, 이성적이고 불멸적인 영혼을 주셨으며…"라고 되어 있다.

1) 영성(Spirituality)
　사람은 물질적인 몸뿐만 아니라 비물질적인 영혼도 가지고 있다. 원시인은 영성을 부여받았기에 영적 존재요, 영적 존재이므로 하나님과의 교제가 이루어졌다. 하나님은 유형적으로 아담과 하와에게 나타나신 듯하다(창 3:8). 그리고 그들(아담, 하와)은 하나님의 임재와 교훈을 즐겼다(창 2:16).

　찰스 핫지(C. Hodge)는 "하나님은 영이시다. 사람 또한 영이다. 영의 본질적 속성들은 이성(reason), 양심(conscience) 그리고 의지(will)이다. 영은 이성적이고 도덕적이며, 그러므로 또한 자유 행위자(free agent)이다. 하나님은 자기의 형상을 따라 사람을 지으심으로써 하나님은 영으로서 자기에게 속한 속성들을 사람에게 부여하셨다. …그러므로 사람은 그의 조물주와 교통할 수 있었다. 하나님과 사람 사이의 이 성질의 유사(일치)는 또한 하나님을 아는 우리의 기능의 필수 조건이며, 우리의 종교적 성질의 기본이다. 만일 우리가 하나님과 유사하지 않다면, 우리는 하나님을 알 수 없었을 것이다. 그렇다면 우리는 짐승들처럼 멸망당할 것이 아닌가! 사람은 하나님의 형상이다. 그래서 신적 유사(divine likeness)를 입고 또 반영한다. 왜냐하면 사람은 영과 지능이 있는 자요, 자원적 행위자이기 때문이다"[20]라고 했다. 그러나 사람(아담)이 범죄하므로 하나님과의

---
20) C. Hodge, *Systematic Theology* II, pp. 96-97.

영적 교제가 상실되었다.

영적 측면에서 하나님의 형상의 회복은 하나님의 말씀과 성령 하나님의 초자연적 능력의 역사로 거듭남으로써 이루어진다. 거듭난 하나님의 자녀들은 하나님과의 인격적 교제가 회복된다. 이제 우리는 하나님과 인격적 교제를 나누며, 기도와 찬송과 감사를 드리며, 하나님의 말씀을 받는 영적 삶이 있어야 한다. "보라! 아버지께서 어떠한 사랑을 우리에게 주사 하나님의 자녀들이라 일컬음을 얻게 하셨는고!"(요일 3:1)

2) 불멸성(Immortality)

성경은 하나님께만 죽지 않는 불멸의 영생이 있다고 단언한다(딤전 6:16). 이 불멸의 영생은 하나님만이 그 존재 안에 스스로 영원히 가지고 계신다. 그런데 하나님은 원시인(아담)에게 불멸적인 영혼을 주셔서 사람을 영생하도록 창조하셨다. 이 영생은 자신 안에 죽음의 씨앗을 가지고 있지 않으며, 죽음의 법에 굴복하지 않는다는 의미에서이다. 하나님은 사람이 범죄하지 않았을 경우 영생하도록 창조하셨다.

그러나 원시인이 범죄하였고, 그 결과로 영생을 상실하게 되었다. 사도 바울은 죄가 죽음을 이 세상 사람들에게 가져왔으며(롬 5:12; 고전 15:20-21), 사람은 허물과 죄로 말미암아 죽었다(엡 2:1)고 했다. 왜냐하면 죄의 값은 사망이기 때문이다(롬 6:23). 성경에서 죽음이란 멸절을 의미하는 것이 아니라, 하나님으로부터 분리 또는 멀리 떠남을 뜻한다.

죄로 말미암아 죽은 영이 어찌 다시 살며 영생할 수 있는가?

이에 대한 분명한 대답은 요한복음 3:16, "하나님이 세상을 이처럼 사랑하사 독생자를 주셨으니 이는 저를 믿는 자마다 멸망치 않고 영생을 얻게 하려 하심이니라"이다. 그렇다. 누구든지 예수 그리스도를 영접하여 구주로 믿기만 하면 죽은 영이 다시 살아 영생을 소유한다. 불멸 영생은 시간적 측면에서 영원뿐만 아니라, 질적인 면에서 복된 삶의 영속이다.

3. 지능적 면에서의 하나님의 형상(Intellectual Image)

지능적인 면에서의 하나님의 형상이란 정신·마음·자유의지 등이다.
정신과 마음과 의지의 기능과 능력들이 하나님의 형상을 반영한다.

'**정신**'(누스, νοῦς; mind)은 생각하는 사고자(thinker), 이성적 기능의 자아(ego), 지식과 이해의 기능이다.

'**마음**'(카르디아, καρδία; heart)은 도덕적 기능의 자아, 지·정·의의 중심 좌소, 도덕법의 주인이다.

'**의지**'는 생각하고 선택하고 결정하여 시행하는 능력을 말한다.

원시인은 하나님과 사물을 바로 알고 바로 이해하였으며, 바른 도덕적 관념과 바른 의지로 행동하였다.

그런데 사람이 범죄하여 타락함으로써 지능적인 면에서의 하나님의 형상, 곧 정신·마음·의지에 큰 상처를 가져왔다. 좀더 신학적으로, 그리고 구체적으로 언급한다면 정신의 전적 타락과 부패, 마음(양심)의 전적 타락과 부패, 의지의 전적 타락과 부패를 가져왔다. 그리하여 하나님의 지능적 형상들은 도덕적 형상들과 함께 철저하게 병들고, 부패하고, 비틀어지고, 뒤틀리고, 비정상적이고, 악하게 되었다. 그 결과 타락한 사람은 하나님과 신령한 세계(영계; 靈界)에 대하여 잘못된 생각과 지식을, 잘못된 마음과 감각을, 잘못된 행동을 하게 되었다. 이 세상의 지혜로는 하나님을 바로 알 수 없다(고전 1:21).

상처, 침해, 고장난 하나님의 지능적 형상은 언제, 어떻게 다시 회복될 수 있을까? 예수 그리스도를 구주로 영접할 때, 물과 성령으로 거듭날 때, 신분상 하나님의 지능적 형상은 회복되며, 실제적으로는 자기를 창조하신 자의 형상을 좇아 날마다 갱신됨으로써 점차 회복되고, 완전 회복은 신자가 영화될 때 이루어질 것이다.

4. 사람의 몸(Body)

하나님의 형상은 사람의 몸에서도 반영되었다. 따라서 사람의 몸에서도 하나님의 형상을 엿볼 수 있다.

여기서 몸(신체)은 불멸적 영혼을 위한 기관, 그리고 하등 피조물들을 주관하기 위한 도구(an organ for an immortal soul and the instrument for exercising dominion over the creatures)라는 점에서 하나님의 형상이다.

하나님은 영(靈)이시요 비물질적이시기 때문에 사람의 물질적인 몸이 하나님의 형상을 직접 반영할 수는 없다. 그러나 사람의 몸은 불멸적 영혼의 기관이요 피조물들을 주관하는 도구라는 점에서 하나님의 형상을 나타낸다. 그런 점에서 영혼은 하나님의 직접적 반영이요, 몸은 그 반영의 반영이다.

칼빈(J. Calvin)은 "비록 하나님의 형상의 주요 좌소는 정신과 마음과 영혼과 그것들의 능력에 있지만…사람의 외형(外形, external shape)에서도 하나님의 영광이 전시된다. 진실로 외형도 우리를 하등 동물들로부터 구별하고 분리하여 우리를 하나님께 더 가까이 가게 함을 부인할 수 없다"[21]라고 했다.

그런데 사람의 타락으로 말미암아 몸은 하나님의 영광을 나타내는 도구로 사용되는 것이 아니라, 오히려 사탄의 도구, 죄의 도구로 사용되는 때가 많다. 이제 하나님의 성령으로 중생하여 새롭게 된 사람은 하나님의 형상이 자신을 통해서 반영되어야 한다. 누구든지 그리스도인이라 자처하면서 하나님의 형상이 자신을 통하여 반영되지 않는다면, 그는 하나님의 형상을 닮아 가도록 노력해야 할 것이다.

언제 하나님의 형상이 완전히 회복될 것인가?

칼빈(J. Calvin)은 미래를 내다보면서 "하나님의 형상이 장차 오는 세상에서 온전히 회복될 때에 영혼뿐만 아니라 육체도 온전히 회복될 것이

---

21) Calvin, *Institutes* I. XV. 3.

다"[22]라고 했다.

5. 피조물에 대한 지배권(Man's Dominion over the Creatures)

사람 안에 있는 하나님의 형상은 피조물에 대한 지배권에서도 반영되었다. 버즈웰(O. Buswell)은 사람 안에 있는 하나님의 형상은 만물의 지배권이라고 했다.[23] 따라서 피조물에 대한 지배권에서도 하나님의 형상을 엿볼 수 있다. 하나님의 형상대로 지음을 받은 사람은 하나님의 통치의 섭정자로서(as vice-regent) 다른 모든 피조물을 통치할 주관권을 부여받았다. 이 주관권은 확실히 하나님의 최고의 절대적 주권을 반영한다. 따라서 사람은 모든 창조세계의 머리이며, 지배자이다.

창세기 1:28, "…땅을 정복하라…모든 생물을 다스리라."

'정복하라'(카바쉬, כָּבַשׁ; subdue, conquer; 정복하다)는 동사는 인간이 땅의 자원들을 찾아내고, 토지를 경작하라는 뜻이다. 하나님은 인간에게 자연과 인간 속에서 발견되는 모든 잠재력을 개발하라고 명령하셨다. 사람은 농업·축산업·원예뿐만 아니라 학문·예술·과학기술 등도 발전시켜야 한다.

'다스리라'(라다, רָדָה; to rule; 지배하다)는 동사는 동물은 물론이고 모든 만물(萬物)을 지배하라는 뜻이다. 이 말씀은 시편 8:6에서도 밝히고 있다. 하나님은 창조한 만물을 지배하시고, 사람은 하나님의 대리인으로서 만물을 지배하는 대리 집행관이다.

시편 8:4-8은 사람의 통치권을 잘 묘사하고 있다. 곧 "사람이 무엇이관대 주께서 저를 생각하시며 인자가 무엇이관대 주께서 저를 권고하시나이까 저를 천사보다 조금 못하게 하시고 영화와 존귀로 관을 씌우셨나이다 주의 손으로 만드신 것을 다스리게 하시고 만물을 그 발 아래 두셨으니 곧 모든 우양과 들짐승이며 공중의 새와 바다의 어족과 해로에 다

---

22) Calvin's *Commentary* on I Cor. 15:49.
23) Buswell, *A Systematic Theology of the Christian Religion* I, pp. 233-235.

니는 것이니이다."

사람은 하나님이 창조하신 최고 최상의 피조물이다. 즉 사람은 하나님의 형상을 지니고 있는 존재로 모든 만물을 다스리게 하셨다.

찰스 핫지(C. Hodge)는 사람 안에 있는 하나님의 형상에 관하여 "사람은 하나님의 형상이요, 그래서 신적 모양(divine likeness)을 가지며 또한 반영한다. 사람은 영(靈)적인 존재, 지능자, 자원적 행위자이기 때문에 우주적 통치를 한다. 이것이 하나님의 본질적 형상을 반영하는 것이다"[24]라고 했다.

그러나 타락한 인간은 만물 위의 영장권을 충분히 행사하지 못하고 있다. 그러므로 히브리서 기자는 히브리서 2:5-9에서 시편 8:4-8의 말씀을 소개하고 난 후에 사람이 지금은 만물을 완전히 지배하지 못한다고 했다(히 2:8). 사람은 그 타락한 상태에서 피조 세계를 상당히 주관하지 못하는 것이 사실이다. 그러나 타락하기 전 아담이 에덴동산을 통치할 주관권을 가졌듯이, 그리스도 안에서 구속함을 받은 하나님의 자녀들은 만물 위에 주관권을 충분히 행사할 때가 올 것이니(마 19:28; 눅 22:29-30) 곧 그리스도의 재림 때이다. 그리스도께서 재림하시면 세상 나라가 그리스도의 나라가 되고, 부활체로 영화롭게 된 성도들은 그리스도와 더불어 또는 그리스도 아래에서 만물 위에 주관권을 충분히 행사할 것이다.

하나님의 원시적 형상(original image)이 실제적으로 완전히 회복되는 것은 타락으로 인하여 변질된 형상(perverted image)이 새롭게 된 형상(renewed image)으로, 새롭게 된 형상이 영화롭게 될 때에 온전케 된 형상(perfected image)으로 될 것이다. 영화롭게 된 성도들은 새롭게 된 형상의 최종적 완성이다.

이것이 하나님의 형상의 최종적 완성 단계이다. 그때에는 만물도 썩어짐의 종노릇한 데에서 해방될 것이다(롬 8:18-23).

---

24) C. Hodge, *Systematic Theology* II, p. 99.

호크마(Hoekema)는, "우리는 사람을 사람의 최종적 운명의 조명하에서 보아야 한다. 그리스도는 그의 구속 사역으로 말미암아(through His redemptive work) 우리를 아담이 타락하기 전보다 더 높은 곳으로 인도하시기 때문이다. 아담은 여전히 그의 죄없음과 축복된 상태를 상실할 가능성 속에 있었던 존재이다. 그러나 영화롭게 된 성도들은 죄를 지을 수도, 죽을 수도 없다(able not sin and die)"고 했다.[25]

사람이 하나님의 형상대로 창조되었다는 말씀은 우리에게 무엇을 교훈하는가?

첫째, 사람은 하나님의 형상대로 창조되었으므로 언제나 하나님으로부터 구별된다. 다시 말하면 사람은 하나님이 아니라 하나님에 의하여 지음을 받은 피조물이라는 사실이다. 사람은 피조물이므로 자존성·단순성·무한성·불변성 같은 하나님의 비공유적 속성들은 가지고 있지 않다. "사람은 그의 자존성·불변성·무한성·통일성에서 결코 하나님과 같을 수 없다."[26] 사람은 피조물로서의 한계를 넘을 수 없다. 사람은 의존적 존재이다.

둘째, 사람은 하나님의 형상대로 창조되었으므로-영혼의 영성(靈性)이 있으므로-하나님을 믿고(believe), 섬기며(serve), 하나님과 직접 교통, 교제(communication and fellowship)할 수 있는 특권을 가지고 있다. 사람들과 천사들 이외에는 어떠한 피조물도 이 특권을 가지고 있지 않다.

셋째, 사람은 하나님의 형상대로 창조되었으므로 사람의 인격을 존중한다. 왜냐하면 하나님의 형상이 사람 안에 있기 때문이다. 성경은 하나님의 형상대로 지음 받은 사람을 저주하는 것을 금하였다(약 3:9).

칼빈(J. Calvin)은 그의 독자들에게, 심지어는 그들이 미워하는 자들마저도 사랑하라고 권하였다. 왜냐하면 우리는 "그 사람의 악한 의도를 생각

---

25) Hoekema, *Created in God's Image*, p. 92.
26) C. Van Til, *The Defence of the Faith* (Phillipsburg: P&R Publishing, 1967), pp. 13-14.

할 것이 아니라, 그들 속에 있는 하나님의 형상을 쳐다보아야 한다. 그렇게 될 때 그들의 모든 잘못은 취소되고 상쇄되어 버린다. 그들 속에 있는 하나님의 형상이 우리에게 그들을 사랑하도록 한다"[27]라고 했다.

사람이 전적으로 타락하고 부패하여 하나님의 형상이 형체를 알아볼 수 없이 상처가 나고, 약화되고, 부패하고, 불구가 되고, 악하게 되었을지라도 그 속에 하나님의 형상이 남아 있다는 사실을 인식하면 우리는 마땅히 사람을 사랑해야 한다.

넷째, 사람은 하나님의 형상대로 창조되었으므로 다른 모든 피조물(심지어는 천사들까지도)로부터 구별된다는 사실이다. 사람은 만물의 영장으로 다른 모든 피조물을 주관하고 다스리는 특권을 가지고 있다(창 1:26, 28).

다섯째, 사람은 하나님의 형상대로 창조되었으므로 위로 하늘에 있는 것이나, 아래로 땅에 있는 것이나, 땅 아래 물속에 있는 것의 아무 형상도 만들지 말고, 그것들에게 절하지 말며, 그것들을 섬기지 말라는 제2계명을 지켜야 한다. 성경은 남자나 여자나 짐승이나 새나 기어다니는 것이나 물고기나 어떠한 형상도 만들거나 그것에 예배하는 것을 엄히 금하셨다.

Ⅳ. 하나님의 형상이신 그리스도(Christ as the Image of God)

골로새서 1:15, "그는 보이지 아니하는 하나님의 형상이다."
고린도후서 4:4, "그리스도는 하나님의 형상이다."
히브리서 1:3, "이는 하나님의 영광의 광채시요, 그 본체의 형상이다."

'**형상**'(에이콘, εἰκών; image; 형상)이란 단어가 그리스도께 적용될 때에는 삼위일체 교리의 개념에 입각하여 이해되어야 한다. 다시 말하면 그리스도는 하나님의 형상이라고 할 때에, 그리스도는 본체와 속성들에 있어

---

27) Ronald S. Wallace, Calvin's *Doctrine of the Christian Life* (Eugene OR: Wipf & Stock Publishers, 1997), pp. 148-152.

서 성부 하나님과 본질적으로 하나요 동등하다는 진리이다. 따라서 그리스도는 하나님의 형상이란 그리스도 자신이 바로 '하나님이다'는 말씀이다. 그러므로 그리스도께서 "나와 아버지는 하나이니라"(요 10:30), "나를 본 자는 곧 아버지를 보았느니라"(요 14:9)고 하셨다. 그리고 하나님의 형상은 도성인신하신 그리스도의 신격(神格)에 그대로 남아 있어서 그와 그의 신적 사역들(divine works)에 의하여 우리에게 나타났다. 따라서 하나님의 형상이신 그리스도와 하나님의 형상인 사람과는 형상의 개념에 큰 차이가 있다. 즉 사람은 하나님의 형상대로 지음을 받았으나, 본체와 속성들이 본질적으로 하나님과 하나가 아니며 동등하지도 않다. 왜냐하면 하나님은 영원자존자 창조자시오, 사람은 유한한 피조물이기 때문이다.

테일러(Thayer)는 "그리스도께 적용된 형상이란 단어는 그분의 신적 성질과 절대 도덕적 탁월성(His divine nature and absolute moral excellence) 때문이다"(p. 175)라고 하였다.

엘리코트(Ellicott)는 "하나님의 형상이란 영원하신 성자는 그분의 본체와 속성(성질), 그리고 영원성에 있어서 성부와 동등함을 지적한다"(p. 134)고 논평하였다.

클라인네크(Kleinknecht)는 키텔의 신약신학 사전(TDNT)에서 "그리하여 에이콘(εἰκών; image; 형상)은 연약함이나, 또는 어떤 것의 연약한 묘사에 적용하지 않는다. 그것(에이콘)은 그것의 내적 핵심과 본질(inner core and essence)의 조명에 적용한다"(2:389)고 하였다.

키텔(Kittle) 자신은 골로새서 1:15에서 "에이콘(형상)은 원형(original)과 같음(동등함)을 강조한다"(2:395)고 하였다.

라이트풋(Lightfoot)은 "형상이란 단어는 모양이라는 매우 분명한 개념 이외에도 다른 두 가지 개념과도 관련된다. 즉 대표하는 것과 나타내 보이심이다. 대표하는 것(representation)은 하나님의 모형(prototype)이요, 나타내 보이심(manifestation)은 보이지 않으시는 성부에 대한 계시다"(p.

145)라고 하였다.

성부 하나님이 어떻게 성자 예수 그리스도를 통하여 나타나셨는가?

그리스도께서 도성인신(incarnation)하셔서서 그의 생애(life), 말씀들(words), 사역들(works)을 통하여 하나님을 우리에게 나타내 보이셨다.

그러므로 요한복음 1:18에서는 "본래 하나님을 본 사람이 없으되 아버지 품속에 있는 독생하신 하나님이 나타내셨느니라"고 했다. 실로 그러하다. 아무도 영이신 하나님을 본 사람이 없다. 하나님의 본체는 불가견적이다(딤전 1:17). 그러므로 아무도 하나님을 보지 못했으며 볼 수 없다(딤전 1:16). 그러나 하나님은 독생자 예수 그리스도를 통하여 자신의 본체와 속성들을 나타내 보이셨다. 예수 그리스도는 보이지 않으시는 하나님의 형상이시기 때문이다.

하나님이 "나타내셨느니라"는 말씀은 엑세게오마이(ἐξηγέομαι; explain, interpret, tell, report, describe; 설명하다, 해석하다, 이야기하다, 보고하다, 진술하다)라는 뜻이다.

빈센트(Marvin Vincent)는 "요한이 의미하는바 독생자 예수 그리스도는 성부 하나님을 사람들에게 계시하셨고(revealed), 나타내셨고(manifested), 설명하여 주셨다(interpreted)는 뜻이다"라고 했다(WS. 2:61).

부쉘(Herman Buechsel)은 "이 동사의 올바른 의미는 계시한다(to reveal)는 뜻이다"[28]라고 했다.

그리스도는 자신의 생애, 말씀들, 사역들을 통하여 하나님을 완전히 계시하셨다. 그러기에 예수님은 "나를 보는 자는 나를 보내신 이를 보는 것이니라"(요 12:45)고 하시고, 또 빌립에게 "나를 본자는 아버지를 보았느니라"(요 14:9)고 하셨다. 예수님을 보는 자는 실제로 하나님을 보는 것이다. 그리스도는 하나님의 본질적 형상이기 때문이다.

---

28) *Theological Dictionary of the N.T.* (Grand Rapids: Eerdmans, 1986), 2:908

V. 하나님의 형상에 대한 여러 견해들(Various Views of the Image of God)

1. 로마 가톨릭의 견해(The Roman Catholic View)

로마 가톨릭은 타락시 하나님의 형상의 일부가 상실되었다고 주장한다(part of the image was lost in the Fall). 천주교에서는 창세기 1:26-27에 근거하여 하나님의 형상과 하나님의 모양을 구별하여 하나님의 형상을 자연적 형상이라 하고, 하나님의 모양을 초자연적 형상이라 한다. 그리고 하나님의 형상(자연적 형상)은 타락한 후에도 계속 보유하고, 하나님의 모양(초자연적 형상)은 상실되었다고 한다.

그러면 자연적 형상이란 무엇이며 초자연적 형상이란 무엇인가?

자연적 형상(natural image)은 영혼의 영성(spirituality of soul), 의지의 자유(freedom of will), 몸의 불사성(immortality of body)이다. 사람은 세상에 태어날 때 하나님의 자연적 형상을 선물로 받아 계속 보유하고 있다고 주장한다.

초자연적 형상(supernatural image)은 원시적 의(original righteousness)를 구성하고 있다. 초자연적 형상은 죄에 대한 인간의 자연적 성향(man's natural tendency toward sin)을 극복하기 위하여 창조시 하나의 특별한 선물로 추가했다. 그런데 타락시(자연적 형상은 그대로 남아 있고) 초자연적 형상은 상실되었다고 한다.[29]

비평(A Critique)

① 죄에 대한 인간의 자연적 성향을 극복하기 위하여 초자연적 형상(원시적 의)을 특별한 선물로 주셨다면 어떻게 죄를 극복하지 못하고 범죄하여 타락할 수 있었는가.

---

29) Jan Rohls, *Reformed Confessions* (Louisville: John Knox Press, 1998), pp. 78-80.

② 영혼의 영성, 의지의 자유, 몸의 불사성을 범죄 후에도 그대로 계속 보유(유지)하고 있다는 주장은 정통 교리와 실제 신앙 생활에 맞지 않는다. 원인(原人=아담)의 범죄 후 사람의 영혼은 죽었으며, 의지의 자유는 전적으로 불신앙·불순종·반역 등으로 나타나며, 몸의 불사성은 죽음으로 되었다.

2. 루터파의 견해(Lutheran View)

루터파에서는 타락시 하나님의 형상 전부가 상실되었다고 주장한다(all of the image was lost in the Fall). 루터파에서 하나님의 형상이란 지식·의·거룩으로 구성된 원시적 의(original righteousness)를 말한다. 그리고 이것(하나님의 형상=원시적 의)이 타락시 전적으로 상실되었다고 한다.

비평(A Critique)

① 루터파에서는 광범위한 하나님의 형상을 소위 원시적 의에만 국한시켰다. 원시적 의는 하나님의 형상의 전부가 아니라 일부이다.

② 루터파의 이 견해는 창세기 9:6; 고린도전서 11:7; 야고보서 3:9에 위배된다. 즉 하나님의 형상이 비록 침해되었어도 여전히 사람 안에서 찾아볼 수 있기 때문이다. 루터파는 인류의 도덕적 국면들을 별로 인식하지 못했다.

③ 하나님의 형상과 하나님의 모양을 동일시하는 정통 교리와 상반된다.

④ 하나님의 모양을 원시적 의(의와 거룩)라 하고 이 원시적 의가 상실되었다고 보는 것은 로마서 1:19, 21-23; 2:15 등에 위배된다.

제 5 장
인간 창조에 대한 성경적 교훈
(Biblical Teaching on the Creation of Human Being)

1. 먼저 삼위일체 하나님의 도모와 계획이 있었다.
2. 사람 창조는 하나님의 특별한 사역이었다.
3. 하나님은 사람을 몸과 영혼으로 창조하셨다.
4. 사람은 육체와 영혼의 단일체이다.
5. 하나님은 사람을 남자와 여자로 창조하셨다.
6. 하나님은 남자의 갈빗대로 여자를 창조하셨다.
7. 하나님은 첫 사람 아담과 하와를 성인으로 창조하셨다.
8. 하나님은 사람을 하나님의 형상대로 창조하셨다.
9. 하나님은 아담과 하와를 무죄인으로 창조하셨다.
10. 하나님은 사람을 만물의 영장으로 창조하셨다.
11. 하나님은 아담을 가장 천재적인 지능적 존재로 창조하셨다.
12. 하나님은 사람을 일종의 불멸의 존재로 창조하셨다.
13. 사람은 땅에서 나는 소산물을 먹고 산다.
14. 하나님은 낙원을 창설하셨다.
15. 사람의 제일 되는 목적이 무엇인가?

인류의 시조 아담과 하와는 독특하게 창조되었다. 성경은 인간 창조에 대하여 창세기 1:26-27; 2:7, 21, 23 등에서 상세히 계시하고 있다. 제1장에서 천지만물의 기원에 대한 기사는 사람의 창조로 결론을 맺었다.

그런데 제2장에서는 추가적으로 사람을 어떻게 창조하셨는지 그 양상까지도 상세히 계시하고 부부의 원리도 교훈하셨다.

창세기 1:25-28, "하나님이 땅의 짐승을 그 종류대로, 육축을 그 종류대로, 땅에 기는 모든 것을 그 종류대로 만드시니 하나님의 보시기에 좋았더라 하나님이 가라사대 우리의 형상을 따라 우리의 모양대로 우리가 사람을 만들고 그로 바다의 고기와 공중의 새와 육축과 온 땅과 땅에 기는 모든 것을 다스리게 하자 하시고, 하나님이 자기 형상 곧 하나님의 형상대로 사람을 창조하시되 남자와 여자를 창조하시고, 하나님이 그들에게 복을 주시며 그들에게 이르시되 생육하고 번성하여 땅에 충만하라, 땅을 정복하라, 바다의 고기와 공중의 새와 땅에 움직이는 모든 생물을 다스리라 하시니라."

창세기 2:7, "여호와 하나님이 흙으로 사람을 지으시고 생기를 그 코에 불어넣으시니 사람이 생령이 된지라."

웨스트민스터 신앙고백서 4장 2절, "하나님이 다른 모든 피조물들을 만드신 후에 사람을 남자와 여자로 창조하였으며, 이성적이고 불멸의 영혼을 주셨고, 자기 자신의 형상을 따라 지식과 의와 거룩함을 부여해주셨으며, 그들의 마음에 하나님의 율법을 기록해 주셨고, 그 율법을 성취할 수 있는 능력도 주셨다…."

웨스트민스터 신앙고백서 소요리문답 10문, "하나님이 사람을 어떻게 창조하셨는가" "하나님이 사람을 남자와 여자로 지으시되 자기 자신의 형상을 따라 지식과 의와 거룩함을 소유하게 지으시고 모든 피조물들을 지배하게 하셨느니라."

이 신앙고백서들은 주로 창세기 1:26-28; 2:7; 에베소서 4:22-25; 골로새서 3:9-10에 근거하였다.

1. 먼저 삼위일체 하나님의 도모와 계획(Counsel and Plan of Triune God)이 있었다.

하나님은 만물의 영장인 사람을 창조하시기 전에 성부·성자·성령 3위의 상호 도모(counsel; 의논, 협의)를 가지셨다. 그리고 그 도모와 합의된 계획대로 사람을 창조하셨다.

창세기 1:26-27, "하나님이 가라사대 우리의 형상을 따라 우리의 모양대로 우리가 사람을 만들고 그로 바다의 고기와 공중의 새와 육축과 온 땅과 땅에 기는 모든 것을 다스리게 하자 하시고, 하나님이 자기 형상 곧 하나님의 형상대로 사람을 창조하시되…"에서 '우리의'(our), 또는 '우리가'(we)는 하나님의 삼위일체를 가리킨다. 사람이야말로 삼위일체 하나님의 진지한 도모와 계획에 의하여 창조된 만물의 영장이다.

2. 사람 창조는 하나님의 특별한 사역(Special Work)이었다.

하나님은 물고기들과 새들과 짐승들을 그 종류대로(after their kind) 그것들의 각기 독특한 형태로 창조하셨다. 사람 이외의 다른 모든 피조물은 하나님의 능력의 말씀으로 창조되었다.
그렇지만 사람 창조는 더욱 이 사역의 직접성과 특별성을 보여 준다.
다시 말하면 사람 창조에 관해서는 하나님이 말씀하시기를 "우리의 형상과 우리의 모양대로 우리가 사람을 만들자"라고 하시고, 또한 "흙으로 사람을 지으시고 생기(생명)를 그 코에 불어넣으시니 사람이 산 존재가 된지라…아담에게서 취하신 그 갈빗대로 여자를 만드시고"라고 한 것은 다른 모든 피조물의 창조보다 확실히 구별된, 그리고 독특한 창조의 사역이었음을 보여 준다.

3. 하나님은 사람을 몸과 영혼(Body and Soul)으로 창조하셨다.

창세기 2:7에 "여호와 하나님이 흙으로 사람을 지으시고 생기를 코에 불어넣으시니 사람이 생령이 된지라"고 했다. 그러므로 사람의 구성 요소는 육체와 영이다.

1) 사람의 물질적 요소는 흙이다.

• "하나님이 흙으로 사람을 지으시고"에서 '흙'이란 아파르(עָפָר), 곧 흙의 먼지 또는 티끌로서 땅의 먼지(dust of ground)를 가리키며, 먼지(티끌)는 흙에 들어 있는 여러 가지 화학적 성분들을 가리킨다. 하나님은 19개 이상의 화학적 성분들이 들어 있는 흙으로 사람을 지으셨다.

흙에는 금속 원소들과 비금속 원소들이 들어 있다. 즉 칼슘(calcium), 탄소(carbon), 염소(chlorine), 불소(fluorine), 수소(hydrogen), 옥소(iodine), 철(iron), 구리(copper), 마그네슘(magnesium), 니켈(nickel), 질소(nitrogen), 산소(oxygen), 인산(phosphorus), 칼륨(potassium), 규소(silicon), 염소(sodium), 유황(sulphur), 바나듐(vanadium), 아연(zinc) 등이다.[1]

• "사람을 지으시고"에서 '**지으시고**'라는 단어는 야차르(יָצַר)로서 형성하다, 만들다, 빚다(form)라는 뜻이다. 이 단어는 도예가가 진흙으로 도자기를 만들 때 사용되는 표현이다. 그와 같이 하나님은 사람을 흙으로 빚어 만드셨다. 하나님이 지으신 모든 피조물 중에 사람만이 유난히 직접 만드신, 가장 아름다운, 가장 멋있는 하나님의 걸작품이다.

• 사람의 육체는 흙으로 지음을 받았기 때문에 흙과 밀접한 관계를 가지고 있다. 히브리어로 사람이라는 단어는 아담(אָדָם)인데, 이 단어는 아다마(אֲדָמָה), 즉 흙이라는 단어에서 인출되었다. 사람의 육체는 흙으로 지으심을 받았기 때문에 흙이 가지고 있는 모든 성분으로 구성되어 있

---

1) O. T. Spence, *The Quest for Christian Purity* (Dunn: Foundations, 1988), p. 82.

다. 흙에서 나는 소산물은 흙이 가지고 있는 주성분들을 사람에게 공급해 준다. 흙에서 나는 모든 소산물은 사람의 인체에 절대적으로 필요하며 부작용이 없을 뿐만 아니라 매우 유익하다.

2) 사람의 비물질적 요소는 생기이다.

• "생기를 그 코에 불어넣으시니"에서 '생기'란 히브리어 니스마트(נִשְׁמַת)로서 생명의 호흡(breath of life), 곧 생명(life)을 가리킨다. 하나님은 생명을 콧구멍에 불어넣으셨다. 성경은 호흡을 생명과 동일시하여 이사야 2:22에서는 사람의 호흡이 코에 있다고 했다.

• "산 영(living soul)이 된지라"는 말씀은 '네페쉬 하야'(נֶפֶשׁ הַיָּה)로서 산 존재, 생명 있는 존재(a living being)를 가리킨다. 산 영이란 결코 육체 없는 영적 존재만을 가리키는 것은 아니다. 하나님은 사람을 흙으로 빚으시고, 그 코에 생기를 불어넣으시고, 생명이 있는 사람으로 창조하셨다(창 2:7). 우리말 번역 성경과 영어 번역(흠정역, K.J.V.)에는 산 영(a living soul)이라고 번역되었는데 그것은 잘못된 것이다. 산 영이란 생명이 있는 존재(a living being), 또는 산 피조물(a living creature)로 번역해야 한다.

따라서 사람의 생명은 전적으로 하나님으로부터 나왔으며, 하나님께 의존되어 있으며, 하나님이 주관하신다. 사람은 하나님이 호흡을 주시면 살고 호흡을 거두어 가시면 죽는다. 하나님은 생명의 근원이시요, 소유자시요, 주관자시기 때문이다.

4. 사람은 육체와 영혼의 단일체(a phychosomatic unity)이다.

사람의 영혼과 육체는 단일체이므로 구별은 되나 분리되지 않는 전인(a whole person)이다. 하나의 인격체(a personality)이다. 사람의 영육의 통일체(man's unity)이다. 사람의 두 측면을 구별하면서도 단일성을 강조한다. 따라서 마지막 나팔 소리에 천지 진동할 때 육체와 영혼의 전인(全人)은 신령한 몸·강한 몸·영광스러운 몸으로 부활하여 주님을 영접할 것이다 (고전 15:42-44).

1) 사람은 영혼과 육체의 결합체이다.

창세기 2:7, "여호와 하나님이 흙으로 사람을 지으시고 생기를 그 코에 불어넣으시니 산 사람이 된지라."

하나님이 아담의 코에 호흡을 불어넣기 전에는 생명이 없는 흙의 존재일 뿐이었다. 생기를 그 코에 불어넣으시므로 비로소 생명 있는 사람이 되었다. 생기는 생명이며, 생명은 사람의 코에 있다. 사람은 호흡이 있을 때 숨쉬며 살아서 의식적 존재로 활동한다. 그러나 호흡이 정지되면 사람의 육체적 생명은 끝난다. 영혼 없는 몸은 죽은 몸이기 때문이다(약 2:26).

2) 사람은 창조주 하나님을 믿고 섬기며 산다.

사람은 인격적 존재, 영적 존재로 지음을 받았기 때문에 우리의 중생한 영이 하나님을 믿고 섬기며 살게 되어 있다. 사람은 하나님이 코에 호흡을 불어넣어 생명이 있는 존재로 창조하였을 뿐만 아니라, 하나님의 형상대로 지음을 받았기 때문에 영적 존재, 신령한 존재로서 하나님을 믿고(believe), 하나님과 교제하며(fellowship), 하나님께 예배드리고(worship), 하나님을 섬기며(service) 사는 존재가 되었다. 하나님을 섬기며 사는 존재는 모든 피조물 중 선한 천사들과 사람들 이외에는 없다.

하나님은 우리를 사랑하셔서 영원을 사모하는 마음을 주셨을 뿐만 아니라(전 3:11), 믿음을 또한 선물로 주셨다(엡 2:8). 이것이 하나님의 은혜가 아닌가!

3) 사람은 흙에서 왔으므로 종국에는 흙으로 다시 돌아갈 몸들이다(창 3:19).

이 말씀은 문자적으로 이해해야 한다.

욥은 욥기 10:19에서 인생이 다시 흙으로 돌아갈 것을 언급하여 말하기를 "있어도 없던 것같이 되어서 태에서 바로 무덤으로 옮겼으리이다"라고 했으며, 시편 기자는 시편 103:14에서 "이는 저가 우리의 체질을 아시며, 우리가 진토임을 기억하심이로다"라고 했으며, 사도 바울은 고린도전서 15:47-48에서 인간 창조의 기사로 돌아가 이르기를 "첫 사람은 땅에서 났으니 흙에 속한 자이거니와…무릇 흙에 속한 자는 저 흙에 속한 자들과 같고"라고 했다.

사람은 영과 육으로 구성된 단일체이다. 이 단일체는 육체적 죽음으로 분리되나, 이 죽은 것이 죽지 아니할 것으로 다시 살게 될 때 단일체는 다시 회복될 것이다.

5. 하나님은 사람을 남자와 여자(Male and Female)로 창조하셨다.

창세기 2:18, "여호와 하나님이 가라사대 사람의 독처하는 것이 좋지 못하니 내가 그를 위하여 돕는 배필을 지으리라 하시니라."

물론 남자와 여자의 창조 시기와 방법은 상이하였다. 하나님은 남자(아담)를 흙으로 빚으시고 코에 생기를 불어넣어 산 사람(a living person)으로 만드시고, 아담에게서 취한 갈빗대로 여자(하와)를 만들었다(창 1:27; 마 19:4). 하나님이 아담을 직접 창조하신 것같이 하와도 직접 창조하셨다. 창조의 목적은 하나님을 영화롭게 하며, 남편은 아내를 사랑하며, 아내는 남편에게 순복하며, 행복한 삶을 영위하기 위함이다.

한 걸음 더 나아가서 대인관계의 필요성과 중요성을 바로 인식하여야 한다. 다른 모든 동식물 세계에도 그렇듯이, 사람은 공동체의 일원이 아닌가!

6. 하나님은 남자의 갈빗대로 여자를 창조하셨다(창 2:18, 21-22).

하나님의 6일 창조 사역에 있어서 마지막 최후의 창조는 여자 창조였다. 하나님은 아담을 직접 창조하신 것처럼 하와도 직접 창조하셨다. 창세기 2:21에서는 "여호와 하나님이 아담을 깊이 잠들게 하시니 잠들매, 그가 그 갈빗대 하나를 취하고 살로 대신 채우시고, 여호와 하나님이 아담에게서 취하신 그 갈빗대로 여자를 만드시고, 그를 아담에게로 이끌어 오시니"라고 했다.

하나님이 아담을 "**깊이 잠들게 하시고**"라는 말씀을 현대 의학적인 용어로 표현한다면 하나님의 특별한 마취이며, "갈빗대 하나를 취하고 살로 대신 채우셨다"는 말씀은 하나님의 특별한 대수술이라고 하겠다. 하나님은 실로 고통이 없는 수술, 수술 자국이 없는 수술, 또 하나의 생명을 창조하는 수술을 단행하신 것이다. 하나님은 아담의 갈비뼈를 가지고 하와를 돕는 배필(helper)로 만드셨다.

어거스틴(Augustine)은 하나님이 남자의 갈비뼈를 취하여 여자를 창조하셨다는 말씀을 "하와는 남자가 밟기 위하여 발에서 취하여 내지 않았고, 또한 남자를 주관하기 위하여 머리에서 취하여 내지도 않았다. 다만 서로 협력자가 되기 위하여 옆구리에서 취하여 낸 것이다. 그러나 이것은 가정에서 남자가 가장(家長)이 되는 것과 주인(主人)이 되는 것을 용인한다"[2]라고 해석하였다.

그리고 하나님은 아담과 하와가 한 몸을 이루게 하셨다. 남자와 여자는 육체적·정신적·심리적·사회적, 심지어는 영적인 면에서도 공통된 분모 안에서 상당한 상이점들이 있다. 이 상이점들은 상호 결합하고, 상호 보완하며, 완전한 일체를 이룬다. 그러므로 하나님은 남자와 여자가 결합하여(결혼하여) 한 몸을 이루게 하셨다.

7. 하나님은 첫 사람 아담과 하와를 성인(Adult)으로 창조하셨다.

하나님은 아담과 하와를 갓난아이로 창조하지 않고 완전히 성장한 어

---

[2] Theron H. Rice, *Systematic Theology I*, p. 588.

른으로 창조하셨다. 그러므로 아담과 하와는 즉시로 생육하고 번성할 수 있었다. 하나님은 그들에게 "생육하고 번성하라"(창 1:28)고 말씀하셨는데, 만일 태초의 사람을 갓난아이로 창조하셨다면 부모도 없이 어떻게 생존할 수 있으며, 또 갓난아이들이 어떻게 생육할 수 있겠는가?

하나님은 생성(生成)하는 모든 피조물을 완숙한 것들로 창조하셨다. 계란이 먼저가 아니라, 닭이 먼저이다.

8. 하나님은 사람을 하나님의 형상(Image of God)대로 창조하셨다.

창세기 1:26에 의하면 하나님은 "우리의 형상을 따라 우리의 모양대로 우리가 사람을 만들자" 하고 사람을 창조하셨다. 그런데 형상(image)은 헬라어로 에이콘(εἰκών; to be similar or to be like; 유사하다, 같다)이며, 모양은 헬라어로 호모이오시스(ὁμοίωσις; similar, same; 유사하다, 같다)로서 형상과 모양이 동의어로 상호 교대적으로 사용되었다(창 5:1; 9:6; 고전 11:7; 골 3:10; 약 3:9). 다만 형상은 협의적 의미로, 모양은 광의적 의미로 생각된다. 우리는 하나님의 형상대로 지음을 받았으므로 하나님과 유사점들이 많이 있는 반면에, 또한 그렇지 않은 점들도 많이 있다.

우리가 하나님의 형상대로 지음을 받았다고 할 때에 하나님의 형상은 여하한 외형적, 유형적 관념을 포함하지 않는다.

일반적으로 개혁주의 신학에서는 하나님의 형상을 본질적 형상과 도덕적 형상으로 양분한다.

1) 본질적 형상이란 하나님의 영성(spirituality)과 불멸성(immortality)을 가리킨다. 그러므로 범죄하기 전에 아담은 하나님과 영으로 교통, 교제하며, 범죄하지 않았을 경우에는 영생할 수 있었다. 그러나 아담과 하와는 자신들의 자아 의지에 의하여 범죄함으로 말미암아 하나님의 본질적 형상을 완전히 상실하였다. 그 결과 그들의 영은 즉시로 죽고, 하나님과의 관계는 단절되었다. 영이 죽었다는 말은 소멸되거나 무의식적이라

는 뜻이 아니라, 하나님과 분리되었다는 뜻이다. 하나님과의 관계가 단절되었다는 말은 하나님이 아담과 하와를 에덴동산에서 쫓아내고, 그룹(Cherubim) 천사들과 하나님의 공의를 상징하는 화염검(flaming sword)을 두어 생명나무의 길을 지키게 하셨다는 말씀에서도 발견한다.

그러나 감사한 것은 누구든지 예수 그리스도를 개인의 구주로 믿기만 하면 죽은 영이 다시 살며, 하나님과의 단절되었던 교제가 다시 회복되며 영생을 얻게 된다(요 3:16).

2) **도덕적 형상이란 하나님의 도덕적 속성들로 의·거룩·진실을 말한다.** 하나님은 아담과 하와를 의롭고, 거룩하며, 진실되게 창조하였다(엡 4:24; 골 3:10). 그러나 아담과 하와가 범죄함으로 말미암아 하나님의 본질적 형상은 완전히 상실되었고, 하나님의 도덕적 형상은 완전히 상실되지는 않았으나 큰 침해를 받고 잔그루터기만 남아 있다. 그렇기 때문에 불신자들 중에서도 어떤 범위 안에서는 구제 사업, 자선 사업과 같은 선행이 이루어지고 있다. 하나님의 형상의 완전 회복은 우리의 몸이 부활체로 갱신될 때 이루어질 것이다(롬 8:29).

9. 하나님은 아담과 하와를 무죄인(Innocent Person)으로 창조하셨다.

아담과 하와는 죄 없는 사람으로 지음을 받았기 때문에, 만일 그들이 범죄하지 않았다면 이 땅에서 영원히 살 수 있을 뻔하였다. 그러나 그들은 범죄하여 도덕적 무죄와 원의(original righteousness)를 상실하였다.

창세기 3:7에 의하면 "그들의 눈이 밝아져 자기들의 몸이 벗은 줄을 알고 무화과나무 잎을 엮어 치마를 하였더라"고 했다. 즉 그들은 본래는 선(善)하게 창조되었으나 불순종하므로 죄를 범한 것을 알고 서로 부끄러워서 무화과나무 잎으로 하체를 가렸다. 그리고 "두려워하여 숨었다"(10절).

히브리어 원문을 문자적으로 읽으면 "남자는 남자 자신을 숨겼고, 여자는 여자 자신을 숨겼다." 범죄한 후 그들의 무죄하였던 성질은 죄의 성질이 되었다. 그리하여 아담은 하와에게, 하와는 뱀에게 자신들이 범한 죄에 대한 책임을 뒤집어씌우고, 하나님을 원망하였다. 에덴동산에서 축출당했으며, 마지막에는 사망에 이르게 되었다. 그뿐만 아니라 아담 안에 있는 모든 사람도 아담과 같이 사망에 이르게 되었다.

10. 하나님은 사람을 만물의 영장(Crown of Creation)으로 창조하셨다.

하나님은 사람을 모든 피조물 중에 가장 정점인 만물의 영장으로 창조하시고, 다른 모든 피조물을 주관하고 다스리도록 통치권을 부여하셨다(창 1:28). 반면에 다른 모든 피조물은 인간에게 복종(굴복)하도록 되었다.

• 그러므로 **제2스위스 신앙고백서**(The Second Helvetic Confession)는 모든 피조물이 "사람의 유익을 위하여 창조되었다"라고 했다. 다른 모든 피조물이 사람에게 전적으로 굴복하게 하신 것은 사람이 하나님을 섬기게 하기 위함이다. 창조의 최종적 목적은 하나님의 영원한 능력과 지혜와 선하심의 영광을 나타내기 위함이다.

• 히브리서 2:7의 말씀은 사람의 신분이 얼마나 높은가를 가리키는 단편적 표현이다. 사람이야말로 다른 어떤 피조물들보다도 비할 수 없이 높은 지위에 군림하였다.

• 시편 기자는 사람을 하늘의 해·달·별들과 비교하면서 하나님보다 조금 낮게 창조하셨다고 했다(시 8:4).

5절에서는 사람의 신분에 관하여 존귀와 영화로 관을 씌우셨다고 했다. 이 말씀은 사람이 피조물들 중에서 얼마나 높은 지위를 점령하고 있는가를 가리키는 말씀이다.

6절에서는 모든 피조 세계를 주관하고 다스리는 특권을 부여하셨다고 가리킨다.

7-8절에서는 "곧 모든 우양과 들짐승이며 공중의 새와 바다의 어족과 해로에 다니는 것"이라고 명시하였다. 그리하여 사람은 모든 피조물들의

중심 존재가 되었다.

실로 사람을 만물의 영장으로 창조하시고, 사람에게 만물을 주관하고 다스리게 하시는 것은 사람에게만 주어진 무한한 특권이 아닐 수 없다. 그러므로 사도 바울은 사람을 짐승, 물고기, 새들로부터 구별하여 "육체는 다 같은 육체가 아니니"(고전 15:39)라고 했다. 사람은 다른 피조물들로부터 구별되어야 한다.

이제 우리는 자연을 보존하며, 개발하여 선용하여야 할 것이다. 무분별한 개발로 인한 자연파괴, 산업화로 인한 환경오염, 에너지의 무책임한 낭비 등에 관심을 갖고 적절한 치유 방안을 간구하여야 할 것이다.

11. 하나님은 아담을 가장 천재적인 지능적 존재(Intellectual Being)로 창조하셨다.

아담은 이 세상 사람들 중에서는 가장 명철한 자로 지음을 받았다.
그러므로
1) 그는 그의 명철한 두뇌로 모든 새들과 포유동물들(mammals)에게 그들의 성질에 따라서 이름을 즉각적으로 지어 주었던 것이다(창 2:19-20).
2) 그는 하와를 즉각 인식하였다. 여호와 하나님이 아담에게서 취한 갈빗대로 여자를 만드시고 그를 아담에게로 이끌어 오시니 아담이 그녀를 즉각 인식하였다(창 2:22-23). 범죄하기 전 아담은 가장 천재적인 지능적 사람이었다. 그러나 아담의 지식은 제한된 유한한 지식이었다. 그러므로 아담은 범죄하기 전에도 하나님의 깊으신 작정들, 그분의 심중의 생각들, 미래의 사변들, 별들의 수 등을 알지 못하였다.

12. 하나님은 사람을 일종의 불멸의 존재(Immortal Being)로 창조하셨다.

그러므로 사람은 천국, 아니면 지옥에서 영원히 살 것이다. 일단 사람으로 태어나면 그는 시간적 개념에서 영생(永生)한다. 그런데 천국에서의 영생은 축복(blessing)이요, 지옥에서의 영생은 영벌(punishment)이다.

13. 사람은 땅에서 나는 소산물을 먹고 살도록 창조되었다.

창세기 1:29, "하나님이 가라사대 내가 온 지면의 씨 맺는 모든 채소와 씨 가진 열매 맺는 모든 나무를 너희에게 주노니 너희 식물이 되리라."

창세기 9:3, "무릇 산 동물은 너희의 식물이 될지라 채소같이 내가 이것을 다 너희에게 주노라."

사람은 흙으로 지음을 받았기 때문에 흙에서 나는 소산물을 먹고 살게 되어 있다. 하나님은 온 지면에 씨 맺는 모든 채소, 열매들, 땅의 모든 짐승, 공중의 새들, 땅에 기는 것들, 바다의 고기들을 너희에게 주노니 이 모든 것이 너희의 식물이 되리라고 말씀하셨다. 사람의 몸은 흙으로 지음을 받았으며, 따라서 흙의 주성분들이 필요하다. 사람이 필요로 하는 성분들을 어떻게 직접 취할 수 있는가? 식물·동물·해물 등을 통하여 모두 섭취한다. 사람이 먹는다는 것은 여러 면에서 의의가 있다.

일용할 양식 주시는 하나님께 감사합니다. 하늘 양식(만나) 내려주시는 하나님 정말 감사합니다.

14. 하나님은 낙원(A paradise)을 창설하셨다.

하나님은 태초에 사람을 자기의 형상, 모양대로 지으시고, 팔레스타인 동쪽 에덴지방에 낙원을 조성하여 그곳을 사람의 거주지로 삼으셨다.

그러므로 낙원은 인간 창조의 장소이며, 아담과 하와가 범죄하기 전 최초 인류의 거주지였다.

신약성경에는 '낙원'이라는 단어가 누가복음 23:43; 고린도후서 12:4; 요한계시록 2:7 등 세 곳에 사용되었다. 이 단어는 헬라어 파라데이소스

(παράδεισος; paradise)에서 인출되었으며, 광의적 의미는 '공원', '기쁨의 장', '과수원'(a park, pleasure-ground, grove)이다.³⁾

하나님은 또 이 낙원에 보기에 아름답고, 먹기에 좋은 온갖 종류의 과일들이 나게 하셨다(창 2:9). 그리고 한 강(one river)이 에덴동산에서 시작하여 그 동산을 윤택케 하고, 그 강이 근원이 되어 비손, 기혼, 힛데겔, 유브라데의 네 강으로 흘러가게 하셨다. 또한 아담에게 그 비옥한 땅을 개발하고 관리토록 하셨다. 그러니 에덴동산의 절경, 주거 환경의 만족, 생활의 풍부, 삶의 생동적 활동들이 어떠했으랴!

15. 사람의 제일 되는 목적이 무엇인가?

웨스트민스터 신앙고백서 소요리문답 1문, "사람의 제일 되는 목적은 하나님을 영화롭게 하며 영원토록 그를 즐거워하는 것이니라"고 정의하였다. 즉 사람의 제일 되는 목적(chief purpose)은 하나님을 존경하고 영화롭게 하는 것이다.

하나님을 "영화롭게 한다"(독사조, δοξάζω; glorify; 영광을 돌리다)는 말씀은 "하나님의 영광을 드러낸다", "하나님을 존귀케 한다"는 뜻이다. 그러면 우리가 어떻게 하나님을 영화롭게 할 수 있는가? 우리가 전적으로 하나님만 의지하고, 하나님의 뜻에 순종하고 섬기며, 하나님의 선하심을 우리의 마음과 입으로 시인함으로써 우리는 하나님을 영화롭게 할 수 있다.

하나님을 영화롭게 하는 것은 하나님 자신의 영광·사랑·지식·지혜·능력 등을 하나님께 나타내며 돌려드리는 행위이다. 그리고 우리는 하나님을 영원토록 즐거워하는 행위이다. 그것은 그리스도인들에게만 주어진 특권이 아닌가!

---

3) O. T. Spence, *Foundations Bible Commentary*, vol. I (Dunn: Foundations, 1977), p. 41.

제 6 장

행위 언약
(*The Covenant of Works*)

Ⅰ. 어원적 고찰
Ⅱ. 정의
Ⅲ. 언약의 구성 요소들
   1. 계약 당사자들: 하나님과 아담
   2. 약속: 영생
   3. 조건: 완전한 순종
   4. 형벌: 죽음
   5. 인호: 생명나무
Ⅳ. 사탄의 시험
   1. 사탄: 시험자
   2. 뱀: 사탄의 도구
   3. 뱀의 유혹-하와
Ⅴ. 하와와 아담의 범죄
   1. 하와의 범죄
   2. 아담의 범죄
Ⅵ. 최초 범죄의 결과: 형벌들
   1. 온 인류 위에: 창 3:7-13
   2. 뱀 위에
   3. 사탄 위에
   4. 모든 피조물 위에

하나님은 인간과의 관계를 언약으로 설정하고 역사하신다. 하나님은 하나님의 형상대로 지음 받은 사람과만 언약을 맺고 역사하신다. 하나님은 사람 이외에 어떠한 동물들과도 교제하거나, 언약을 맺거나, 약속하거나, 영생의 길을 제시한 일이 없으시다. 이것은 사람이 하나님의 사랑의 대상, 구원영생의 대상임을 나타낸다.

언약신학은 행위 언약, 구속 언약, 은혜 언약 등으로 신학 체계를 세웠다.

행위 언약(Covenant of Works)은 하나님이 전 인류를 대표하는 아담과 맺은 언약으로서, 하나님은 그가 율법을 완전히 지키면 영생(永生)을 주기로 약속하시고, 불순종할 경우에는 영사(永死)로서 형벌하실 것을 경고하셨다. 이 언약은 아담이 범죄하여 타락하기 전에 하나님이 아담과 맺은 언약이다. 이 언약을 행위 언약이라 함은 행위를 조건으로 해 영생이 약속되었기 때문이다.

구속 언약(Covenant of Redemption)은 하나님이 성자(聖子) 예수 그리스도와 맺은 언약으로서, 선택한 사람들을 구속하기 위하여 성자에게 선택한 사람들을 주시어 그들의 머리와 보증이 되게 하시고, 성자는 자원하여 선택한 사람들의 보증으로 그들을 대신하기로 한 언약이다.

은혜 언약(Covenant of Grace)은 하나님이 피택된 죄인과 맺은 언약으로서, 하나님은 그들에게 예수 그리스도를 구주로 믿음으로 말미암는 구원·영생을 약속하시고, 피택된 죄인들은 그 약속을 수납하여 구원 영생을 얻는다는 개념에 근거한 신학 체계이다. 이 언약은 하나님이 피택된 죄인들과 맺은 언약이다.

언약신학의 교리는 16세기 종교개혁을 통하여 교회에 크게 공헌해 온 신학적 공헌들 가운데 하나이다. 언약신학은 하나님의 절대주권·성경의 권위·이신득구·이신칭의·만인제사장 등과 더불어 개신교 특히 루터교·개혁교·장로교·회중교 등의 중심 교리들 가운데 하나로서 종교개혁 이래 교리적, 신앙적 전통이 되어 왔다.

언약신학은 종교개혁자 츠빙글리(Zwingli, 1484-1531년)와 불링거(Bullinger, 1504-1602년), 존 오웬(John Owen, 1616-1683년), 리처드 백스터

(Richard Baxter, 1615-1691년) 등 청교도 신학자들에 의하여 발전되어 개혁교회들에 절대적인 영향을 주었다.

특히 올리비아누스(Caspar Olevianus, 1536-1587년)의 『하나님과 택자 사이의 은혜 언약의 성질에 관하여』(1585년), 코케이우스(Cocceius, 1603-1669년)의 『언약 교리와 하나님의 언약』(1648년), 윌리엄 에임스(William Ames, 1576-1633년)의 언약에 대한 세대론적 강조, 윗시우스(Witsius)의 언약 교리 등은 언약신학의 토대가 되었다.

드디어 언약신학은 웨스트민스터 신앙고백서(1647년)와 소요리문답에 반영되었다. 그 후로 언약신학은 루터교·개혁교·장로교·회중교 등을 위시한 개신교회 신학사상의 밑바탕(근거)을 형성하게 되었다.

언약신학은 스위스에서 독일로, 독일에서 네덜란드와 영국의 스코틀랜드와 섬들로, 그리고 북미(北美) 대륙으로 확산되었다.

• 미국에서는 핫지(Hodges), 톤웰(Thornwell), 브레큰리지(Breckenridge), 댑니(Dabney) 같은 장로교 신학자들이 그들의 신학 저서들에서 이 교리를 상당히 중요시하였으나, 그들이 대표하는 교회들에서는 이것이 거의 활력을 잃었다.

• 네덜란드에서는 카이퍼(Kuyper)와 바빙크(Bavinck)의 감화 아래 언약론적 신학의 부흥이 있었고, 하나님의 은혜로 이 언약신학은 신자들의 신앙 생활에 큰 영향을 주었다.

Ⅰ. 어원적 고찰(Etymology)

1. **구약에서(In the O.T.): 베리트(בְּרִית; covenant, agreement; 계약·언약·약속·협정·합의)**

이 단어는 '두 계약 당사자들 사이의 상호 계약의 이행'(a mutual undertaking two parties)을 의미한다. 이 단어는 구약에 약 280번 나타난다.

그런데 '베리트'는 계약 당사자들 사이의 상호동의(相互同意)를 지시할 수도 있으나, 때로는 일방적 조치 혹은 처리를 의미할 수도 있다. 즉 한 편의 당사자가 종속적이요 제언할 것이 없는 한(限), 언약은 다른 한편이 한편에게 일방적으로 행하는 조치 또는 처리의 성질을 가진다.

특히 하나님과 사람의 언약에서는 자연히 일방적·독점적 성질을 가진다. 왜냐하면 하나님과 사람은 상호 동등의 당사자들이 아니기 때문이다. 따라서 하나님과 사람의 언약에서는 하나님 편이 일방적, 독점적이시다. 하나님은 사람의 언약 관계에서 자신의 법도(法度)를 피조물인 사람들에게 명령하는 절대주권자로 행동하신다. 그러므로 하나님은 "내가 내 언약을 세우리라"(창 6:18; 출 6:4-5)는 선언으로 출발한다.

사람은 하나님의 일방적·독점적·주권적 언약을 거부할 자유를 가지고 있지 않다. 그럼에도 불구하고 그 일방적, 독점적 언약이 결코 부당하지 않음은 그 언약이 그 언약의 상대편인 사람을 위한 조치이기 때문이다. 하나님과 사람 사이의 언약에 있어서 '베리트'는 하나님의 호의(favor; 好意)에 의한 조치 또는 처리를 뜻한다.

2. 신약에서(In the N.T.): 디아데케(διαθήκη; covenant, agreement; 언약·계약·약속·협정·합의)

히브리어 베리트(בְּרִית)의 헬라어 상당어는 디아데케(διαθήκη)이다. 따라서 '베리트'와 '디아데케'는 동의어이다.

신약에서 언약(계약)이라는 단어는 '디아데케'와 '쉰데케'(συνθήκη)이다. '쉰데케'는 언약을 가리키는 통상 용어다. 그런데 성경에 계약이라는 단어를 사용할 때 '쉰데케'라는 단어를 사용하지 않고 '디아데케'라는 단어를 사용하였다. 그 이유는 무엇일까? 그 이유는 헬라 세계에서 '쉰데케'에 의해 나타난 계약 개념이 계약 당사자들의 절대적인 법적 동등에 기초한 것이어서 하나님과 사람과의 관련에는 적절한 단어가 아니었기 때문이었을 것이다.

'쉰데케'라는 단어에는 계약의 설정에 있어서 우선권이 하나님께 속한다는, 하나님이 자신의 계약을 사람들에게 주권적으로 행사하신다는 개념은 들어있지 않다. 그러므로 하나님과 사람 사이에 맺은 언약은 이 개념을 탁월하게 가진 '디아데케'라는 단어를 사용한 것이다. 사람이 사용하는 단어마다 단어가 지니고 있는 특별한 의미들이 내포되어 있다.

성령 하나님은 성경 기록자들에게 하나님이 나타내고자 하시는 뜻을 가장 분명하게 나타내는 단어들을 사용하도록 지도(指導)하셨다.

'디아데케'는 신약에 33번 나타나는데, 영어성경 흠정역(K.J.V.)에는 이 단어의 절반 수를 계약(언약; covenant)으로, 기타 반 수에서는 유언(testament)으로 번역하였다. 성경에 '디아데케'가 유언으로 번역되었을 때에는 언약에 유언의 의미가 들어 있음을 나타낸다. 유언은 죽는 사람이 산 사람에 대한 일방적 조치인 동시에 유언을 받는 사람이 필히 지켜야 할 의무를 지닌다.

Ⅱ. 정의(Definition)

행위 언약은 하나님이 아담과 맺은 언약이다. 이 언약은 아담이 타락하기 이전에 맺은 언약이다. 하나님은 아담을 참 지식·의·거룩을 포함한 하나님의 형상대로 창조하시고, 그에게 축복을 더하기 위하여 에덴동산에서 언약을 맺으셨다. 이 언약을 행위 언약이라 한다.

헤인스(W. Heyns)는 "행위 언약은 하나님이 전 인류를 대표하는 아담으로 더불어 성립하신 엄숙한 협정(조약)으로서, 하나님은 그에게 순종을 조건으로 해 영생(永生)을 약속하시고, 불순종할 경우에는 영사(永死)로서 형벌하실 것을 경고하셨다"[1]라고 했다.

---

1) W. Heyns, *Manual of Reformed Doctrine* (Grand Rapids: Eerdmans, 1926), p. 68.

웨스트민스터 신앙고백서는 아담과 맺은 언약을 행위 언약(Covenant of work)**이라고 하였다.**

웨스트민스터 7장 2, 5, 6절, "사람과 맺은 첫 언약은 **행위 언약**인데 이는 아담이 완전한 그리고 인격적인 순종을 조건으로 생명을 그와 그의 후손들에게 약속하셨다." "이 언약은 율법시대와 복음시대에 서로 다르게 주어졌다. 율법 아래서 그것은 유대 백성들에게 전달된 약속들·예언들·제사들·할례·유월절 어린양 및 그 외의 모형들과 규례들, 곧 오실 그리스도를 예표하는 모든 것에 의하여 주어졌는데, 그것들은 그 시대를 위해 성령의 활동을 통하여 선택된 자들을 약속된 메시야 신앙 안에서 교훈하고 건립하기에 충족하고 효과적이었으며, 그들은 그 약속된 메시야로 말미암아 완전한 죄사함과 영원한 구원을 얻었다. 이것을 구약이라고 부른다. 복음 아래서, 곧 실체이신 그리스도께서 나타나신 때에 은혜 언약이 주어진 규례들은 말씀의 전파와 세례와 주의 만찬의 성례들의 집행이다. 비록 그것들이 수가 더 적고 또 더 단순하고 외적인 영광이 더 적게 집행되지만 은혜 언약은 그것들 안에서보다 더 충만히, 명백히 그리고 영적 효력을 가지고 유대인들과 이방인들을 막론하고 모든 민족에게 제시된다. 이것을 신약이라고 부른다. 그러므로 본질이 다른 두 개의 은혜 언약이 있는 것이 아니요 여러 시대들 아래의 동일한 언약이 있을 뿐이다."

웨스트민스터 신앙고백서 소요리문답은 행위 언약을 생명언약(Covenant of Life)**이라고 하였다.**

웨스트민스터 신앙고백서 소요리문답 12문, "사람이 창조함을 받은 본 지위에 있을 때 하나님이 저를 향하여 섭리하시는 중에 무슨 특별한 작정을 하셨느뇨?"

대답: "하나님이 사람을 창조하신 후에 완전히 순종하는 것을 조건으로 삼아 **생명의 언약**을 맺고 선악을 분별하는 나무의 실과를 먹는 것은 사망의 벌로서 금하셨다."

III. 언약의 구성 요소들(Elements of Covenant)

창세기 2:16-17, "여호와 하나님이 그 사람에게 명하여 가라사대 동산 각종 나무의 실과는 네가 임의로 먹되 선악을 알게 하는 나무의 실과는 먹지 말라 네가 먹는 날에는 정녕 죽으리라 하시니라."

본문에는 언약의 구성 요소인 **두 당사자**(two parties), **조건**(condition), **약속**(promise), **벌칙**(penalty) 등이 포함되어 있다. 즉 두 당사자는 '하나님과 사람(아담)', 조건은 "선악을 알게 하는 나무는 먹지 말라", 벌칙은 "먹는 날에는 정녕 죽으리라"는 말씀이다. 먹는 날에는 정녕 죽으리라는 말씀에는 또한 먹지 않으면 살리라는 영생의 약속이 함의되어 있다.

1. 계약 당사자들(The Contracting Parties): 하나님과 아담

행위 언약은 하나님과 온 인류를 대표하는 아담 사이에 맺어진 언약이다. 그러므로 행위 언약에서 당사자들은 하나님과 아담이다. 하나님은 우주의 창조자시요 도덕적 통치자(the moral governor)시며, 아담은 피조물이요 온 인류의 대표자요 도덕적 자유 행위자(free moral agent)였다. 그러므로 행위 언약은 동등한 두 당사자들 사이에 이루어진 언약(계약 또는 협정)이 아니라, 창조주가 피조물에게 일방적으로 체결한 주권적 조치였다. 따라서 행위 언약은 쉰데케(συνθήκη)의 언약이 아니라, 디아데케(διαθήκη)의 언약이다. 우리는 두 당사자가 동의했다거나 아담이 언약의 조항들을 승인했다는 등의 기록을 보지 못한다. 성경의 어느 곳에도 하나님과 사람이 동등으로 나타나지 않는다. 그러나 그 조항들은 매우 은혜로운 조항들이어서 하나님은 사람이 그것에 찬동할 것을 기대하였으며, 아담은 그 조항들이 유익을 주는 것이어서 받아들였다.

그러면 **아담은 그 후손들과의 관계에서 어떤 지위를 가지고 이 언약의 당사자가 되었는가?** 하나님은 아담을 인류의 대표자로 삼고 아담과 계약

(언약) 관계를 맺으셨다(호 6:7; 롬 5:12-21). 그러므로 아담은 전 인류(후손들)의 연대적 대표자(representative)로서 그의 후손들을 대표하여 행동할 수 있게 되었다. 이것을 신학적 술어로는 대표의 원리(a principle of representative)라고 한다.

2. 약속(Promise): 영생(Eternal Life)

약속은 장래 일에 대하여 상대자와 구두로나 문서로 미리 결정해 두는 것을 뜻한다. 행위 언약에서의 하나님의 약속은 영생이었다. 시험기간 동안 약속을 충실히 그리고 완전히 지킬 경우에는 영생(eternal life)을 약속하였다. 물론 그 약속에는 벌책도 들어 있다.

그러나 어떤 사람들은 행위 언약의 약속(영생)이 성경에서 발견되지 않는다는 이유로 반대한다. 물론 창세기 2:16-17에 이 약속이 명시되어 있지 않는 것은 사실이다. 그러나 "먹는 날에는 정녕 죽으리라"는 말씀에는 "먹지 않으면 살리라"는 의미가 함의되어 있지 않은가? 이는 마치 요한복음 3:16, "하나님이 세상을 이처럼 사랑하사 독생자를 주셨으니 이는 저를 믿는 자마다 멸망치 않고 영생을 얻으리라"고 하신 말씀과 같다. "믿는 자는 영생을 얻으리라"고 하셨으니 믿지 않는 자는 영생을 얻지 못하리라는 의미가 함의되어 있지 않은가?

그런데 이 약속된 생명은 자연적 생명의 단순한 연속만이 아니라, 영원토록 하나님과 교제하는 참으로 복된 삶, 곧 새로운 질적 영생(a new quality of life)을 가리킨다. 행위 언약에서 약속은 영생이니 그 약속의 조건을 이행했다면 영생을 얻었을 것이다.

3. 조건(Condition): 완전한 순종(Perfect Obedience)

행위 언약은 행위에 의하여 영생을 얻게 하시는 하나님의 계획이었으므로

순종이 공로적인 조건이었다. 아담과 온 인류에게 영생을 가져올 방편은 행위였다.

행위 언약에 있어서 조건은 '절대적 명령'(absolute command)에 대한 '완전한 순종'(perfect obedience)이었다. 순종은 자원해 복종하는 것을 뜻한다. "선악을 알게 하는 나무의 실과(선악과)는 먹지 말라"(창 2:17)는 절대적 명령은 극히 숭고해 완전한 순종을 요구하였다. 이 시험기간에 완전한 순종은 선악과를 먹지 않는 것이었다. "이것을 행하라 그리하면 살리라"(Do this and you shall live, 롬 10:5; 갈 3:12). 이 명령은 아담이 하나님의 명령을 순종하느냐 불순종하느냐에 대한 시험(test)이었다.

하나님이 아담에게 영생을 단순히 허락해 주지 않으시고 일정한 조건의 성취를 요구해 자신의 노력과 행위에 의해 영생을 얻게 하신 것은 하나님이 아담을 창조하신 바대로 그를 도덕적 자유 행위자로 대하심이었다. 하나님은 사람에게 영생의 길을 열어 주시려고 아담을 상대로 행위 언약을 설정하셨다. 그러나 아담은 행위 언약에서 실패하였다.

바빙크(H. Bavinck)는 "아담은 죄를 짓지 않을 수 있는 상태였지만 죄를 지을 수 없는 상태는 아니었다. 아담은 부패될 수 없고 죽을 수 없는 영생은 아직 소유하지 않았지만 그 대신 그 존속이 어떤 조건의 성취에 달려 있던 과도기적인 불멸성을 받았다. 그는 직접 하나님의 형상대로 창조되었으나 아직은 그 형상과 그의 모든 영광을 상실할 수 있었다. 그는 낙원에 거하였으나 그 낙원은 천국이 아니었고, 그것은 모든 아름다움을 지녔어도 그를 통해 잃게 될 수 있었다. 영적으로나 육적으로나 아담이 소유했던 모든 풍부한 것들 중에 부족한 것 하나가 있었으니 그것은 절대적 확실성이다. …그러나 이런 절대적 확실성이 낙원에 있는 인간에게 결여되었다. 그는 하나님의 형상대로 창조됨과 동시에 영원히 변치 않는 선한 것으로 고정되지 않았다. 그가 가진 것이 아무리 많을지라도 그는 자신과 그의 후손을 위해서는 모든 것을 잃어버릴 수 있었다. 그의 기원도 신적이었고, 그의 본성도 신적 본성과 관련되었고, 그의 종국도 하나님의 직접적인 현존 안에 있는 영원한 축복이었다. 그러나 이런 종국에 그가 도달할 수 있을지는 그 자신의 선택 속에 놓여 있었고, 그 자신의 뜻에 달려 있었다."[2]

오직 아담은 이 행위 언약을 자원해 즐겨 수행함으로써만 영생의 상을 받을 수 있었다. 그러나 그는 행위 언약에 실패하였다.

4. 형벌(Penalty): 죽음(Death)

형벌이란 범죄자에게 가하는 보응·불이익·고통을 뜻한다. "먹는 날에는 정녕 죽으리라." 행위 언약을 지키지 못한 결과로 오는 형벌은 죽음이다(롬 6:23).

일반적으로 죽음이란 육체적 죽음(physical death), 영적 죽음(spiritual death), 영원한 죽음(eternal death)을 다 포함한다. 육체적 죽음이란 영혼과 몸의 분리를 가리킨다. 영적 죽음이란 영혼이 하나님을 떠난 비참한 상태를 가리킨다. 그리고 영원한 죽음이란 그 비참한 상태의 계속을 가리킨다.

아담이 범죄함으로 말미암아 영적 죽음이 즉시로 임하였고, 죽음의 종자는 육체에서 활동하기 시작하여 육체적 죽음의 종말도 고하였다. 이 행위 언약의 형벌은 아직도 유효하다. 죄의 값은 사망이기 때문이다. 그리스도를 떠나 있는 모든 사람에게는 아직도 행위 언약이 유효하다.

아담의 후손들도 자신들을 행위 언약의 파괴자들로 생각하여야 마땅하다.

이사야 24:5, "땅이 또한 그 주민 아래서 더럽게 되었으니 이는 그들이 율법을 범하며 율례를 어기며 영원한 언약을 깨뜨렸음이라."

---

[2] H. Bavinck, *Magnalia Dei*, ch. 12. end.

5. 인호(표; Mark): 생명나무(Tree of Life)

인호란 외적인 표다. 그러면 생명나무는 무엇의 외적인 표 또는 상징이었는가? 하나님은 아담과 맺은 언약에서 생명나무를 외적인 표로 삼으셨다. 무지개는 노아와 맺은 언약의 표요(창 9:12-13), 할례는 아브라함과 맺은 언약의 표요(창 17:9-11; 롬 4:11), 세례와 성만찬은 예수님을 구주로 영접한 신자들과 맺은 언약의 표인 것처럼(마 26:26-28; 28:19; 고전 11장), 행위 언약에서 생명나무는 영생의 외적인 표였다.

그리고 생명나무는 죄로 인해 상실되고, 제2아담을 통하여 회복될 생명의 외면적 표상이었다(창 2:9; 3:22, 24; 계 2:7; 22:2-14).

1) 아담이 생명나무 과일을 먹었을까, 먹지 않았을까?

하나님은 아담에게 선악과 하나만 제외하고는 에덴동산 안에 있는 각종 과일들을 다 임의로 먹도록 허락하셨다(창 2:17). 그러므로 아담은 선악과 하나만을 제외하고는 동산 안에 있는 각종 과일들을 다 임의로 먹을 수 있었다.

아담이 금과(禁果)인 선악과를 하와로부터 받아먹기 전에 생명과를 먹었는지 먹지 않았는지는 알 수 없다. 그러나 댑니는 "아담은 그가 바르게 서 있는 동안에 분명히 생명나무의 사용을 즐겼다"(During his rectitude, Adam evidently enjoyed the use of the Tree of Life)[3]라고 했다.

만일 그가 범죄하기 전에 생명과를 먹었다면 그것은 결단코 죄가 되는 것이 아니었다. 하나님은 그에게 동산 안에 있는 각종 과일들을 임의로 먹으라고 하셨고 생명과는 각종 과일들 중에 하나였으니 말이다.

그러나 아담이 범죄한 후에는(죄가 세상에 들어온 후로는) 생명과를 먹지 못하도록 금하셨다(창 3:22-24). 아담이 범죄한 후에는 생명과를 먹을 수 없게 되었고 또 그것을 먹어야 할 하등의 이유도 없게 되었다.

---

3) R. L. Dabney, *Lectures in Systematic Theology* (Edinburgh: Banner of Truth, 1878), p. 303.

이는 하나님이 그것을 금하셨을 뿐만 아니라 먹을지라도 영생할 수 없음은 이미 범한 죄로 인한 형벌을 면할 길이 없기 때문이다.

2) 생명나무는 그 자체 내에 영생케 하는 효능을 가지고 있었는가?

적어도 이 질문에 대한 두 가지 해석이 있다. 그 하나는 요술적 해석이요, 다른 하나는 상징적 해석이다.

(1) 요술적 해석(The Magical Interpretation)

요술적 해석에 의하면 생명나무 자체 내에 영생케 하는 효능이 있었다고 한다. 그들에 의하면 사람이 육체적으로 생명과에 손을 대고 육체적으로 그것을 먹으면 그는 자신의 생명을 해(害)할 어떠한 병이나 사고(any disease or accident)도 없이 육체의 생명을 보전했을 것이라고 한다.

그들은 요술적 해석의 지원으로 요한계시록 22:2, "…강 좌우에 생명나무가 있어 열두 가지 과일을 맺히되 달마다 그 실과를 맺히고 그 나무 잎사귀들은 만국을 소성하기 위해 있더라"는 말씀을 인용한다. 마틴 루터는 생명나무를 문자 그대로 사람의 생명을 건강하게 또는 늘 젊게 만들어 주는 나무라고 했다. 그는 계속해서 "하나님의 말씀이 그렇게 되리라고 하였으면 그대로 되었을 것이다"라고 했다.

그러나 요한계시록 22:2의 말씀은 그리스도의 임재로 인한 신천신지의 행복상을 상징적으로 표현한 말씀으로 이해해야 할 것이다. 왜냐하면 구속함을 받은 자들의 미래상은 질고가 없는 행복상이며, 그때에 그 나무 잎사귀들은 만국을 소성할(healing) 필요도 없고, 또한 그 나무 잎사귀들 자체에 그러한 효능을 가지고 있지도 않기 때문이다. 생명의 근원이신 하나님이 나무 열매로 사람을 영생케 하셨을 리 만무하다. 따라서 요술적 해석은 받아들일 수 없다.

(2) 상징적 해석(The Symbolical Interpretation)

상징적 해석에 의하면 행위 언약에서의 생명나무는 생명을 상징하는 외적 표일 뿐이라고 한다.

생명나무는 에덴동산 중앙에 선악과와 더불어 나란히 서 있었던 실제적인 과일나무로 무죄 상태에서 그 생명나무를 볼 때마다 또는 먹을 때마다 하나님의 은혜를 항상 상기토록 하기 위한 외적인 표였다.

찰스 핫지(C. Hodge)는 "에덴동산에는 특별한 상징적 또는 성례적 특성을 지닌 두 나무가 나란히 서 있었다. 그 하나는 생명나무라 불렀고 다른 하나는 지식의 나무라 불렀다. 전자는 생명의 상징이요…"[4]라고 했다.

벌코프(L. Berkhof)는 "우리는 이 나무의 과일이 요술적으로나 의학적으로나 아담의 영생을 만들어내는 물건이라고 생각하지 말아야 한다. 그러나 이것은 어떤 방식으로 생명의 선물과 관련되었다. 이것은 필히 하나님이 정하신 생명의 상징 또는 표였다. 결론적으로 아담은 그 약속을 범했을 때 그 표로부터 격리되었다"[5]라고 했다.

버즈웰(O. Buswell)도 "창세기와 요한계시록의 생명나무는 족장 시대의 제사 제도, 모세에 의해 제정된 레위적 제도 그리고 오늘날 우리가 지키는 세례와 성찬과 비슷한 그 무엇으로 이해해야 한다. 이 모든 것은 유형적, 실체적 성례들로서 하나님께 신앙을 가지는 외적 상징이다. …나는 생명나무 과일을 먹는 것은 오늘날 주의 성찬에 참여하는 것같이 사람이 하나님을 신앙하는 외적 행위로 간주되어야 한다고 본다"라고 했다.[6] 우리는 이 상징적 해석을 취한다.

창세기의 생명나무와 요한계시록의 생명나무

창세기의 생명나무는 선악을 알게 하는 나무와 나란히 에덴동산 중앙에 서 있었다. 하나님은 아담에게 선악과 이외에는 다른 각종 과일들과 더불어 생명나무 과일을 임의로 먹도록 허락하셨다. 그러나 그가 범죄한 후로는 생명과를 먹지 못하도록 금하셨다. 생명나무는 생명을 상징하는

---

4) C. Hodge, *Systematic Theology* II, pp. 124-134.
5) Berkhof, *Summary of Christian Doctrine*, p. 217.
6) Buswell, *A Systematic Theology of the Christian Religion* I, pp. 274-275.

외적 표상이었다. 이것은 인류 역사 초기에 있었던 역사적 사실이다.

인류 역사가 다 지나고 그리스도께서 재림하심으로 신천신지가 도래하면 어린양의 보좌로부터 강(river)이 흐르고, 강 좌우에 생명나무가 있어 달마다 과일을 맺고, 그 과일을 먹게 할 것이라고 하셨다(계 2:7; 22:1-2). 이는 에스겔 선지자가 환상 중에 본 계시(겔 47:7, 12)와도 일치하며 창세기의 생명나무와도 맥락을 같이한다.

사람이 범죄하여 금지당했던 생명과를 죄사함 받은 후 연약함과 죄의 성질이 없는 신령한 몸이 될 때 신천신지에서 다시 먹게 될 것이다. 그리고 나무 잎사귀들(leaves)은 만국을 소생케 할 것이다. '소생케 한다'(데라페이안, θεραπείαν; healing, health; 치료, 보건)는 창조의 보존을 위해 하나님이 육체의 안녕(well-being)을 주는, 건강을 지속하는(health-giving) 지속적인 역사로 이해되어야 한다. 앞으로 도래할 신천신지는 어떤 의미에서 에덴동산의 회복일 뿐만 아니라 한 걸음 더 나아가서 그리스도의 지상천국이다.

에덴동산에서의 생명나무는 생명 자체요 모든 생명의 근원이 되시는 예수 그리스도를 나타내는 외적, 상징적 표상이다(요 1:3-4; 14:6). 이제 영생을 상실한 죄인들이 참된 영생을 얻는 유일한 비결은 예수 그리스도를 자신의 구주로 영접하는 일이다(요 3:16).

Ⅳ. 사탄의 시험(Satan's Temptation)

1. 사탄(Satan): 시험자(The Tempter)

진정한 의미에서 아담과 하와를 유혹한 장본인은 사탄이었다. 사탄은 아담과 하와를 유혹하여 범죄케 한 장본인이다. 사탄에 관하여 유다서 6절은 "또 자기 지위를 지키지 아니하고 자기 처소를 떠난 천사들"이라 했고, 베드로후서 2:4은 "범죄한 천사들"이라고 했다. 그러므로 사탄은 범죄하여 타락한 천사들의 두목(chief)으로 간주된다. 주님은 사탄이 "처음부터 살인한 자요…거짓의 아버지"(요 8:44)라고 말씀하셨다.

사탄이야말로 인류 역사가 시작된 바로 그 순간부터 살인자요 거짓의 아버지였다. 요한일서 3:8에 "마귀는 처음부터 범죄함이니라"고 했는데, 사탄의 근본적 죄는 교만(pride)이었다.

2. 뱀(Serpent): 사탄의 도구(The Instrument)

사탄은 아담과 하와를 유혹하기 위하여 뱀을 도구로 사용했다. 사탄은 뱀을 자기의 대변자로 삼아 하와를 유혹하는 데 도구로 사용했다. 사탄은 뱀의 배후에 있는 악의 세력이다. 사탄이 뱀을 도구로 사용한 이유는 뱀이야말로 히브리어가 지시하는 바와 같이 정말 놀랍고 아름다운 외모를 가지고 있었고, 에덴동산에 있는 다른 어떤 동물들보다도 간교한 동물이었기 때문이다(창 3:1). '간교하다'는 말은 히브리어 '아룸'(עָרוּם)으로서 70인역에서는 프로니모스(φρόνιμος; sensible, wise)로 번역되었는데, 이는 '현명하다', '지혜롭다'는 뜻이다. 뱀은 사탄이 도구로 사용하기에 가장 적합한 존재였던 것이다. 뱀은 간교, 속임을 상징하는 동물이다.[7] 그러므로 주님도 "뱀같이 지혜로우라"(마 10:16)고 말씀하셨다.

1) 뱀은 실제 뱀이었는가?

뱀은 실제 뱀이었다. 그러므로 실제 뱀이 하와를 유혹한 것이다. 뱀은 실물로서 사탄의 도구로 사용되었다. 뱀은 인류의 대표자 아담과 하와를 유혹한 사탄의 도구였다. 뱀은 사탄의 도구로서 사탄을 상징한다(계 12:9; 20:20).

- 창세기 1, 3장에 계시된 창조와 타락의 기사(記事)들은 모두 실제적,

---

[7] Kevin J. Conner, *Interpreting the Symbols and Types* (Portland OR: City Bible Publishing, 1992), p. 35.

역사적 사실들로 받아들여야 한다. 6일 창조, 흙으로 아담을 지으심, 아담의 갈비뼈로 하와를 만드심, 선악과, 생명나무, 뱀, 아담의 범죄, 타락 등은 모두 기사의 분명한 의도에 비추어 볼 때 문자적으로 이해되어야 하며 역사적 사실들로 받아들여야 한다.

• 우리는 하나님이 뱀에게 내린 심판에서도 '실제적 뱀'이었음을 알게 된다. "여호와 하나님이 뱀에게 이르시되 네가 이렇게 했으니 네가 모든 육축과 들의 모든 짐승보다 더욱 저주를 받아 배로 다니고 종신토록 흙을 먹을지니라"(창 3:14).

• 우리는 사도 바울이 고린도후서 11:3, "뱀이 그 간계로 이와를 미혹케 한 것같이 너희 마음이 그리스도를 향하는 진실함과 깨끗함에서 떠나 부패할까 두려워하노라"고 하신 말씀에서도 뱀이 실제적이었음을 분명히 알게 된다. 창세기 3장의 뱀은 실제적 뱀이요, 하와를 유혹한 사탄의 도구였다.

그러나 **버즈웰**은 뱀은 실제적 뱀이 아니라 사탄 자신이 뱀으로 나타났다고 했다.[8] 그러나 그와 같은 주장은 받아들이기 어렵다.

2) 뱀이 어떻게 말할 수 있었는가?

불신앙의 자유주의자들은 뱀이 말했다는 것은 역사적 사실이 아니라 한갓 신화라고 하면서 뱀이 말했다는 사실을 부인한다. 그러나 그것은 크게 문제시 될 것이 없다. 사탄도 그 정도 이적과 기사는 얼마든지 행할 수 있기 때문이다. 사탄도 상당한 정도의 능력들(powers), 기사들(wonders), 이적들(miracles)을 행할 수 있고 또 행해 왔다. 그러므로 사탄이 뱀에게 말하게 한 것은 이상하거나 놀라울 것이 아니다(살후 2:9).[9]

(1) 초자연적 언어의 가능성

시험의 성격과 내용을 볼 때 사탄은 뱀에게 일시적으로나마 말을 할

---

[8] Buswell, *A Systematic Theology of the Christian Religion* I, pp. 265-266.
[9] Geerhardus Vos, *Biblical Theology* (Grand Rapids: Eerdmans: 1949), p. 44.

수 있도록 했을 가능성이 크다. 사탄은 초자연적 능력의 신비를 이용하여 사람들을 타락시킨다. 사람들은 초자연적 능력의 신비들을 접할 때 쉽게 넘어간다. 하나님은 당나귀가 발람에게 말하도록 했다(민 22:28-30). 우리는 이 입장을 취한다.

(2) 원시 자연 언어의 가능성

하나님은 아담에게 바다의 물고기들과 공중의 새들과 땅의 모든 생물을 다스리라고 하셨다(창 1:28). 다스리려면 의사소통이 필요하다. 아담과 하와와 뱀은 어떤 형태의 원시적 자연 언어로 서로 의사소통이 있었을 것이다. 지금도 침팬지, 코끼리, 여우 등의 짐승들이나 돌고래, 산새 같은 조류들은 제각기 자기들의 의사를 소통하는 언어들이 있다.

3. 뱀의 유혹(Temptation of Serpent) → 하와(Eve)

뱀은 하와를 먼저 유혹하고 그 다음에 하와에게 아담을 유혹케 했다.

뱀이 유혹하고자 하는 원 대상자는 인류의 대표자인 아담이었다. 그러나 뱀이 아담보다 하와에게 먼저 접근한 이유를

벌코프(L. Berkhof)는

"① 하와는 언약의 머리가 아니므로 아담과 동일한 책임감을 가지고 있지 않으며,

② 하와는 하나님의 명령을 직접 받지 않고 간접적으로 받은 사람이기 때문이며,

③ 하와는 아담의 마음을 움직이기에 가장 유력한 자이기 때문이다"[10]라고 했다.

매튜 헨리(Matthew Henry)는 "사탄은 하와를 통하여 아담을 시험하였다. 사탄은 아내를 통해서 욥을 시험했다. 베드로를 통해서 그리스도를

---

10) Berkhof, *Summary of Christian Doctrine*, p. 223.

시험했다. 어떤 의심이 가지 않는 예기치 못한 손을 통해서 시험을 하는 것이 사탄의 계략이다"[11]라고 했다.

1) 유혹의 과정(Procedure of temptation)

(1) 뱀의 유혹(창 3:1)

뱀은 하와에게 "…참으로 너희더러 동산 모든 나무의 실과를 먹지 말라 하시더냐"라고 질문함으로써 하와에게 의심의 종자를 뿌렸다. '하나님은 그럴 분이 아니신데 참으로 그렇게 말하셨단 말인가'라는 암시를 준다. 이렇게 뱀은 하와의 마음에 하나님의 진실성과 선하신 뜻을 의심케 하고 죄를 짓도록 했다.

(2) 하와의 대답(창 3:2-3)

뱀의 그와 같은 질문에 하와는 "…동산 나무의 실과를 우리가 먹을수 있으나, 동산 중앙에 있는 나무의 실과는 하나님의 말씀에 너희는 먹지도 말고 만지지도 말라. 너희가 죽을까 하노라 하셨느니라"고 대답하였다. 하와의 이와 같은 대답을 보니 하와는 이미 뱀의 유혹에 넘어갔다. 만일 하와가 그 교활한 질문에 전연 관심이 없었다면 어찌 감히 그렇게 대답할 수 있었겠는가?

여호와 하나님은 그 사람에게 "동산 각종 나무의 실과는 네가 임의로 먹되 선악을 알게 하는 나무의 실과는 먹지 말라. 네가 먹는 날에는 정녕 죽으리라"(창 2:17)고 하셨다. 그러니 뱀의 질문에 대한 하와의 대답은 하나님이 명하신 말씀과 얼마나 판이한가?

① **하와는 하나님 말씀의 일부를 제해 버렸다.** 여호와 하나님은 동산에 있는 모든 나무의 실과를 "**임의로 먹으라**"(freely eat)고 말씀하셨다. 그런데 하와는 "임의로(자유로이) 먹으라"는 말씀을 제해버렸다.

---

11) Matthew Henry, *Commentary on the Whole Bible* (Grand Rapids: Zondervan, 1979), p. 11.

이는 하와가 동산 안에 있는 그 모든 과수의 과일들을 제 마음대로 자유로이 먹으라고 하신 하나님의 관대하신 말씀도 감사히 생각지 않았음을 시사한다. 하나님의 말씀에 무엇이든지 **감(減)하는 것은 죄이다**(계 22:19).

② **하와는 자신의 생각을 하나님의 말씀에 첨가(添加)시켰다.** 하나님의 말씀에 "**만지지도 말라**"(don't touch)는 말을 임의로 첨가했다. 하나님은 선악과를 먹지 말라(창 2:17)고만 명하셨고, 만지지 말라는 말씀은 하지 않으셨다. 하나님의 말씀에 무엇이든지 **가(加)하는 것은 죄이다**(계 22:18).

③ **하와는 하나님의 말씀을 약화시켰다.** 하나님은 분명히 선악과를 "네가 먹는 날에는 정녕 죽으리라"고 말씀하셨다. 그러나 하와는 네가 먹는 날에는 "**죽을까 하노라**"고 말함으로써 하나님의 말씀을 약화시켰다. 하나님의 말씀을 **약화시키는 것은 죄이다**.

④ **하와는 거짓말을 했다.** 하나님이 명하신 말씀들 중 일부는 제하고, 일부는 가(加)하고, 일부는 약화시켰으니, 그것이 거짓말이다. 사탄이 거짓말쟁이이기 때문에 범죄한 아담과 하와도 거짓말쟁이가 된 것이다. 진실이 없는 사람은 거짓말을 하고, 그 거짓말을 정당화하기 위해서 계속적으로 거짓말을 할 수밖에 없게 된다. 거짓말은 죄이다.

(3) 뱀의 공격(Attack)(창 3:4-5)

① "**너희가 결코 죽지 아니하리라**"(창 3:4). 아담과 하와가 이미 뱀의 유혹에 빠진 것을 알아차린 뱀은 불신(不信)의 씨앗을 뿌렸다. "뱀이 여자에게 이르되 너희가 결코 죽지 아니하리라." 사탄은 거짓의 아버지로 거짓말쟁이다(요 8:44). 그러기에 하나님은 "네가 먹는 날에는 정녕 죽으리라"고 말씀하셨는데, 사탄은 "네가 결코 죽지 아니하리라"고 했다. 하와는 뱀의 말을 이미 믿기 시작했고, 하나님을 불신하기 시작하였다. 사탄이야말로 하나님의 금령을 정면 부인하고 도전한 것이다. 하나님의 말씀과 사탄의 말은 그 내용이 꼭

반대다. 왜냐하면 사탄은 거짓말쟁이로 온 천하를 꾀기 때문이다 (계 12:9).

② "**하나님과 같이 될 것이다**"(창 3:5). "너희가 그것을 먹는 날에는 너희 눈이 밝아져 하나님과 같이 되어 선악을 알 줄을 하나님이 아심이니라"고 교만(pride)을 부추겼다. 사탄은 "만일 네가 선과 악을 아는 자가 되면 너는 하나님과 같이 될 것이니, 하나님은 그것을 시기해 네가 선악과를 먹는 날에는 정녕 죽으리라고 암시한 것이다"라고 유혹했다. 그러나 사탄은 선과 악을 아는 것과 선을 행하고 악을 저항하는 능력을 소유하는 것과는 큰 차이가 있다는 것을 지적하지 않았다.

V. 하와와 아담의 범죄(Eve's and Adam's Sin)

1. 하와의 범죄(Eve's Sin)

창세기 3:6, "여자가 그 나무를 본즉 먹음직도 하고 보암직도 하고 지혜롭게 할 만큼 탐스럽기도 한 나무인지라 여자가 그 실과를 먹고 자기와 함께한 남편에게도 주매 그도 먹은지라."

하와는 그 나무를 주시할 때 악한 욕망이 일어났다. 그리하여 남편이요 머리인 아담에게 묻거나 의논도 없이 선악과를 먹었다.

"먹음직도 하고"는 식욕과 물욕을, "보암직도 하고"는 안목의 정욕을, "지혜롭게 할만큼 탐스럽기도 한"은 교만과 명예욕을 가리킨다. 물욕·정욕·사욕은 큰 죄목들이다. "오직 각 사람이 시험을 받는 것은 자기 욕심에 끌려 미혹됨이니 욕심이 잉태한즉 죄를 낳고 죄가 장성한즉 사망을 낳느니라"(약 1:14-15).

하와가 선악과를 먹을 때 아담은 어디에 있었는가? 뱀이 하와하고만 대화했으므로 하와 혼자만 있었다고 할 수 있는가? 본문은 하와와 아담이 같이 있었다고 증거한다. 창세기 3:6, "자기와 함께한 남편에게도 주매…"라는 말씀의 원 의미는 '이마'(עִמָּהּ; with her)로서 '자기 곁에 있는'이라는 뜻이다. 창세기 3:7, "그들의 눈이 밝아 자기들의 몸이 벗은 줄을 알고"라는 말씀도 하와와 아담이 같이 있었다는 사실을 뒷받침한다. 그렇다면 뱀이 하와와 나눈 대화를 다 들었을 것이다. 따라서 하와와 아담은 공동 범죄인들이다.

2. 아담의 범죄(Adam's Sin)

창세기 3:11-12, "…내가 너더러 먹지 말라 명한 그 나무 실과를 왜 네가 먹었느냐? 아담이 가로되 하나님이 주셔서 나와 함께하게 하신 여자 그가 그 나무 실과를 내게 주므로 내가 먹었나이다."

처음에는 하와가 유혹에 넘어갔다. 그 후 하와는 아담을 유혹하는 자가 되었다. 아마도 그녀는 뱀이 자기에게 말한 것을 남편에게 그대로 되풀이했을 것이다.

아담은 자신이 범한 죄에 대하여 뉘우치고 회개하기커녕 오히려 범죄한 데 대한 책임을 하와에게 전가시켰다. "하나님이 주셔서 나와 함께하게 하신 여자 그가 그 나무 실과를 내게 주므로 내가 먹었나이다"라고! 하와를 가리켜 "내 뼈 중에 뼈요 살 중의 살이라"고 말하던 때는 언제이고, 지금은 자기의 아내를 가리켜 세 번씩이나 "그 여자가, 그 여자가, 그 여자가"라고 하면서(원문에는 세 번 반복되었음) 죄 책임을 전가시키는가! 부부 갈등의 시작도 아담과 하와의 범죄 때부터다.

호크마(Anthony A. Hoekma)는 "최초의 부부는 죄 없는 무죄한 사람들로 태어났다. 그러나 그들은 그들의 무죄함이 결코 상실될 수 없는 완전한 상태는 아니었다. 그들은 죄짓지 않을 수 있는(able not to sin) 잠재성은 있었으나 죄지을 수 없는 상태에 이른 것은 아니었다. …즉 타락 이전의 아담과 하와의 상태는 완전하거나 불변의 완성 단계를 말하는 것이 아니다. …그러나 아직 완전체는 아니었다. 그는 여전히 성장과 연단의 필요성을 갖고 있는 존재였다"[12]라고 했다. 아담과 하와는 죄 없는 사람들로 지음을 받았기 때문에, 만일 그들이 범죄하지 않았을 경우에는 이 땅에서 영원히 살 수 있을 뻔하였다.

선악과는 어떤 과수였을까?

벌코프(L. Berkhof)는 선악과에 대하여 "우리는 이 나무가 어떤 종류의 나무였는지 알지 못한다. 아마도 이 나무는 대추야자나무(a date: 대추보다 길고 매우 달다), 무화과나무(a fig tree) 또는 다른 어떤 과일나무였을 것이다"라고 했다.

선악과는 실제로 에덴동산 중앙에 존재했던 일종의 과수(fruit tree)였다. 그 나무 자체가 선과 악을 알게 하는 내재적 효능을 지니고 있는 나무는 아니라고 생각한다. 그러나 그 나무를 선악과라고 부른 이유는 그것이 단순히 사람의 전적 순종 여부를 시험하는 목적으로 사용되었기 때문이다.

VI. 최초 범죄의 결과: 형벌들(The Penalties)

사람이 하나님께 범한 죄의 보응은 곧 형벌이다. 형벌은 공의로우신 하나님의 법을 범했기 때문에 받는 직접적 보응이다. 형벌은 범죄로 인해 내리시는 하나님의 진노다. 형벌(penalty)과 징계(discipline)는 상이하다. 징계는 사랑에 근거하여 바르게 함(correction)을 목적으로 한다(렘 10:24; 딤전 1:20; 히 12:6). 그러나 형벌은 하나님의 공의(justice)에 근거하여 범법자에게 내리시는 보응이다(겔 28:22; 36:21上; 계 16:5; 19:2). 살인범에게 사형을 선언함은 자기의 범죄에 대한 적절한 보응이다(창 9:5).

---

12) Hoekema, *Created in God's Image*, p. 82, ch. V. 4 'The Original Image'에서.

1. 온 인류 위에(On the Race): 창 3:7-13

1) 하나님의 형상의 상처·고장(Marring the Image of God)

최초 범죄의 결과로 사람 안에 있는 하나님의 형상에 큰 상처와 고장을 가져왔다. 여기서 하나님의 형상이란 하나님의 도덕적 형상·지능적 형상을 말한다. 하나님의 도덕적 형상이란 참 지식·의·거룩 등이다(엡 4:24; 골 3:10). 하나님의 지능적 형상이란 정신·마음·의지 등이다(롬 14:5; 신 8:5; 빌 2:13). 이와 같은 형상들이 전적으로 병들고, 불구가 되고, 부패되고, 비틀어지고, 뒤틀리고, 비정상적이고 악하게 되었다.

2) 하나님과의 교제 단절(Fellowship was broken)

사람이 범죄하지 않았을 경우 하나님과 교제할 수 있었다. 하나님과의 교제는 삶의 가장 보람된 일이었다. 그러나 사람이 범죄하므로 하나님과의 교제가 단절되었다. 단절되었던 하나님과의 교제가 다시 회복되는 유일한 방도는 전능하신 하나님이 사람을 다시 살리심으로써(중생시키심으로) 이루어진다.

3) 죽음(Death)

인류의 조상 아담과 하와가 범한 죄에 대한 형벌은 자신들뿐만 아니라, 온 인류 위에 죽음을 가져왔다. 전가의 원리에 의하여 아담 한 사람의 범죄는 모든 사람의 범죄가 되고, 모든 사람이 정죄되고, 모든 사람이 죽음에 이르게 되었다(롬 5:12-19). 사람이 범죄하지 않았을 경우 영생할 수 있었으나 범죄함으로써 영생을 상실하고 죽음을 얻었다. 죽음은 자연적 현상이 아니라 죄로 인한 형벌이다(롬 6:23). 사람이 범죄함으로 말미암아 죽음에 이르게 되었다.

죽음은 육체적 죽음과 영적 죽음으로 대분(大分)한다.

(1) 영적 죽음(Spiritual Death)

영적 죽음은 사람이 하나님으로부터 분리됨(separation of God and man)**을 의미한다.** 아담은 범죄한 즉시 그의 영이 죽었다. 이것이 영사(靈死)다. 범죄하면 "정녕 죽으리라"고 하신 하나님의 말씀(창 2:17)이 응한 것이다. 죽음은 산 자와의 교통이 단절됨을 뜻한다. 따라서 영적으로 죽은 자는 살아 계신 하나님과 교통할 수 없다. 그는 하나님으로부터 멀리 떠나 있다. 에덴동산에서 인류 위에 내려진 형벌은 첫째로는 영적 죽음이다(창 2:17; 롬 5:21; 엡 2:1, 5).

영적 죽음이란 육체적 죽음과는 달리 사람이 죽으면 무(無)로 돌아감을 뜻하는 것이 절대 아니다. 아담과 하와는 범죄한 후 "여호와 하나님의 낯을 피해 동산 나무 사이에 숨은지라"(창 3:8). 이 같은 행위는 그들이 벌써 영적으로는 죽었음을 증거한다. 무소부재하시고 전지전능하신 하나님 앞에서 도피할 곳이 어디 있으며, 숨을 곳이 어디 있으랴!

에베소서 2:1-3, "너희의 허물과 죄로 죽었던 너희를 살리셨도다 그때에 너희가 그 가운데에서 행하여 이 세상 풍속을 좇고 공중의 권세 잡은 자를 따랐으니 곧 지금 불순종의 아들들 가운데에서 역사하는 영이라 전에는 우리도 다 그 가운데에서 우리 육체의 욕심을 따라 지내며 육체와 마음의 원하는 것을 해 다른 이들과 같이 본질상 진노의 자녀였더니."

사람은 범죄의 결과로, 즉 허물과 죄로 인하여 죽었다. 이 죽음은 본질상 영적 죽음을 가리킨다. 왜냐하면 영혼은 여전히 생명을 유지하고 모든 능력을 그대로 보유하고 있기 때문이다. 그러므로 그 모든 영혼의 기능과 작용은 하나님의 뜻과 법에 일치하는 생각이나 행동을 하지 못한다. 영적 죽음으로 인해 사람들은 다시 살아날 필요성을 갖게 되었다(눅 15:32; 요 5:24; 8:51; 엡 2:5). '허물과 죄'(παραπτώμασιν καί ταῖς ἁμαρτίαις; trespasses and sins), 이 두 단어는 어원상 다소 상이하나 근본적으로는 동의어다.

(2) 육체적 죽음(Physical Death)

육체적 죽음은 영혼과 몸의 분리(separation of soul and body)**를 의미한다.** 즉 불멸적 영혼(an immortal soul)이 몸(body)을 떠남을 뜻한다. 성경은 육체적 죽음은 범죄에 대한 형벌의 일부라고 교훈한다(창 2:17; 3:19; 민 16:29; 27:3). 사람이 범죄함으로 "죽지 않을 수 있는 상태로부터 죽지 않을 수 없는 상태로 들어가게 된 것이다."[13]

사람이 죽으면 영혼은 몸에서 탈피하게 된다. 그리하여 영혼과 육체는 분리하게 된다. 영혼 없는 몸은 죽은 몸이다(약 2:26). 사람이 죽으면 그 육체는 죽는 순간부터 움직이지 못하게 되고, 돌처럼 무감각하게 되며, 즉각적으로 육체가 부패되기 시작해 흙으로 돌아간다. 사람이 흙으로 지음을 받았기 때문에 흙으로 돌아가는 것이 아니라, 범죄에 대한 형벌로 인하여 흙으로 돌아가는 것이다. 창세기 3:19, "네가 …필경은 흙으로 돌아가리니"라고 하신 말씀도 아담이 범죄한 직후에 내려진 하나님의 형벌이다. 아담은 930세를 향수하고 죽었다(창 5:5).

그러나 그리스도인들에게는 죽음이 더 이상 죄의 형벌이 아니다. 왜냐하면 그리스도께서 우리의 죄를 대신해 죽으심으로 우리 대신 형벌을 받으셨기 때문이다(시 17:15; 고후 5:8; 빌 1:21-23; 살전 4:13 이하).

그리스도인의 죽음은 죄의 성질을 벗고 신령한 부활체로 탄생하기 위한 것이다.

4) 죄의 전가(Imputation of Sin)

원인(原人)**의 최초 범죄로 죄가 세상에 들어왔다**(롬 5:12). 죄가 세상에 들어왔다는 말씀은 죄의 본성·죄의 성질이 세상 사람들에게 들어왔다는 말씀이다. 따라서 사람은 세상에 태어날 때 죄의 성질을 가지고 태어난다. 죄의 성질이란 사람 속에 내재하는 인간 성질의 부패성이다. 사람은 태어날 때 죄의 성질을 이어받으므로 죄의 성질을 일명 유전적 부패성(inherited corruption)이라고도 한다.

---

13) Hoekema, *Created in God's Image*, ch. 8:1-3.

5) 질병과 고통(Sickness and Pain)

사람의 질병과 고통도 원인(아담과 하와)이 타락한 결과다. 원인이 타락한 결과 사람은 몸과 마음이 본래의 완전 상태에서 현재의 약화되고 불완전한 상태로 태화(兌化)된 것이다. 사람의 질병과 고통, 그리고 죽음은 결단코 자연적으로 발생한 사건들이 아니라, 범죄의 결과로 인한 형벌이다. 물론 모든 병고가 자기가 지은 죄에 대한 직접적 결과만은 아니다(욥 1:2; 요 9:3; 고후 12:7).

그러나 우리 주 예수 그리스도의 재림시 우리의 몸이 신령한 부활체로 변화되면 질병과 고통이 없는 온전한 몸, 강한 몸이 될 것이다(계 21:4).

6) 거주지의 변화(A Change of Residence)-에덴동산에서 추방

창세기 3:23-24, "여호와 하나님이 에덴동산에서 그 사람을 내어 보내어 그의 근본된 토지를 갈게 하시니라 이같이 하나님이 그 사람을 쫓아 내시고 에덴동산 동편에 그룹들과 두루 도는 화염검을 두어 생명나무의 길을 지키게 하시니라."

하나님은 아담과 하와를 에덴동산 밖으로 내쫓은 후 스랍들(Cherubims)로 하여금 에덴동산 동쪽 문을 지키게 했다. 그리하여 하나님은 아담과 하와가 생명나무의 열매를 먹지 못하도록 격리시키셨다. 아마도 에덴동산에서 쫓겨난 아담과 하와는 생명나무의 열매를 먹기를 원하여 에덴동산 안으로 다시 들어가려고 여러 번 시도하지 않았을까! 생명나무는 행위 언약에서 약속된 생명의 상징이었다. 천사들이 생명나무로 가는 길을 화염검으로 지킨 것은 하나님이 생명과 구원과 천국의 소유권을 주관하시며, 하나님이 뜻하시면 그 길을 열어서 그가 원하는 자에게 들어가게 해 주심을 보여 주는 것이다. 이것은 하나님의 주권과 선택과 그리스도의 속죄의 교리가 암시되어 있다.

에덴동산의 위치는 어디였을까?(location of Eden)

창세기 2:10-14에 의하면 한 강이 에덴에서 발원해 동산을 적시고 거기서부터 갈라져 네 강들의 근원이 되었다. 즉 비손강, 기혼강, 티그리스강, 유프라테스강이다. 비손과 기혼은 티그리스와 유프라테스에 연결된 강이라 부르는 운하(수로; canals)였을 것이다. 그리고 힛데겔은 티그리스의 옛이름이다. 델리취는 에덴동산이 유프라테스와 티그리스가 서로 접근하는 곳이었다고 한다. 물론 이 강들은 수천 년간 흐르면서 강 줄기가 변형되었을 것이다.[14]

스펜스(O. T. Spence)는 말하기를, 최초 범죄의 결과로 아담과 하와는 에덴동산(낙원)에서 동쪽으로 쫓겨났다. 낙원은 하나님과 교제하는 처소이며, 범죄하지 않았을 경우 영원복락을 누릴 처소였다. 그런데 그 좋은 낙원에서 쫓겨났다. 이것이 실락원(Loss of Paradise)이다. 에덴동산 동쪽은 아마도 북 페르시아(Persia)가 아닐까 추측된다. 아담과 하와가 사탄의 시험을 받아 선악과를 먹고 타락한 장소는 아마도 티그리스-유프라테스 상류 계곡(Tigris-Euphrates valley) 사이의 어느 한 곳이었을 것이다.[15]

7) 하와와 모든 여자 위에(On Eve and All Woman): 창 3:16

(1) 해산의 큰 고통(Pain of Childbirth).
생육과 번성은 하나님이 주신 축복들 중 하나다. 하나님은 창세기 1:28에서 "생육하고 번성하라"고 축복하셨다. 그러나 범죄로 인한 형벌로 하나님은 하와와 모든 여인에게 해산의 고통을 더(加)하셨다.

그러므로 최초의 범죄 이후부터 현대 물질 과학 문명 세계에서 의학이 최첨단으로 발달되었을지라도 여인의 해산에는 필히 심한 고통이 수반되게 마련이다. 그럼에도 불구하고 여인에게는 해산의 고통이 큰 축복으로 전환되어 큰 행복을 소유하게 된다. 예수님은 "여자가 해산하게 되면 그때가 이르렀으므로 근심하나, 아이를 낳으면 세상에 사람 난 기쁨을 인해 그 고통을 다시 기억지 아니하느니라"(요 16:21)고 하셨다.

---

14) Merrill F. Unger, *The Unger's Bible Dictionary* (Chicago: Moody press, 1985), p. 331.
15) O. T. Spence, *Foundations Bible Commentary*, vol. I, p. 64.

만일 범죄하지 않았다면, 하와는 물론이고 모든 여인이 고통 없이 자녀들을 분만했을 것이다.

(2) 여자의 욕망은 그의 남편(Woman's Desire Would Be to Her Husband): 창 3:16

여인에게 남편을 사모하는 욕망을 주신 것이다. '너의 욕망'(테슈카테크, תְּשׁוּקָתֵךְ; your desire or longing; 너의 욕망 또는 갈망)은 성적 욕망(sexual desire)을 의미한다. 성적 욕망은 범죄 이전에도 남자나 여자에게 모두 있었다. 성적 욕망을 가짐으로써 부부의 성생활과 그로 인한 사랑의 열매들(자녀들)을 갖게 된다. 성욕은 인간의 본능으로 죄가 아니다.

성욕을 정욕으로 잘못 사용할 때 죄가 된다. 하나님은 은혜와 사랑이 극진하셔서 범죄하여 타락한 인생들에게 벌을 주시면서도 가정의 부부생활을 통해 성적 욕망을 충족시키며 행복을 소유할 수 있도록 하셨다.

(3) 남자의 지배를 받게 되었음(Ruled by Man): 창 3:16

남자는 여자의 머리이니만큼 여자는 남자의 지배를 받도록 되어 있다. 이것은 하나님이 제정하신 제도와 질서다. 신약도 이 진리를 교훈한다(고전 11:3; 14:34; 엡 5:24-25; 딛 2:3, 5; 벧전 3:1; 5:6).

남편은 가정의 머리로서 몸 된 아내를 사랑하고, 귀하게 여겨야 한다(창 2:23, 24). 남편이 아내를 다스리지 못하거나 사랑하지 않으면 죄다. 반면에 아내가 남편에게 다스림 받기를 거부하거나, 남편을 공경하지 않으면 죄다. 아내는 남편의 사랑과 지배를 받을 때 행복하며 자신의 신분을 지키는 것이다.

8) 아담과 모든 남자 위에(On Adam and All Men): 창 3:7-24

아담과 하와가 범죄하기 전에는 에덴동산에서 그들의 노동이 즐거웠고 만족하였다. 그러나 범죄 후에는 노동이 어렵고 힘들며 괴롭게 된 것이다. 하나님은 "너는 종신토록 수고해야 그 소산을 먹으리라"(창 3:17), "네가 얼굴에 땀을 흘려야 식물을 먹으리라"(창 3:19)고 말씀하셨다. 17절의 수고(이차본, עִצָּבוֹן; painful toil; 고통스러운 고생)는 16절에 나오는 여자의 해산의 '고통'이라는 단어와 같은 단어다. 타락 이전의 낙원에서의 일은 가장 즐겁고 기쁜 일이었던 반면에, 범죄 후의 아담과 그의 모든 후손의 일은 여인의 해산과 같은 수고와 고통이 수반되는 괴로운 일이 되었다.

수고하고 땀을 흘려야 식물을 얻게 되는 또 다른 이유는 이 땅 또한 저주를 받아 농산물 생산에 큰 손실을 가져왔기 때문이다. 그리하여 사람은 일하고 먹고 살도록 되었다. 그러므로 성경은 "일하기 싫어하거든 먹지도 말게 하라"(살후 3:10)고 했다. 이것은 명령이다.

2. 뱀 위에(On the Serpent): 창 3:14

창세기 3:14, "여호와 하나님이 뱀에게 이르시되 네가 이렇게 했으니 네가 모든 육축과 들의 모든 짐승보다 더욱 저주를 받아 배로 다니고 종신토록 흙을 먹을지니라."

아담과 하와를 유혹해 범죄케 한 뱀에 대한
첫 번째 저주는 배로 기어다니게 한 것이다. 뱀은 범죄자이므로 모든 육축과 들의 모든 짐승보다 더욱 저주를 받았다. 뱀이 사탄의 도구가 되어 사람을 범죄케 했기 때문이다. 들짐승들은 네 발로 걸어 다닌다. 배로 기어다니는 들짐승들은 하나도 없다. 뱀은 들짐승들 중에서도 가장 뛰어난 존재였으나 범죄로 인한 형벌로 가장 천한 저주를 받은 존재가 되어 배로 기어다니게 되었다. 이 말씀을 볼 때 뱀은 저주를 받기 전에는 서서 다니던 동물(upright animal)이었을 것이다.
두 번째 저주는 흙을 먹는 것이다. 실제로는 뱀은 흙을 먹지 않는다. 그러나 배로 기어다닐 때에 먼지나 흙이 묻은 음식을 먹는 존재로 전락되었다.

3. 사탄 위에(On Satan): 창 3:15

창세기 3:15, "내가 너로 여자와 원수가 되게 하고 너의 후손도 여자의 후손과 원수가 되게 하리니 여자의 후손은 네 머리를 상하게 할 것이요, 너는 그의 발꿈치를 상하게 할 것이니라 하시고."

창세기 3:15은 구원의 첫 복음이요, 메시야의 사역에 관한 예언이다. 본절에서 '너'는 뱀이 아니라 사탄을, '씨'는 자손을 가리킨다. 사탄의 씨는 사탄의 자손들이요, 여인의 씨는 예수 그리스도다(갈 4:4). 사탄의 씨와 여인의 씨는 서로 원수가 되어 싸운다. 그 결과 여인의 후손은 사탄의 머리를 상하게 할 것이요, 사탄은 그의 발꿈치를 상하게 할 것이라고 했다. 여인의 후손인 예수 그리스도는 십자가상에서 죽으심으로 말미암아 사망의 세력을 잡은 자, 곧 마귀를 멸하셨다(히 2:14).

인류 역사는 처음부터 끝까지 하나님과 사탄, 선과 악, 의와 불의, 빛의 세력과 어두움의 세력, 하나님의 자녀들과 사탄의 자식들과의 싸움이다. 최후의 승리는 예수 그리스도께서 재림하셔서 사탄을 영원한 불못에 가둠으로써 얻게 될 것이다. "하나님의 아들이 나타나신 것은 마귀의 일을 멸하려 하심이니라"(요일 3:8).

4. 모든 피조물 위에(On All Creatures): 창 3:17-18

창세기 3:17-18, "아담에게 이르시되 네가 네 아내의 말을 듣고 내가 너더러 먹지 말라 한 나무 실과를 먹었은즉 땅은 너로 인하여 저주를 받고 너는 종신토록 수고하여야 그 소산을 먹으리라 땅이 네게 가시덤불과 엉겅퀴를 낼 것이라 너의 먹을 것은 밭의 채소인즉."

아담이 범죄함으로써 동물 세계, 식물 세계를 포함한 모든 피조물 세계도 큰 피해를 입게 되었다. 즉 피조물이 허무한 데 굴복하게 된 것이다(롬 8:18-22). 동물들은 사나워졌으며, 땅도 저주를 받아 가시나무와 엉겅

퀴(thorns and thistles)가 자라나게 되었다(창 3:18). 달갑지 않는 잡초들이 무성하게 자라나 땅을 경작하고 관리하는 일이 전보다 훨씬 어렵게 되었다. 다시 말하면 자연이 저주를 받은 것이다.

본래의 창조된 땅은 '경작하고' '다스리게' 해 땅에서 나는 소산물로 사람들의 식물을 생산하게 되었다(창 1:11-13; 2:5, 15). 땅이 저주받기 전에는 옥토(good soil)였다. 옥토의 원소들은 '땅의 티끌들'(아팔, עָפָר; dust; 먼지, 흙)이요, 땅의 티끌들은 흙의 원소들을 가리킨다. 그러나 땅도 저주를 받아 가시덤불과 엉겅퀴를 내게 되었다.

그러므로 피조물도 고대하는 바는 썩어짐의 종노릇하는 데에서 해방되는 것이다(롬 8:19-22). '고대한다'(아포카라도키아, ἀποκαραδοκία; anxious watching, earnest expectation; 열망해 보기를 원하는 것, 학수고대)는 단어는 아포(ἀπό; …에서부터), 카라(κάρα; the head; 머리를 들어 또는 뽑아내어), 도케인(δοκεῖν; to watch; 주시해 바라보다)으로 구성된 합성어다. 그러므로 '고대한다'는 말의 문자적 의미는 머리를 들어, 또는 뽑아내어 보기를 간절히 기대함을 뜻한다.

피조물들이 간절히 탄식하며 기대하는 것이 무엇인가? 썩어짐의 노예로부터 '해방이 되어' '영광된 자유'에 이르는 것이다(롬 8:21). 피조물들이 허무한 데 굴복하거나 썩어짐의 종노릇하는 것은 자기의 뜻이 아니다. 주님은 선포하시기를 "내가 만물(모든 것)을 새롭게 하노라"고 말씀하셨다(계 21:5). 새롭게 한다(카이나, καινά; new; 새로운)는 말씀은 질적으로 새롭게 하신다는 말씀이다(고후 5:17). 새롭게 하신다는 말씀은 자연(自然)이 그 본래의 상태와 미(美)로 회복될 것을 말한다. 이것이 바로 만물의 갱신(renewal)이다. 그런데 피조물들의 고대하는 바는 그리스도께서 재림하셔서 그의 나라를 건설할 때에 이루어질 것이다.

※ 구속 언약은 『기독론』(CLC, 2012)을 참고하라!

생명이 저들속에 역사하게 하소서!

나를 핍박할 때, 내가 기뻐하게 하소서.
나를 욕할 때, 내가 즐거워하게 하소서.
나를 조롱할 때, 내가 침묵하게 하소서.
나를 저주할 때, 내가 축복하게 하소서.

나를 우겨쌀 때, 내가 감사하게 하소서.
나를 가둘 때에, 내가 사랑하게 하소서.
나를 밟을 때에, 내가 용서하게 하소서.
나를 채찍할 때, 내가 승리하게 하소서.

고통과 사망은 내 속에서 역사하고,
생명은 저들 속에 역사하게 하소서.
그리스도께서 날 위해 그렇게 하셨듯이…

◆ 우리가 이 보배를 질그릇에 가졌으니 이는 능력의 심히 큰 것이 하나님께
  있고 우리에게 있지 아니함을 알게하려 하심이라.
  우리가 사방으로 우겨쌈을 당하여도 싸이지 아니하며 답답한 일을 당하여도
  낙심하지 아니하며 핍박을 받아도 버린바 되지 아니하며 꺼꾸러뜨림을 당하여도
  망하지 아니하고 우리가 항상 예수 죽인 것을 몸에 짊어짐은
  예수의 생명도 우리 몸에 나타나게 하려 함이라(고후4:7-10).
◆ 그런즉 사망은 우리 안에서 역사하고 생명은 너희 안에서 하느니라
  (고후 4:12).

- 시인 Eun Ye Cheung(정은예)
Seattle, U.S.A.

제 7 장

전가(傳嫁)의 원리
(*The Principle of Imputation*)

Ⅰ. 어원적 고찰: 구약-하샤브, 신약-로기조마이
Ⅱ. 두 기본적 전가
  1. 죄의 전가
    1) 아담의 죄를 전 인류에게 전가시킴
  2. 의의 전가
    1) 그리스도의 의를 신자들에게 전가시킴
Ⅲ. 전가와 관련된 이설들
  1. 펠라기안파의 견해
  2. 간접 전가설

전가(Imputation; 轉嫁)는 그 무엇(something)을 다른 사람에게 넘기는 것을 뜻한다. 신학적으로는 죄 또는 의를 다른 사람에게 넘기는 것을 뜻한다. 전가에는 죄의 전가와 의의 전가가 있다.

죄의 전가란 죄를 돌리심인데 아담과 하와가 지은 죄를 모든 인류에게 유전적·생득적(生得的)으로 전가시키며, 기독 신자는 전가받은 죄를 그리스도께 전가시키는 것을 말한다.

의의 전가란 의를 돌리심인데 그리스도께서 획득하신 의를 신자에게 전가시킴으로써 신자가 의인이 된 것을 뜻한다.

  중요한 성경적 증거(Biblical Evidence)
전가의 교리는 로마서 5:12-19에 매우 분명히 계시되었다. 본문은 아담의 범죄와 그리스도의 구속 사역을 대조한 말씀이다. 본문의 요지는 한 사람 아담의 범죄로 말미암아 죄가 세상에 들어왔고, 죄로 말미암아 사망이 모든 사람에게 임하였으며, 한 사람 예수 그리스도의 의로운 행동으로 말미암아 그리스도 안에 있는 모든 사람이 구원영생에 이르게 되었다는 말씀이다.

본문은 연대적 **대표의 원리**(A principle of the representative)에 대한 근본 교리로 하나님은 이 대표의 원리, 전가의 원리로 사람을 다루신다.

Ⅰ. 어원적 고찰(Etymology): 구약-하샤브, 신약-로기조마이

성경에서 전가에 관해 사용된 히브리어는 '**하샤브**'(חָשַׁב; to count for, to reckon, consider; 계산하다, 여기다, 고려하다)이며,

헬라어는 로기조마이(λογίζομαι; to reckon, take into account, to put down to a person's account, to charge to one's account; 간주〈간과〉하다, …을 고려하다, …의 계산에 넣다)이며, 라틴어는 임퓨타레(imputare), 영어는 imputation(전가)이다.

전가의 가장 적절한 실례는 사도 바울이 빌레몬에게 보낸 서신에 잘 나타나 있다. 즉 한때 노예요 도둑이요 도망자였던 오네시모, 당시 로마법으로는 사형죄를 범한 오네시모를 관대한 마음으로 받아 줄 것을 주인인 빌레몬에게 요청하면서 "저가 만일 네게 불의를 행하였거나 네게 진 것이 있거든 그것을 내게로 회계(charge)하라"(몬 18절)고 한 말씀에 잘 나타났다.

구약에서는 제사 제도와(레 7:18; 17:4) 라헬과 레아가 그들의 아버지 라반에 대하여 "우리를 외국인으로 여기는 것이 아닌가"라는 말씀 등에서 전가의 원리를 찾아볼 수 있다.

II. 두 기본적 전가(The Two Basic Imputations)

1. 죄의 전가(The Imputation of Sin)

죄의 전가에는 아담의 죄를 전 인류에게 전가시킴과 신자들의 죄를 그리스도께 전가시킴이 있다.

1) 아담의 죄를 전 인류에게 전가시킴(The Imputation of Adam's Sin to the Race)

로마서 5:12-19은 "아담 '한 사람'(one man)으로 말미암아"라고 8번 언급하였다(5:12, 15, 16, 17, 18, 19).

아담의 최초 범죄가 그의 후손들에게 전가되었다고 성경이 가르칠 때, 그것은 그 후손들이 실제로 그 최초의 죄를 범하였다는 뜻이 아니다. 그러나 하나님이 아담에게 선언하신 형벌이 그 후손들에게 임하였다. 아담은 인류의 대표자로서 최초의 죄를 범하였고, 그 후손들은 그 형벌을 받았다.

그렇다면 아담의 죄가 그의 후손들에게 전가되었다고 하는 이 전가의 교리는, 아담의 후손들이 비록 선하지만 아담의 죄에 대한 형벌을 받는다는 것을 의미하는가? 그것은 선한 사람들이 오래전에 아담이 범한 죄 때문에 하나님께 악한 자로 취급을 받아, 그들이 선함에도 불구하고 죄의 형벌을 받는다는 것을 의미하는가?

물론 아담이 범한 죄에 대한 형벌을 그의 후손들이 받지만 그 후손들도 모두 악하며 죄를 짓는다. 그러므로 아담의 후손들이 받는 형벌은 먼저는 아담의 죄 때문이요, 다음은 자신들의 죄 때문이다.

(1) 아담 한 사람의 범죄로 말미암아 죄가 세상(세상 사람들)에 들어왔다.
아담의 본성의 부패성이 그의 후손들에게 전가된다(Adam's Sin Entered into the World).

로마서 5:12, "이러므로 한 사람으로 말미암아 죄가 세상에 들어오고 죄로 말미암아 사망이 왔나니 이와 같이 모든 사람이 죄를 지었으므로 사망이 모든 사람에게 이르렀느니라."

"**한 사람**"은 인류의 시조 아담을 가리킨다. 아담 한 사람의 범죄란 무엇인가? 아담 한 사람의 범죄란 창세기 3:6-7의 내용을 말한다. 즉 에덴동산에 있는 각종 과일들은 임의로 따 먹되 동산 중앙에 있는 나무의 과일(선악과)만은 따 먹지 말라고 금한 계명을 범한 죄다. 아담은 인류의 시조이며, 첫 번째 범죄한 사람이다(창 3:6-7).

"**말미암아**"(디아 투토, διὰ τοῦτο; because of this)는 '때문에'라는 뜻이다. 한 사람 때문에 죄가 세상에 들어왔다. 그러므로 인류의 죄의 기원은 아담의 범죄에 기인하며, 아담의 범죄로 말미암아 아담은 물론 아담 안에 있는 모든 사람이 정죄함을 받아 죄인이 되었다. 한 사람이 순종치 않음으로 말미암아 모든 사람이 죄인이 된 것이다(19절).

"**죄가 세상에 들어왔고**"에서 세상(코스모스, κόσμος)이란 세계, 지구(땅덩어리)를 말하는 것이 아니라, 이 세상 사람들(human race)을 가리킨다(롬 5:12; 요 1:9, 10; 3:16, 19; 4:42). 그러므로 죄가 "세상에 들어왔다"는 말씀은 죄의 본성, 죄의 성질이 이 세상 사람들에게 들어왔다는 뜻이다. 사람은 이 세상에 태어날 때 죄의 성질을 가지고 태어난다.

"**들어왔다**"(에이셀덴, εἰσῆλθεν; entered; 들어왔다)는 동사는 에이셀코마이(εἰσέρχομαι; to come into, to come; …안으로 들어오다)의 부정과거(aorist) 시상으로 행동이 과거에 이미 끝난 것을 나타낸다. 따라서 죄가 이 세상에 이미 들어왔다는 뜻이다. 아담 한 사람의 범죄로 말미암아 죄가 세상 사람들 안으로 이미 들어와 사람들의 성질 속에 임하였으므로 사람들의 본성 자체가 죄의 성질을 가지고 있다.

아담의 죄가 전 인류에게 전가되었다는 말씀은 아담이 범한 죄로 인하여 타락된 죄의 오염과 부패성(죄책과 무능)이 전 인류에게 전가되었다는 말씀이다. 아담이 인류를 대표한 자로서 죄를 범하였기 때문에 아담이 지은 죄는 모든 인류의 정죄의 기초(근거)가 되었을 뿐만 아니라, 모든 사람이 죄를 범한 것같이 취급된다. 그런 의미에서 사도 바울은 아담이 범죄했을 때 모든 사람도 이미 범죄한 것이라고 분명히 언급하였다. 물론 모든 사람이 죄를 지었기 때문에 죄인인 것은 사실이지만, 특수하게 죄를 짓지 않았어도 죄인이라는 말이다. 어린아이들은 개인적으로 죄를 범할 기회가 없이 죽을지라도 죄인으로 간주된다. 왜냐하면 사람이 나면서부터 죄 중에 잉태되어 태어났기 때문이다. 로마서 5:15-19에서 사도 바울은 다섯 번이나 아담이 지은 죄 때문에 모두가 범죄한 것이 되고, 정죄에 이르게 되고, 사망에 들어가게 된다고 했다.

(2) 아담 한 사람의 범죄로 말미암아 모든 사람이 범죄한 것이다(12절).
   만인의 범죄-죄의 보편성(Universality of Sin)

"**모든 사람**"은 전 인류(whole race)를 가리킨다(5:12, 15, 16, 17, 18, 19). 하나님은 아담 한 사람의 죄를 모든 사람의 죄로 간주하신다. 모든 사람이 "**죄를 범하였다**"(헤마르톤, ἥμαρτον; sinned; 죄지었다)는 동사도 하말타노(ἁμαρτάνω, to miss the mark; 표적을 빗나가다)의 부정과거 시상으로 모든 사람이 이미 범죄하였다는 뜻이다. 그러면 아담 한 사람의 범죄가 어떻게 모든 사람의 범죄가 되는가? 각각의 사람들이 다 죄를 범하였다고 단정할 수는 없다. 왜냐하면 모든 사람은 인류 전체를 가리키며, 인류 전체 가운데는 아직도 태어나지 않은 사람들도 많이 있기 때문이다. 이 구절은 개인들이 일상에서 경험하는 죄를 포함하지 않는다. 그럼에도 불구하고 아담 안에 있는 모든 사람이 죄를 범했다는 말씀은 모든 사람이 죄를 범했기 때문이 아니라, 온 인류의 대표자인 아담이 범죄했을 때 연대적으로 죄책을 갖기 때문이다. 아담은 행위 언약에서 인류의 대표자이므로, 아담 한 사람의 범죄는 모든 사람의 범죄로 간주된다. 이는 아담의 최초 범죄에 모든 사람이 참여하였음을 뜻한다. 모든 사람이 죄인이 된 것은 아담의 범죄로 인한 결과다. 이것을 **머레이**(J. Murray)는 "대리적 대표"(vicarious representation)라고 하였다.[1]

(3) 아담 한 사람의 범죄로 모든 사람이 정죄에 이르렀다(16, 18절).
　만인의 정죄-정죄의 보편성(Universality of Condemnation)

정죄(condemnation)는 법정적 행위(judicial act)이다. 정죄란 법정적으로 죄 있다고 선고함이다. 따라서 아담 한 사람의 범죄의 결과로 모든 사람이 정죄에 이르렀다. 다시 말하면 모든 사람이 정죄에 이른 것은 그들의 머리와 대표자가 되는 아담 한 사람의 범죄 때문이다. 아담 한 사람의 범죄 때문에 모든 사람이 정죄되었다면, 모든 사람은 아담과 같은 죄를 지은 자로 간주된 것이다.

모든 사람이 정죄받은 근거는 일차적으로는 우리 자신들 밖에 있다. 아담의 후손들은 아담의 혈통을 이어받아 아담이 범한 죄에 오염된 상태로 태어난다. 갓난아이들은 상대적 의미에서 무죄성을 가지고 있지만, 그들도 원죄에 참여한 것은 분명하다(시 51:5; 58:3; 잠 22:15). 그러므로 갓난아이들도 이 법칙의 세력권을 벗어나지 못한다.

(4) 아담 한 사람의 범죄로 말미암아 모든 사람을 죄의 종으로 만들었다(21절).
　죄의 왕노릇(Sin Reigns)

주님은 "죄를 짓는 자마다 죄의 종이라"(요 8:34)고 말씀하셨다. 헬라어 원문에는 죄(하말티아, ἁμαρτία; sin; 죄)라는 단어 앞에 정관사 헤(ἡ)가 있어서(12, 12, 20, 21절) 헤 하말티아(ἡ ἁμαρτία; sin; 죄)로 죄를 인격화(personified)하였다. 그 경우 죄라는 단어의 첫 글자를 Sin이라고 대문자로 표기해야 한다.

죄가 "**왕노릇하였다**"는 단어는 사망이 "왕노릇하였다"는 단어와 동일

---

[1] John Murray, *The Imputation of Adam's Sin* (Phillipsburg: P&R Publishing, 1992), p. 40.

하다. 왕노릇하였다는 말(에바실류센, ἐβασίλευσεν; reigned)은 지배하다, 주관하다, 다스리다, 통치하다, 영향력을 행사하다라는 뜻이다. 즉 죄가 죄를 짓는 사람들에게는 주인이라는 뜻이다. 죄는 왕으로서 그 세력이 너무 강하여 사람들에게 죄를 짓도록 한다. 사람이 죄를 끊어버리고 싶어도 끊어버릴 수 없다. 그런데 여기서 죄란 죄의 성질로 이해되어야 한다. 죄의 성질은 하나님이 처음 사람을 창조하신 의도와 목적에 반대되는 성질이다(롬 8:7). 이는 죄의 보편적인 권세의 증거다.

아담의 범죄로 인한 타락은 사람을 죄의 종노릇하도록 한다. 죄의 왕노릇은 사망의 왕노릇과 같이 절대적이어서 사람의 온 영혼과 그 기능들, 온몸과 그 기능들을 절대적으로 지배한다. 죄는 사람을 노예로 만든다. 죄는 사람의 온몸과 그 기능들에 결정적으로 영향력을 행사하여 죄를 짓게 한다. 다시 말하면 죄는 사람의 지식·감정·의지 등에 결정적으로 영향력을 행사하여 죄를 짓게 한다. 죄는 왕노릇하여 모든 사람을 사망으로 끌고 간다(고전 15:56). 그래서 로마서 6:6은 사람의 몸을 죄의 몸(the body of sin)이라고 했다. 그런데 죄의 지배(왕노릇)란 강제적·억압적이 아니라, 자연적이라는 사실이다. 왜냐하면 범죄하여 타락한 인간의 본성 자체가 죄의 부패성, 곧 죄의 성질이기 때문이다.

따라서 사람들은 죄를 사랑하고 죄짓기를 즐거워한다.

(5) 아담 한 사람의 범죄로 말미암아 모든 사람이 죽음에 이르렀다(15절).
　　만인의 사망-사망의 보편성(Universality of Death)

아담 한 사람의 '**범죄**'란 헬라어로 파랍토마(παράπτωμα; falling beside, deviation from the path; 곁으로 떨어짐, …으로 떨어짐, …을 배반함)로서 영어로는 offence, trespass, fall, fault, sin, 우리말로는 과실, 허물, 타락, 잘못, 죄 등으로 번역되었다.

하나님은 아담에게 "선악을 알게 하는 나무의 실과는 먹지 말라 네가 먹는 날에는 정녕 죽으리라"(창 2:17)고 경고하셨고, 아담이 범죄한 후에는 "네가 얼굴에 땀이 흘러야 식물을 먹고 필경은 흙으로 돌아가리라"(창 3:19)고 선고하였다. 분명히 죽음은 죄의 값이요, 죄의 결과다(롬 6:23).

"많은 사람"(호이 폴로이, οἱ πόλοι)은 '모든 사람'을 가리키며, 모든 사람은 죽음을 맛보지 않고 승천한 에녹과 엘리야를 제외한 모든 사람을 가리킨다.

모든 사람이 죽음에 **"이르렀다"**(디엘덴, διῆλθεν; passed upon, went through, spread through; 통과하였다, 통과하여 퍼졌다)는 동사는 디엘코마이(διέρχομαι; to pass through or over; 통과하다, 위로 지나가다)의 부정과거 시상으로 죽음이 이미 모든 사람에게 임하였다는 뜻이다. 죽음이 모든 사람에게 임하였다는 말씀은 아담 안에서 모든 사람이 죽었다(고전 15:22)는 뜻으로 이해되어야 한다. 모든 사람이 사망의 지배를 받는 것은 모든 사람이 죄인으로 간주되기 때문이다. 모든 사람은 아담의 죄책에 참여하여 전적 부패와 죽음을 같이한다. 그런데 이 죽음은 영적 죽음을 가리킨다.

(6) 아담 한 사람의 범죄로 말미암아 사망이 모든 사람 위에 왕노릇하였다 (14, 17절). 사망의 왕노릇

헬라어 원문에는 '**사망**'(다나토스, θάνατος; death; 죽음)이라는 단어 앞에 정관사 호(ὁ)가 있어서(12, 14, 17, 21절), '**호 다나토스**'(ὁ θάνατος)로 사망을 인격화(personified)했다. 그 경우 사망(death)이라는 단어의 첫 철자를 Death라고 대문자로 표기해야 한다. '**왕노릇하였다**'(에바실류센, ἐβασίλευσεν; reigned; 지배하였다, 다스렸다, 통치하였다, 영향력을 행사하였다)는 바실류오(βασιλεύω; to reign; 지배하다, 다스리다, 통치하다, 영향력을 행사하다)의 과거 시상이다. 이 단어는 죄가 '왕노릇하였다'는 단어와 같다.

아담의 범죄로 인한 타락은 모든 사람을 사망의 종노릇하도록 한다. 사망은 독재 군주처럼 모든 시대, 모든 사람을 지배한다. 사망은 절대적이어서 도피할 수 있는 자가 없다. 사망은 동서고금, 남녀노소를 가리지 않는다. 사망은 모든 사람을 지배하여 무덤으로 들어가게 한다.

"사망의 보편적인 왕노릇은 죄의 보편적인 권세의 증거다. 그러나 사망을 개인이 불순종한 행동으로 인하여 받는 보응으로만 보아서는 안 된다. 왜냐하면 사망은 불순종의 행동을 할 수 없는 영아들에게도 왕노릇하기 때문이다."[2] 그리하여 "아담의 범죄와 같은 죄를 짓지 아니한 자들 위에도 사망이 왕노릇하였다"(14절)고 했다. 아담의 범죄와 같은 죄를 짓지 않은 자들은 누구일까? 그들은 죄를 지어 본 일이 없는 영아들(babies)을 말한다. 영아들도 죽는 것을 보니 죽음의 결정적 요인은 아담의 범죄다.

그러므로 우리는 아담 안에서 행위 언약을 지키지 못하였으며, 아담의 범죄 속에서 범죄하였으며, 그 결과로 모든 사람이 죽음에 이르게 되었다. 다시 말하면 아담의 모든 후손은 이 세상에 태어나기도 전에 이미 법정적으로 정죄되었고, 이미 죽음에 이르렀다. 사람은 죄의 성질을 가지고 태어나며, 죄의 종노릇하다가 죄로 말미암아 죽는다.

2) 기독신자들의 죄를 그리스도께 전가시킴(The Imputation of the Believer's Sin to Christ)

구원받은 신자들의 죄가 그리스도께 전가된다고 성경이 가르칠 때, 그것은 그리스도께서 구원받은 사람들에게 임해야 마땅할 형벌을 대신 받으셨음을 의미한다. 하나님은 기독 신자들이 범한 죄에 대한 형벌을 범죄한 자들에게 돌리지 않으시고 죄 없는 그리스도께 돌리심으로 그리스도께서 대신 형벌을 받으셨다. 비록 그리스도는 죄인이 아니셨지만, 하나님은 마치 그리스도가 죄를 범하신 것처럼 취급하셨다. 그러므로 그리스도가 받으신 형벌은 그리스도께서 죄를 범해서가 아니라, 그리스도께 전가된 신자들의 죄 때문이다.

고린도후서 5:19, "…저희의 죄를 저희에게 돌리지 아니하시고…."

"**돌리지 아니하고**"(메 로기조메노스, μὴ λογιζόμενος; not imputing their

---

2) Arthur W. Pink, *Man's Total Depravity*, 『인간의 전적 타락』, 서문강 역(서울: 청교도신앙사, 1989), p. 101.

trespasses(K.J.V.), not reckoning, not counting)는 계산하지 않고, 간주하지 않고, 돌리지 않고(N.A.S.B., N.I.V.)라는 뜻이다. 우리가 지은 죄에 대한 형벌을 우리에게 돌리지 않으셨다. 이 말은 우리의 죄를 용서하여 주시고 형벌을 면케 하셨다는 뜻이다.

고린도후서 5:21, "하나님이 죄를 알지도 못하신 자로 우리를 대신하여 죄를 삼으신 것은 우리로 하여금 저의 안에서 하나님의 의가 되게 하려 하심이니라."

"**죄를 알지도 못하신 자**"는 예수 그리스도를 가리킨다. 죄를 알지도 못한다는 말씀은 무죄(無罪)하시다는 뜻이다. 죄의식조차도 없었음을 가리킨다. 그리스도는 동정녀를 통하여 성육신(成肉身)하시고 이 세상에 계시는 동안 하나님을 근심케 하거나(displeased), 율법을 위반하거나(violated), 하나님의 영광을 가리는 일이 결코 없으셨다. 예수 그리스도는 유년 시절, 소년 시절, 청년 시절, 젊은 시절 등 그의 생애 전반에 걸쳐서 죄 없으신 거룩한 분이다(조영엽,『기독론』3판, p. 213; 요 6:69; 8:29, 46; 벧전 2:22; 히 4:15; 요일 3:5).

"**죄로 삼으심**"은 '죄인으로 삼으셨다'는 뜻이다. 즉 죄인들을 위한 희생 제물로 삼으셨다는 뜻이다(사 53:4-6, 10). 죄 없으신 그리스도는 택자들의 죄를 대신 지시고(요 1:29, 36) 십자가에서 고난을 받으셨다(사 53:5, 13; 막 10:45).

베드로전서 2:24, "친히 나무에 달려 그 몸으로 우리의 죄를 담당하셨으니…."

"**우리의 죄를 담당하셨으니**"(아네넹켄, ἀνήνεγκεν; carried up, bore〈N.A.S.B., N.I.V.: 짊어지셨다, 떠맡으셨다〉)라는 말씀은 그리스도께서 사람들의 죄를 취하셨다는 말씀이 아니고, 자신을 죄인의 자리에 놓으시고, 죄인이 받아야 할 형벌을 그의 몸으로 대신 받으셨다는 뜻이다. 이는 십자가에서의 고난과 죽으심을 말한다(사 53:4, 12).

2. 의의 전가(The Imputation of Righteousness)

1) 그리스도의 의를 신자들에게 전가시킴(The Imputation Christ's Righteousness to the Believer)

로마서 5:15-21은 "예수 그리스도 한 사람(one man)으로 말미암아"라고 4번 기록되었다(롬 5:15-16, 18, 19).

그리스도의 의가 구원받은 자들에게 전가된다고 성경이 가르칠 때, 그것은 구원받은 신자들이 실제로 의롭다고 하는 뜻이 아니다. 그 반대로 그들은 죄인이다. 그러나 그들은 그리스도의 의에 마땅히 돌려져야 할 축복된 생명의 상급을 받는다. 구원받은 신자들의 의는 실제로 그들의 것이 아니라, 그들에게 전가된 그리스도의 의이다.

신자의 죄는 그리스도께 전가시키고 그리스도의 의는 신자에게 전가시킴으로써 의인인 그리스도는 죄인이 되고 죄인인 신자는 의인이 되었다. 그리하여 그리스도는 형벌을 받았고, 신자는 형벌을 면케 되었다.

"그는 실로 우리의 질고를 지고 우리의 슬픔을 당하였거늘 우리는 생각하기를 그는 징벌을 받아서 하나님에게 맞으며 고난을 당한다 하였노라 그가 찔림은 우리의 허물을 인함이요 그가 상함은 우리의 죄악을 인함이라 그가 징계를 받음으로 우리가 평화를 누리고 그가 채찍에 맞음으로 우리가 나음을 입었도다 우리는 다 양 같아서 그릇 행하여 각기 제 길로 갔거늘 여호와께서는 우리 무리의 죄악을 그에게 담당시키셨도다"(사 53:4-6).

로마서 5:18, "…의의 한 행동으로 말미암아 많은 사람이 의롭다 하심을 받아 생명에 이르렀느니라."

"**의의 한 행동**"이란 '한 사람의 의'(헤노스 디카이오마토스, ἑνὸς δικαιώματος; righteousness of one)를, 한 사람의 의는 예수 그리스도의 의를 가리킨다. 그러면 예수 그리스도의 의는 무엇인가? 십자가상에서의 대리적 속죄의 죽으심이다.

"많은 사람이 의롭다 하심을 받아"는 칭의를 가리킨다. 칭의는 그리스도께서 십자가상에서 자신을 단번에 희생의 제물로 드리심으로 성취하신 의다.

로마서 5:19, "…한 사람의 순종하심으로 많은 사람이 의인이 되리라." '한 사람'은 예수 그리스도를 가리킨다. 예수 그리스도의 순종은 하나님의 말씀에 대한 순종이다. 그리스도는 세상에 오셔서 십자가상에 죽기까지 복종하셨으니 곧 십자가에 죽으심이다(빌 2:8).

"**의인이 되리라**"(디카이오이 카타스타데손타이, δίκαιοι κατασταθήσονται; will be made righteous; 의인이 될 것이다)의 시상은 미래수동형이다. 빈센트(Vincent)는 이 단어가 직분이나 직위에 임명한다(appoint to office or position)는 뜻이라고 했고(III. p. 64), 테일러(Thayer)는 '선포한다'(declare)는 의미에서 임명한다(constitute)를 뜻한다고 했다(p. 314). 사실상 이 동사의 원형 카디스테미(καθίστημι; appoint, set in order, set down)는 '임명하다', '자리에 앉히다', '앉히다'는 뜻이다. 그러므로 그리스도의 순종으로 많은 사람들이 의인으로 임명되고 선포될 것을 가르친다. 이것은 그리스도의 의가 많은 죄인들에게 전가되므로 죄인들이 의인의 신분으로 선포되고(칭의되고), 또한 실제상으로는 성화를 통하여 의롭게 될 것을 뜻한다. 많은 사람은 의인으로 선포되기 전까지는 죄인들이었다.

"우리로 하여금 그리스도 안에서 의가 되게 하려 하심이라"는 말씀은 죄 없으신 그리스도를 죄인으로 삼으신 이유와 목적을 가르친다. 죄인이 의롭게 되는 길은 속죄가 선행 조건이다. 그리스도의 의가 죄인들에게 전가됨으로써 죄인들이 의인이 된다는 뜻이다. 그러므로 그리스도 안에 있는 자들은 정죄함이 없을 뿐만 아니라, 그리스도의 의의 공로로 의롭다 하심을 받았다. 그런데 이 칭의의 선물은 믿음으로만 소유할 수 있다(롬 3:22; 엡 2:8-9; 빌 3:9).

우리가 어떻게 죄의 상태로부터 해방될 수 있는가? 그리고 어떻게 의인이 될 수 있는가? 그것은 오로지 예수 그리스도의 의를 전가받는 일을 통해서 이루어질 수 있다. 누구든지 예수를 구주로 영접하면 그리스도의 의가 그 사람에게 전가된다. 그리하여 모든 사람이 아담 안에서 죽은 것 같이 그리스도 안에서 모든 사람은 다시 살며, 그리스도의 의를 전가받음으로 의인이 된다. 이것은 성령 하나님의 이적적 역사로서 우리가 그리스도의 의의 옷을 덧입음으로 말미암아 의인으로 간주해 주신다. 실제로 의인으로 여겨 주신다. 비록 우리의 행위는 죄 가운데 머물러 있을지라도 말이다.

(1) 사람은 율법의 행위로는 의롭다 함을 받을 수 없다(롬 3:20; Man Cannot Be Justified by Doing the Work of Law)

"율법의 행위"란 율법 자체의 요구를 따라 그대로 행하는 것을 가리킨다. 그런데 사람은 율법의 요구를 따라 그대로 행할 수 없다. 다시 말하면 율법을 다 지킬 수 없다. 왜냐하면 첫 사람 아담의 범죄로 말미암아 전적 타락, 전적 부패, 전적 무능을 가져왔기 때문이다. 사람은 허물과 죄로 죽었기 때문에 여하한 영적 선한 일들(any good spiritual works)도 할 수 없다(엡 2:1). 범죄하여 타락한 인간은 자신의 여하한 노력으로도 의롭다 함을 받을 수 없다. 전 세계 모든 인류는 그 누구도 예외 없이 율법을 지킴으로는 의롭다 함을 받을 수 없다. 사람이 의롭게 되는 것은 율법의 행위에 있는 것이 아니다(롬 3:28).

사도 바울은 아브라함의 예를 들어 율법의 행위로는 의롭다 하심을 받을 수 없음을 설명하였다(롬 4:1-8). 만일 아브라함이 행위로 의롭다 함을 받았다면 자랑할 것이 있으려니와 하나님 앞에서는 없다(4:2). 아브라함의 의는 행함에 있지 않고(1-8절), 할례에도 있지 않고(9-12절), 율법에도 있지 않고(13-16절), 오직 믿음에 있었다(17-25절).

(2) 사람은 그리스도를 믿음으로만 의롭다 함을 받는다(Man Can Be Justified only by Faith in Christ)

① 아브라함은 믿음으로 의롭다 함을 받음

로마서 4:3, "성경이 무엇을 말하느뇨? 아브라함이 하나님을 믿으매 이

것이 저에게 의로 여기신 바 되었느니라."

본절에서 바울이 성경들(그라파이, γραφαί; Scriptures; 성경들)이라 하지 않고, **성경**(헤 그라페, ἡ γραφή; the Scripture; 그 성경)이라고 한 말씀에 주의하라. 본문에서 성경이라고 한 것은 성경의 어느 한 특정 구절, 곧 창세기 15:6을 지적한다. 창세기 15:6의 말씀은 아브라함의 나이가 늙어서 인간의 생식 방법으로는 자식을 얻을 가능성이 전연 없는 것을 이루어질 수 있는 것으로 믿는 그 전적인 믿음을 의로 여기셨던 것이다. 바울은 갈라디아서 3:6에서, 야고보는 야고보서 2:23에서 창세기 15:6의 말씀을 인용, 보도하였다.

의로 "여기셨다"(엘로기스데, ἐλογίσθη; it was reckoned; 여기심을 받았다, 간주되었다)는 로기조마이(λογίζομαι; to reckon; 여기다, 간주하다)의 3인칭·단수·과거·수동형이다. 그러므로 아브라함이 믿음으로 의롭다 여기심을 받았다는 뜻이다. 하나님은 아브라함을 의롭다 하시고, 아브라함은 하나님으로부터 의롭다 여기심을 받았다.

② 신자들도 믿음으로 의롭다 함을 받음

로마서 5:1, "그러므로 우리가 믿음으로 의롭다 하심을 얻었은즉."

우리도 예수 그리스도를 믿음으로 의롭다 함을 받았다. 아브라함이 믿음으로 의롭다 하심을 받았는데 하물며 그 누가 행함으로 의롭다 하심을 받을 수 있단 말인가!

"**의롭다 하심을 받았다**"(디카이오덴테스, δικαιωθέντες; having been justified; 의롭다 하심을 받았으니)는 단어는 디카이오오(δικαιόω; to justify; 의롭다)의 주격·복수·과거분사·수동형이다. 따라서 우리는 하나님에 의하여 의롭다 하심을 받았다. 이는 칭의가 계속적이거나 반복적이 아님을 나타낸다. 칭의는 하나의 역사적 사건(a historical event)이다.

칭의는 법정적 행위(a judical act)**이다**. 정죄가 법정적 행위인 것같이 칭의도 법정적 행위다. 칭의란 의롭다고 선포하는 법정적 행위다. 따라서 예수 그리스도를 믿음으로 말미암아 의에 이르게 되었다. 다시 말하면 우리가 의롭다 함을 받은 것은 예수 그리스도의 한 의로운 행위 때문이다. 우리가 의롭다 함을 받은 근거는 일차적으로 우리 자신들 밖에 있다.

③ 생명 안에서 왕노릇

로마서 5:17, "한 분 예수 그리스도로 말미암아 생명 안에서 왕노릇하리로다."

믿음으로 말미암아 그리스도의 의를 선물로 받은 자들은 죄에서 구속함을 받을 뿐 아니라, 영생을 얻게 되고 그리스도와 함께 후사가 되어 생명 안에서 왕노릇하게 된다. 죄로 죽었던 자들이 사망의 권세에서 해방되었을 뿐만 아니라, 영적으로 살리심을 받고, 그리스도와 함께 후사가 되고, 왕들이 된다(계 1:6).

"**왕노릇하리로다**"는 바실류수신(βασιλεύσουσιν; will reign; 다스릴 것이다, 통치할 것이다, 지배할 것이다)으로 과거에는 사망 아래 노예였으나 이제는 생명 안에서 왕이 될 것이라는 뜻이다. 왕노릇한다 함은 왕과 같은 지배를 한다는 뜻이다. 사망이 폭군처럼 모든 사람을 다스리는 것같이, 그리스도 안에 있는 신자들은 생명 안에서 왕노릇할 것이다.

특히 이 말씀은 그리스도의 지상 천년왕국에서의 성도들의 통치를 가리킨다.

디모데후서 2:12, "참으면 또한 함께 왕노릇할 것이요…."

요한계시록 5:1, "저희로 우리 하나님 앞에서 나라와 제사장을 삼으셨으니 저희가 땅에서 왕노릇하리로다."

요한계시록 20:6, "이 첫째 부활에 참예하는 자들은 복이 있고 거룩하도다 둘째 사망이 그들을 다스리는 권세가 없고 도리어 그들이 하나님과 그리스도의 제사장이 되어 천 년 동안 그리스도로 더불어 왕노릇하리로다."

요한계시록 22:5, "다시 밤이 없겠고 등불과 햇빛이 쓸데없으니 이는 주 하나님이 저희에게 비취심이라 저희가 세세토록 왕노릇하리로다."

Ⅲ. 전가와 관련된 이설들(Various Views of the Imputation)

죄의 전가를 부인하는 잘못된 이설들이 있어 주의를 요한다. 죄의 전가와 관계된 가장 핵심적 성구는 로마서 5:12, "한 사람으로 말미암아 죄가 세상에 들어왔다"는 말씀이다. 이 성구를 어떻게 해석하는가에 따라서 죄의 전가에 대한 이설들이 나타난다.

1. 펠라기안파의 견해(Pelagian Views)

펠라기안파는 아담의 죄가 전 인류에 전가되는 사실을 전적으로 부인하였다. 펠라기우스는 주장하기를, "하나님은 사람의 영혼을 직접 개별적으로 죄 없이 창조하였다. 각 사람의 영혼은 아담의 죄와 관계없으므로 무죄하며 오염되지 않았다. 아담의 죄가 인류에게 전가된 것이 아니다. 아담은 선하지도 악하지도 않은 중립 상태로 창조되었다.

오늘날 사람들도 아담의 타락 이전과 같은 상태로 죄 없이 태어난다. 사람은 자기가 원하는 대로 죄를 범할 수도 있고 범하지 않을 수도 있다. 사람이 순종할 수 없는 계명을 하나님이 주신다는 것은 불합리하다.

그러므로 원죄와 같은 것은 우리와 상관이 없다. 아담의 범죄는 사람들이 범하는 죄의 행동의 본보기(example)가 되나 우리의 죄와는 관계가 없다. 더욱이 사람은 죄 때문에 죽는 것이 아니라 사람이 태어나면 죽는 것이 정한 이치라는 자연법칙 때문에 죽는다. 아담은 죄를 범하지 않았을지라도 죽었을 것이다"라고 한다.[3]

펠라기우스(Pelagius, A. D. 354-418년 이후)는 로마에 살았던 영국의 수도사·신학자였다. 그는 영국의 아일랜드(Islands)에서 태어나 약 A. D. 385년 경 로마로 가서 약 30년간 명성이 높았다. 그는 성품이 온유하고, 생활이 경건하며, 명철하며, 박식(학식)한 사람이었다. 그러므로 인간의 능

---

3) Philip Schaff, *History of the Christian Church*, Ⅲ, (Peabody MA: Hendrickson, 2006), p. 322.

력을 과대평가하고 죄 문제를 가볍게 생각하였다.

반증(Counter-Evidence; 反證)

① 사람은 아담의 죄(원죄)와 관계가 없다고 하나, 성경은 각 사람 안에 내재하고 있는 죄의 성질은 아담의 원죄로부터 전가된 것이라고 선언한다(롬 5:12). 따라서 아담의 죄와 그의 후손들의 죄 사이에는 매우 실제적 연관성이 있다.

② 사람 안에 죄의 성질이 없다고 하나, 성경과 양심, 그리고 인간의 체험과 경험은 사람 안에 죄의 성질이 있다고 선언한다. 사람은 생득적으로 죄의 성질을 가지고 태어난다. 죄의 성질이란 인간 성질의 실제적 부패성을 말한다(롬 7:17-21). 사도 바울은 에베소서 2:3에서 신자들을 향하여 "전에는 다른 이들과 같이 본질상 진노의 자식이었더니"라고 했다. 만일 사람이 도덕적으로 중립 상태에서 태어난다면 왜 진노의 대상이 될 수 있겠는가? 죄의 행동들은 죄의 성질에서 나오지 않는가!(마 15:18-20; 막 7:21; 갈 5:19-21)

③ 사람이 범하는 죄의 행동이 죄의 원인이라고 하나, 실제상 죄의 원인은 사람 안에 내재하는 죄의 성질이다. 다시 말하면, 사람 안에 있는 죄의 성질이 죄를 짓게 한다. 따라서 죄의 행동은 죄의 성질에서 표출되는 열매이다. 뿐만 아니라, 범죄의 나쁜 예들(bad examles)이 사람들에게 항상 죄를 범하게 하는 요인만은 아니다. 오히려 상당수의 사람들은 죄인들의 범죄 행위를 목도하면서 나는 저런 죄를 범하지 않아야겠다고 마음속에 다짐하면서 그런 일들로 인하여 죄를 이기고 승리하는 전화위복의 계기로도 삼는다.

④ 사람은 자연법칙 때문에 죽는다고 하나 성경은 죽음은 죄의 값이라고 선언한다(겔 18:29; 롬 6:23). 하나님은 아담이 범죄하지 않았을 경우 영생하도록 창조하셨다(창 2:16-17) 그러나 아담이 범죄함으로 말미암아 아담과 아담 안에 있는 모든 사람은 죽음에 이르게 되었다(롬 5:12).

펠라기우스와 셀레스티우스는 어거스틴과 제롬의 선한 싸움으로 이단으로 정죄되었고(A.D. 416년), 교황 이노센트 1세(A.D. 401-417년 재위)에 의하여 이단으로 파문당하였다.

2. 간접 전가설(The Mediate Imputation)

간접 전가설이란 아담의 죄가 그의 후손들에게 즉각적으로 그리고 직접적으로 전가된 것을 부인한다. 간접 전가설에 의하면, 하나님은 아담의 죄를 그의 자손들에게 전가시켰기 때문에 부패하게 태어나는 것이 아니라, 그들이 부패하기 때문에 하나님이 아담의 죄를 그들에게 전가시켰다는 것이다. 요약하면 "그들의 상태가 그들의 법적 신분에 기초하는 것이 아니라, 그들의 법적 신분이 그들의 상태를 기초한다"[4]고 한다.

간접 전가설의 최초 주창자는 프랑스의 개혁파 신학교의 교수 플레시어스(Josua Placaeus, 1606-1655년)였다. 그는 원죄는 단순히 아담의 범죄와 원의(original righteousness)로 구성되고 죄의 성질의 전가는 포함하지 않는다고 가르쳤다. 그러므로 1644년 12월 26일-1645년 1월 26일까지 차렌톤(Charenton)에서 모인 프랑스 개혁교회 제28회 대회는 이 설을 정죄하여 "대회는 아담의 원죄의 전가를 제외하는 한 이것을 정죄한다"고 했다.[5]

미국에서는 간접 전가설이 18세기 일부 뉴잉글랜드 신학자들에 의해 지지되였고, 19세기에는 헨리 비 스미스(Henry B. Smith), 사무엘 합킨스(Samuel Hopkins), 나다나엘 엠몬(Nathanael Emmons), 디모디 두와잇(Timothy Dwight), 나다나엘 테일러(Nathanael Thayer) 등 장로교의 신학파(New School)에서 발전시켰다.

---

[4] Berkhof, *Summary of Christian Doctrine*, p. 243.

[5] John Quick, *Synodicon in Gallia reformata, or, The acts, decisions, decrees, and canons of those famous national councils of the reformed churches in France*, London, 1692, vol. II, p. 473.

비평(A Critique)

① 간접 전가설은 아담의 원죄 특히 죄의 부패성이 그의 모든 후손에게 전가된다는 성경 말씀에 위배된다.

로마서 5:12, "이러므로 한 사람으로 말미암아 죄가 세상에 들어오고 죄로 말미암아 사망이 왔나니 이와 같이 모든 사람이 죄를 지었으므로 사망이 모든 사람에게 이르렀느니라."

② 간접 전가설은 전가의 필요성을 없이 한다. 그 이유는 간접 전가설은 전가와 관계가 없기 때문이다. 간접 전가설은 아담의 원죄가 그의 모든 후손들에게 전가될 아무런 객관적 근거를 제공하지 못한다. 따라서 간접 전가설이란 엄밀한 의미에서는 전가가 아니다.

침묵

침묵속에 온유와 겸손의 움이 돋아나고,
침묵속에 사랑과 용서의 꽃이 피어난다.

침묵속에 관용과 인내의 잎사귀가 돋아나고,
침묵속에 진실과 충성의 줄기가 자라난다.

침묵속에 은은하고 신선한 향기를 뿜어내며,
침묵속에 아름답고 우아한 모습을 드리운다.

침묵속에 감사와 찬송의 노래가 흘러가고,
침묵속에 평강과 기쁨의 열매가 맺어진다.

침묵속에 사랑의 심장이 힘차게 박동하고,
침묵속에 생명은 영원히 살아서 움직인다.

지구 한 모퉁이에서,
나는 침묵으로 그 움이 돋아나게 하리라.
나는 침묵으로 그 꽃이 피어나게 하리라.
나는 침묵으로 그 열매가 맺어지게 하리라.
나는 침묵으로 그 심장이 박동하게 하리라.
나의 침묵의 노래와 향기가
가슴에서 가슴으로 전달되리라.

- 시인 Eun Ye Cheung(정은예)
Seattle, U.S.A.

제 8 장

인간의 전적 부패와 전적 무능
(*Total Depravity and Total Inability of Man*)

Ⅰ. 전적 부패
  1. 정신의 전적 부패: 더러워진 정신, 부패된 정신, 굳어진 정신, 허망해진 정신,
        어두워진 정신, 소경된 정신, 적대시하는 정신, 자연인의 지혜
  2. 양심의 전적 부패: 화인 맞은 양심, 더러워진 양심, 악한 양심, 어두워진 마음,
        악한 마음, 완고한 마음, 굳어진 마음, 속이는 마음
  3. 의지의 전적 부패
  4. 몸의 전적 부패
Ⅱ. 전적 무능
  1. 정신의 전적 무능-바로 알지 못함
  2. 양심의 전적 무능-바로 느끼지 못함
  3. 의지의 전적 무능-바로 결정하지 못함
  4. 몸의 전적 무능-바로 행하지 못함

원인(Original man: 原人)의 최초 범죄의 결과(불신앙·불순종·교만)로 원인(아담)과 그의 모든 후손은 인간 성질의 전적 부패와 전적 무능을 가져왔다. 따라서 인간 성질의 전적 부패, 전적 무능은 타락한 인간의 본래 상태(original state of fallen man)이다. 성경은 범죄하여 타락한 인간의 상태가 전적으로 부패하고 무능하게 되었다고 계시하며, 인류의 역사가 이를 증명한다. 인간의 전적 부패는 범죄하여 타락한 인간의 가장 정확한 모습이다. 사람은 자신의 참 모습을 바로 인식할 때 비로소 눈을 들어 "내가 어떻게 하여야 구원을 얻으리이까"(행 16:30)라고 전능하신 하나님께 호

소하게 될 것이다. 구속의 전 체계는 전적으로 부패되고 무능한 사람과 거룩하고 온전하신 하나님과의 관계에서 고찰되어야 한다. 구속의 전 체계는 아래로는 인간의 전적 타락·전적 부패·전적 무능의 기본적 사실로부터, 위로는 전능하신 하나님의 긍휼·자비·은혜의 역사로부터 시작된다. 이것이 또한 칼빈주의의 구원관이다.

인간의 전적 부패는 무조건적 선택, 제한적 속죄, 불가항력적 은혜, 성도의 보존과 더불어 칼빈주의 5대 교리들(5 points of Calvinism) 중 하나다. 칼빈주의 5대 교리는 기독교의 중심 교리들이다.

Ⅰ. 전적 부패(Total Depravity)

정의(Definition)
인간의 전적 부패란 사람 안에 깊이 자리 잡고 있는 보편적이며 전체적인 죄의 성질을 말한다(Total Depravity is a deep-seated, universal and total sinful nature). 범죄하여 타락한 후의 인간의 본성(本性) 또는 도덕적 성질은 부패된 성질, 곧 죄의 성질이다.

전적 부패란 부패의 정도(degree)를 말하는 것이 아니라, 부패의 범위(extent)를 말한다.

전적(total)이란 부패와 죄의 보편성(universality of depravity and sin)을 가리킨다. 범죄 타락한 인간의 전적 부패는 영혼의 모든 부분과 육체의 모든 부분에 전반적으로 스며들고 퍼져서 전인(全人; whole person)의 부패를 가져왔다. 따라서 영혼과 육체의 각 부분을 포함한 사람 전체에 죄의 부패성이 내재되어 있다.

웨스트민스터 신앙고백서 6장 2절은 첫 사람 아담의 죄로 말미암아 "…영혼과 육체의 모든 기능들과 부분들에서 전적으로 부패되었다"(…and wholly defiled in all the faculties and parts of soul and body)라고 진술하였다.

좀더 구체적으로 진술한다면 전적 부패는 인간의 도덕적 국면인 참 지식·의·거룩을 포함한 도덕적 성질 전체와, 지능적 국면인 지식·감정·의지와 육체의 각 부분들과 기능들이 전적으로 부패되었다는 것이다. 전인(全人)의 부패되지 않은 곳이 없다. 바꾸어 말하면 우리의 본성에는 영적으로 선한 것이 하나도 없다.

사도 바울은 로마서 7:18에서 "내 속 곧 내 육신에 선한 것이 거하지 아니하는 줄을 아노니"라고 고백하였고,

선지자 예레미야도 예레미야 17:9에서 "만물보다 거짓되고 심히 부패한 것은 마음이라"고 했다.

그리하여 영혼과 육체의 모든 부분은 철저하게 병들었고, 불구가 되었고, 부패되었고, 비틀어지고, 뒤틀리고, 비정상적이고, 악하다(…are utterly indisposed, disabled, corrupted, distorted, warped, abnormal and evil).

인간의 전적 부패는 통상적인 출생 방법에 의하여 그 후손들에게 전가된다.
웨스트민스터 신앙고백서 6장 3절에서도 "부패된 성질은 통상적인 출생 방법에 의하여 그의 모든 후손들에게 전달된다"(…corrupted nature conveyed to all their posterity, descending from them by ordinary generation)고 했다. 아담의 모든 후손은 한 혈통으로(행 17:26) 부패성을 유전적으로 이어받는다. 그리하여 사람은 시편 기자의 고백과 더불어 "내가 죄악 중에 출생하였음이여, 모친이 죄 중에 나를 잉태하였나이다"(시 51:5)라고 고백할 수밖에 없다.

인간의 전적 타락으로 인한 전적 부패는 모든 악한 행동(생각, 말, 행동)을 일으키는 근본 뿌리(root)다. 인간의 전적 타락은 정신과 마음과 의지에 전적 부패를 가져왔다. **칼빈**(J. Calvin)은 "우리는 죄의 세력으로 인하여 전적으로 지배를 받아서 정신·마음 그리고 행동 전체가 죄의 영향 아

래 있다"고 했다.[1]

전적 타락은 정신의 전적 부패, 마음의 전적 부패, 의지의 전적 부패, 몸의 전적 부패를 가져왔다.

1. 정신의 전적 부패(Total Depravity of Mind)

정신의 전적 타락은 정신의 전적 부패를 가져왔다.

정신(누스, νοῦς; mind; 정신)은 생각의 주체, 생각하는 사고자(thinker), 이성적(理性的) 기능의 자아(ego)다. 정신은 지식의 기능, 이해의 기능이다. 정신은 이성적 측면에서 영혼의 기능이다. 그리고 생각은 정신의 산물이다. 무죄 상태에서 원인(原人)의 정신 기능과 능력들은 매우 정상적이었다. 바른 정신, 바른 사고(생각)에 의한 바른 동작(활동)들이었다.

그러나 원인(아담)이 범죄하여 타락한 결과로 사람의 정신은 전적으로 부패되었다. 다시 말하면 정신의 부패란 정신이 철저하게 병들었고, 불구가 되었고, 부패되었고, 비틀어지고, 뒤틀리고, 비정상적이고, 악하게 되었다는 뜻이다. 그 결과 정신적 기능과 능력이 정상적으로 활동하지 못한다.

성경은 전적으로 타락한 인간의 정신을 더러워진 정신, 부패된 정신, 굳어진 정신, 허망해진 정신, 어두워진 정신, 소경이 된 정신, 하나님과 원수되는 정신, 거부하는 정신 등으로 묘사하였다. 우리말 성경에는 정신을 '마음' 또는 '생각'으로 번역했다. 그리고 이런 부패된 정신의 동작(활동)들은 무지, 몰이해, 불신앙, 교만, 증오 등으로 나타난다.

1) 더러워진 정신(A Defiled Mind)
디도서 1:15, "저희 마음과 양심이 더러운지라."

---

[1] Calvin's *Bible Commentaries: Romans*, p. 26.

본절에서 '**마음**'(누스, νοῦς; mind; 정신)은 정신을 말한다. '더러운지라' (메미안타이, μεμίανται; has been defiled; 더러워졌다)는 미아이노(μιαίνω; to stain, tinge, dye; …이 묻어서 얼룩지다, 물들다, 염색하다)의 3인칭·단수·완료·수동형으로 '더러워져 왔다'는 뜻이다. 완료형(perfect tense)은 과거의 행동의 결과로 인한 현재의 상태를 말한다. 따라서 사람의 정신은 전적 부패로 인하여 말할 수 없이 더러워진 상태 하에 있음을 지적한다.

2) 부패된 정신(A Depraved Mind)
디모데전서 6:5, "마음이 부패하여지고."

본절에서 '**마음**'(눈, νοῦν; mind; 정신)은 정신을 말한다. '부패하여지고' (디에프다르메논, διεφθαρμένεων; having been corrupted; 부패되어 왔다)는 디아프데이로(διαφθείρω; to corrupt utterly, destroy, deprave; 철저히 썩다, 파괴하다, 부패하다)의 분사·완료·수동형이다.

헬라어서 분사(participle)는 동사와 형용사의 특성을 가지고 있다. 그리고 분사는 행동의 계속을 나타내기도 한다. 그러므로 '철저히 부패되어 왔다'는 말은 부패되어 온 결과, 현재 부패된 상태(완료형)와 그 부패가 지금도 계속되고 있음(분사)을 지적한다. 이 단어는 매우 강한 표현을 나타낸다. 타락한 인간의 정신은 죄의 오염으로 철저히 부패되어 왔으며, 지금도 철저히 부패되고 있는 중이다. 그러니 죄의 오염으로 인한 부패가 얼마나 큰 것인가를 상상할 수 있다.

디모데후서 3:8, "마음이 부패한 자요."
이 말씀도 디모데전서 6:5, "마음이 부패하여지고"라는 말씀과 동일하다.

3) 굳어진 정신(A Hardened Mind)
고린도후서 3:14, "…저희의 마음이 완고하여…."

본절에서 '**마음**'(노에마타, νοήματα; thoughts; 숙고한 생각들)은 깊이 숙고하는 생각을 뜻한다. '완고하여'(에포로데, ἐπωρώθη; were hardened)는 굳어졌다, 무감각해졌다는 뜻이다. 생각들은 정신의 산물들인데 정신이 돌같이 굳어졌으니 어찌 정신의 기능이 정상적으로 작동할 수 있겠는가?

4) 허망해진 정신(A Vain Reason)
로마서 1:21, "오히려 생각이 허망하여지며."

본절에서 '생각'이란 디아로기스모이스(διαλογισμοῖς; reasoning)로서 이성(理性)을 가리킨다. 이성은 생각하고 판단하는 능력이다. '허망하여지고'는 에마타이오데산(ἐματαίωθησαν; became vain)으로서 허망해졌다(vain), 텅 비었다(empty), 무가치해졌다(worthless)는 뜻이다.

전적으로 부패된 인간은 생각하고 판단하는 이성이 허망해졌고, 텅 비었고, 무가치해졌고, 흐려졌다. 에베소서 4:17도 동일한 내용이다.

5) 어두워진 정신(A Darkened Mind)
에베소서 4:18, "저희 총명이 어두워지고 …하나님의 생명에서 떠나 있도다."

본절에서 '총명'(디아노이아, διανοία; intellect, understanding, mind; 지성, 이해, 정신)은 지성, 이지를 가리킨다. "어두워지고"(에스코토메노이, ἐσκοτώμενοι; having been darkened; 어두워져 왔다)는 스코토오(σκοτόω; to darken; 캄캄하게 하다, 어둡게 하다)의 완료 수동형으로서 총명이 어두워지기 시작한 때로부터 지금까지 계속해서 어두워져 왔으므로 그 어두운 상태가 어떠한가를 가리킨다. 그러니 주님이 "그 어두움이 얼마나 하겠느냐"라고 하지 않으셨는가!(마 6:22-23)

6) 소경된 정신(A Blinded Mind)
고린도후서 4:4, "이 세상 신이 믿지 아니하는 자들의 마음을 혼미케 해 그리스도의 영광의 복음의 광채가 비취지 못하게 함이니."

본절에서 '마음'이란 노에마타(νοήματα; thoughts; 숙고하는 생각)로서 생각·이지(理智)·정신·지각 등에 해당되는 말이다. 이지는 몸에 있어서 눈과 같은 역할을 한다. 우리는 이지를 통해서 생각하고, 이해하고, 분별한다. 그런데 이 이지가 "혼미케 되었다"(에튀플로센, ἐτύφλωσεν; blinded; 소경이 되었다). 소경이 된 것은 이미 기정사실이다. 그 결과 하나님과 신령한 영의 세계, 빛되신 하나님의 영광의 광채를 바로 보지 못한다.

7) 적대시하는 정신(A Mind of Hatred)

로마서 8:7, "육신의 생각은 하나님과 원수가 되나니…."

본절에서 '육신'(살코스, σαρκός; flesh; 육신)은 죄의 성질이 있는, 죄를 짓고자 하는 욕망이 있는 육체를 가리킨다. 죄의 성질이 있는 사람의 '생각'(프로네마, φρόνημα; mind; 정신)이란 단순한 생각이 아니라, 머리(정신) 속에서 의도적으로 생각하는 것을 가리킨다.

전적으로 부패된 사람들의 의도적 생각은 하나님을 적대시하고 증오한다. 그들은 실로 하나님과 원수다. 사람들이 영적인 일들에 대하여 그토록 극렬하게 증오하고 적대시하는 것은 전적으로 타락하고 부패되었기 때문이다. 사람이 전적으로 타락하지 않고서야, 정신이 돌지 않고서야 어찌 절대주권자 창조주 하나님을 증오하고 적대시하고 대적할 생각을 할 수 있겠는가?

로마서 1:28, "저희가 (그들의) 마음에 하나님 두기를 싫어하매…."

본절에서 "그들의 마음"(아도키몬 눈, ἀδόκιμον νοῦν; refused mind; 거부하는 정신)은 하나님과 하나님에 관한 지식을 거부하는, 인정하지 않는 정신이다. 타락한 인간의 부패된 정신은 하나님을 인정하지 않을 뿐만 아니라, 한 걸음 더 나아가서 하나님을 적대시한다. 그들이 하나님을 거부하는 것은 그들의 정신이 타락하고 부패되었기 때문이다.

8) 자연인의 지혜(Natural Man's Wisdom)

고린도전서 1:21, "하나님의 지혜에 있어서는 이 세상이 자기 지혜로 하나님을 알지 못하는 고로…"(17, 19-22).

본절에서 이 '**세상**'이란 이 세상 사람들을 가리킨다(요 1:10, 29; 3:16, 17 4:42 고후 5:19). '**지혜**'(소피아, σοφία; wisdom)는 자연인의 지혜, 특히 이 세상 철학자들의 지혜를 말한다. 자연인은 아무리 지능이 높고, 지혜와 지식이 많을지라도 그들의 지혜로는 하나님을 전연 알 수 없다. 그 이유는 육으로 난 것은 육이요, 신령한 일은 신령한 것으로만 알 수 있기 때문이다.

그러기에 디모데전서 6:4-5에서 "저는 교만하여 아무것도 모르고…", 디모데후서 3:7에서는 저희는 항상 배우나 결코 하나님을 아는 진리의 지식에는 이르지 못한다고 했다. 참으로 그러하다.

2. 양심의 전적 부패(Total Depravity of Conscience)

※ 마음이나 양심은 동의어로서 상호 교대적으로 사용된다. 따라서 때로는 마음, 때로는 양심이라고 말한다.

전적 타락은 마음의 전적 부패를 가져왔다. '마음'(칼디아, καρδία; heart; 마음)은 도덕적 기능의 자아(ego)다. 양심은 선과 악, 옳고 그릇됨을 판단하고, 옳은 것은 행하도록 명령하는 도덕적 의식이요, 주체다.

양심은 도덕적 측면의 중심 좌소다. 양심은 도덕적 충고자·권고자·감시자(monitor)다. 양심은 도덕적 측면에서의 영혼의 동작이다. 무죄 상태에서 원인(原人)의 마음의 기능들과 능력들은 매우 정상적이었다. 바른 마음, 바른 양심에 의한 바른 활동이었다.

그러나 원인(아담)이 범죄하여 타락한 결과 사람의 마음은 전적으로 부패되었다. 다시 말하면 마음의 부패란 마음이 철저하게 병들고, 불구가 되고, 부패되고, 비틀어지고, 뒤틀리고, 비정상적이고, 악하다는 뜻이다. 그 결과 도덕적 기능과 능력이 정상적으로 활동하지 못한다.

성경은 전적으로 타락한 인간의 마음을 화인 맞은 양심, 더러워진 양심, 약한 양심, 어두워진 마음, 악한 마음, 완고한 마음, 속이는 마음 등으로 묘사하였다. 그리고 그런 부패된 마음의 활동들은 전적으로 무감각, 완악, 영적 일들의 역겨움 등으로 나타난다.

1) 화인 맞은 양심(A Seared Conscience)

디모데전서 4:2, "자기 양심이 화인 맞아서…."

"**화인 맞아서**"(케카우스테리아스메논, κεκαυατηριασμένων; having been branded; 화인 맞아 왔다)는 카우스테리아조(καυστηρίζω; to mark, brand, sear by branding; 〈화저로〉 표시하다, 표를 붙이다, 마비시키다)의 완료·수동·분사이다. 완료형(perfect)은 과거 행동의 결과로 인한 현재의 상태를 지적하며, 분사(participle)는 행동의 계속성을 나타내기도 한다. 그러므로 화인 맞은 양심이란 양심이 굳어지고, 마비되고, 감각이 죽음 상태에 있으며, 양심이 지금도 계속해서 화인 맞고 있다는 뜻이다. 이 말씀은 상징적 표현이다.

옛날 그리스에서는 도망친 노예들이나 죄수들을 붙잡아서 주인의 이름이나 죄목을 그들의 이마에 화저(인두)로 지져서 노예나 죄인이라는 표시를 했다.[2]

2) 더러워진 양심(A Defiled Conscience)

디도서 1:15, "저희의 마음과 양심이 더러워진지라."

"**더러워진지라**"(메미안타이, μεμίανται; has been defiled; 더러워져 왔다)는 단어는 완료·수동형이므로 타락한 사람의 양심이 지금까지 계속하여 더러워져 왔으며, 그 결과로 지금은 말할 수 없이 더러워진 상태에 있음을 지적한다. 고린도전서 8:7에서도 "그들의 양심이 약하여지고 더러워지느니라"고 했다. 본래는 깨끗한 양심이었는데 죄의 오염으로 더러워졌다.

---

2) *TDNT*, 3:644-45.

3) 약한 양심(A Weak Conscience)

고린도전서 8:7, "그들의 양심이 약하여지고…."

"**약하여지고**"(아스데네스, ἀσθενής; weak; 약한, 연약한)는 영적이고 도덕적 의미에서 양심이 약해져서 힘이 없는 상태, 기진맥진한 상태, 탈진 상태를 말한다. 신자가 영적, 도덕적으로 양심이 약해지면 육체적으로도 약해진다. 육체는 직접적으로 양심의 지배를 받기 때문이다.

4) 어두워진 마음(A Darkened Heart)

로마서 1:21, "미련한 마음이 어두워졌나니."

그들의 어리석은 마음이 "**어두워졌다**"(에스코티스데, ἐσκοτίσθη; was darkened, 어두워졌다)는 스코티조(σκοτίζω; to made dark, to deprive of light; 어둡게 하다, 빼앗다)의 과거 수동이다. 그러므로 마음이 "어두워졌다"는 표현은 잘된 번역이다. 타락한 마음은 죄로 인하여 어두워진 마음이다.

5) 악한 마음(An Evil Heart)

마태복음 9:14, "너희가 어찌하여 마음에 악한 생각을 하느냐."

본절에서 '**악한**'이란 포네라(πονηρά; evil)로서 도덕적으로 악한(evil), 악의 있는(wicked), 나쁜 마음(bad heart)으로 많은 사람들에게 큰 수고, 큰 고통, 큰 슬픔을 주는 것을 뜻한다.

6) 완고한 마음(A Stubborn Heart)

마태복음 13:15, "마음이 완악하여져서…."

"**완악한**"이란 형용사 에파퀸데(ἐπαχύνθη)는 파퀴노(παχύνω; to make dull or stupid; 둔하게 하다, 어리석게 하다)의 단수·과거·직설·수동형이다. 직설법(indicative)은 행동이 발생한 것과 본문의 내용이 사실이라는 것을 강조한다. 따라서 타락한 인간은 죄의 오염으로 마음이 이미 어리석어졌음을 강조한다(사 46:12; 렘 3:17).

7) 굳어진 마음(A Hardened Heart)

에베소서 4:18, "…저희 마음이 굳어짐으로…."

"마음이 굳어짐으로"는 저들의 마음의 굳어짐(포로신 테스 카르디아스, πώρωσιν τῆς καρδίας; hardness of 〈their〉 heart; 〈그들의〉 마음의 굳어짐)이다. 마음의 굳어짐을 안트와 긴그리치는 "마음이 무디고, 둔하고, 무감각하고, 강퍅하게 됨"(Arndt-Gingrich, *A Greek-English Lexicon of the N.T.*, p. 739)이라고 했고, 테일러는 '완고, 억지'라고 했다(J. H. Taylor, *New Taylor's Greek Lexicon of the N.T.*, p. 559). 이 단어는 어두워짐보다 굳음, 완고라는 단어가 더 정확하다. 에스겔 11:19에서는 돌과 같은 그들의 마음(their heart of stone)이라고 했다.

8) 속이는 마음(A Deceitful Heart)

예레미야 17:9, "심히 부패한 것은 마음이라."

"부패한"(아나쉬, אָנֻשׁ; deceitful)이란 '속이는, 사기 치는'이라는 뜻이다. 전적으로 타락한 사람의 마음은 속이는, 사기 치는 마음을 가지고 있다. 그래서 남을 속이기도 하고 자신이 속기도 한다.

3. 의지의 전적 부패(Total Depravity of Will)

전적 타락은 의지의 전적 부패를 가져왔다. '의지'(델레마, θέλημα; will; 의지)는 선택하고 결정하여 시행하는 능력이다. 의지는 결정적 요소다. 의지는 행함을 산출한다. 사람은 자신의 의지의 결정에 따라서 무엇을 선택하고 행할 능력을 가진 자유 행동자다. 의지는 결의적 측면에서의 영혼의 동작자요, 행동은 의지의 산물이다.

무죄 상태에서 원인(原人)의 의지의 기능과 능력들은 매우 정상적이었다. 바른 의지에 의한 바른 결정과 바른 행동이었다. 그러나 원인이 범죄하여 타락한 결과로 사람의 의지도 전적으로 부패되었다. 다시 말하면

의지의 부패란 의지가 철저하게 병들고, 불구가 되고, 부패되고, 비틀어지고, 뒤틀리고, 비정상적이고 악하다는 뜻이다. 타락의 결과 의지의 기능과 능력들은 정상적으로 활동하지 못한다.

전적으로 타락한 인간의 부패된 의지는 죄의 노예가 되어 불순종, 악독, 배반 등으로 나타난다. 타락한 사람은 자신의 부패성과 "그 순간의 정신적·도덕적·감정적 상태에 의하여 순간적인 욕망에 따라 행동한다."[3]

정신·마음·의지 등은 각기 고유의 영역에서 역할을 하면서도 동시에 그 기능들이 서로 협동하여 불가분리적인 한 행위자로 동작한다. 따라서 정신은 생각하고, 마음은 느끼며, 양심은 시인하고 정죄하며, 의지는 결정하고 시행한다. 모든 죄는 부패된 마음에서 나온다. 즉 부패된 마음은 모든 죄를 산출하는 근원지다.

마태복음 15:18-20, "입에서 나오는 것들은 마음에서 나오나니 이것이야말로 사람을 더럽게 하느니라 마음에서 나오는 것은 악한 생각과 살인과 간음과 음란과 도적질과 거짓 증거와 훼방이니 이런 것들이 사람을 더럽게 하는 것이요, 씻지 않은 손으로 먹는 것은 사람을 더럽게 하지 못하느니라."

여기서 '마음'(칼디아스, καρδίας; heart; 마음, 중심)이란 단어는 단수로 사용되고, 그 마음에서 나오는 것들, 곧 악한 생각들, 살인들, 음행들, 간음들, 도적질들, 거짓 증거들, 훼방은 복수로 사용됨으로써 모든 인류가 공통적으로 그런 것들을 다 소유하고 있음을 시사한다.

갈라디아서 5:19-21, "육체의 일은 현저하니 곧 음행과 더러운 것과 호색과 우상 숭배와 술수와 원수를 맺는 것과 분쟁과 시기와 분냄과 당짓는 것과 분리함과 이단과 투기와 술 취함과 방탕함과 또 그와 같은 것들이라 전에 너희에게 경계한 것같이 경계하노니 이런 일을 하는 자들은 하나님의 나라를 유업으로 받지 못할 것이요."

이 모든 것은 전적으로 부패된 인간의 본성에서 나온다. 그러므로 타

---

3) A. A. Hodge, *Outlines of Theology* (Grand Rapids: Eerdmans, 1957), p. 291.

락한 사람에게서 그런 것들이 나오는 것은 이상한 것이 아니다. 썩은 나무에서는 악한 열매를 맺게 마련이다.

4. 몸의 전적 부패(Total Depravity of Body)

원인(아담)의 범죄 타락은 몸의 전적 부패를 가져왔다. 몸의 전적 부패는 몸의 연약성·질병·고통·죽음 등으로 나타난다. 죽음은 몸의 능력들이 다 쇠잔해 버리는 것을 함축한다. 이러한 모든 현상은 죄로부터 발생한 것이며 죄에 대한 형벌의 결과들이다.

II. 전적 무능(Total Inability)

전적 부패는 정신의 전적 무능, 마음(양심)의 전적 무능, 의지의 전적 무능, 몸의 전적 무능을 가져왔다. 사람은 전적으로 부패되었기 때문에 전적으로 무능하다. 따라서 전적 부패와 전적 무능은 분리할 수 없다.

• 정의(Definition)
전적 무능은 영적 무능(spiritual inability)을 말한다. 무능이란 아무것도 할 수 없다는 뜻이다. 범죄한 사람은 본질상 전적으로 부패되었으므로 자신의 능력으로는 자신의 부패된 죄의 본성을 변화시키거나, 자신을 구원시킬 수도, 하나님께 나아갈 수도, 영적 선을 행할 수도 없다. 사람은 영적 선을 행하기에는 전적으로 무능하나 죄를 짓는 것에는 그 반대이다.
사람은 전적으로 부패되었으므로 영적으로 구원에 적합한 선한 일을 행하기에는 전적으로 무능하다. 율법을 지킬 수 없고, 선을 행할 수 없으며, 하나님을 기쁘시게 할 수도 없다. 사람이 어느 정도 선행을 할 수 있으나, 그 선행은 구원을 획득할 만한 완전한 선행이 못 된다.

웨스트민스터 신앙고백서는 "사람은 죄의 상태로 향한 타락에 의해서 구원을 수행하는 영적인 어떠한 선도 전적으로 싫어해 죄 속에서 죽은 존재인 자연인은 그 자신의 힘으로 자신을 돌이키게 하거나, 그 자신을 그것을 위해 준비시킬 수 없다"고 했다.[4]

따라서 전적 무능이란,

① 사람이나 하나님 앞에서 선한 일을 전연 할 수 없다는 뜻이 아니라, 그 선행이 구원 얻을 공로는 전연 되지 못한다는 뜻이며,

② 타락한 인간은 선과 악을 판단할 양심이 없다는 뜻이 아니라, 화인 맞은 마비된 양심이므로 가치 판단의 완전한 표준이 못 된다는 뜻이며,

③ 사람은 어떤 종류와 형태의 죄도 면제받기에 불가능하다는 뜻이다.

1. 정신의 전적 무능(Total Inability of Mind)-바로 알지 못함

사람의 정신은 범죄 타락으로 인하여 전적으로 부패되고 전적으로 무능하다. 범죄 타락은 정신의 전적 무능을 가져왔다. 이 무능은 영적 무능을 가리킨다. 그러므로 전적으로 무능한 정신은 하나님의 경륜과 섭리, 범죄 타락한 인간의 전적 부패, 전적 무능, 예수 그리스도의 구속 사역, 구원영생의 도리, 내세의 영생 등에 관하여 바로 깨닫지 못한다. 바로 깨닫지 못한다는 말은 잘못 깨닫는다는 뜻이다.

고린도전서 2:14, "육에 속한 사람은 하나님의 성령의 일들을 받지 아니하나니 이는 그것들이 그에게는 어리석게 보임이요 또 그것들을 알 수도 없나니 그러한 일은 영적으로라야 분별되기 때문이라."

2. 양심의 전적 무능(Total Inability of Conscience)-바로 느끼지 못함

사람의 양심은 범죄 타락으로 인하여 전적으로 부패되고 전적으로 무능하

---

4) *Westminster Confession of Faith*, IX. 3.

다. 범죄 타락은 양심의 전적 무능을 가져왔다. 이 무능은 영적 무능을 가리킨다. 그러므로 양심은 고악, 죄 등에 바로 느끼지 못한다. 바로 느끼지 못한다는 말은 반대로 잘못된 방향으로 느낀다는 뜻이다. 이것은 바로 깨닫지 못하는 결과에서 나오는 산물이다.

3. 의지의 전적 무능(Total Inability of Will)-바로 결정하지 못함

사람의 의지는 범죄 타락으로 인하여 전적으로 부패되고 전적으로 무능하다. 범죄 타락은 의지의 전적 무능을 가져왔다. 이 무능은 영적 무능을 가리킨다. 그러므로 전적 무능한 의지는 불순종, 불신앙, 반역 등으로 나타난다. 이것은 바로 깨닫지 못하고, 바로 느끼지 못하는 결과에서 나오는 부산물이다.

4. 몸의 전적 무능(Total Inability of Body)-바로 행하지 못함

사람의 몸도 범죄 타락으로 인하여 전적으로 부패되고 전적으로 무능하다. 범죄 타락은 몸의 전적 무능도 가져왔다. 이 무능은 영적 무능을 가리킨다. 정신이 진리를 바로 깨닫지 못하니, 양심이 바로 느끼지 못하며, 의지가 바로 결정하지 못하며, 행동의 도구인 몸이 바로 행하지 못하는 것은 당연한 귀결이다.

1) 도덕적 책임(Moral Responsibility)

사람은 자신이 행하는 행위에 대하여 도덕적으로 책임이 있다. 사람이 자유 행동자가 아니라면 그에게 책임도 없을 것이다. 그러나 사람은 자유 행동자로서 자신이 생각하고 느끼는 대로, 또는 자신의 성질이나 성격에 의하여 행동한다. 그러므로 자신이 행하는 행동에 대한 책임이 있다.

A. A. 핫지(A. A. Hodge)는 그의 저서 『신학개론』 15:12에서 "도덕적 책

임에 대한 본질적 조건들은 무엇인가"라는 질문에 대한 답으로 "도덕적 책임을 지기 위해서 사람은 반드시 자유적, 이성적, 도덕적 행동자(a free, rational, moral agent)가 되어야 한다.

① 첫째로 그는 반드시 진실과 거짓을 구별하는 이성(reason)을 소유하고 있음에 틀림없다.

② 둘째로 그는 또한 옳고 그름을 구별하기 위하여 도덕적 지각(a moral sense)을 가지고 있음에 틀림없다.

③ 셋째로 그의 의지는 그의 행동에서 반드시 자결정(self-decided)이 되어야 한다"[5]라고 했다.

A. A. 핫지는 같은 저서 15:27에서 "사람은 왜 그의 외적 행동들(outward acts)에 대하여 책임이 있는가"라고 질문하고, 그것에 대한 대답으로 "사람은 그의 외적 행동들에 대하여 책임이 있다. 왜냐하면 그것들이 의지에 의하여 결정되기 때문이다. 그는 자신의 결정에 대한 책임이 있다.

왜냐하면 그것들은 그 자신의 원리들과 감정들(욕망들)에 의하여 결정되기 때문이다. 그는 자신의 원리들과 감정들에 책임이 있다. 왜냐하면 그것들의 선하거나 악한 선천적인 성질(inherent nature)이 있기 때문이며, 또 그것들은 그 자신의 것들이요, 자신의 성격을 구성하기 때문이다"[6]라고 했다.

2) 자유 행동의 제한성(Limitation of Free Acts)

사람은 피조물이요, 피조물은 유한하기 때문에 자신의 자유 행동도 제한되어 있다. 사람은 자신의 자유 행동이 간섭하지 못하는 중요한 사실들이 있다. 예를 들면 사람은 자신의 존재 또는 부존재(不存在)를 스스로 결정하지 못하며, 언제 어디에서 태어나며, 언제 어디에서 세상을 떠날지를 스스로 결정하지 못한다. 우리는 일정한 범위 안에서 자유하지만, 그 범위 이외에서는 하나님과 그의 절대적 주권에 제한을 받는다.

---

5) A. A. Hodge, *Outlines of Theology*, p. 285.
6) Ibid., p. 93.

제 9 장

죄
(*Sin*)

Ⅰ. 죄에 대한 단어 연구(신약에서): 하말티아, 파라코에, 파라노미아, 아그노에마,
　　파라바시스, 아디키아, 파랍토마, 아노미아
Ⅱ. 죄의 정의
　1. 죄는 하나님의 거룩한 성품에 반대되는 것이다.
　2. 죄는 하나님의 뜻에 대한 실제적 반대이다.
　3. 죄는 하나님의 법을 위반하는 것이다.
　4. 죄는 하나님의 법을 순종함에 있어서 부족하거나 그것을 어기는 것이다.
　5. 죄는 절대적 특성을 지니고 있다.
Ⅲ. 죄의 구별
　1. 원죄
　　1) 아담의 죄
　　2) 원의의 손상(침해)
　　3) 죄의 성질
　　4) 유전죄
　2. 자범죄
　　1) 자범죄의 등급(분류)
　　2) 연약죄와 고범죄
Ⅳ. 성령 훼방죄=용서받을 수 없는 죄
　　1. 마가복음 3:28-30
　　2. 히브리서 6:4-6
　　3. 히브리서 10:26-29
　　4. 요한일서 5:16
Ⅴ. 자유주의자들의 원죄 부인
　　1. 에밀 브루너
　　2. 라인홀드 니버

I. 죄에 대한 단어 연구(Word Studies on Sin in the N. T.) -신약에서

1. 하말티아(ἁμαρτία; a missing the mark, sin, guilt; 빗나감, 죄, 범죄)

'하말티아'(ἁμαρτία)는 하말타노(ἁμαρτάνω; not to hit, to miss; [표적에] 맞지 않다, 빗나가다)에서 인출되었다. **하말티아의 원의미는 전쟁터에서 화살이 적군(enemy)에 명중하지 못하고 빗나감을 뜻한다.**

고대 헬라에서 이 단어는 하나님에 대한 죄의 개념은 없고, 다만 잘못이나 범죄로 인하여(by error or by guilt) 바른 것을 떠나(빗나가) 죄를 범함을 말하며 종교적 의미는 없었다.

① 하말티아는 죄에 대한 가장 보편적인 용어(술어)다. 하말티아는 죄의 근원, 요소, 성질, 하나님에 대한 죄, 사람에 대한 죄, 내면적인 죄와 외면적인 죄, 온갖 종류의 크고 작은 죄들을 포괄적으로 나타내는 추상명사로 사용되었다.

② 하말티아는 죄의 행동을 산출하는 죄의 근원, 또는 죄의 내적 요소(source of sin or inward element of sin)이다(롬 3:9; 5:12, 13, 20; 6:1, 2; 7:7, 8, 9, 11, 13).

크리머(Cremer)는 "하말티아는 행동으로서의 죄를 말하는 것이 아니라, 내면적 죄의 성향을 나타낸다. 죄는 죄의 행위로 나타나는 배후의 죄의 원리다"[1]라고 했다.

스탈린(Stahlin)은 "신약에서 하말티아는 하나님을 적대시하는 인간의 죄의 성질에 대한 결의다"[2]라고 했다.

③ 하말티아는 죄의 몸을 주관하는 정사 또는 권세(a governing principle

---

1) Ralph Earle, *Word Meanings in the New Testament* (Grand Rapids: Baker, 1988), p. 268.
2) *TDNT*, vol. 1:295.

or power)이다. 죄는 사람 몸의 지체들을 통하여 활동한다. 이는 마치 죄가 인격화되어(personified) "죄가 사망 안에서 왕노릇하는"(롬 5:21; 6:12, 14, 17; 7:11, 14, 17, 20, 23, 25; 8:2; 고전 15:56; 히 3:13; 11:25; 12:4; 약 1:15) 것과 같다. 이때의 죄와 사망은 대문자로 Sin and Death라고 표기해야 한다. 영어성경 K.J.V.에는 하말티아를 죄(Sin)로 번역하였다(172번).

④ 하말티아는 죄의 행동(an act of sin)을 가리킨다(마 12:31; 행 7:60; 약 1:15; 2:9; 4:17; 5:15, 20; 요일 5:16).

2. 파라코에(παρακοή; a hearing amiss, failing to hear, disobedience; 청각 고장, 청취 실패, 불순종)

'파라코에'(παρακοή)는 파라(παρά; aside; 제쳐놓다)와 아쿠오(ἀκούω; to hear; 듣다, 청취하다)로 구성된 합성어다. 따라서 파라코에의 문자적 의미는 경청하기를 제쳐놓는 것, 듣기를 거부하는 것을 뜻한다.

파라코에는 귓결에 듣다(to overhear), 바르지 못하게 듣다(to hear incorrectly), 경시하다(disregard)라는 뜻으로 신약에서는 경시(무시)하다는 뜻을 지닌다.[3] 따라서 **파라코에의 진정한 의미는 하나님의 말씀을 경시하는 불순종을 뜻한다.**

파라코에 죄는 인류 역사에서 '가장 오래된 죄'(the oldest sin)다. 이 죄는 하나님이 아담에게 에덴동산 안에 있는 모든 과일을 임의로 먹되 동산 중앙에 있는 선악과만은 따 먹지 말라, 먹으면 정녕 죽으리라고 명하신 하나님의 말씀을 경청하지 않고 불순종한 죄다. 만일 아담이 파라코에 죄를 범치 않았다면 다른 죄는 없었을 것이다. 그러나 이 파라코에 죄로 말미암아 다른 모든 죄(하말티아, 파랍토마, 파라노미아, 파라바시스, 아그노에마, 아노미아)가 이 세상에 들어오게 되었다.

하나님 말씀의 불순종은 다른 모든 죄가 이 세상에 들어오는 문을 열

---

[3] Ibid., p. 35.

어 주었다. 만일 아담이 하나님의 말씀에 순종했다면 이 세상에 죄가 없었을 것이 아닌가!

옛날 이스라엘 백성들은 하나님의 말씀을 경청하는 것을 거절하였다(렘 11:10). 예레미야 35:17에서는 "…이는 내가 그들에게 말하여도 듣지 아니하며, 불러도 대답지 아니함이니라"고 했고, 사도행전 7:57에서는 "저희가 큰소리를 지르며 귀를 막고 일심으로 그에게 달려들어 성밖에 내치고 돌로 칠새"라고 했다.

3. 파라노미아(παρανομία; law-breaking, transgression; 법률 위반, 죄)

'파라노미아'(παρανομία)는 파라(παρά; against; 반대하여, 대항하여)와 노모스(νόμος; 법, 율법)로 구성된 합성어다. 따라서 **파라노미아의 문자적 의미는 율법, 곧 하나님의 계명을 어기고 파괴하는 것을 뜻한다.** 파라노미아는 하나님의 법(계명)을 위반하는 죄다. 파라노미아는 하나님의 법을 위반하되 아노미아보다 죄가 훨씬 경하다.

"자기의 불법을 인하여 책망을 받되…"(벧후 2:16). 이 말씀은 구약 민수기 22장 발람의 기사를 언급한 것이다. 즉 발람은 하나님의 명령을 어기고 죄를 범하였으므로 나귀로부터 책망을 받았다.

4. 아그노에마(ἀγνόημα; a sin of ignorance; 무지의 죄)

'아그노에마'(ἀγνόημα)는 아(ἀ; no; 否)와 기노스코(γινώσκω; to know, understand; 알다, 이해하다)로 구성된 합성어이다. 그러므로 **아그노에마의 문자적 의미는 무지(無知)로 인하여 범하는 죄를 뜻한다.** 이 단어는 아그노에오(ἀγνοέω; not to know; 알지 못하다, 무지하다)에서 인출되었다. 사도 바울은 "너희가 모르기를 원치 아니하노니"라고 말씀하시면서 지식을 촉구하였다(롬 1:13; 고전 12:1; 고후 1:8).

당시 분별력 없는 우매한 군중들은 종교계의 지도자들인 대제사장들, 서기관들, 백성의 장로들, 바리새인들의 하수인들이 되어 검과 몽치를 가지고 예수님을 잡아 넘겼다(마 26:47; 막 14:43). 무지몽매한 자들의 열심은 하나님의 일을 오히려 더욱 망친다.

5. 파라바시스(παράβασις; a going aside, an over stepping, violation, transgression; 곁길로 감, 〈선을〉 넘음, 범함, 위반, 범죄)

'파라바시스'(παράβασις)는 파라(παρά; side, contrary, against; 한쪽, 반대로, 반대하여)와 바이노(βαίνω; to go; 가다)로 구성된 합성어다. 그러므로 **파라바시스의 문자적 의미는 선(경계선)을 넘어서 곁길로 감, (법을) 위반함**을 의미하며, 신약에서 이 단어는 율법과 관련하여 죄를 지적한다. 따라서 파라바시스는 하나님의 법(율법)을 범하는 죄이다(율법을 범함〈롬 2:23; 4:15; 갈 3:19〉, 아담의 범죄〈롬 5:14; 히 9:15〉, 하와의 범죄〈딤전 2:14〉).

6. 아디키아(ἀδικία; wrongdoing, unrighteousness, iniquity, injustice; 비행, 불의, 죄악, 불법)

'아디키아'(ἀδικία)는 부정사 아(ἀ; no; 否)와 디케(δίκη; right; 올바름, 정의)로 구성된 합성어다. 따라서 **아디키아의 문자적 의미는 정의에 반대되는 불의한 행동, 불공평한 행위를 뜻한다.**

아디키아는 불의한 행위나 사망에 이르는 중한 죄가 아니라, 용서받을 수 있는 경미한 죄들(예를 들어 거짓말, 허위 등)을 가리킨다. 죄의 세력하에서 나타나는 경죄들을 가리킨다.

아디키아의 가장 바른 이해는 요한일서 5:17, "모든 불의가 죄로되 사망에 이르지 아니하는 죄도 있도다"라는 말씀에 잘 표현되었다. 모든 '불의'(파사 아디키아, πᾶσα ἀδικία; all wrongdoing; 모든 비행, 잘못을 저지름)란 사형에 해당되는 중죄가 아니라, 용서받을 수 있는 경한 죄를 가리킨다.

7. 파랍토마(παράπτωμα; a false step, a blunder, misdeed, an error, a mistake, offence; 발을 헛디딤, 실수, 잘못, 예의에 어긋나는 행위)

'파랍토마'(παράπτωμα)는 파라(παρά; side, against; 곁으로, 반대하여)와 핍토(πίπτω; to fall; 떨어지다)로 구성된 합성어다. 그러므로 파랍토마의 문자적 의미는 발을 헛디딤, 잘못 디딤(a false step)이며, 윤리적으로는 범죄함을 뜻한다. 파랍토마는 의도적으로 죄짓는 것이 아니라, 실수와 과오로 범하는 경죄를 말한다(마 6:14-15; 18:35; 막 11:25, 26; 롬 4:25; 5:15 이하; 갈 5:19; 6:1; 약 5:16).

트렌치(Trench)는 파랍토마를 잘못, 실수(an error, a mistake)라고 했으며(p. 246), 몰턴과 밀리간(Moulton and Milligan)은 미끄러짐, 잘못, 실수(a slip or lapse)라고 했으며(VGT, p. 489), 크리머(Cremer)는 잘못, 실수(fault or mistake)라고 했다.[4]

8. 아노미아(ἀνομία; lawlessness; 무법, 불법)

'아노미아'(ἀνομία)는 부정사 아(ἀ; no; 否)와 노모스(νόμος; law; 율법, 법)로 구성된 합성어다. 그러므로 아노미아의 문자적 의미는 법 없음, 무법(lawlessness)을 의미한다. 그런데 성경에서 법이란 하나님의 법, 곧 율법을 말한다. 따라서 아노미아는 하나님의 법을 어기는 것, 곧 불법을 자행하는 죄이다.

아노미아의 가장 바른 이해는 요한일서 3:4, "죄를 짓는 자마다 불법을 행하나니 죄는 곧 불법이라"는 말씀에 가장 잘 표현되었다. 다시 말하자면 아노미아 죄는 하나님의 의지, 하나님의 뜻, 하나님의 법을 무시하고 자신의 의지로 자행하는 죄이다. 아노미아는 파라노미아보다 훨씬 중한 죄이다.

---

4) Earle, *Word Meanings in the New Testament*, p. 163.

'파라코에' 죄가 인류 역사에 있어서 가장 오래된 죄라면 '아노미아' 죄는 인류 역사에 있어서 끝까지 하나님을 대적하고 배도하는 가장 악한 죄다.

기독교 역사에 의하면 어느 시대나 무법자들이 나타났다. 그런데 성경은 말세에 무법자들이 많이 나타날 것을 예언하였다.

사도 바울은 이 악의 세력을 **불법의 사람**이라고 했고(살후 2:3, 7, 8),

사도 요한은 이 악의 세력을 **적그리스도** 또는 **많은 적그리스도**라고 했으며(요일 2:18),

사도 요한의 계시록에서는 짐승들(Beasts)**이라고 했다**(계 13:1-10).

• 첫째 짐승은 바다에서 나오는 짐승으로 적그리스도의 세력, 곧 사탄의 세력을 가리킨다. 바다에서 나오는 짐승을 사탄이라고 하지 않고 사탄의 세력이라고 규정하는 이유는 데살로니가후서 2:9에 "악한 자는 사탄의 역사를 따라"나타난다고 하였기 때문이다.

• 둘째 짐승은 땅에서 나오는 짐승으로 거짓 그리스도, 거짓 선지자의 세력을 가리킨다(16:13; 19:20; 20:10). 그런데 둘째 짐승은 첫째 짐승을 경배한다(13:12).

바다에서 나오는 짐승, 땅에서 나오는 짐승이라는 문장 중에 나오는(아나바이논, ἀναβαῖνον; coming up; 올라오는)이라는 단어의 시상은 현재분사이다. 분사는 동사의 역할도 하고 형용사의 역할도 한다. 따라서 짐승들은 계속 나오고 있으되, 말세지말에 가서는 그 짐승들의 세력이 더 크고 악함을 보여 준다. 다시 말하면 말세에는 배교와 불신앙이 더욱 기세를 부릴 것을 보여 준다.

그러나 다니엘서의 예언대로 이 짐승들은 그리스도에 의하여 멸망받을 것이다. 즉 적그리스도들과 거짓 그리스도들은 잡히어 유황불이 타오르는 못, 곧 지옥으로 던짐을 받을 것이다.

Ⅱ. 죄의 정의(Definition)

성경에서 죄는 하나님과 하나님의 성품, 하나님의 뜻, 하나님의 법과 관계된다. 성경에서 죄는 도덕적, 윤리적인 면과 관련된다. 죄는 도덕적, 윤리적인 악이다. 죄에 대한 분명한 인식은 죄에 관한 하나님의 말씀들을 성령의 조명하에 비추어 볼 때 비로소 바로 파악하고, 바로 깨닫고, 바로 인식하고, 바로 대처하게 될 것이다.

1. 죄는 하나님의 거룩한 성품에 반대되는 것이다(Sin is Contrary to the Holy Character of God).

하나님의 거룩한 성품이란 특히 하나님의 도덕적 속성들을 의미한다. 하나님의 도덕적 속성들이란 하나님의 진실·거룩·의·선·사랑·자비·긍휼·인내 등을 말한다. 하나님은 진실하시며, 거룩하시며, 의로우시며, 선하시며, 사랑이시며, 자비하시며, 긍휼하시며, 인내하신다. 따라서 죄는 하나님의 이 거룩한 성품들에 반대되는 거짓·더럽고 추함·불의·악·미움·잔인·무정함·성급함 등이다. 하나님은 자신의 속성상 필연적으로, 그리고 영원히 죄를 증오하신다.

2. 죄는 하나님의 뜻에 대한 실제적 반대이다(Sin is Actual Opposition to God's Will).

죄는 하나님의 뜻에 반(反)하는 적극적 반항이며 범행이다. 이 죄는 '아노미아'(ἀνομία; lawlessness; 무법, 불법) 죄이다. 죄는 의도적으로, 그리고 적극적으로 하나님을 반항하고 증오하는 생각들(thoughts), 말들(words), 행동들(deeds)이다. 죄는 하나님의 뜻과 법에 굴복하지 않을 뿐만 아니라, 극력 반대하는 언행심사이다(롬 8:7). 이 죄는 무법한 행동들(lawless deeds)을 가리킨다(딛 2:14). 죄를 짓는 자마다 불법을 행하나니 죄는 곧 불법이라(요일 3:4). 성경에서 법은 하나님의 율법이다. 죄는 하나님의 율법을 범하는 것이다. 이 죄는 죄들 중 큰 죄이다.

하나님은 우리를 위하여 우리에게 원하시는 뜻이 있다. 그 하나님의 뜻을 준행하지 않고 오히려 반대하는 것은 하나님을 노엽게 하며, 하나님의 징계를 자청하는 큰 죄이다. 말세의 징조들 중 하나는 하나님을 극렬반대하는 불법한 행동들이다(마 24:12).

3. 죄는 하나님의 법을 위반하는 것이다(Sin is the Violation of God's Law).

하나님의 법을 우리는 일반적으로 율법이라고 한다. 하나님의 법은 하나님의 거룩한 성품들에 근거한 하나님의 뜻에 관한 법 조항들이다. 하나님의 법 조항들은 하나님의 자녀들인 우리가 어떻게 믿고 어떻게 살 것인가에 대한 신앙과 행위의 규범(manual)이다. 특히 10계명은 하나님의 모든 계명의 요강이요 대강령이다. 죄는 항상 하나님의 율법과 관련된다. 죄의 개념에는 항상 율법의 개념이 병행한다. 따라서 죄는 성향이나 상태나 행동에서 하나님의 도덕적 율법들에 대한 불순종이다.

예를 들면 율법은 우리에게 우상을 만들거나 거기에 절하거나 섬기지 말라, 여호와의 이름을 망령되이 일컫지 말라, 안식일을 거룩히 지키라, 부모를 공경하라, 살인·간음·도적질·거짓 증거하지 말라, 이웃의 아내나 소유를 탐내지 말라(출 20:1-7)고 명령하였다. 죄는 이런 율법들을 위반하는 것이다.

4. 죄는 하나님의 법을 순종함에 있어서 부족하거나 그것을 어기는 것이다(Sin is Any Lack of Conformity to the Law of God, 소요리문답 14문).

'죄'(하말티아, ἁμαρτία; sin, a missing of the mark; 죄, 표적을 맞추지 못함〈빗

나감))의 문자적 의미는 화살이 표적을 맞추지 못하고 빗나감을 뜻한다. 적극적 개념으로는 어떤 잘못된 표적에 명중하는 것(hitting some wrong mark)이나 목표 도달에 실패(a failure to arrive at the goal)하는 것을 뜻한다. 죄는 표적을 맞추지 못하는 행동, 정로(正路)에서 이탈함을 뜻한다. 이 단어는 구약의 '하타아트'(חַטָּאת; sin; 죄)와 같은 의미이다. 이 단어는 신약에서 죄에 대하여 가장 많이 사용된 단어이다. 죄는 하나님의 법을 순종함에 있어서 범위(extend)와 정도(degree) 면에서 부족한 것, 곧 온전히 지키지 못하는 것이다.

야고보서 2:10, "누구든지 온 율법을 지키다가 그 하나에 거치면 모두 범한 자가 되나니." 사람이 온 율법을 지키고 한 계명만 범해도 그것은 하나님의 법을 온전히 지킨 것이 아니다.

죄인 줄 알지 못하고 짓는 죄, 죄인 줄 알면서도 육신이 연약하여 짓는 죄 등은 하나님의 법을 순종함에 있어서 부족하거나 또는 어기는 죄이다.

5. 죄는 절대적 특성(Sin is Absolute in Character)을 지니고 있다.

도덕적, 윤리적 영역에서 선과 악은 절대적 반대이다. 이 둘 사이에 중립적 입장이란 없다. 선도 아니고 악도 아닌 어떤 중립이란 진리의 특성에 맞지 않는다. 의와 불의, 빛과 어두움, 그리스도와 벨리알, 믿는 자와 믿지 않는 자, 하나님의 성전과 우상(고후 6:14-15), 하나님과 사탄, 진리와 비진리, 참과 거짓, 선과 악, 천당과 지옥, 신앙과 불신앙, 알곡과 쭉정이, 양과 염소, 소와 나귀, 흰 것과 검은 것(흑백)은 서로 반대되며 이 둘 사이에는 어떠한 중간 입장도 용납되지 않는다. 성경은 도덕적 중립의 입장을 인정하지 않는다.

예수님은 "오직 너희 말은 옳다 옳다, 아니라 아니라 하라 이에서 지나는 것은 악으로 좇아 나느니라"(마 5:37), "나와 함께 아니하는 자는 나를 반대하는 자요 나와 함께 모으지 아니하는 자는 헤치는 자니라"(마 12:30)고 말씀하셨고, 사도 야고보는 "…오직 너희의 그렇다 하는 것은 그렇다 하고, 아니라 하는 것은 아니라 하라"(약 5:12)고 하셨고, 사도바울은 "그가 우리를 대신하여 자신을 주심은 모든 불법에서 우리를 구속하시고 우리를 깨끗케 하사 선한 일에 열심하는 친백성이 되게 하려 하심이라"(딛 2:14)고 하셨다.

Ⅲ. 죄의 구별(Distinction of Sin)

우리의 표준 문서들은 죄를 원죄와 본죄(자범죄)로 구분한다. 죄에는 원죄와 본죄(자범죄)가 있다. '우리의 표준 문서들'이란 일반적으로 웨스트민스터 신앙고백서와 대·소요리문답을 말한다.

1. 원죄(Original Sin)

원죄라 함은 인류의 시조 아담의 범죄, 그 범죄로 인한 원의의 손상, 아담의 범죄로 인하여 야기되고 퍼지는 죄의 성질 그리고 유전죄 등을 모두 포함한다. 개혁주의 신학에서 원죄의 범위는 포괄적이다.

1) 아담의 죄(Adam's Sin)
아담이 범한 죄를 원죄라 칭하는 이유는
① 그가 인류의 시조(始祖)이기 때문이요,
② 생득적이기 때문이며,
③ 그 죄가 우리의 자범죄의 원천이기 때문이요,
④ 사람의 생활을 더럽히는 모든 자범죄의 내재적 뿌리이기 때문이다.

아담은 불순종(disobedience)의 죄를 범하였다. 여호와 하나님은 아담에게 에덴동산에 있는 각종 나무의 과일들은 자유로이 따 먹되 선악을 알게 하는 나무(tree of the knowledge of good and evil)의 과일(선악과)은 먹지 말라고 하셨다(창 2:17). 그러나 아담은 하나님의 계명을 불순종하고 따 먹었다.

- **아담은 불신앙(unbelief)의 죄를 범하였다.** 하나님은 아담에게 만일 네가 선악과를 따 먹으면 "정녕 죽으리라"(you will surely die)고 엄한 경고를 하셨다(창 2:17). 그러나 아담은 진실하신 하나님, 공의로우신 하나님, 심판의 하나님의 말씀을 믿지 않았다.

- **아담은 교만(pride)의 죄를 범하였다.** 그는 사탄의 유혹, 곧 "네가 그것을 먹는 날에는 너희 눈이 밝아 하나님과 같이 될 것이다"라는 거짓말에(창 3:5) 귀가 솔깃하여 하나님이 가장 증오하시는 교만 죄를 범하였다. 확실히 불순종, 불신앙, 교만 등은 아담과 하와가 범한 죄의 큰 종목들이다.

2) 원의의 손상(침해)(Marring of Original Righteousness)

원죄에는 원의의 상실도 포함된다. 원의(original righteousness)란 원시적 의로서 참된 지식(true knowledge), 의(righteousness), 거룩(holiness)을 말한다(엡 4:24; 골 3:10). 참된 지식·의·거룩은 하나님의 도덕적 형상의 국면들이다. 그런데 이 원의가 아담의 범죄로 말미암아 크게 손상되고 침해를 입었다.

3) 죄의 성질(Sinful Nature)

원죄에는 죄의 성질도 포함된다. 아담의 범죄로 인하여 야기되고 퍼지는 죄의 성질을 말한다. 죄의 성질은 인간의 모든 성질의 부패성이다.

인간의 모든 성질의 부패성은 인간 속에 내재하는 인간 성질의 실제적 부패성(actual corruption)이다. 죄의 성질을 일명 원시적 오염(original pollution), 또는 유전된 부패성(inherited corruption)이라고도 한다. 사도 바울은 이 죄를 로마서 7:17, 21에서 "내 속에 거하는 죄"(the sin that dwelth in me)라고 했다. 이는 마치 사람이 집에 거(居)하는 것같이 죄가 내 안에 거하면서 나에게 강하게 영향력을 행사하는 것을 말한다.

4) 유전죄(Inherited Sin)

아담과 하와가 범죄한 결과 타락하고 부패한 죄의 성질이 육신의 혈통을 따라 후손들에게 전가된다. 그러므로 죄의 전가를 유전죄라고도 한다. 우리는 모두 아담의 후손들이므로 원죄의 성질을 유전을 통하여 이어받는다. 그러므로 아담이 범죄하여 타락한 이후에 모든 아담의 후손들은 죄악된 성품으로 태어난다. 사람은 외형, 체질뿐만 아니라 성품까지도 이어받는다. 유전이란 매우 신기하기도 하며 무섭기도 하다. 참으로 죄는 보편적이며 우주적이다. 사람은 죄의 성질이 있어서 그것이 다양한 죄를 짓게 한다.

• 우리의 표준 문서들과 개혁주의 신학자들이 정의한 원죄

웨스트민스터 신앙고백서 소요리문답 18문, "사람이 타락한 상태에서 죄 되는 것이 무엇인가?" "사람이 타락한 상태에서 죄 되는 것은 아담의 첫 범죄와 원시적 의의 결핍, 그리고 사람의 전 성질의 부패로 구성되는데 이것을 통상적으로 원죄라고 부른다."

웨스트민스터 신앙고백서 대요리문답 25문, "사람이 타락한 상태에서 죄 되는 것이 무엇이냐?" "사람이 타락한 상태에서 죄 되는 것은 아담의 첫 범죄의 유죄한 것과 창조함을 받은 때의 의(근본 의)의 결핍과 그의 성질의 부패인데, 이로 인하여 사람은 전적으로 타락하고 무능하여, 영적으로 선한 것은 무엇이나 반대하고 모든 악한 것에 전적으로 쏠리게 된다. 이것을 통상적으로 원죄라 하며, 이 원죄로부터 모든 실제로 짓는 죄들이 나온다."

26문, "어떻게 원죄가 우리의 시조로부터 그의 후손들에게 전가되는가?" "원죄가 우리의 시조로부터 그의 후손에게 자연적 생식 방법으로(by natural generation) 전달되는바, 그 방법으로 모든 사람은 죄 가운데에서 잉태되고 태어난다."

찰스 핫지(C. Hodge)는 소요리문답 18문에서 정의한 원죄에 대하여 해설하기를 "원죄에는 ① 아담의 첫 범죄, ② 원의(原義)의 상실, ③ 우리의

전 성질의 부패를 다 포함한다"[5]고 했다.

이것을 원죄라 칭함은,

"① 이것이 바로 죄의 성질이기 때문이며,

② 이것은 인류의 원조인 우리의 첫 조상으로부터 흘러나오기 때문이며,

③ 이것은 다른 모든 죄의 근원이기 때문이며,

④ 이것은 성질상 자범죄들로부터 구별되기 때문이다(Ibid)"라고 했다.

댑니(R. L. Dabney)는 웨스트민스터 신앙고백서 25문을 소개한 후에 이 죄를 원죄라 칭함은 이것이 "생득적이기 때문이며 '다른 모든 죄의 원천'이기 때문이다"[6]라고 했다.

벌코프(L. Berkhof)는 "모든 사람이 가지고 출생되는 죄적 신분과 상태(sinful state and condition)를 신학상 원죄라 한다"고 했으며, 이것을 원죄라 칭함은,

"① 이것은 인류의 원시적 근저(original root)로부터 인출되기 때문이며,

② 이것은 모든 사람이 태어날 때부터 각자 개인의 생활에 임재하기 때문이며,

③ 이것은 사람의 생활을 더럽히는 모든 자범죄의 내적 뿌리(the inward root of all the actual sins)가 되기 때문이다"[7]라고 했다.

원죄는 신학상의 술어로는 원죄, 죄의 성질, 유전죄 등을 모두 포함한다. 이 죄를 원죄(original sin)라 함은 아담의 원죄가 사람의 도덕적 부패성을 산출하기 때문이며, 이 죄를 죄의 성질(sinful nature)이라 함은 이 죄가 우리의 모든 성질을 부패시켜 왔기 때문이며, 이 죄를 유전죄(inherited sin)라 함은 모든 사람이 그들의 부모들로부터 이 죄의 부패성을 이어받기 때문이다.

---

5) C. Hodge, *Systematic Theology* II, p. 227.
6) Dabney, *Lectures in Systematic Theology*, p. 322.
7) Berkhof, *Summary of Christian Doctrine*, p. 244.

2. 자범죄(Actual Sins)

자범죄(自犯罪)란 사람들이 개인적으로 직접 짓는 죄들을 말한다. 이런 의미에서 자범죄를 일명 본죄(本罪), 또는 개인이 짓는 죄들(personal sins)이라고도 부른다. 자범죄는 하나님의 계명에 위배되는 각자 자신들의 죄악된 생각, 말, 행위들이다. 자범죄는 원죄의 결과로 인한 모든 내면적 의식적인 악한 생각들과 육체를 방편으로 한 모든 외면적인 악한 행동들이다. 따라서 자범죄의 뿌리와 근원은 원죄이다.

솔로몬은 "범죄치 아니하는 사람이 없사오니"(왕상 8:46)라고 했고,

다윗은 "…선을 행하는 자가 없으니 하나도 없도다"(시 14:3), "주의 목전에는 의로운 인생이 하나도 없나이다"(시 143:2)라고 했다.

사도 바울은 "의인은 없나니 하나도 없으며"(롬 3:10), "모든 사람이 죄를 범하였기 때문이다"(롬 3:23)라고 했다.

사도 야고보는 "우리가 다 실수가 많으니"(약 3:2)라고 했다.

사도 요한은 "만일 우리가 죄 없다 하면 스스로 속이고 또 진리가 우리 속에 있지 아니할 것이요, 만일 우리가 우리 죄를 자백하면 저는 미쁘시고 의로우사 우리 죄를 사하시며 모든 불의에서 우리를 깨끗하게 하실 것이요, 만일 우리가 범죄하지 아니하였다 하면 하나님을 거짓말하는 자로 만드는 것이니 또한 그의 말씀이 우리 속에 있지 아니하니라"(요일 1:8-10)고 했다.

기독교계에서 원죄를 부인하는 사람들도 자범죄를 부인하지 않는다. 천상천하에 죄 없으신 분은 오로지 예수 그리스도뿐이시다. 자범죄들은 각 개인들이 범하는 죄들로서 자신들에게는 물론 다른 사람들에게 막대한 부정적 영향을 끼친다. 그리고 자신들은 범죄한 값으로 형벌을 받는다. 신구약 성경은 자범죄의 항목들(lists)을 구체적으로 상세히 나열하였다. 그 예를 들면 다음과 같다.

출애굽기 20:1-7에 의하면,
① 다른 신들을 섬기는 것(참되고 유일하신 하나님 이외에 다른 거짓 신들을 섬기는 것)
② 우상을 만들고 절하고 섬기는 것
③ 여호와의 이름을 망령되이 일컫는 것
④ 안식일을 범하는 것
⑤ 부모를 공경하지 않는 것
⑥ 살인
⑦ 간음
⑧ 도적질
⑨ 거짓 증거
⑩ 이웃의 아내나 소유를 탐내는 것 등이 죄라고 했다. 물론 이 말씀은 하나님이 그의 자녀들에게 명하신 10계명이다.

마태복음 15:18-20; 마가복음 7:21; 갈라디아서 5:19-21에 의하면,
① 악한 생각들(evil thoughts)
② 살인(murder)
③ 간음(fornification)
④ 음행, 성적 부도덕(adultery, sexual immorality)
⑤ 도적질(theft)
⑥ 거짓 증거(false testimony)
⑦ 훼방, 중상, 헐뜯는 것, 비방(slander)
⑧ 탐욕(greed)
⑨ 악독(malice)
⑩ 속이는 것(deceit)
⑪ 호색, 추잡(lewdness)
⑫ 시기(envy)
⑬ 오만, 거만(arrogance)

⑭ 난봉, 외설한 행동(folly)

⑮ 더러운 것(impurity)

⑯ 호색(debauchery)

⑰ 우상 숭배(idolatry)

⑱ 술수(witchcraft)

⑲ 증오, 몹시 싫음(hatred)

⑳ 불화, 내분(discord)

㉑ 질투, 시샘(jealousy)

㉒ 분격, 격노(fit of rage)

㉓ 자기 야심(selfish ambition)

㉔ 알력, 의견 차이(dissensions)

㉕ 투기(factions)

㉖ 술 취함(drunkenness)

㉗ 방탕함(orgies)

그리고 이와 같은 것들이라고 했다. 이외에도 고린도전서 3:3; 에베소서 5:3; 골로새서 3:5; 야고보서 3:14-15 등 신구약 성경에 자범죄의 항목들을 많이 나열하였다.

1) 자범죄의 등급(분류)(Classification of Actual Sins)

사람 자신들이 실제적으로 짓는 죄를 신학적 용어로는 자범죄 또는 본죄(actual sin)라고 한다. 자범죄는 하나님의 성품·뜻·계명에 위배되는 각 개인들의 죄악된 생각, 의도 그리고 외부로 나타나는 말과 행위들이다.

자범죄는 죄의 종류와 정도가 다양하다(actual sins vary in kind and degree). 물론 다양한 종류와 정도의 죄를 분류하기란 그리 쉽지 않다.

• 예수님은 산상보훈 중에 "누구든지 이 계명 중에 지극히 작은 것 하나도 버리고 또 그같이 사람을 가르치는 자는 천국에서 지극히 작다 일컬음을 받을 것이요"(마 5:19)라고 하셨고, 총독 빌라도의 법정에서 심

문을 받으시면서 빌라도에게 "나를 네게 넘겨준 자의 죄는 더 크니라"(요 19:11)고 하셨다.

• 히브리서 기자는 진리를 알고 죄를 의도적, 고의적으로 짐짓 범하는 죄는 모세의 법을 폐하는 죄보다 더 크다(히 10:26-29)고 했고,

• 야고보 사도는 "내 형제들아! 너희는 선생된 우리가 더 큰 심판받을 줄을 알고 많이 선생이 되지 말라"(약 3:1)고 하셨으며, 사도 바울은 "하나님이 각 사람에게 그 행한 대로 보응하시리라"(롬 2:6)고 하셨다.

• 모세의 율법에 의하면 다양한 종류와 정도의 죄들을 사함 받기 위해서는 다양한 제사들이 요구되었다. 좀더 구체적으로 말하자면 속죄제(sin offering), 속건제(trespass offering), 번제(burnt offering), 소제(grain offering), 화목제(peace offering) 등이 요구되었고(레 4-7장), 다양한 종류와 정도의 범죄 행위에 따라서 다양한 형벌들이 주어졌다.

이상과 같이 신구약 성경에 비추어 볼 때, 그리고 실제적인 죄의 항목들을 살펴볼 때 분명히 죄의 종류와 정도가 다양함을 쉽게 알 수 있다.

다양한 종류와 정도의 죄들을 크게 무식죄와 지식죄, 연약죄와 고범죄, 소죄와 대죄(경미한 죄와 사형에 해당되는 죄), 용서받을 수 없는 죄(성령 훼방죄) 등으로 4분하여 소개하고자 한다.

(1) 무식죄와 지식죄(Sins of Ignorance and Sins of Knowledge)

사람은 죄를 알지 못하고 짓는 죄와 죄를 알고도 짓는 경우가 있다. 무지에서 비롯된 죄와 알면서 짓는 죄가 있다. 분명히 무지몽매한 무리의 죄와 종교계 지도자들의 죄는 그 인식과 정도에 있어서 같지 않다.

① 예수님을 따르던 수많은 무리가 "저를 십자가에 못 박으소서! 십자가에 못 박으소서!"(눅 23:21)라고 한 죄와 대제사장들, 서기관들, 장로들이 예수님을 십자가에 못 박도록 한 죄(눅 22:66)는 차이가 매우 크다. 많은 무리는 무지몽매하여 군중의 심리에 들떠서 소위 당시 종교계의 지도자들의 충동을 받아 범한 죄요, 대제사장들과 서기관들과 장로들은 예수

님이 죄 없는 분임을 분명히 알면서도 범한 죄다. 종교계 지도자들의 죄는 무지몽매한 무리의 죄보다 훨씬 크다.

② 가룟 유다의 죄와 빌라도의 죄도 그 인식과 정도에 있어서 같지 않다. 가룟 유다는 예수님을 3년간이나 따라다닌 예수님의 12제자들 중 한 사람으로 특히 재정(경리)을 맡았던 자였다. 빌라도는 유대 지방에 파견 나온 로마 총독으로 불신자였다. 그런데 빌라도는 "그러면 그리스도라 하는 예수를 내가 어찌하랴? 저가 무슨 악한 일을 하였느냐? 나는 저에게서 죽일 죄를 찾지 못하였느니라. 이 사람의 피에 대하여 나는 무죄하니 너희가 당하라"고 하면서 어떻게 해서든지 예수를 놓아주려고 애썼다(마 27:19-22; 눅 23:14-22; 요 19:1-6). 분명히 가룟 유다의 죄는 빌라도의 죄보다 크다.

③ 유대인들의 죄는 이방인들의 죄보다 크다. 유대인들에게는 율법이 있고, 이방인들에게는 율법이 없다. "무릇 율법 없이 범죄한 자는 또한 율법 없이 망하고 무릇 율법이 있고 범죄한 자는 율법으로 말미암아 심판을 받으리라"(롬 2:12). 율법을 가진 유대인들이나 율법이 없는 이방인들은 다 공의로운 하나님의 심판을 받을 것이다.

사도 바울은 "내가 전에는 훼방자요 핍박자요 포행자이었으나 도리어 긍휼을 입은 것은 내가 믿지 아니할 때에 알지 못하고 행하였음이라"(딤전 1:13)고 했다.

④ 주인의 뜻을 알고도 주인의 뜻을 따라 행하지 않는 노예는 주인의 뜻을 모르고 행하지 않는 노예보다 그 죄와 형벌이 더 크다. 많이 받은 자에게는 많이 요구할 것이고 적게 받은 자에게는 적게 요구할 것이다(눅 12:47-48).

2) 연약죄와 고범죄(故犯罪)(Sins of Weakness and Sins of Presumption)

사람의 육신이 연약하여 짓는 죄와 죄인 줄 알면서도 의도적으로 짓는 죄는 같지 않다. 연약죄는 범죄자가 피동적으로 마지못하여 짓는 죄요,

고범죄는 범죄자가 죄인 줄 뻔히 알면서도 의지의 결정에 의하여 의도적으로 짓는 죄이다.

성경은 무지·연약·오류 등으로 인하여 범하는 연약죄와 의도적으로 범하는 고범죄 사이에 분명한 구별을 지었다. 실례로 레위기 4:2, 13, 22에 의하면 사람이 부지중에 범한 죄에 대한 대책을 제시하였고, 민수기 15:29-31에 의하면 무릇 고범죄(짐짓죄)를 범한 자는 속죄라는 제사가 없다. 따라서 범죄자가 받는 형벌도 관대하고 경미한 형벌과 엄한 형벌로 차별되었다.

① 사도 베드로가 주님을 세 번씩이나 부인한 죄는 가룟 유다가 의도적으로 범한 죄와는 차별이 있다(눅 22:31-34, 54-62).

② 일제 탄압 시대에 신사참배를 강요당한 사람들이나 공산 치하에서 심한 고문에 못 이겨 그들의 요구에 응한 사람들은 그들의 육신이 연약하여 범한 연약죄요, 신사참배 강요자들과 공산 치하에서의 극렬 좌경분자들이 범한 죄는 고범죄라고 보아야 할 것이다.

시편 기자는 시편 19:13에서 "또 주의 종으로 고범죄를 짓지 말게 하사 그 죄가 나를 주장치 못하게 하소서 그리하시면 내가 정직하여 큰 죄과에서 벗어나겠나이다"라고 기도하였다.

③ **소죄와 대죄**(Small Sins and Big Sins)

다양한 종류와 정도의 죄들 중에는 분명히 경미한 소죄들이 있고, 사형에 해당되는 대죄들이 있는 것이 사실이다. 살인죄는 도둑질보다 큰 죄이며, 소도둑은 바늘 도둑보다 크다. 그리고 범죄자의 신분, 범행의 동기, 죄목들의 형평에 따라 형량들도 차별이 있게 마련이다. 법 집행은 법의 원리와 형평성에 따르므로 범행에 따라 형량의 차별이 있음은 마땅하다.

로마 천주교에서는 죄를 경죄(venial sins)와 사죄(死罪; mortal sins)로 구분하고, 경미한 죄들은 이 세상에서나 또는 사후(死後) 연옥에서 사함을 받을 수 있으나 대죄들은 용서받을 수 없는 죄로 이 죄를 범하는 자는 영혼의 죽음을 가져온다고 한다.

『가톨릭교회교리서』에 의하면 "죽을 죄는 하느님의 법을 크게 어기어 인간의 마음속에 있는 사랑을 파괴한다. 죽을죄는 인간이 하느님보다 못한 것을 하느님보다 낫게 여기게 함으로써 그의 최종 목적이며 그의 참 행복이신 하느님께 등을 돌리게 한다."[8]

"어떤 죄가 죽을죄가 되려면 세 가지의 조건이 충족되어야 한다. 중대한 문제를 대상으로 하고 완전히 의식하면서 고의로 저지른 모든 죄는 죽을죄이다"[9](교황 요한 바오로 2세, 교황령 '신앙의 유산' 선포, 1992. 10. 11)

그들은 갈라디아서 5:21, "…이런 일을 하는 자들은 하나님의 나라를 유업으로 받지 못할 것이요"라는 말씀에 근거하여 그 같은 구별을 세웠다. 그러나 경미한 죄를 범한 자들은 천국에 들어가고, 대죄를 범한 자들은 천국에 들어갈 수 없다고 하는 것은 비성경적이다. 성경은 사람이 어떠한 죄를 범하였을지라도 주 예수 그리스도를 구주로 믿고 회개하기만 하면 죄사함을 받고 구원영생을 받아 누리리라고 약속하셨다.

④ **내면적인 죄와 외면적인 죄**(Internal Sins and External Sins)

마음으로 짓는 죄와 밖으로 짓는 죄가 있다. 마음속의 악한 생각들·의심하는 죄·악한 계획·의식적 정욕·욕망·탐심·의식적 간음 등과 같은 내면적 죄들과, 기만·도적·간음·시기·질투·술 취함·방탕함·살인 등과 같은 외면적인 죄들이 있다. 많은 경우에 내면적 죄들은 외면적 죄들로 나타나기도 한다.

---

8) 『가톨릭교회교리서』 제1855조.
9) Ibid., 제1857조.

IV. 성령 훼방죄(A Blasphemy Against the Holy Spirit)=용서받을 수 없는 죄(The Unpardonable Sin)

성경은 용서받을 수 없는 죄에 대하여 언급하고 있다. 용서받을 수 없는 죄를 가리켜 성령 훼방죄 또는 성령 모독죄(sin or blasphemy against the Holy Spirit)라고 한다. 성령 훼방죄는 성령의 역사를 분명히 알면서도 의도적으로 중상하여 사탄에 의한 것이라고 말하는 죄는 사하심을 얻지 못한다. 벌코프는 "이 죄는 특이하여 사람이 이 죄를 범한 후에는 마음의 회개가 불가능하며, 또 그것을 위하여 기도할 필요도 없다. 왜냐하면 이 죄가 하나님이 용서하시기에 너무나 큰 죄이기 때문이 아니라, 이것이 본질상 회개할 가능성의 여지를 전혀 주지 않기 때문이다"라고 했다.

용서받을 수 없는 죄에 관해서는 주님도 마가복음 3:28-30(참조 마 12:31-32; 눅 12:10)에서 분명히 말씀하셨고, 히브리서 6:4-6; 10:26, 27; 요한일서 5:16에도 분명히 기록되어 있다.

1. 마가복음 3:28-30

"내가 진실로 너희에게 이르노니 사람의 모든 죄와 무릇 훼방하는 훼방은 사하심을 얻되, 누구든지 성령을 훼방하는 자는 사하심을 영원히 얻지 못하고 영원한 죄에 처하느니라 하시니 이는 저희가 더러운 귀신이 들렸다 함이니라."

위의 말씀은 예수님이 소경이요 벙어리 된 사람을 고치신 후(마 12:22)에 하신 말씀이다. 예수님은 성령의 능력을 힘입어 귀신을 쫓아내셨다(마 12:28). 그럼에도 불구하고 바리새인들은 예수가 귀신을 쫓아낸 것은 귀신의 왕 바알세불의 힘으로 쫓아낸 것이라고 의도적으로 계속해서 말했다. 그들이 '말했다'는 동사 엘레곤(ἔλεγον; kept saying)은 미완료 시제(imperfect tense)로서 계속해서 말한 것을 가리킨다. 즉 계속 떠들었다는 것이다. 그들의 죄야말로 무지(無知)에서 저지른 죄가 결코 아니다.

이때 주님은 "사람의 모든 죄와 무릇 훼방하는 훼방은 사하심을 얻되 누구든지 성령을 훼방하는 죄는 사하심을 영원히 얻지 못하고 영원한 죄에 처하느니라"고 말씀하셨다.

'**사람의 모든 죄**'(판타 타 하말테마타, πάντα τά ἁμαρτήματα; all sinful acts)는 '모든 죄 된 행위들'을 가리킨다. 마태는 모든 죄(πάντα ἁμαρτια)를 죄 종목 하나하나를 포함한 '모든 죄'(every sin)라고 기록하였다.

'**사하심을 얻되**'(아페데세타이, ἀφεθήσεται; will be forgiven)는 미래 수동형으로서 '용서함을 받을 것이다'라는 뜻이다. 이 단어(ἀφεθήσεται)는 아피에미(ἀφίημι; to send away; 멀리 보내다)에서 파생되었다. 따라서 이 단어의 원 의미는 죄를 멀리 보냈으므로 다시는 죄를 볼 수 없음을 뜻한다. 따라서 죄를 면제받을 것이라는(shall be remitted) 뜻이다. 우리의 주홍같이 붉은 죄, 먹보다 검은 어떠한 죄라도 주님을 구주로 영접하고 회개하기만 하면 다 주님의 보혈로 죄씻음과 죄사함을 받는다. 그러나 성령 훼방죄만은 사함을 받지 못한다.

'**성령 훼방**'(블라스페메세 에이스 토 프뉴마 토 하기온, βλασφημήση εἰς τὸ πνεῦμα τὸ ἅγιον; blasphemies against the Holy Spirit)은 성령에 대항하여 도전적(반항적)인 적대심의 태도(an attitude of defiant hostility)를 갖는 것을 말한다. 이 죄는 성령의 증거에 대한 증거와 확신을 반대하여 의식적·고의적·악의적으로 거부하고, 증오하고, 중상하여 그리고 격렬하게 반항하는 것이다. 이 죄를 범하는 자는 무식해서가 아니라, 의도적으로 하나님을 반역하기로 작정하고 범하는 죄다. 이 죄는 불신앙과 배교의 죄이다. 칼빈도 완전 배교는 용서받을 수 없는 죄라고 했다. 이 죄는 사람에 대한 하나님의 구원 능력을 거부하는 태도이며 반항이다.

'**사하심을 영원히 얻지 못하고**'(우크 에케이 아페신 에이스 톤 아이오나; οὐκ ἔχει ἄφεσιν εἰς τὸν αἰῶνα; never has forgiven)는 성령 훼방죄가 결코 용서받을 수 없다는 것을 나타낸다. 그와 같은 악한 불신앙의 태도와 반항은 성령에 의한 회개와 용서가 불가능하다. 사람은 무지하고 부주의하여 하나님을 훼방할 수 있다. 그러나 성령의 역사를 분명히 알면서도 고의적, 의도적으로 계속해서 훼방하며 거역하는 자에게는 죄사함을 받을 길이 없다.

성령을 거스르는 죄가 용서받기 불가능한 것은 이 죄를 범한 영혼은 더욱더 악화되어 신적 감화와 용서받기를 배척할 뿐만 아니라, 고의적으로 저항하기 때문이다.

벌코프(L. Berkhof)는 "이 죄는 그리스도 안에 있는 하나님의 은혜에 관한 성령의 증언과 확신에 반대하여 의식적·의도적·악의적·고의적으로 배척하고 악평하며, 증오와 적개심을 가지고 그것을 어두움의 주관자에게 돌림을 내용으로 하는 것이다. 이 죄는 진리를 의심하거나 단순히 부인함으로써 구성되는 것이 아니라, 정신의 확신과 양심의 조명과 마음의 판단에 거슬러 행하는 진리의 반항으로 되는 것이다. 이 죄를 범하는 사람은 하나님의 역사로 분명히 인정된 바를 고의적·악의적·의식적으로 사탄의 영향과 공작에 돌리는 것이다. …이 죄의 뿌리는 하나님과 신적인 모든 것을 의식적·고의적으로 증오함이다"[10]라고 했다.

A. A. 핫지(A. A. Hodge)는 그의 저서 『신학개론』 19장 23조에서 "…이 죄는 그리스도의 보혈과 성령의 증거를 의도적으로 배척하는 것으로 구성된다. …이 죄를 용서할 수 없는 죄라고 일컫는 이유는 이 죄가 그리스도의 공로를 능가하기 때문이거나, 성령의 새롭게 하시는 능력을 넘어서가 아니라, 이 죄는 이것들(그리스도의 공로와 성령의 역사)을 최종적으로 배척하기 때문이며, 하나님이 그의 은혜를 이 제한에 주권적으로 맞추신 때문이다"라고 했다.[11]

'**영원한 죄**'(아이오니우 하말테마토스, αἰωνίου ἁμαρτήματος; of an eternal sin, eternal damnation; 영원한 죄, 영원한 저주)는 영원히 남아 있는 죄, 즉 결코 용서할 수 없는 죄를 말한다.

---

10) Berkhof, *Summary of Christian Doctrine*, p. 253.

11) A. A. Hodge, *Outlines of Theology*, p. 333.

박형룡 박사님은 "이 죄에는 회개가 따라오지 않는 사실에 의거해 보면, 이 죄를 범한 줄 알고 스스로 두려워하여 근심하며 다른 사람의 기도를 청하는 자들은 사실상 이 죄를 범하지 않은 자들이다. …자기의 상태와 하나님에 대한 관련 때문에 두려워하거나 조심하는 것은 이 죄를 범하지 않은 증거다"[12]라고 했다.

2. 히브리서 6:4-6

"한 번 비췸을 얻고 하늘의 은사를 맛보고 성령에 참예한 바 되고 하나님의 선한 말씀과 내세의 능력을 맛보고 타락한 자들은 다시 새롭게 해 회개케 할 수 없나니, 이는 자기가 하나님의 아들을 다시 십자가에 못 박아 현저히 욕을 보임이라."

이 4-6절에는 부정과거분사(aorist participle)가 5번 나타난다. 그런데 다섯 번째는 '파라페손타스'(παραπεσόντας; have fallen away; 타락하여 온)이다. 타락한 자는 자칭 그리스도인이라(professing christians) 하면서 실상은 배도의 길을 걷는 사람들을 가리킨다. 그들은 구원의 진리에 대한 어느 정도의 교훈을 받았고 신앙적 체험도 경험하였으나 신앙적 궤도에서 이탈할 뿐만 아니라, 한 걸음 더 나아가서 하나님과 그의 말씀에 대항하여 증오심을 가지고 적대 행위를 감행하는 자들이다. 그들은 어두움에서 빛으로 나온 자들이라고 하면서도 그리스도를 거부하니 결코 그리스도께 속한 사람들이 아니다(요일 2:19).

이 성구는 통상 일시적 신앙을 초과하는 경험을 말하기는 하나, 필연적으로 경험자의 마음에 중생의 은혜가 임재함을 증언하지 않는다. 이 성구는 사람들이 어떤 의미에서 새롭게 되나, 오히려 마침내 타락할 수 있다는 것을 함의한다. 왜냐하면 '다시 새롭게 하여'라는 말은 사람들이

---

12) 박형룡, 『인죄론』, p. 283.

어떤 의미에서 한 번 성령의 새롭게 하심을 받았다는 것을 함의하나 그들이 피택자들이라는 것을 뜻하지 않음이 확실하니, 피택자들은 영생을 얻기로 피택하여 영원히 멸망치 않기 때문이다(요 10:28).

'한 번'(하파크, ἅπαξ; once)은 다시(팔린, πάλιν; again)와 대조적이다. 한 번 비췸을 얻은 자가 의도적으로 흑암으로 되돌아갔음을 지적한다.

'비췸을 얻고'(포티스덴타스, φωτισθέντας; being enlightened)는 과거 시상(aorist)으로서 과거에 실제로 일어난 사건을 언급한다. 저들은 하나님의 계시와 구원의 진리에 대하여 과거에 어느 정도 비췸을 받은 자들(조명을 받은 자들)이다. 하나님의 계시(복음)를 통하여, 그리고 성령의 역사를 통하여 참 빛 되시는 그리스도에 대하여 비췸을 받은 자들이다. 그러므로 그들은 구원의 진리에 전연 무식한 자들이 아니다.

'하늘의 은사'(테스 도레아스 테스 에푸라니우, τῆς δωρεᾶς τῆς ἐπουρανίου; The heavenly gift)는 하늘로부터 임한 은혜의 선물들을 가리킨다. 에베소서 1:3에서는 "하늘에 속한 모든 신령한 복"이라고 했다. 이 모든 신령한 축복들이야말로 측량할 수 없는 은사들이다.

'맛보고'(규사메누스, γευσαμένους; tasting)는 경험한다 또는 이해한다(to experience or to understand)는 뜻으로 이해되어야 한다. 따라서 하늘로부터 임한 모든 신령한 축복들을 경험하고 즐거워한 것을 말한다.

'성령에 참여한 바 되고'(메토쿠스 게네덴타스 프뉴마토스 하기우, μετόχους γενηθέντας πνεύματος ἁγίου; become partakers)는 그들이 다른 성도들과 같이 성령의 은사에 참여한 자가 되었다는 것이다.

'하나님의 선한 말씀'(카론 데우 레마, καλὸν θεοῦ ῥῆμα; the good word of God)은 그리스도의 복음, 구원의 메시지, 받은 진리를 가리킨다.

'내세'(멜론토스 아이오노스, μέλλοντος αἰῶνος; world to come)는 말세, 세상 끝(the last times or the end of the world)을 가리킨다. 그리스도의 재림 후 내세를 언급하는 것이 아니다.

'능력'(두나메이스, δυνάμεις; powers)은 신약시대에는 하나님의 이적들(miracles)에 사용되었다. 말세지말에는 죄인 구원을 위한 하나님의 능력들이 많이 나타난다.

'맛보고'(규사메누스, γευσαμένους; tasting)는 하늘의 은사를 맛보고, 하나님의 말씀과 능력을 맛보았다는 것이다. 그런데 "비췸을 얻고, 하늘의 은사를 맛보고, 성령에 참여한 바 되고, 하나님의 말씀과 내세의 능력을 맛보고"라는 말씀은 4분사들(participles)로서 다 한 관사(one article)를 가지고 있으므로 같은 사람들(same persons)을 가리킨다. 사람이 피택자가 아니면서도 일시적으로 신앙을 가지는 것은 가능하다(막 4:16-17).

'타락한 자들'(파라페손타스, παραπεσόντας; fall away)은 전적으로 하나님을 떠나 불신앙과 배교로 떨어진 자들을 가리킨다. 타락하다(파라핍토, παραπίπτω; to fall in one's way; 한 길로 떨어지다)는 단어는 파라(παρα; aside; 곁, 옆)와 핍토(πίπτω; to fall; 떨어지다)로 구성된 합성어다. 따라서 이 단어에서 파생된 의미는 옆으로 빗나가다(to deviate), 옆으로 피하다(to turn aside)로서 신앙의 정로(正路)에서 탈선함을 뜻한다. **'다시 새롭게 하여 회개케 할 수 없나니'**(파린 아나카이니제인 에이스 메타노이안, πάλιν ἀνακαινίζειν εἰς μετάνοιαν; not to renew the again)타락된 자들은 회개하도록 새롭게 하기가 불가능하다. 본절에서 타락한 자들은 중생의 은혜가 임하였다가 타락함을 말하는 것이 아니다.

중생은 성령 하나님의 초자연적 능력의 역사로 허물과 죄로 죽었던 영(spirit)을 다시 살리시는 단 일회적 사건이기 때문이다.

3. 히브리서 10:26-29

"우리가 진리를 아는 지식을 받은 후 짐짓 죄를 범한즉 다시 속죄하는 제사가 없고 오직 무서운 마음으로 심판을 기다리는 것과 대적하는 자를 소멸할 맹렬한 불만 있으리라 모세의 법을 폐한 자도 두세 증인을 인하여 불쌍히 여김을 받지 못하고 죽었거든 하물며 하나님 아들을 밟고 자기를 거룩하게 한 언약의 피를 부정한 것으로 여기고 은혜의 성령을 욕

되게 하는 자의 당연히 받을 형벌이 얼마나 더 중하겠느냐 너희는 생각하라."

이 말씀은 히브리서 6:4-6에 이어서 두 번째로 독자들에게 경고한 말씀이다. 이 구절의 목적은 사람이 성령 훼방죄를 범하면 사함 받을 속죄의 희생 제물(atoning sacrifice)이 없다는 지적이다.

'**진리를 아는 지식**'(텐 에피기노신 테스 알레데이아스, τὴν ἐπίγνωσιν τῆς ἀληθείας; knowledge of truth)은 '진리의 지식'(knowledge of truth)이다. 진리의 지식은 하나님의 진리, 그리스도의 진리, 복음의 진리를 가리킨다. 진리의 지식은 구원에 이르는 지식이다(딤전 2:4).

'**짐짓 죄를 범하면**'(에쿠시오스 가르 하말타논톤, ἑκουσίως γάρ ἁμαρτανόντων; if we deliberately keep on sinning; 만일 우리가 고의적〈의도적, 계획적〉으로 계속 죄를 범한다면)의 '하말타논톤'은 하말타노(ἁμαρτάνω)의 현재분사로 계속적 행동을 말한다. 다시 말하면 계속 죄를 짓고 있음을 말한다. 의도적으로 계속 죄를 지으면 죄사함 받기 위한 속죄의 제물이 없다(히 10:18). 왜냐하면 성령 훼방죄는 회심과 사죄를 불가능하게 만들기 때문이다. 짐짓 죄는 육신의 연약함이나 무지로 인하여 범하는 죄가 아니다. 죄인 줄 알면서도 고의적으로 계속 성령 훼방죄를 짓는 자들을 27절에서는 '**대적하는 무리들**'(휘페난티우스, ὑπεναντίους; the antagonists)이라고 불렀다. 이들의 영혼은 잃어버릴 수밖에 없다.

'**다시 속죄하는 제사가 없고**'(우케티 페리 하마르티온 아포레이페타이 뒤시아, οὐκέτι περὶ ἁμαρτιῶν ἀπολείπεται θυσία: no more sacrifice for sins)라는 말씀은 구약 제사 제도의 폐지와 예수 그리스도의 속죄 제사의 완성을 가리킨다. 구약시대의 레위 제사는 오실 메시야의 그림자, 모형, 상징, 예표였다(히 8:5; 9:23). 그러므로 레위 제사는 가끔 반복되었다. 그러나 실체(實體)이신 예수 그리스도께서는 만대 만민의 속죄를 위한 희생 제물로 자신을 단번에 제물로 드려 죄를 없이하셨다(히 9:26). 이것이 그리스도의 단번 속죄의 완성이다. 그러므로 다시는 속죄를 위한 제사가 없다.

이제 죄사함 받는 유일한 방도는 예수 그리스도를 개인의 구주로 고백하고 영접하는 길뿐이다. 그러나 사람이 완악하여 계속 짐짓 죄를 범하니 죄사함 받을 길이 없다. 구약시대의 용어를 빌려 표현한다면 그들에게는 다시 속죄하는 제사가 없다. 이들에게는 매우 두렵고 무서운 심판(a very frightful judgement)과 이들을 소멸하는 불(raging fire)만 남아 있을 뿐이다(살후 1:6-9).

4. 요한일서 5:16

"누구든지 형제가 사망에 이르지 아니한 죄 범하는 것을 보거든 구하라 그러면 사망에 이르지 아니하는 범죄자들을 위하여 저에게 생명을 주시리라 사망에 이르는 죄가 있으니 이에 대하여 나는 구하라 하지 않노라."

만일 믿음의 형제·자매가 사망에 이르지 아니하는 죄를 범한 자를 만나면 그들을 위하여 간절히 기도드려야 할 것이다.

5:16a, **"만일 누구든지"**(에안 티스 히데, ἐάν τις ἴδῃ; if any man see, 만일 어떤 사람이 보거든)는 죄 범한 사람을 안다면

"그의 형제"(아델폰 아우투, ἀδελφὸν αὐτοῦ; his brother; 그의 형제)는 그리스도인 형제·자매를 가리킨다. 형제에는 자매도 포함되어 있다.

"죄를 범하거든"(하말타눈타 하말티안, ἁμαρτάνοντα ἁμαρτίαν; singing the sin; 죄를 범하거든)

그를 위하여 **"기도할 것이요"**(아이테세이, αἰτήσει; He shall ask; 간구할 것이요)는 죄를 범한 믿음의 형제 또는 자매의 죄를 용서하여 주시옵소서! 라고 기도할 것이다. 죄 범한 형제·자매의 회개를 위한 간절한 기도이다.

야고보서 5:20, "너희가 알 것은 죄인을 미혹한 길에서 돌아서게 하는 자가 그 영혼을 사망에서 구원하며 허다한 죄를 덮을 것이니라."

본 절은 사망에 이르지 않는 죄가 있고 반면에 사망에 이르는 죄가 있다고 말씀하셨다.

(1) **"사망에 이르지 아니한 죄"**(하말타눈테 하말티안 메 프로스 다나톤, ἁμαρτάνοντα ἁμαρτίαν μή πρὸς θάνατον; Sin not to leading death)는 죄의 성질을 말한다. 전치사 프로스(πρὸς; toward; 향하여)는 죄는 죄이나 죽음에 이르지 아니하는 죄임을 강조한다.

어떤 의미에서 모든 죄는 다 사망에 이르는 죄이다. 왜냐하면 죄의 값은 사망이기 때문이다(롬 6:23).

그러면 사망(죽음)에 이르지 않는 죄는 무엇인가?

주 예수 그리스도를 자신의 구주로 영접하는 자는 그 순간 예수 그리스도의 피로 죄 사함을 받는다. 과거에 지은 죄, 현재에 짓고 있는 죄, 앞으로 지을 죄까지도 다 죄사함을 받는다. 주홍같이 붉은 죄도 먹보다도 더 검은 죄도 다 사함을 받는다(사 1:18).

그러면 회개의 기도를 드릴 필요가 없지 않는가?

결코 그럴 수 없다. 범죄자는 죄 범할 때마다 죄 사함을 받기 위하여 회개의 기도를 드려야 마땅하다. 뿐만 아니라 성령님의 능력을 힘입어 다시는 마음속에 죄를 범치 않겠다고 다짐하는 것이다.

(2) **"사망에 이르는 죄"**(하말티아 프로스 다나톤, ἁμαρτία πρὸς θάνατον; sin leading to death)는 죄의 성질을 말한다. 전치사 프로스(πρὸς)는 사망에 이르는 죄임을 강조한다. 성령훼방죄는 사망에 이르는 죄이다.

결론적으로 성령훼방죄(용서 받을 수 없는 죄)는

① 이 죄는 그리스도 안에 나타난 하나님의 계시에 대한 알려진 진리를 의도적으로 배척하는 행위를 가리킨다(…deliberate rejection of known truth about God's revelation in Christ).

② 이 죄는 하나님의 은혜의 계시와 성령의 사역과 구원의 진리들에 대한 얼마만의 조명하심이 계시되었다는 것을 전제로 한다. 따라서 이 죄는 구원의 진리에 대한 사전 지식이 없는 자들에 의해서는 벌할 수 없

는 죄이다(…It can not therefore be comitted by one who has no previous knowlege of saving truth).

③ 이 죄는 그리스도 안에서 나타난 하나님의 은혜로부터 의도적으로 돌아섬을 가리킨다(deliverately turning away from the grace of God).

④ 이 죄는 회개의 기회를 배척한다. 따라서 이 죄는 용서받을 수 없다(This Sin excludes the possibility of repentance).

⑤ 마지막으로 혹시 내가 이러한 죄를 범하지 않았을까? 두려워하는 사람은 아마도 이 죄를 범하지 않았다. 왜냐하면 그러한 두려움이 있다는 자체가 그런 죄를 범한 마음의 상태(state of mind)가 아니기 때문이다.

V. 자유주의자들의 원죄 부인

1. 에밀 브루너

브루너(Emil Brunner, 1889-1966년)는 비신화화(demythologization)를 주장한 자로 "원죄에 대한 전통적 교리는 신화적이므로 현대인은 받아들일 수 없다. 그러므로 마땅히 제거되어야 한다"고 믿었다.

로마서 5:12, "그러므로 한 사람으로 말미암아 죄가 세상에 들어오고 죄로 말미암아 사망이 왔나니 이와 같이 모든 사람이 죄를 지었으므로 사망이 모든 사람에게 이르렀느니라"는 말씀에 대하여 그는 말하기를 "이 구절이 모든 아담의 후손들이 함께하고 있는 아담의 범죄를 언급하는 것이 아니다. 이 구절은 아담의 후손들, 그들 자신들이 죄를 범하기 때문에 죽음에 이르게 된다는 것을 말해주고 있다"라고 했다.[13]

---

[13] Emil Brunner, *The Christian Doctrine of Creation and Redemption*, translated by Olive Wyon (London: Westminster Press, 1952), p. 104.

2. 라인홀드 니버

니버(Reinhold Niebuhr, 1893-1971년)도 원죄에 대한 역사성을 부인하였다. 미국 칼빈신학교 기독교윤리학 교수 미네마(Theodore Minnema)는 원죄에 대한 니버의 견해를 "원죄는 자아의식의 체계 안에서 정의된다. … 니버에게 있어서 원죄란 아담의 타락과 함께 시작된 역사의 전(全)영역에 걸친 악을 의미하지는 않는다"라고 했다.[14]

로마 천주교의 신학자들 중에도 원죄를 부인하는 경향이 점점 나타나고 있다. "장년을 위한 가톨릭 신앙"(Catholic Faith for Adults)이란 부제를 갖고 있는 『새 요리문답서』(*A New Catechism*, 1966년 네덜란드에서 발행, 1967년 영어번역본)에서 저자들은 인간의 역사적 타락을 부인하며 또한 "원죄는 온 인류의 죄이므로 모든 사람에게 영향을 준다"고 했다.[15]

이상의 저자들은 원죄를 부인하며, 그들이 이해하고 있는 원죄는 사실상 자범죄이다.

---

14) Theodore Minnema, in *Creative Minds in Contemporary Theology* (Grand Rapids: Eerdmans, 1966), pp. 386-387.
15) *A New Catechism: Catholic Faith for Adults*, translated by Kevin Smyth (N. Y.: Herder & Herder, 1967), pp. 267-269.

제 10 장

성경의 몸들
(*The Bodies of the Bible*)

어원적 고찰: 구약-바샤르, 네베라, 게위야 / 신약-소마, 삵스
Ⅰ. 타락 전 아담의 몸: 죄 없는 몸
Ⅱ. 타락 후 아담의 몸: 죄 있는 몸
Ⅲ. 아담 후손들의 몸: 죄의 몸 (천한 몸, 연약한 몸)
Ⅳ. 죽을 몸
Ⅴ. 그리스도인의 몸: 그리스도와 교회와의 관계
Ⅵ. 신자 부활체로서의 몸: 죽었다가 다시 살아난 몸
Ⅶ. 예수 그리스도의 신비적인 몸
Ⅷ. 예수 그리스도의 몸

성경은 범죄하기 전 아담의 몸과 범죄한 후의 아담의 몸, 그리고 그 후손들의 몸은 성질상 판이함을 계시한다. 범죄하기 전 아담의 몸은 인성(人性)만 있는 몸, 죄의 성질이 없는 몸, 하나님의 형상이 반사되는 몸, 영광스러운 몸, 강한 몸, 죽지 아니할 몸이었다.

그러나 범죄한 후 아담과 그 후손들의 몸은 죄의 성질이 있는 몸, 하나님의 본질적 형상이 상실된 몸, 부끄러운 몸, 약한 몸, 죽을 몸이 되었다. 그런데 감사한 것은 이 세상 마지막 날, 예수 그리스도께서 재림하시는 날 신자들은 부활체로 다시 살아날 것이다. 부활의 몸은 현세의 몸과는 족히 비할 수 없는 판이한 정반대의 몸이 될 것이다.

어원적 고찰(Etymology)

1. 구약에서(In the O.T.)

구약에는 신약의 소마(σῶμα; body; 몸)에 해당되는 적절한 단어가 없다.

• 바샤르(בָּשָׂר; body; 육체, 몸)는 사람의 구성 요소들 중 하나인 몸을 가리킨다. 사람의 구성 요소들 중 다른 하나는 영혼이다(민 8:7; 왕하 4:34; 전 2:3). 이 단어는 구약에 273번 나타난다. 그중에 153번은 모세의 오경에서 발견된다.

• 네베라(נְבֵלָה; corpse, carcass; 시체, 송장, 생명이 없는 몸, 신 21:23; 왕상 13:22, 24),

• 게위야(גְּוִיָּה; body, corpse, dead body; 몸, 시체, 죽은 몸, 창 47:18; 삼상 3:10, 12; 느 9:37; 겔 1:11, 23; 단 10:6) 등의 단어가 있다.

2. 신약에서(In the N.T.)

• 소마(σῶμα; body; 육체, 몸): 70인역과 신약의 몸(body)이라는 단어는 소마이다(마 6:22; 27:52; 행 9:37; 13:36; 고전 15:44). 소마(몸)는 사람의 물질적 요소인 육체이다. 소마는 사람의 비물질적 요소인 영혼과 대조적인 측면에서 강조된다. 소마는 영혼의 거주지(dwelling place of soul)이다. 따라서 소마는 공간을 점유하며, 볼 수 있고, 만질 수 있다. 소마는 신약에 약 140번 나타난다.

• 삵스(σάρξ; body; 육체, 몸): 소마처럼 사람의 물질적 요소인 몸을 가리킨다(행 2:30-31; 고전 15:39; 고후 10:3; 갈 2:20; 엡 5:29; 빌 1:22). 그러나 삵스는 소마와 달리 몸의 부패성, 곧 죄의 성질을 강조한다.

성경은 사람의 몸에 대하여 다음과 같이 교훈한다.

Ⅰ. 타락 전 아담의 몸(The Pre-fallen Body of Adam): 죄 없는 몸

아담의 몸은 하나님이 손수 흙으로 빚어 만든 몸이다. 하나님이 손수 흙으로 빚어 만든 몸은 모든 피조물 중 아담의 몸뿐이다. 그런데 범죄하기 전 아담의 몸은 죄 없는 몸이었다(창 2:7; 1:31).

범죄하기 전 아담의 몸은 인성(human nature)만 있는 몸이었다. 인성만 있는 몸이란 인간으로서 가지고 있는 모든 자질(qualities)을 가지고 있는 몸이라는 뜻이다.

Ⅱ. 타락 후 아담의 몸(The Fallen Body of Adam): 죄 있는 몸

범죄한 후 아담의 몸은 죄 있는 몸이 되었다. 죄 있는 몸이란 죄의 성질이 있는 몸을 뜻한다. 아담은 범죄로 인하여,

1. 하나님의 본질적 형상인 영성과 불사성을 상실하였으며, 하나님의 도덕적 형상인 참 지식·의·거룩과 지능적 형상인 정신·마음·의지 그리고 만물의 지배권 등에 큰 침해와 손상을 입었다.

2. 인간 성질에 죄의 성질(sinful nature)이 부가되었다. 그러므로 범죄한 후 아담의 몸은 인간의 성질과 죄의 성질을 모두 공유하고 있는 몸이 되었다.

Ⅲ. 아담 후손들의 몸: 죄의 몸(The Body of Sin)

아담 후손들의 몸은 범죄한 후 아담의 몸과 같이 죄의 몸이다. 죄의 몸에는 신자, 불신자 모두 포함된다. 죄로 인하여 타락, 부패된 몸은 죄의 성질이 있는 몸·천한 몸·연약한 몸·죽을 몸이 되었다.

1. 죄의 성질이 있는 몸(The Body of Sinful Nature)

죄의 성질이 있는 몸이란 죄의 다양한 성질들이 있는 몸이란 뜻이다. 즉 악한 생각·살인·간음·음행·도둑질·거짓 증거·비방·탐욕·악독·속임·호색·시기·교만·질투·우상 숭배·술수·분노·투기·술취함·방탕·불신 등의 성질이 있는 몸을 말한다(마 15:18-20; 막 7:21; 갈 5:19-21). 사람마다 죄의 종류와 정도는 상이할지라도, 죄의 성질만은 모두 공유하고 있다. 사람은 모두 죄의 성질이 있는 죄의 몸이다.

성경은 말씀하기를,

· 온 머리(whole head)는 병들었으며(사 1:5),
· 눈(eyes)은 음란이 가득하며(벧후 2:14; 롬 3:18; 렘 22:17; 겔 20:24; 막 7:22),
· 귀(ears)는 듣지 못하며(마 13:15),
· 입(mouth)에는 저주와 악독이 가득하며(롬 3:14),
· 입술(lips)에는 독이 가득하며(롬 3:13),
· 혀(tongue)는 속이며(롬 3:13; 약 3장),
· 목(neck)은 뻣뻣하게 곧으며(신 31:27),
· 손(hands)에는 피가 가득하며(사 1:15; 잠 6:17),
· 발(feet)은 악으로 빨리 달려가며(잠 6:18)라고 했다.

또 성경은 말씀하기를,

· **정신**(mind)은 더러워졌으며(딛 1:5), 부패되었으며(딤전 6:5), 완고해졌으며(고후 3:14), 허망해졌으며(롬 1:21), 어두워졌으며(엡 4:18), 하나님과 원수가 되었으며(롬 8:7), 하나님을 알지 못하며(고전 1:21)라고 했다.
· **마음**(heart)은 화인 맞았으며(딤전 4:2), 더러워졌으며(딛 1:15), 약해졌으며(고전 8:7), 어두워졌으며(롬 1:21), 완악해졌으며(마 13:15), 굳어졌으며(엡 4:18), 부패되었으며(렘 17:9)라고 했다.
· **의지**(will)는 철저히 병들고, 부패되고, 비정상적이고, 악하게 되었으

며(마 15:18-20; 갈 5:19-21)라고 했다.

이러한 타락한 정신, 타락한 마음, 타락한 의지에서 죄의 성질들이 몸의 각 지체들을 통하여 나타난다.

※ 몸-죄의 도구(Body-instrument of Sin)

몸의 각 지체들(기관들)은 죄를 짓는 죄의 도구들로 사용된다. 뿐만 아니라 정신·마음·의지 등도 죄를 짓는 죄의 도구들로 사용된다. 정신·마음·의지 등을 통하여 나타나는 죄를 내면적 죄라고 한다면, 몸의 각 지체들을 통하여 나타나는 죄는 외면적 죄라고 할 것이다. 외면적으로 나타나는 죄는 내면적 죄의 열매이다.

2. 천한 몸(Vile Body; 시시한, 하찮은 몸)

'천한 몸'(소마 테스 타페이노세오스, σῶμα τῆς ταπεινώσεως; body of humiliation; 낮은 몸)은 신분 상태가 낮은, 그리고 실제로 천한, 하찮은 몸을 가리킨다. 사도 바울은 빌립보서 3:21; 고린도전서 4:10에서 우리의 몸을 천한 몸, 낮은 몸이라고 했다.

3. 연약한 몸(Weakened Body, Body of Weakness)

헬라어로 '약한, 연약한'이라는 형용사는 아스데네스(ἀσθενής; weak, strengthless)로 '약한, 힘없는'이라는 뜻이다. 연약하다는 말은 강하다는 말의 반대어이다. 그런데 여기서 연약한 몸이란 육체적인 면만을 말하는 것이 아니라, 영적·도덕적·윤리적인 면도 포함한다.

1) 육체적 연약(Physical Weakness)

육체적 연약은 사람의 인성(人性) 면을 강조한다. 사도 바울은 육체적으로 건강한 사람들과 대조 비교하면서 "세상의 약한 것들", "우리는 약하다"라고 했다(고전 1:27; 4:10).

육체적으로 연약한 몸은 육체적으로 전연 힘(기운)이 없는 몸, 아무것도 할 수 없는 몸을 가리킨다. 사도 바울은 육체적으로 연약한 사람들을 가리켜 우리 중에 "약한 자들과 병든 자들이 많다"(고전 11:30)고 했다.

고린도후서 4:7에는 우리의 몸을 질그릇(earthen vessel: 흙으로 만든 항아리)으로, 고린도후서 5:1에는 우리의 몸을 육신의 장막(earthly tent)으로 묘사하였다.

2) 영적 연약(Spiritual Weakness)

영적으로 연약한 사람은 영적인 힘(영력; spiritual power)이 전연 없으므로 사람의 입장에서 보면 어느 정도 선을 행할 수 있을지라도, 영적으로는 아무것도 할 수 없다. 다시 말하면 전적으로 타락한 사람은 자신의 본성(죄의 성질)을 자신이 제거할 수 없으며, 자신을 죄와 사망 가운데에서 구원할 수 없으며, 하나님의 법을 준행할 수도 없으며, 하나님을 기쁘시게 할 수도 없다(롬 3:10-13; 8:8).

3) 도덕적, 윤리적 연약(Moral and Ethical Weakness)

범죄하여 타락한 사람은 양심이 화인 맞고(딤전 4:2), 더러워지고(딛 1:15), 어두워졌으며(롬 1:21), 악하고(마 9:14), 굳어지고(엡 4:18), 약해졌으므로(고전 8:7) 하나님 보시기에 완전한 도덕적, 윤리적 선이란 전연 행할 수 없다. 다시 말하면 하나님의 도덕적, 윤리적 계명들을 온전히 지키기에는 불가능하다.

Ⅳ. 죽을 몸(Body of Death)

범죄로 인한 최종적 형벌은 질고와 사망이다. 인류의 조상 아담과 하와가 범한 죄에 대한 형벌은 자신들뿐만 아니라, 온 인류 위에 죽음을 가져왔다. 죽음은 결단코 자연적 현상이 아니라, 죄로 인한 형벌이다(롬

6:23). 사람이 죽으면 비물질적 영혼은 몸에서 탈피하게 되고, 육체는 썩기 시작한다. 영혼 없는 몸은 죽은 몸이기 때문이다(약 2:26). 이는 아담이 범죄한 직후 창세기 3:19, "네가 …필경은 흙으로 돌아가리라"고 하신 형벌의 말씀에 대한 성취이다.

죄의 성질이 있는 몸, 천한 몸, 연약한 몸, 그리고 종국에는 죽을 몸이 어떻게 자신을 의지하거나 높일 수 있겠는가?

V. 그리스도인의 몸(Body of the Christian): 그리스도와 교회와의 관계

1. 중생한 영혼이 주체가 된 몸(Body controlled by the regenerated spirit)

중생(regeneration)이란 허물과 죄로 죽은 영혼을 신적 새 생명(divine new life)으로 다시 살리시는 성령 하나님의 초자연적 능력의 단독 역사이다(엡 2:1, 5; 5:5; 요 6:63; 롬 8:1-10). 따라서 중생은 죽은 영혼이 다시 살리심을 받는 새 생명의 산출이요, 새로운 영적 생명의 시작이다.

2. 성령이 내주하는 몸(Body indwelt by the Holy Spirit)

성령의 내주(indwelling of the Holy Spirit)란 성령의 인격적 임재와 교제를 말한다. 다시 말하면 성령의 내주란 신자 안에 성령께서 육체로 거하신다는 뜻이 아니고, 성령의 감화·감동·인도·역사하심을 뜻한다. 하나님은 인격적 존재로 천국에 계시면서도 시간과 공간의 제약을 받지 아니하시므로 신자들을 향한 그의 사역은 조금도 약화되거나 변함이 없다(요 14:17; 고전 3:16).

3. 성화되어가는 몸(Body being progressively sanctified)

성화(sanctification)란 중생한 사람이 죄에 대해서는 날마다 죽고 의에 대해서는 점점 사는 것, 옛 사람을 벗어버리고 새 사람을 입는 것, 그리스도의 형상을 닮아가는 것을 말한다.

그리스도인도 불신자처럼 인성(人性)은 물론 죄의 성질을 가지고 있다. 그리스도인의 몸은 이 죄의 성질을 날마다 제거하고, 그리스도의 형상을 날마다 닮아가는 몸이다.

4. 하나님께 제물로 드리는 몸-몸의 제사(Body as a sacrifice to God)

사도 바울은 로마서 12:1에서 "너희 몸을 하나님이 기뻐하시는 산 제물(living sacrifice)로 드리라"고 권면하였다. 그런데 본문에서 몸(소마, σῶμα; body)이란 사람 전체를 가리킨다(시 63:1; 고전 13:3; 9:27; 7:4; 롬 12:1; 빌 1:20; 약 3:6). 사람 전체란 사람을 구성하고 있는 육체는 물론 지식·감정·의지를 포함한 인격적인 면 전체를 포함한다. 그러므로 하나님께 제물로 드리는 몸이란 전인(全人)의 헌신을 뜻한다. '드리라'(파라스테사이, παράστησαι; present, offer, yield; 바치다, 드리다)는 말씀은 현재 명령형이니 항상 계속해서 하나님께 헌신하며, 하나님을 섬기며, 능동적으로 활동하라는 말씀이다.

5. 의의 병기로 사용되는 몸(Body being used as an instrument of righteousness)

"…오직 너희 자신을 …하나님께 드리며 너희 지체를 의의 병기로 하나님께 드리라"(롬 6:13).

'의의 병기'(호플라 디카이오쉬네스, ὅπλα δικαιοσύνης; instruments of

righteousness)란 '의의 도구들'이란 뜻이다. 즉 호플라(ὅπλα)는 호플론(ὅπλον)의 복수로서 도구들(tools or instruments)을 뜻한다. 즉 입·코·귀·눈·손·발 등 우리 몸의 지체들을 하나님의 의를 이루어 나가는 도구들로 사용하라는 말씀이다. 뿐만 아니라 우리의 정신·마음·의지 등도 하나님의 의를 이루어 나가는 도구들로 사용하라는 말씀이다. 이 단어가 로마서 6:13에서는 상징적으로 무기들(arms), 병기들(weapons)이라는 뜻으로 사용되었다.

6. 죽을 몸(Body will die)

신자들은 성령 하나님의 초자연적 능력의 역사로 새 생명을 받고, 예수 그리스도의 보혈로 구속함을 받고, 하나님께 헌신하며, 몸의 지체들이 의의 병기들로 사용되지만, 종국에는 불신자들의 말로처럼 몸은 죽어 흙으로 되돌아간다. 그 이유는 우리의 중생한 영은 구원받았어도 우리의 몸은 아직도 구원받지 못했기 때문이다. 로마서 8:23의 말씀대로 우리 몸의 구속은 주님의 재림시에 이루어질 것이다.

Ⅵ. 신자 부활체로서의 몸(Believer's Resurrection): 죽었다가 다시 살아난 몸

신자 부활체로서의 몸이란 가장 복된 몸이다.

1. 부활체는 영혼과 육체의 재결합체(Reunion of Soul and Body)

창세기 2:7, "여호와 하나님이 흙으로 사람을 지으시고 생기를 그 코에 불어넣으시니 사람이 생령이 된지라"고 했다. '생령'(living soul)이란 영체(spiritual body)가 아니라, 영혼이 지배하는 생명이 있는 사람(living being)

이라는 뜻이다.

사람은 흙이라는 물질과 영혼이라는 비물질적인 두 요소로 구성되어 있다. 그런데 죽음이란 죽어서 없어지는 것이 아니다. 인생은 지으심을 받은 때로부터 불멸의 존재이기 때문에, 육체의 죽음이란 영혼과 육신의 분리(separation)를 의미한다. 사람이 죽으면 영혼이 육신에서 빠져나온다. 우리의 몸에서 영혼이 떠나면 사람은 죽는 것이다. 사람의 생명은 호흡에 있고, 호흡은 영혼이 지배한다. 영혼이 없는 몸은 죽은 몸(약 2:26), 죽음(사망)은 죄의 값이다(롬 6:23).

사람은 범죄하여 타락한 결과로 한 번은 반드시 죽음에 이르게 된다(롬 6:23; 히 9:27). 부활은 죽음을 전제로 한 것이다. 그리스도의 보혈로 구속함을 받은 성도들이 죽으면, 그 영혼들은 즉시로 육체에서 나와서 하나님이 계신 천국으로 들어가 안식하게 되며, 육신은 곧 부패되기 시작하여 흙으로 돌아가게 된다(창 3:19; 욥 34:15; 시 104:29; 전 3:20; 12:7). 그러다가 예수 그리스도께서 영광과 권능으로 다시 재림하실 때, 그 영혼들이 그리스도와 함께 다시 내려와 자기의 육체와 재연합(reunion)하여 부활체로 다시 살아나게 될 것이다(살전 4:16-17). 이것이 부활이다. 부활체는 생적 유기체인 영혼과 육신의 재결합체이다.

2. 부활체는 육체적 부활(Bodily Resurrection)

부활체는 육체적(physical)이란 말은, 곧 부활체는 영체(spiritual body)만은 결코 아니라는 의미이다. 예수님은 부활하신 후에 엠마오로 가는 두 제자들에게 나타나셔서 "나를 만져보라 영은 살과 뼈가 없으되 너희 보는 바와 같이 나는 있느니라"(눅 24:39)고 하셨다. 부활체는 살과 뼈가 있는 몸이다. 부활 전의 몸이 살과 뼈가 있듯이, 부활 후의 몸도 살과 뼈가 있는 몸이다. 부활은 진실로 육체적 부활이다. 그러므로 부활체는 모든 사람이 볼 수 있고, 말하는 것을 들을 수는 있으나, 먹을 필요성이 없는, 먹지 않아도 배가 고프지 않은 신기한 몸이다. 부활체는 생명이 있어서 호흡하고(요 20:22), 말하며(요 21:15), 서고(요 21:4), 걸으며(요 24:15), 먹기도 한다(눅 24:41-43).

예수님이 재림하셔서 이 세상이 그의 나라가 되면(천년왕국), 하나님과 어린양의 보좌로부터 수정과 같이 맑은 생명수 강물이 길 한가운데로 흐르고, 강 좌우에는 생명나무가 있어서 달마다 12과실을 맺으며, 그 나무 잎사귀들은 만국을 소생시킨다고 했다(계 22:1-2). 우리는 예수 그리스도의 지상 천년왕국 때 부활체로서 그 과실들을 따 먹을 것이다. 이것은 무엇을 뜻하는가? 육체적 부활을 가리킨다.

사도 요한은 예수 그리스도께서 육체로 오심을 부인하는 1세기 후반의 말시온파(Marcion), 2세기의 그노시스파(Gnostics) 이단들을 정죄하고 신자들이 그들에게 미혹받지 않도록 경고하였다(요일 4:2; 요이 7). 그 이단들은 예수 그리스도가 사람의 모양으로 나타난 것뿐이라고 하면서 예수 그리스도의 인성(人性), 곧 인적(人的) 신체의 실재성을 부인하였다.

사두개파 사람들로부터 시작하여 동서고금을 막론하고 그리스도의 육체적 부활을 부인하는 기독교 내의 불신앙의 자유주의자들은 예수 그리스도의 죽으심과 육체적 부활을 그의 육체적 생명에서 영적 생명(spiritual life)으로 옮겨진 것을 뜻한다고 주장하면서, 육체적 부활은 부인하고 소위 부활의 영적 의미만을 강조한다. 그것은 비성경적이다. 부활의 영적 의미는 육체적 부활이라는 역사적 사실에 근거한 신령한 의미여야 한다. 부활체는 육체적 부활이다.

3. 부활체는 물질적인 몸(A Material Body)

부활체가 물질적이라는 말은 물질의 유한성이나 부패성, 그리고 비생명체와 같은 개념에서가 아니라, 비물질적 무형체가 아니라는 뜻에서이다. 부활체는 시간과 공간을 점유하는 물질적(material), 유형적(visible) 존재다. 예수님은 이 세상에 계신 동안 신성(Deity: 神性)과 인성(Humanity:

人性)을 동시에 공유하고 계셨다. 바로 그 동일한 몸이 부활하신 것이다. 부활체를 카메라로 찍는다면 필름에 나타날 것이다.

그렇기 때문에 우리는 부활체로 변화된 이후에도 이 세상에 사는 동안 사귀어 온 사람들을 즉시 식별할 수 있을 뿐만 아니라 인격적 교제를 나누게 될 것이다.

부활체는 물질적인 몸(material body)과 비물질적인 영(non-material soul)을 모두 소유하고 있다. 부활체는 영체만이 아니다. 현재 우리의 몸이 영혼과 육신을 모두 포함하듯이, 부활 후의 몸(부활체)도 물질적인 몸과 비물질적인 영으로 구성될 것이다. 다만 정신적, 육체적 성질에 변화는 있을 것이다.

4. 부활체는 동일한 몸(Same Body)

부활체는 세상 떠나기 전의 몸과 부활한 후의 몸이 같다는 뜻이다. 육체적 부활의 개념은 이 세상 사는 동안 우리의 육체나 부활 후의 육체가 형체상으로는 동일하다는 것이다.

몸이라는 단어는 소마(σῶμα; body)로서 이 단어는 삵스(σάρξ; flesh; 육체, 살)라는 단어와 같은 의미이며 상호 교대적으로 사용되었다. 그런데 성경은 현재 우리의 몸을 '소마'라고 하는데, 부활 후의 몸도 또한 '소마'라고 했다(고전 15:44; 빌 3:21). 이것은 부활 전이나 후의 몸이 동일한 몸(same body)임을 가리키지 않는가? 부활체는 동일한 몸이므로 우리가 다시 만날 때, 서로가 즉각적으로 바로 인식하고 기쁘게 교제를 나누게 될 것이다.

부활체가 동일하다는 말은 부활 전의 형체가 부활 후의 형체와 동일하다는 뜻이다. 물론 부활체의 형체는 정신적, 육체적 변화가 있을 것이므로 부활 전의 몸과 부활 후의 몸이 모든 면에서 100퍼센트 같다는 뜻은 아니다. 몸의 형체는 같으나 몸의 성질(nature of body)은 변화가 있기 때문에 상이하다. 지금은 혈기·고집·독선·교만·시기·질투·이기주의·잔인·무정·탐욕·정욕·부패성·연약함 등이 있다. 그러나 부활체로 변화될 때에는 죄의 성질들이 전혀 없는, 옛것을 전혀 찾아볼 수 없는 새로운 피조물들이 될 것이다. 부활체는 육체의 연약과 부패성으로 인한 질병이나 사망, 범죄로 인한 정신적 번뇌와 고통 등에서부터 완전히 탈피하여 더욱더 고등한 수준에 이른 새로운 피조물이 될 것이다(고후 5:17).

5. 부활체는 성질상 변화된 몸(Transformed Body)

사도 바울은 고린도전서 15:42-44에서 성도들의 부활체의 성질에 관하여 언급하기를, 부활체는 신체적, 정신적 변화가 있을 것이라고 말씀하셨다. 변화된다는 말은 질적으로, 그리고 형태적으로 변경되는 것을 가리킨다. 따라서 변화의 대상이 변화되기 전과 변화된 후가 전연 판이하다. 44절에는 부활체는 신령한 몸(spiritual body)이라고 했다. 신령한 몸이란 부활체로서 부활 이전의 몸, 즉 죄의 성질과 육신의 부패성이 있는 몸과는 대조적인 의미에서 성질상 신령한 몸이라는 뜻이다.

1) 신령한 몸(부활체)은 성질상 썩지 않는 몸(Incorruptible Body)이다.

현재 우리의 몸은 부패성과 죄의 성질이 있어서 세월이 흐름에 따라 후패한다. 그리고 죽으면 그 순간부터 썩기 시작하는 몸이다. 썩은 것으로 심고 신령한 몸으로 다시 산다. '심는다'는 단어는 '스페이로'(σπείρω)로서 '심는다, 장사 지낸다, 땅속에 묻는다'는 뜻이다. 우리의 몸은 부패될 몸, 썩을 몸이다. 사람이 죽으면 그 순간부터 부패되고 썩기 시작한다. 마르다는 예수님께 자기의 오라비가 "죽은 지가 나흘이 되었으매 벌써 냄새가 나나이다"(요 11:39)라고 했다. 우리는 죄의 값으로 다 한 번은 죽는다(롬 6:23). 분명코 썩을 몸으로 심는다.

그러나 전능하신 하나님의 초자연적 능력으로 우리가 다시 살아날 때는 지금의 몸과는 전연 반대로 썩지 않을 몸으로 다시 산다. 지금의 몸은 썩을 몸, 불완전한 몸, 변화무쌍한 몸이다. 그러나 이러한 몸이 다시 부활체로 변화될 때에는 완전한 몸(perfect body), 변치 않는 몸(constant body), 변동이 없는 몸(changeless body), 해소되기 불가능한 신령한 몸(spiritual body)으로 다시 산다.

2) 신령한 몸(부활체)은 성질상 영광스러운 몸(Glorified Body)이다.

욕된 것으로 심고 영광스러운 몸으로 다시 산다. '욕되다'는 단어는 '아티미아'(ἀτιμία)로서 불명예스러운(dishonor)이라는 뜻이다. 우리 인생은 음행·간음·더러운 것·호색·우상 숭배·술수·원수 맺는 일·분쟁·시기·질투·당 짓는 것·분리·이단·투기·술 취함·방탕·간교·비방 등 만 가지 죄들로 얼룩졌다. 양심에 손을 얹고 곰곰이 우리의 지난날들을 생각해 보면 불명예스러운 것, 부끄러운 것뿐이다. 나 행한 것 죄뿐이다. 우리는 짧은 일평생을 살아가면서 부끄러운 것, 수치스러운 것으로 수를 놓아 장식한다(갈 5:9-21).

그러나 이러한 몸들이 다시 살아날 때는 영광스러운 몸으로 다시 산다. '영광스러운'이라는 단어는 '엔독소스'(ἔνδοξος; glorious, splendid)로서 '영광스러운', '번쩍번쩍하는', '찬란한'이라는 뜻이다. 지금은 욕된 몸, 불명예스러운 몸들이지만, 부활체로 다시 살아날 때는 번쩍번쩍하는 몸, 하나님의 영광이 반사되는 몸, 찬란한 몸으로 다시 산다. 부활체는 참으로 영광스러운 몸이다.

3) 신령한 몸(부활체)은 강한 몸(Strong Body)이다.

현재 우리의 육신은 매우 연약한 몸들이다. '약한 것으로'라는 단어는 '엔 아스데네이아'(ἐν ἀσθενείᾳ; in weakness)로서 '기운이 전혀 없는, 매우 연약한, 기진맥진한, 한 번 숨쉴 힘도 없는, 탈진 상태에 있는, 누가 한 번 약간 건드리기만 해도 곧 쓰러질 것 같은' 상태를 가리킨다. 그토록 인간은 약한 것으로 심는다. 사람은 누구나 예외 없이 썩을 것으로, 욕된 것으로, 약한 것으로 조금씩 심기 시작하다가, 최후에는 완전히 심는 날이

오고야 만다. 이것을 생각할 때 우리의 기력이 쇠하기 전에 하나님의 일을 더 많이 하고, 주님 앞에 서도록 힘써야 할 것이다. 우리는 모두 약한 것으로 심는다.

그러나 그와 같은 연약한 몸들이 부활할 때에는 강한 것으로 다시 산다. '강한 것으로'라는 단어는 '엔 두나메이'(ἐν δυνάμει)로서 영어로 는 다이너마이트(dynamite)로 번역되었다. 다이너마이트는 거대한 암석(rock)을 폭파시키는 강한 위력이 있는 것처럼, 신자들이 부활할 때는 능력의 몸으로, 강한 몸으로 다시 살아나게 된다. 부활체는 다시는 피곤하거나 병들거나 쇠하지 않는 몸으로서, 인생의 연약함이나 정신적 번뇌나 고통이 다 제외된 정력과 새로운 기능들로 충만한 강한 몸이다.

4) 신령한 몸(부활체)은 성령의 지배를 받는 몸(Body Controlled by the Holy Spirit)이다.

육의 몸으로 심는다는 말씀 중에 육의 몸이란 '소마'(σῶμα)로서 소마는 몸(body)이라는 뜻과 '몸의 부패성, 곧 죄의 성질'(sinful nature)이라는 두 가지 의미가 있다. 그런데 본절에서 육의 몸은 상기 두 가지 의미를 다 포함한 '죄의 성질이 있는 몸, 즉 자연적 몸'(natural body)을 가리킨다. 육의 몸은 사실상 죄의 부패성이 있는, 신령하지 못한 몸이다. 우리의 몸들은 날마다 후패하는 몸들이니, 속 사람만이라도 새롭게 되기를 위하여 힘쓰며 신령한 몸으로 변화되는 날이 오기를 학수고대한다. 지금 우리의 몸은 사탄의 종으로서 죄의 도구(tools of sin)가 될 때가 있다. 우리가 지금은 성령의 소욕을 거스르고 육신의 소욕을 따라 행하는 일이 많다.

그러나 부활체로 변화될 때는 온전히 성령 충만한 아름다운 사람들로 변하여 새 사람, 하나님이 기뻐하시는 뜻대로만 살아드리는 몸이 될 것이다. '신령하다'(spiritual)는 말은 '프뉴마티코스'(πνευματικός)로서 성령에 속한, 성령이 충만한, 성령에 의하여 지배를 받는다는 뜻이다. 그러므로 신령한 몸은 비물질적 또는 무형적이라는 말이 아니라, 쇠하지 않는 불멸적, 성령이 충만한, 성령의 지배를 받는 몸을 가리킨다.

6. 부활체는 일종의 초자연적인 몸(Supernatural Body)

사도 바울은 신자의 부활체를 일종의 초자연적인 몸으로 지적하였다. 고린도전서 10:4에서는 신령하다는 단어 '프뉴마티코스'(πνευματικός)를 '초자연적'(supernatural)이라고 해석하였다. 부활체는 초자연적인 몸이다. '초자연적'이라는 말은 자연적(natural)이라는 말과 대조적이다. '자연적인 몸'은 '지상(earthly)의 몸, 쇠하고 썩어지고 연약하고 유한된 몸'인데 반하여, 부활체는 '신령한, 쇠하지 않는, 썩지 않는, 불멸의, 능력이 있는 몸'이니 이것이 일종의 초자연적인 몸이 아닌가!

부활체는 시간과 공간을 점령하고 있으면서 동시에 시간과 공간의 제약을 받지 않는 몸이다. 부활체는 문이 잠긴 방에 들어가고, 자신을 나타내기도 하며, 갑자기 순간적으로 자취를 감추기도 하는 돌연 출몰의 몸이다. 먹을 수 있으나 먹을 필요성은 없는 몸, 참으로 신기한 몸이다(눅 24:31, 36; 요 20:13, 19).

우리는 유한한 피조물이다. 그럼에도 불구하고 우리의 신체는 신기하고 놀라운 몸이 될 것이다. 부활체는 부활 이전의 몸과 비교해 볼 때 참으로 형언할 수 없는 큰 능력을 가지고 있다. 부활체야말로 어느 정도 이적의 성질(nature of miracle)을 가지고 있다. 부활체는 부활체 자체의 성질상 일종의 초자연적 요소와 기능을 가지고 있다. 부활체는 초자연적인 몸이 아니라, 일종의 초자연적인 몸이다.

7. 부활체는 불멸적인 몸(Immortal Body)

부활체는 다시는 죽음이 없는 불멸적 존재이다. 부활체는 부패성이 없는 육체를 소유하고 있을 뿐 아니라, 불멸적 성질을 소유하고 있다. '불멸'(immortality)이란 '아다나시아'(ἀθανασία)로서 죽음이 없는 불사(不死, deathless)를 가리킨다(고전 15:53-54). 그러므로 불멸은 불사의 영생을 가리킬 뿐 아니라, 그 영생 자체가 생명의 품성(a quality of life)을 나타내는 참으로 복된 삶을 가리킨다. 현재 우리의 몸은 연약하고, 쇠하며, 죽어 썩을 몸이나 부활체는 강하며, 쇠하지 아니하며, 죽음이 없는 불멸의 몸이 될 것이다. 왜냐하면 불멸하시는 영(Spirit)이 부활체를 주관하시기 때문이다(고전 15:44).

성경은 불신자들도 부활한다고 가르친다. 불신자들의 부활은 악인의 부활, 둘째 부활, 사망에 이르는 부활, 천년왕국 끝에 있을 부활을 가리킨다. 불신자들도 부활하면 존재론적 의미에서 불멸적 존재들이 된다. 그러나 신자들의 불멸적인 몸과 불신자들의 불멸적인 몸은 전연 상이하다. 신자들은 부활하면 천국에서 하나님과 더불어 영원토록 영생복락을 누리는 복된 불멸이요, 불신자들은 지옥에서 사탄과 더불어 영원토록 형벌과 고통이 따르는 고역의 불멸이다.

Ⅶ. 예수 그리스도의 신비적인 몸(The Mystical Body of Christ)

성경은 그리스도와 교회와의 관련을 사람의 머리(케팔레, κεφαλή; head)와 몸(소마, σῶμα; body)으로 묘사하여, 머리는 예수 그리스도시요, 몸은 교회(엡 1:22-23; 4:15; 5:23; 골 1:18)라고 했다. 이 말씀은 그리스도와 교회의 관련을 상징적으로 표현한 말씀이다.

성경은 교회를 그리스도의 몸이라 하고, 그리스도인들을 그리스도의 몸이라 함으로써 교회와 그리스도인들을 동일시하였다. 왜냐하면 교회는 신자 한 사람 한 사람으로 구성된 연합체기 때문이다(엡 4:16). 교회는 성도 한 사람 한 사람으로 구성된 개교회들과 현재, 과거, 미래의 모든 성도로 구성된 우주적 교회를 다 포함한다. 그리스도는 이 전체 우주적 교회의 유일한 머리시다.

그리스도를 머리(head)라 함은 진정한 의미에서 왕(king)이라는 뜻이다. 머리 또는 왕이란 권위, 권세, 통치의 개념(a concept of authority, power and rule)을 뜻한다. 그리스도를 교회의 머리라 함은 머리가 온 몸과 지체들을 주관하고 다스리듯이, 그리스도는 그의 피로 사신 교회를 능력과 권세로 주관하고 다스리시기 때문이다. 진실로 그리스도만이 교회의 유일한 머리시요 합법적인 왕이시다.

그리스도께서 교회의 머리가 되심은 만세 전부터 피택된 죄인들을 죄와 사망 가운데에서 구속하기 위하여 이 세상에 도성인신하여 고난 받고 죽고 부활하신 결과, 성부 하나님으로부터 받은 권세다(골 1:18). 다시 말하면 그리스도께서 우리를 죄에서 구속하신 바로 그 공로와 이유 때문에, 하나님은 그리스도를 교회의 머리로 삼으신 것이다. 진실로 하나님은 죄를 알지도 못하는 독생자 예수 그리스도를 죄로(죄인으로) 삼으심으로써 우리를 의롭게 하셨다(고후 5:21). 그리스도는 부요한 자로서 가난하게 되심은 그의 가난함으로 우리를 부요케 하시기 위함이었다(고후 8:9). 일찍 죽임을 당하사 각 족속과 방언과 백성과 나라 가운데에서 사람들을 피로 사서 하나님께 드리신(계 5:9) 바로 그 이유 때문에, 그리스도는 교회의 머리가 되고 만왕의 왕이 되셨다.

VIII. 예수 그리스도의 몸(Body of Jesus Christ)

예수 그리스도는 성육신하심으로써 신인(God-Man)이 되신 독특한 몸, 인성(human nature)만은 있는 몸, 죄의 성질이 없는 몸 그리고 혈통적으로는 유대인이셨다.

1. 신인(神人; God-Man)이신 독특한 몸

예수 그리스도의 몸은 영원부터 신성(神性)을 소유한 제2위이신 그리스도께서 성육신하심으로, 즉 인성(人性)을 취하심으로 신성과 인성의 인격적 연합을 이룬 독특한 몸이다. 따라서 예수 그리스도께서는 지상

(地上)에 계시는 동안 참된 하나님이며 동시에 참된 사람이셨다. 이 진리는 사람으로서는 측량할 수 없는 신비이다.

2. 죄 없는 몸(Sinless Body)

예수 그리스도는 성령님의 잉태로 말미암아 처녀의 몸에서 탄생하심으로써 인간의 연약성은 이어받았어도 죄의 성질은 없는 몸이시다. 예수님은 처녀의 몸에서 태어나심으로써 원죄와 유전죄로부터 자유로우시며 그 죄들과 관련이 없다. 뿐만 아니라 예수님은 이 세상에 사시는 동안 신성과 인성의 본질적 연합체였기 때문에 범죄하기 불가능하였으며, 사실상 예수님은 일평생 죄를 의식하거나 죄 되는 말이나 행동을 한 일이 없으시다(요 19:4; 요일 3:5; 고후 5:21; 벧전 2:22; 1:19; 히 4:15; 7:26).

3. 인성(Human Nature)만 있는 몸

예수 그리스도는 처녀 마리아에게서 나심으로써 인성을 취하셨다. 여기서 인성이란 연약성(Weakness)을 말한다. 예수 그리스도의 인성만으로는 먹지 않으면 배고프고(마 4:2), 마시지 않으면 목마르며(요 19:28), 눈물 흘리시며(요 11:35), 시험받았고(히 4:15), 주무셨으며(눅 8:23), 고난 받으셨다(마 27:46). 인성은 연약성을 나타낸다. 그럼에도 불구하고 질병이나 고통은 전연 없으셨다. 왜냐하면 질병이나 고통도 원천적으로는 죄의 값으로 오는 형벌인데, 예수님은 죄가 없으시기 때문이다.

4. 민족적으로는 유대인(Jew)

예수님은 혈통적으로는 유대인이었다(요 4:9). 예수님은 그 당시 시민권을 자랑하던 로마 시민도 아니요, 지식을 자랑하는 헬라인도 아니요, 피부색이 검은 구스인도 아니라 민족적으로는 유대인이었다.

당신 안에 내가 있게 하소서

당신의 긍휼한 눈 속에 내가 있게 하시고,
당신의 용서의 입술 속에 내가 있게 하소서.

당신의 능력의 손 안에 내가 있게 하시고,
당신의 평강의 발 아래 내가 있게 하소서.

당신의 사랑의 심장 속에 내가 있게 하시고,
당신의 보호의 날개 아래 내가 있게 하소서.

당신의 인자한 말씀 속에 내가 있게 하시고,
당신의 지혜와 지식 속에 내가 있게 하소서.

당신의 은혜의 그늘 아래 내가 있게 하시고,
당신의 영원한 축복 속에 내가 있게 하소서.

◈ 그러므로 우리는 긍휼하심을 받고 때를 따라 돕는 은혜를 얻기 위하여 은혜의 보좌 앞에 담대히 나아갈 것이니라(히 4:16).

- 시인 Eun Ye Cheung(정은예)
Seattle, U.S.A.

제 11 장

은혜 언약
(The Covenant of Grace)

Ⅰ. 언약의 구성 요소
  1. 계약 당사자들: 삼위일체 하나님과 피택된 죄인들
  2. 조건: 무조건적이다, 조건적이다
  3. 약속: 나는 너의 하나님이 되고, 너희는 나의 자녀가 되거라

하나님은 구속 언약을 기초로 은혜 언약을 세우셨다. 은혜 언약은 행위 언약이 아니다. 따라서 행위를 요구하지 않는다. 은혜 언약은 하나님이 선택한 죄인들과 맺은 언약으로서 하나님은 그들이 예수 그리스도를 구주로 믿음으로 말미암아 구원영생을 얻도록 약속하시고, 선택함을 받은 죄인들은 그 약속을 수납함으로 구원영생을 받는다.

웨스트민스터 신앙고백서 소요리문답 20문, "하나님이 모든 인류를 죄와 비참한 지위에서 멸망하도록 버려두셨는가? 하나님은 홀로 그 선하신 뜻대로 영원부터 구속받을 자들을 영생 얻게 하시고, 선택하시고, 은혜의 언약을 세워서 **구속자로 말미암아**(by a Redeemer) 저희를 죄와 비참한 지위에서 건져내시고 구원의 자리에 이르게 하셨다."

웨스트민스터 신앙고백서 7:3, "인간은 타락함으로 말미암아 행위 언약으로 영생을 얻을 수 없게 되었음으로 하나님은 그 기쁘신 뜻대로 두번째의 언약을 맺으셨으니 일반적으로 말하는 은혜의 언약이다. 이로써 하

나님은 값없이 죄인들에게 예수 그리스도로 말미암아 구원을 주셨으니 저희가 구원을 얻도록 그리스도를 믿으라 하시고 영생을 얻도록 예정된 모든 자에게 그의 성령을 주사 저희로 하여금 자원하여 믿을 수 있게 하시겠다고 약속하셨다."

Ⅰ. 언약의 구성 요소(Constitutional Elements of Covenant)

1. 계약 당사자들(The Contracting Parties): 삼위일체 하나님과 피택된 죄인들

은혜 언약에서 당사자들은 삼위일체 하나님과 피택된 죄인들이다.

1) 제1 당사자: 하나님(God)
은혜 언약에서 제1 당사자는 성부 하나님(God the Father)**이시다.**

하나님과 사람 사이의 언약은 항상 하나님이 일방적, 주권적으로 이루셨다. 그러나 이 은혜 언약에서는 제2당사자인 사람의 상태가 죄인으로 달라졌기 때문에 일방적, 주권적으로 나타나실 뿐 아니라, 피택된 죄인들의 죄를 용서하고 구원하는 용서와 은혜의 하나님으로 나타나신다. 은혜 언약에서도 행위 언약에서와 같이 하나님이 언약의 제1당사자로 제2당사자인 피택된 죄인들에게 은혜롭게 결정하셨다.

2) 제2 당사자: 피택된 죄인들(Elected Sinners)
은혜 언약에서 제2 당사자는 피택된 죄인들이다. 구속 언약에서 성자는 피택자들만의 대표와 보증이 되셨고, 그 구속 언약은 은혜 언약의 영원한 기초가 되므로 은혜 언약에서 제2당사자는 피택된 죄인들이다. 이들만이 영생을 얻기로 작정된 자들이다(행 13:48). "구약시대에는 이스라엘에게서 난 자가 다 이스라엘이 아니었고(롬 9:6), 신약 교회에는 알곡과 쭉정이, 포도나무에 악한 가지들, 금그릇과 질그릇들이 있음을 생각하였다(마 3:12; 13:29; 요 15:2; 딤후 2:20). 그리하여 그들이 언약의 이 방면을 자기들의 정의에 포함시키고자 할 때에 이 언약은 신자들과 그 자손들로 더불어 설정되었다고 말하였다."[1]

성경은 은혜 언약에서 제2 당사자는 피택된 죄인들뿐이라고 가르친다. 이는 그리스도의 속죄의 능력은 무한하나 그것의 적용은 피택된 죄인들에게만 제한한다는 **제한적 속죄**(limited atonement)의 교리와 일치한다(요 6:37, 39; 10:27, 28; 17:9; 계 5:9).

2. 조건(Conditions)

행위 언약은 행위에 의하여 영생을 얻게 하시는 하나님의 계획으로서 아담의 순종이 공로적인 조건이었으며,

구속 언약은 피택자들을 구원 영생케 하시기 위한 언약으로서 그리스도께서 도성인신하시어 인성(人性)을 취하실 것, 온 율법을 지키실 것, 구속을 실시하실 것 등이 조건이었으며,

은혜 언약은 어떤 의미에서는 무조건적이며, 어떤 의미에서는 조건적이다.

1) 무조건적이다(Unconditional)

은혜 언약은 언약의 성질로 보아 무조건적이다. 은혜 언약은 사람의 여하한 공로도 요구하거나 의존하지 않는다는 의미에서 무조건적이다.

은혜 언약은 피택된 죄인들을 은혜로 구원하시는 하나님의 계획이니 조건이 있을 수 없다.

칭의를 위하여 신앙이 요구되나(이신칭의), 신앙 자체는 하나님의 선물(엡 2:8)이니 언약의 공로적 조건이 될 수 없다. 사죄받기 위하여 회개가

---

[1] 박형룡, 『인죄론』, p. 372.

요구되나, 회개 역시 하나님의 은사물이니 공로적 조건이 될 수 없다. 따라서 은혜 언약은 무조건적이다.

2) 조건적이다(Conditional)

이 언약은 피택자들의 신앙을 조건으로 해 영생을 약속하였다는 점에서 조건적이다. 은혜 언약의 혜택에 참여하기 위하여 우리는 반드시 예수 그리스도의 공로를 의지하여야 한다. 우리는 주 예수 그리스도를, 그 안에서 또는 그로 인하여 이 언약의 행복이 사람들에게 주어지는 것을 믿어야 한다. 이런 의미에서 조건적이다.

A. A. 핫지(A. A. Hodge)는 "신앙은 구원의 절대적 조건이다. …우리 편에서 보면(viewed on our side) 그것은 우리의 의무여서 반드시 우리 자신의 행위여야 한다. …조건으로서의 신앙은 물론 필연적으로 고백과 순종을 가져오는 산 신앙이다"[2]라고 했다. 아무 장년인(長年人)도 산 신앙이 없으면 참으로 언약에 참가하지 못하며, 산 신앙은 반드시 고백과 순종을 가져온다. 그런데 이 기본적 신앙(basic faith)은 온전히 하나님이 값없이 은혜로 주시는 선물이다(엡 2:8).

벌코프(L. Berkhof)는 "그렇지만 신자들의 자녀들 경우는 장년인의 그것과 다르다. 그들이 비록 출생에 의하여 법적 관계로서의 언약에 들어갈지라도, 그것은 반드시 그들이 즉시 생의 교제로서의 언약으로 들어감을 의미하지는 않는다. …하지만 하나님의 약속은 언약 생활이 그들 안에서 실현될 것이라는 합리적인 확신을 준다. 그들(언약의 자녀들)이 반대 상태를 표시하지 않는 동안 우리는 그들이 새 생활을 소유하고 있다는 가정 위에 진행한다. 그들이 성장할 때 그들은 진정한 신앙고백으로 언약의 책임들을 자원하여 수납해야 한다. 이것을 행하기에 실패하는 것은 언약을 파괴하는 자(breaker)가 된다. …만일 그들이 상응하는 책임들을 수납

---

[2] A. A. Hodge, *Outlines of Theology*, Ch. XXII. 10. p. 374.

하지 않는다면, 그들은 언약의 파괴자로 판단받을 것이다"[3]라고 했다.

박형룡 박사는 "개혁파 모든 교회가 흔히 조건이란 말을 은혜 언약과 관련하여 사용하는 데 반대하였다. 그것은 주로 이 말을 비성경적 의미로 사용하여 정당히 분별하지 못하는 알미니안주의(Arminianism)에 대한 반동이었다. 지금도 흔히 은혜 언약의 은혜의 목적은 피택자들에게 있는 일정한 조건들, 즉 신앙, 성화를 떠나서는 달성되지 않는다는 것이 사실이나 이런 것들을 은혜 언약의 조건으로 보는 것은 타당치 않다고 말한다. 그러나 이런 것들은 그 언약의 목적을 실현하기에 필요한 방편으로 간주되어야 한다…"[4]라고 했다.

3. 약속(Promise)

은혜 언약의 약속은 성경에 자주 나타나는 넓은 의미의 식사(式辭), 곧 "나는 네 하나님이 되고 너는 내 백성이 되리라"는 말씀에 포함되어 있다. **이 약속은 구약성경에 분명히 나타나 있다.**

"내가 내 언약을 나와 너와 네 대대 후손의 사이에 세워서 영원한 언약을 삼고 너와 네 후손의 하나님이 되리라"(창 17:7).

"너희로 내 백성을 삼고 나는 너희 하나님이 되리니…"(출 6:7).

"나는 그들의 하나님이 되고 그들은 내 백성이 될 것이라"(렘 31:33).

"그들은 내 백성이 되겠고 나는 그들의 하나님이 될 것이며…영원한 언약을 그들에게 세우고…"(렘 32:28-40; 참조: 겔 34:30-31; 36:28; 37:26-27).

이 약속은 신약성경에도 분명히 나타나 있다.

"나는 저희 하나님이 되고 저희는 나의 백성이 되리라"(고후 6:16).

"너희에게 아버지가 되고 너희는 내게 자녀가 되리라"(고후 6:18).

"나는 저희에게 하나님이 되고 저희는 내게 백성이 되리라"(히 8:10).

---

[3] Berkhof, *Summary of Christian Doctrine*, pp. 84-85.
[4] 박형룡, 『인죄론』, p. 370.

"내가 들으니 보좌에서 큰 음성이 나서 가로되 보라 하나님의 장막이 사람들과 함께 있으매 하나님이 저희와 함께 거하시리니 저희는 하나님의 백성이 되고 하나님은 친히 저희와 함께 계셔서"(계 21:3).

하나님의 자녀가 되는 이 축복은 예수 그리스도를 구주로 영접할 때 이루어지며, 그리스도께서 재림하실 때 완전히 성취될 것이다. 이 언약은 우리를 위한 영원한 언약이다.

구속함을 받은 백성은 하나님과의 특별한 관계를 맺게 되었다. 즉 하나님은 예수 그리스도를 구주로 믿음으로써 구원받은 무리의 아버지가 되시고, 구원받은 무리는 하나님의 자녀들이 된다(엡 2:18; 갈 4:5-6).

구원함을 받은 무리가 하나님의 자녀들이 된다는 것은 또한 특별한 의미를 내포하고 있다. "영접하는 자 곧 그 이름을 믿는 자들에게는 하나님의 자녀가 되는 권세를 주셨으니"(요 1:12). 신자들은 예수 그리스도를 영접하여 믿음으로 하나님의 자녀가 되는 특권, 곧 양자의 특권을 받았다. 그러므로 신자들을 하나님의 자녀들이라 부른다(요일 3:1).

하나님이 구속함을 받은 백성들의 아버지가 되신다는 것은 특별한 의미를 내포하고 있다. 아버지는 자녀들에게 필요한 것들을 공급하며, 위험으로부터 보호하고, 사랑하며, 바른 교훈으로 양육한다. 이와 같이 전능하신 하나님은 그의 영적 자녀들의 공급자·보호자·상담자·인도자 등이 되신다.

신자들은 예수 그리스도와 연합함으로 주님의 형제로 간주되며(마 25:40), 그러므로 지극히 높으신 이의 자녀들로 간주된다. 이것은 놀라운 특권이다.

사도 요한은 예수 그리스도를 하나님의 아들이라고 할 때에 **휘오스**(υἱός; son; 아들)라는 단어를 사용하였다. 그는 신자들에게는 이 단어를 사용하지 않았다. 그는 이 단어를 주님을 위한 명칭으로 보호하였다.

그리고 신자들에게는 **테크논**(τέκνον; children; 자녀들)이라는 복수명사를 사용하였다.

특집 1

세계교회협의회(W.C.C.)의 동성애 교회들
(Homo Sexual Churches)
(도덕 · 윤리적으로 극도로 타락한 W.C.C.)

Ⅰ. 진전과정
Ⅱ. 동성애 교회들
Ⅲ. 동성애에 대한 성경적 교훈

    W.C.C.는 동성애(homosexuality)에 대한 여하한 공적인 정책은 없다. 따라서 W.C.C.내의 회원 교단들 중에는 동성애 목사, 동성애 신자들이 많이 있으나 어떠한 과학적 통계도 없다. 그럼에도 불구하고 W.C.C.는 전 세계에 흩어져 있는 W.C.C. 회원 교단들로 하여금 동성애를 장려하고 있다.
    W.C.C. 안의 대다수 주요 교단들은 동성애를 적극 지지하고 있으며, 동성애자들에게 성직(聖職)을 위한 안수를 장려하고 있다. 따라서 W.C.C. 회원 교단들에는 동성애자인 남녀 목사들과 장로들이 많이 있으며, 그 수는 날로 증가하고 있는 실정이다.
    반면에 소수의 일부 교단들은 W.C.C.를 탈퇴하거나 또는 교단들 안에서 탈퇴하는 일들이 발생하고 있다. 최근에는 미국장로교(PCUSA) 총회에서 동성애 찬동을 가결한 후 그 교단 내의 약 400여 교회들은 그 교단을 탈퇴하고, 새로운 교단(E.C.O.: The Evangelical Covenant Order of

Presbyterians)을 창립하였다.

- 동성애자들(Homosexuals): 동성(same sex) 곧 남자들끼리(Gays), 여자들끼리(Lesbians)의 음란행위를 하는 자들을 말한다. 성경이 가르치는 것은 이성(hetero-sexual)간의 사랑이다.

- 양성애(Bi-Sexual): 동성애자가 동성끼리는 물론 이성과도 성관계하는 것을 말한다. 즉 남자가 남자와 그리고 여자와도 가증한 부도덕한 성관계를 말한다.

- 성 선택(Sexual Orientation): 자기의 취향에 따라 성관계를 선택하는 것을 말한다.

- 성 전환(Trans Gender): 남성의 성기를 여성의 성기로, 여성의 성기를 남성의 성기로 전환하는 것을 말한다.

- 인간성(Human Sexuality): 인간의 성(Sex)에 대한 광범위한 내용들을 포함한다. 다시 말하면 혼전 성관계, 결혼, 결혼 후 성관계, 계약결혼, 국제결혼, 이혼, 동성결혼, 동성 이성 혼음, 성전환 등에 관한 모든 것을 포함한다.

- 동성애자 축복(Same Sex Blessing): 동성애자들의 결혼을 그들은 동성애자 축복이라고 부른다. 동성애자들은 동성애자들끼리 결혼하는 것을 결혼이라는 용어를 사용하지 않고, 축복이라는 용어를 사용한다. 그 이유는 결혼은 인류역사에서 남녀의 결합으로 한 부부가 되는 것을 뜻하기 때문이다.

Ⅰ. 진전과정(Developments)[1]

• 1960년대부터 서방나라들은 동성애자들을 반대하는 것은 동성애자들에 대한 차별이라고 주장하면서 동성애자들을 위한 법들을 제정하기 시작하였다.

• W.C.C. 제3차 총회가 1961년 인도의 뉴델리(New Delhi)에서 개최되었을 때, 상당수의 회원 교단들의 요청에 의하여 W.C.C.는 인간성(human sexuality)에 대하여 거론하기 시작하였다. 상당수의 회원 교단들이란 서유럽과 북미 등의 타락한 교회들을 말한다.

• 1968년 W.C.C. 제4차 총회가 스웨덴의 웁살라(Uppsala, Sweden)에서 개최되었을 때 총회 대표들은 일부다처·결혼·독신·피임·이혼·낙태 그리고 또한 동성애 등의 인간성(Human Sexuality) 문제점들에 대한 진지한 연구를 하여, 교회들이 책임 있는 행동지침을 할 수 있도록 하였다.

• 1975년 W.C.C. 제5차 총회가 아프리카 케냐의 나이로비(Nairobi, Kenya)에서 개최되었을 때에는 회원들이 "성에 대한 신학적 연구"(A Theological Study of Sexuality)를 요구하게 되었다. 그리고 교회들로 하여금 각 개인들의 각기 다른 생활(in different life style) 선택을 지지하도록 결의하였다.

• 1983년 W.C.C. 제6차 총회가 북미 캐나다의 밴쿠버(Vancouver, Canada)에서와 1991년 W.C.C. 제7차 총회가 오스트레일리아의 캔버라(Canberra, Australia)에서 개최되었을 때에는 나이로비 총회에서 결의한 내용과 유사한 지침을 권고하였다.

• 1989년 W.C.C. 중앙위원회가 러시아의 모스코바(Moscow)에서 개최되었을 때 "성과 인간관계"(Sexuality and Human Relations)에 대하여 2차로

---

[1] *A Guide to the study of Sexuality and Human Relations* (W.C.C., 1990); W.C.C., *The Ecumenical Review*, I. 1998, pp. 30-40.

연구하고, 그 결과 1990년에는 그 연구한 "성과 인간관계에 대한 연구지침서"(A Guide to the Study of Sexuality and Human Relations)를 출판하여 각 지역에서 참조하도록 하였다.

• 1990년대에 이르러 W.C.C.의 여러 교단(교회)들은 동성애자들의 결혼을 허용하였을 뿐 아니라 성직자들이 결혼 주례까지도 하게 되었다.

• 1991년 W.C.C. 제7차 총회가 오스트레일리아(호주)의 캔버라(Canberra)에서 개최되었을 때 총회기간에 캔버라에서 남자 동성애자들(gays), 여성동성애자들(lesbians)이 따로 모여 W.C.C. 중앙위원회에 요청하는 결의문을 작성하여 보냈는데 그 결과문이란 성 선택(sexual orientation)이었다. 성 선택이란 성(Sex)에 대한 자기의 취향에 따라 성(sex)을 선택하는 것을 말한다.

• 1994년 W.C.C. 중앙위원회가 남아프리카공화국의 요하네스버그(Johannesburg)에서 열렸을 때 제3분과(Unit. Ⅲ.)에서는 동성애자들과 동성애 찬동자들 교회들이 결속하여 인간성에 관하여 더욱 강조하였다.

• 1996년 12월 레바논(Republic of Lebanon)의 안테리아스(Antelias)에서 정교회와 개신교가 모였을 때 미국그리스도연합교회와 네덜란드복음주의루터교 등은 성문제를 인권적 차원에서 적극 지지하였다.

정교회는 교리와 예배의식은 잘못되었으나 성적 타락에 관하여는 아직도 분명히 반대 입장을 취하고 있다.

• W.C.C. 프로그램지침서위원회(P.G.C.; Program Guideline Committee)는 W.C.C.의 에큐메니칼 양성기관인 보쎄에큐메니칼연구소(Bossey Ecumenical Institutes)에서 인간성문제(human sexuality)에 관한 제1차 세미나(2001년 7월), 제2차 세미나(2002년 4월), 제3차 세미나(2003년 4월)를 개최하였는데 이 세미나들을 통하여 인간성문제에 대한 보다 더 폭넓은 이해와 포용으로 흐르게 되었다.

• 1998년 W.C.C. 제8차 총회가 아프리카 짐바브웨의 수도 하라

레(Harare)에서 개최되었을 때에는 영국성공회 내에 성 선택(Sexual orientation)에 대한 찬반논쟁이 격렬하였고, 상당수의 보수진영 목회자들과 교회들은 성공회를 탈퇴하였으며, 그 중 일부는 로마가톨릭으로 들어갔다.

하라레 총회 이후 W.C.C.는 회원교회들이나 또는 회중들이 서로 상반된 견해를 대화로 해결하도록 하였으며, W.C.C. 회원 교회들은 점점 더 동성애 교회들이 늘어가고 있다.[2]

• 2005년 2월 W.C.C. 중앙위원회는 각 지역의 상황, 문화, 생활양식 등에 따라서 인간성(Human Sexuality)을 인정하고 받아들이도록 권고하였다.

• 2006년 W.C.C. 제9차 총회가 남미 브라질의 포르토알레그레(Porto Alegre)에서 개최되었을 때에 성 선택에 대한 보다 더 폭넓은 지지가 있었다.

Ⅱ. 동성애 교회들(Homo Sexual Churches)

W.C.C. 회원 교회들 가운데는 동성애 교회들이 많이 있다. 지면상 이들 중 몇 교회들만을 실례로 제시하고자 한다.

1. 만국친교공동체교회(U.F.M.C.C.: Universal Fellowship Metropolitan Community Church-미국 동성애 교회(교단))

• 주소: 8704 Santa Monica Blvd. 2nd Fl. West Hollywood, Ca. 90069, USA.

---

[2] W.C.C., *A History of the Ecumenical Movement*, 1968-2000 (W.C.C. Publication, 2004), pp. 267-271.

• TEL: (310)360-8640, FAX. (310)360-8680

　미국에는 동성애자들로 구성된 단일교파가 있다. 이 동성애 교단을 '만국친교공동체교회'라고 한다. 이 동성애 교단은 1968년 10월 6일 미국 로스앤젤레스(L.A.)서 트로이 페리(Troy D. Perry) 목사에 의하여 조직되었다. 페리 목사는 하나님의성회(테네시주 클리브랜드 측)목사로서 동성애자이므로 그 교단에서 출교당한 자이다. 이 동성애 교회는 동성애자들도 하나님의 은사라고 주장하면서 동성애자들이 교회의 완전참여를 주장한다. 지금은 19개 이상의 나라에 300교회 이상 42,000명 이상의 동성애자 신도들을 가지고 있다. 19개 이상의 나라들 중 미국, 캐나다, 멕시코, 오스트레일리아, 뉴질랜드, 남아프리카공화국, 독일, 불란서, 네덜란드 등에 이 동성애 교회들이 많이 있다.[3] 1995년도 이 교단 통계 발표에 의하면 미국에만도 교회 291개, 신도 수 30,000명, 목회자 296명이다. 1998년 통계에 의하면 신도 수 44,000명, 교회 300, 목회자 수 372명이다.[4]

　2005년부터는 트로이 페리의 측근 낸시 윌슨(Nancy Wilson)이 후임으로 있다.

• 만국공동체교회는 1981년부터 미국 자유주의 교회들의 연합체인 '미국교회협의회'(N.C.C.C. in U.S.A.)와 대화를 나누며 그 단체에 가입하기를 원하고 있다. 물론 미국교회협의회 지도층에서는 이를 대환영하나 일부 회원 교단들이 반대하므로 지연되고 있다.

• 만국친교공동체교회는(W.C.C. 제6차 캐나다 밴쿠버 총회(1983)와 제7차 오스트레일리아의 캔버라 총회(1991)에 방청단을 파견하였고, 1998년 12월 짐바브웨 수도 하라레에서 개최된 제8차 총회에도 방청단을 파송하였다.

　만국친교공동체교회(U.F.M.C.C.)지도자 그윈 깃보드(Gwynne Guidbord)는 1999년 미국자유주의교회들의 연합단체인 '미국교회협의회'(N.C.C.C.

---

3) *Ecumenical News International*, 1997. 8. 6. 97-0351.
4) *Year Book of NCCC*, 2006, p. 385.

in U.S.A.) 총회에서 연사로서 따뜻한 환영을 받았다. 회집된 미국교회협의회 대표들 중 최소한 절반은 일어서서 그 동성애 여자에게 갈채를 보내었다.

그녀는 2001년 '캘리포니아교회협의회' 회장으로 선출되었다.[5]

2. 미국장로교(P.C.U.S.A.: Presbyterian Church in the United States of America-W.C.C. 정회원, 1948)

• 주소: 100 Witherspoon St. Louisville, KY. 40202, USA.
• TEL: (888) 728-7228, FAX. (502) 569-5018.
• 2005년도 교회 수 10,960, 신자 수 2,313,662명, 교역자 수 8,752명.

1) 교단 역사

미국장로교의 시작은 존 낙스(John Knox)가 스위스의 제네바에서 존 칼빈(John Calvin)으로부터 배우고, 칼빈이 시무하던 교회에서 목회를 하고, 영국 스코틀랜드로 돌아와 스코틀랜드에서 장로교를 세움으로부터 시작되었다. 그러나 스코틀랜드와 아일랜드의 장로교도들의 상당수는 영국 국교와 로마가톨릭교의 핍박으로 인하여 1620년대에 신앙의 자유를 찾아 대서양을 건너 미대륙 동북부로 이민 정착하게 되었다. 이들을 청교도들이라고 한다. 이들은 1611년에 버지니아 주에, 1630년에는 매사추세츠 주와 코네티컷 주에, 1640-1643년에는 롱 아일랜드와 뉴욕 주에 장로교회들을 세우게 되었다.

• 1680년에는 메릴랜드 주에 정착한 청교도들이 본국 아일랜드장로교에 교역자들을 파송하여 줄 것을 요청하였다. 이 요청에 응하여 아일랜드장로교는 매키미(Makemie, 1658-1708) 목사를 북미선교사로 파송하였다.
• 1706년에는 매키미 목사를 중심으로 6명의 교역자들이 필라델피아

---

5) *Calvary Contender*, 2001. 4. 15.

에서 장로교 첫 노회(Presbytery)를 조직하였다. 1716년에는 노회를 대회(Synod)로 승격시키고, 1717년에는 첫 대회를 개최하게 되었고, 1789년에는 총회(General Assembly)로 승격되었다.

• 초대 총회장에는 "미국독립선언문"에 목사로서는 유일하게 서명한 존 위더스푼(John Witherspoon)이 당선되었다.

• 미국장로교는 1729년에는 웨스트민스터 신앙고백서(Westminster Confession of Faith)를 신앙고백서로 채택하였다.

• 1861년 미국 시민전쟁(남북전쟁 1861-1865)으로 인하여 교회들이 남북으로 갈라져 북부에는 북장로교, 남부에는 남장로교가 되었다.

• 미국북장로교(N.P.C.)는 연합장로교와 1958년 펜실베니아주 피츠버그(Pittsburg, Pa.)에서 연합하여 연합장로교(U.P.C.)라 개칭하고, 이 교회들은 오랜 세월 후에 1983년 6월 10일 조지 주 아틀란타 시(Atlanta, Ga.)에서 에큐메니칼 운동의 일환으로 123년 만에 다시 연합하여 교단 명칭을 미국장로교(P.C.U.S.A.)라고 다시 개칭하였다.

2) 여성안수

미국연합장로교(U.P.C.)에서는 1922년에 여자집사제도를, 1930년에는 여자장로제도를, 1955년에는 여자목사제도를 가결하였다. 그리하여 1956년 마가렛 타우너(Margaret E. Towner)가 최초로 미국 장로교 여자 목사가 되었다. 1971년에는 스테어(Lois H. Stair) 씨가 여성으로 총회장이 되었다.

미국북장로교(N.P.C.)에서는 1964년 여자목사제도를 채택하고 1965년 레이첼 헨더라잇(Rachel Henderlite)이 첫 여자목사가 되었다.

3) 동성애자들(Homosexuals)에게 안수

• 성전환자(Trans sexual)도 계속 목회할 것을 결의하였다.

미국장로교 조지아 주노회는 1996년 10월 22일 남자목사가 성전환 이

후에도 계속 목회하도록 186:161표로 가결하였다. 화제의 장본인은 에릭 스웬슨(Eric Swenson)이라는 목사로 그는 장성한 두 딸을 둔 49세의 아버지로서 여자로 성전환을 하고 이름을 에릭(Eric)에서 에린(Erin)으로 개명하였다.

• 1999년 2월 투투 대주교(Archbishop Tutu; 남아공 케이프타운(Cape Town, S.A.)는 "동성애자들에게 성직을 배제하는 것은 잘못이다(It is wrong to exclude Homosexuls from the priesthood)라는 불평등을 반대한다"고 하였다.

• 1999년, 미국장로교회(P.C.U.S.A.)는 동성애 전도자 제인 스파(Jane Spahr)를 그 해의 '신앙의 여성' 수상자로 지명하였다. 두 명의 자녀를 둔 이 이혼모는 그 교단을 섬기는 첫 번째 공공연한 동성애자이었다.

• 미국장로교 애틀란타 노회 정의와 여성위원회 위원장 애니 세이레(Anne Sayre)는 성전환은 신학적으로나 도덕적으로도 책망할 근거가 없다고 결정하였다.[6]

• 미국장로교는 제 213차 정기총회에서 2001년 6월 15일 켄터키주 루이빌의 켄터키인터내셔널컨벤션센타(Kentucky International Convention Center)에서 찬성 317표, 반대 207표로 동성애자들에게 목사안수를 주기로 결의하였다.[7]

• 미국장로교는 2006년 6월 15-22일까지 미국남부 알라바마주 버밍험(Burmingham)에서 총회가 개최되었는데 20일 새로운 정책을 298-221로 통과시켰다. 그런데 새로운 정책이란 비독신 동성애자들(Non-celibate Homosexuals)에게도 목사안수를 주기로 가결하였다.[8]

• 미국장로교 샌프란시스코 노회는 2009년 11월 10일 밤 동성애자 리사 라지스(Lisa Larges)에게 목사안수를 허가하기로 156표 대 138표로 가결하였다.

• 미국장로교는 총회가 2010년 5월 10일 동성애자에게 목사안수·임

---

6) *Ecumenical News International*, 1996. 11. 6.
7) *Ecumenical Press Service*, 1987. 12. 10.
8) *Ecumenical News International*, 2006. 7. 19. p. 32.

명을 통과시켰다. 이에 반대하여 미국장로교 산하 한인교회전국총회(N.C.K.P.C.) 회장 정인수 목사는 "한인교회는 동성애자들에게 안수하지 않을 것이며, 그들의 안수를 인정하지도 않을 것이다"라고 하였다. 미주 한인장로교는 미주 전역에 약 400여개 한인교회들로 구성되어 있다.

• 미국장로교는 한국의 대한예수교장로회(통합측: 장신대 계통)와 대한기독교장로회(기장측 : 한신대 계통)와 더불어 세계교회협의회(W.C.C.)의 정회원들로서 오래 전부터 신앙적 신학적 여러 면에 밀접한 관계를 맺고 있음으로 이들 한국의 자유주의 장로교회들은 미국장로교의 영향을 받지 않을 수 없다. 그러므로 이 교회들은 날이 갈수록 점점 더 자유주의화·세속화·타락하고 있다.

3. 미국연합감리교(U.M.C.: United Methodist Church-W.C.C. 정회원, 1948)

1) 교단 역사

원래 감리교 운동은 영국의 부흥사 존 웨슬리(John Wesley)의 사역으로 영국에서 시작되었다. 그러나 미국감리교의 발단은 1784년 메릴랜드 주 발티모어(Baltimore)에서 있었던 크리스마스회의(Christmas Conference)가 조직적 교회의 시작으로 간주된다. 그리고 초대 감독에는 후랜시스 애스베리(Francis Asbury)가 피선되었다.

미국감리교는 1861-1865년 남북전쟁으로 분열되었다. 1930년 남북감리교회가 연합하여 연합감리교가 되었으며, 1939년에는 감리감독교(남부측), 감리프로테스탄트교회, 감리감독교가 연합감리교 안으로 흡수되었다.

1946년에는 그리스도연합형제교와 복음교회가 합하여 '복음연합형제교회'가 되었다.

1968년 4월 28일 달라스에서 복음주의연합형제교회와 연합감리교가 또 합하여 연합감리교가 되었다.

2) 여성안수

미국연합감리교는 1956년 '여성의 완전한 목사권리'(full clergy rights for women)를 인정하고, 1976년 총회에서는 여성의 완전한 목사권리를 법으로 제정하였다. 그리고 1980년 7월 17일 메조리 스완크 매튜스(Majorie Swank Mattews)가 최초의 여감독(woman bishop)이 되었다.

3) 동성애자들(Homosexuals)에게 안수

- '미국연합감리교' 본부 3개 부처(제자도, 교회와 사회, 고등교육과 사역)는 1988년 4월 총회에 기독교에 맞지 않는 호모 섹스 같은 용어들을 제하여 버리고, 동성애자들에게 금하는 목사안수를 허락하고, 자신은 동성애자라고 스스로 밝히는 자에게 목회사역을 계속하도록 건의하였다.
- 1989년 교회 내에 동성애자들의 완전 참여를 환영하기로 결의 선언하였다.[9]
- 1997년 9월 미국 네브라스카주 오마하의 제일연합감리교회(U.M.C.)의 지미 크리치(Jimmy Creech) 목사는 그의 교인들 중 두 명의 여자 동성애자들을 위해 결혼식을 거행하였다.[10]
- 1998년 1월, 연합감리교회 소속 목회자들 일부가 동성애를 옹호하는 성명을 발표하였다.[11]
- 1999년 1월 16일, 엘리 칼튼(Ellie Carton, 여 63세)과 제니 바넷(Jeanne Barnett,여 68세) 여자 동성애 부부가 미국 캘리포니아주 새크라멘토컨벤션센터(Sacramento Convention Center)에서 1,500명의 사람들 앞에서 95명의 연합감리교회 목사들에 의해서 '축복'을 받았다. 이 두 늙은 여자 동성애자들은 지난 15년 동안 동거하였으며, 앞으로도 일생을 같이 하겠다고 약속하였다. 이 늙은 동성애 여자들의 결혼식에는 주최 측에서 초청

---

9) *Ecumenical Press Service*, 89.09.11.
10) *Year Book of NCCC*, 2006, p.149.
11) 「크리스챤 신문」, 1998. 1. 26, 2쪽.

한 인원만도 1,200명이었다.[12]

• 미국연합감리교(U.M.C.)는 2000년 5월 5일부터 12일까지 개최되었던 총회에서 705 대(對) 210으로 동성애를 찬동하였다. 다시 말하면 교회에 부임하는 목사들이 "나는 동성애가 모든 사람을 위한 하나님의 완전한 뜻이라고 믿지 않는다. 나는 동성애를 행하지 않을 것이다. 나는 내 관할 아래서 동성애가 행하지 않도록 부추기지 않을 것이다"라는 선언문에 서명하도록 교회법에 명문화 하자는 안건을 놓고 투표한 결과 705 대 210으로 부결시켰다.[13]

• 미국연합감리교는 대한기독교감리회(기감측 : 감신대 계통)와 더불어 세계교회협의회(W.C.C.)의 정회원들로서 오래 전부터 신앙적 신학적 분야를 위시하여 여러 면에 밀접한 관계를 맺고 있음으로 한국의 기독교 감리회는 미국연합감리교의 영향을 받지 않을 수 없다. 그러므로 날이 갈수록 점점 더 자유주의화 세속화되어 가고 있다.

4. 미국성공회(Episcopal Church-W.C.C. 정회원, 1948)

• 주소 : 815 Second Ave. New York, N.Y. 10017, USA.
• TEL: (212)716-6240, FAX. (212)867-0395
• E-mail: cepting@episcopalchurch.org
• 2004년도 통계: 교회 수 7200, 신자 수 2,247,819, 교역자 수 5719.[14]

1) 미국성공회 역사

미국성공회(Episcopal Church)는 미국의 개신교들 중 가장 오랜 역사를 가지고 있다. 영국성공회 신도들(Anglicans)은 미국 동부 버지니아 주 제임스타운(Jamestown, Va.)에 정착하여, 로버트 헌트(Robert Hunt) 초대목사

---
12) 140 *Ecumenical News International*, 2000. 3. 8. Bulletin-00-0072.
13) 「기독교 신문」, 2000년 5월 21일, 제1563호, p. 2.
14) *Year Book of NCCC*, 2007, p. 375, W.C.C.(1948).

와 함께 1607년 성공회교회를 개척하였다. 코네티컷 주의 사무엘 씨베리(Samuel Seaburry) 신부는 아버딘(Ab-erdeen)에 있는 스코트성공회에 의하여 1784년 미국성공회의 초대 감독이 되었다.

미국이 영국의 식민 통치로부터 독립한 이후에는 영국성공회에 속해 있던 미국성공회가 1789년 미국성공회로 독립하게 되었다.

미국성공회의 월터 라이터(Walter Righter) 감독은 1990년 동성애자(Gay : 남자)에게 성직을 위한 목사 안수를 거행하였다.

1994년에는 성공회 총회에서 71명의 감독들이 코이노니아 성명서(Statement of Koinonia)에 서명하였는데, 그 성명서에는 동성애와 이성애 모두 도덕적 중립이다(Homosexuality and hetero-sexuality are morally neutral)이라고 하였다.[15]

2) 동성애자들(Homosexuals)

• 1996년 시애틀 마가성당(Mark's Cathedral)에서는 동성애 남자들에게 결혼을 축복하면서 주례 목사는 "저들의 사랑은 정의와 평화의 새로운 세계의 상징으로 부끄러움 없는 사랑을 나누기를 원한다"(Let their love be without shames, a sign of a new world of justice and peace)라고 하였다.[16]

• 미국 시카고의 성공회 감독 윌리암 퍼셀(William Persell)은, "내가 가는 교회마다 많은 동성애 남자들 여자들이 있다. 하나님께서 그들을 Gays로, Lesbians 들로 창조하였음에도 불구하고, 그들을 어떻게 second class라고 말할 수 있을까?"라고 하였다. 퍼셀은 1991년부터 1998년까지 오하이오 주 클리브랜드 Trinity Cathedral에서 감독으로 있었다.

• 미국성공회는 1997년 7월 21일 펜실베니아주 필라델피아(Philadelpia)에 있는 그리스도 교회에서 214명의 감독들이 참석한 총회에서 시

---

15) *The Episcopal News Service*, 1995. 12.12, p. 10.
16) *The Episcopal News Service*, 1996. 5. 23, pp. 15-16.

카고의 후랭크 트래시 그리스월드 3세(Frank Tracy Griswold III, 59세)가 110표를 얻어 에드몬드 브라우닝(Edmond Browning) 대표 감독에 이어 미국성공회의 제 25대 대표 감독으로 선출되었다. 이 두 감독은 모두 동성애자들을 지지한다.

　미국성공회의 신도 수는 250만에 불과하나 전 세계 성공회에 상당한 영향력을 행사하고 있다.

　미국성공회안에는 동성애 신부들로 구성된 단체가 있는데 이 단체를 '본래의 모습회'(Integrity Inc.)라고 한다. 이 단체는 그리스월드 3세가 대표 감독으로 선출된 것을 환영하였다. 그 이유는 에드몬드 브라우닝전 감독이나 그리스월드 3세 감독은 교회 생활에서 동성애자들의 완전 참여를 지지하는 자들이기 때문이다.[17]

- 윌리암 퍼셀(William Persell)은 1998. 11. 14일 미국 시카고 신임 감독으로 선출되었다. 시카고 성공회 신임 감독은 동성애 결혼을 지지하였다. 그는 최근 ENI와의 인터뷰에서 "나는 우리가 서로(상대)를 배우고 받아들일 때라고 생각한다.…내가 가는 교회마다 많은 남자 동성애자들과 많은 여자 동성애자들이 있다. 하나님께서 그들을 남자 동성애자들과 여자 동성애자들로 창조하였음에도 불구하고, 당신은 그들을 어떻게 2류(second class) 사람들이라고 말할 수 있는가? … 우리는 동성애자들이 오랜 기간 동안 동성애 부부가 되기를 바라며, 우리는 그들을 존중(honor)하여야 한다"고 동성애 결혼을 지지하였다. 그는 과거 25년 동안 결혼하여 6남매의 아버지였다.[18]

- 미국성공회 수녀들 → 가톨릭교로 개종

　미국 동부 메릴랜드 주 발티모어(Baltimore, Md.) 소재 All Saints Sisters of the Poor에 속해 있는 10명의 수녀들(nuns)은 성공회(Episcopal Church)

---

17) *Ecumenical News International*, 1997. 8. 6. 97-0337.
18) *Ecumenical News International*, 1999.1.15, Bulletin-99-0010.

를 탈퇴하고 2009년 9월 3일 로마가톨릭교로 개종하였다. 이 수녀들은 7년 전부터 미국성공회를 탈퇴하려고 고심해 왔다고 하였다. 그 지역 워렌 탕히(Warren Tanghe) 목사도 성공회를 탈퇴하고 같은 날 수녀들과 함께 가톨릭교로 개종하였다.

그 수녀들은 「발티모어 선」(Baltimore Sun) 신문과의 인터뷰에서 "우리 성공회는 너무 멀리 자유주의 길을 여행하고 있다. 남자 동성애 감독들(gay bishops)을 허용하고, 동성애자들의 결혼을 축하하며, 너무나 타락되었다"고 하였다.

• 2003년 뉴햄프셔(New Hampshire)에서 공적으로 동성애자 제니 로빈슨(Gene Robinson)을 미국성공회에서는 처음으로 뉴햄프셔 교구 감독으로 선출하였다. 그 이래 10여 개 교회들, 4개 지역(노회) 다수가 동성애 목사 허용 문제로 분열되었다. 그럼에도 불구하고 메릴랜드성공회 감독 유진 써튼(Eugene Sutton)은 말하기를 "그럼에도 불구하고(분열에도 불구하고) 우리는 그리스도 안에서 한 몸에 머물러 있는 것이 우리의 피차 기쁨이다"라고 하였다.[19]

• 뉴햄프셔 교구 감독 동성애자(gay) 진 로빈슨(Gene Robinson)은 뉴욕시에서 정기적으로 벌리는 동성애자 축제(gay festival) 기간 중 6월 28일 뉴욕제일장로교회에서 설교하면서 "여성에게 목사안수를 허락지 않는 교회 또는 동성애자들에게 목사안수 허락지 않는 교회는 미래가 없다"(A Church that does not ordain women or openly gay people-I don't see a future)라고 하였다.

진 로빈슨은 BBC방송과의 인터뷰에서 감독직을 사임할 의사가 없는가?라는 질문에 답하기를 "뉴햄프셔(New Hampshire)의 신부(Clergill)들과 평신도들이 자신이 그들의 감독이 되어주기를 계속 요청해 왔다. 나는 미국성공회를 사랑하고…나는 나에게 주신 하나님의 소명을 거절하지

---

[19] *Ecumenical News International*, No.10, 2009. 10. 26, p. 12.

않겠다"(I will not reject God's call to me)라고 하였다.[20]

• 우간다의 무가비 대통령은 동성애자들을 짐승들보다 더 악하다(worse than beasts)고 하였는데, 아프리카, 아시아, 라틴 아메리카 등지에 있는 보수진영의 성공회뿐만 아니라, 다른 보수진영의 교회들도 같은 생각을 하고 있다.

• 아프리카 탄자니아교회(Tanjanian Church)는 "미국성공회가 윤리·도덕적으로 극도로 타락되었으므로 미국성공회로부터 물질적 구호뿐만 아니라 어떠한 지원도 거절한다"고 결의하고 발표하였다.[21]

그럼에도 미국성공회 감독들은 동성애자들 남자 동성애자들(Gays), 여자 동성애자들(Lesbians)의 교회안에서 모든 분야에 완전참여(full participation)[22]를 재다짐하였다. 영계(靈界)의 지도자들이라는 사람들이 (Bishops) 이 모양들이니!!

※ 전 세계의 성공회 신도들은 약 6,000만(60million)이다.

• 미국성공회 L.A.(로스앤젤레스) 교구는 2009. 12. 5. 메리 글래스풀(Mary Glasspool)을 부감독으로 선출하였다. 그런데 메리 글래스풀은 동성애자로서 동성애자와 살고 싶다고 공공연히 말하는 대담한 동성애자이다.[23]

• 이에 반대하여 아프리카 북 우간다 교구 넬슨 오노노온웽(Nelson Onono-Onweng) 감독은 "우리는 미국사람들(동성애자들)과 같이 동행할 수 없다"(We will not be able to walk with the Americans)고 입장을 밝혔다.[24]

• 우간다성공회 대주교 헨리 누가 오롬비(Henry Luke Orombi)는 우간다 일간지 *Daily Monitor*와의 인터뷰에서 "성경은 동성애가 부도덕한 죄

---

20) *Ecumenical News International*, 2009. 9. 19, p. 15.
21) *Ecumenical News International*, 2009. 12. 20, p. 11.
22) *Ecumenical, News International*, 2007. 10. 17, p. 24.
23) *Ecumenical News International*, 2009. 12. 23, p. 11.
24) Ibid.

(Immoral)라고 정죄하였다. 동성애자가 어떻게 감독이 될 수 있는가?"라고 하였다.[25]

우간다성공회의 지도자들 중 한 사람인 스탠리 타갈리(Stanley Ntagali; Masindi-kitasa 교구의 주교)는 2009년 10월 21일 ENI의 인터뷰에서 "동성애자들은 상당한 기간 동안 감옥생활을 하여야 한다"고 주장하였다.[26]

3) 북미에서 성공회 새로운 교단 창립—동성애에 반대하여

미국과 캐나다의 성공회 보수 목회자들과 교회들은 여성들에게 목사 안수, 동성애자들에게 교회에서 축복(동성애자 결혼), 동성애자 감독 선출 등을 반대하여 미국성공회협의회(A.A.C. ; The American Anglican council)라는 새로운 교단을 창립하였다.

펜실베니아주 피츠버그(Pittsburgh)의 전(全)성공회 감독 로버트 던칸(Robert Duncan)을 중심으로 펜실베니아주 피츠벅 교구, 텍사스 주 달라스 교구, 칼리포니아 주 산죠아퀸 교구, 일리노이 주 퀸시 교구 등 미국과 캐나다의 700개 이상의 교회와 10만 이상의 성도들, 그리고 아프리카의 케냐, 우간다, 남미의 남쪽 성공회 교회들을 포함한 교회들이 텍사스 주 달라스(Dallas, TX.)에서 2003년 6월 22-25일까지 창립총회를 개최하였다.[27]

5. 미국연합그리스도교회(United Church of Christ—W.C.C. 정회원, 1948)

- 주소: 700 Prospect Ave. Cleveland, Oh. 44115 USA
- TEL: (216)736-2100, FAX. (216)736-2103

---

25) Ibid.
26) *Ecumenical News International*, 2009. 11. 28, p. 8
27) *Ecumenical News International*, 2009.7.20, Bulletin-09-0523.

• 2005년 교세: 신자 수 1,224,297명, 교회 수 5,567, 교역자 수 4,293명.

1) 교단 역사

'미국연합그리스도교'는 1957년 6월 25일 오하이오 주 클리브랜드(Cleveland, Oh.)에서 회중기독교회(Congregational Christian Church)와 복음주의개혁교회(Evangelical Reformed Church)가 에큐메니칼 운동의 일환으로 통합된 교회이다.

• 회중교회는 영국과 뉴잉글랜드(미국 동북부)의 청교도들이 17세기에 세운 교회로서 칼빈주의 신앙노선이었다.

• 개혁교회는 19세기 초 독일에서 미국 동부 펜실베이니아 주로 이민 와서 세운 교회들로서 루터, 칼빈, 츠빙글리의 신앙노선에 선 선교회였다. 그러므로 이 교회들도 초창기에는 역사적 기독교 신앙(옛 신앙)을 지켰으나, 세월이 흐름에 따라 타락되었다. 그 결과 1961년에는 W.C.C.에 가입하고 지금은 동성애 목사들까지도 있게 되었다.

2) 동성애자들(Homosexuals)에게 안수

• 1972년, 미국연합그리스도의교회(U.C.C.)는 동성애자 윌리암 존슨(William Johnson)의 안수를 허락하였다. 그는 대(大)교단에서 안수 받은 첫 번째의 공공연한 동성애자이었다.[28]

• 1980년, 미국연합그리스도의교회(U.C.C.)는 현행적 남녀 동성애자들을 목사로 봉직하도록 공식적으로 허용한 최초의, 유일한 대교단이 되었다.[29]

• 1985년, 2년마다 모이는 U.C.C. 총회는 동성애자들을 목사로 허락하는 것을 압도적 표수로 결정하였다.[30]

---

28) *Christian News*, 1997. 10. 27, p. 5.
29) *Christian News*, 1992. 4. 13.
30) *Christian News*, 1985. 4. 29, p. 3.

특집 1: 세계교회협의회의 동성애 교회들   275

6. 미국침례교(A.B.C.=American Baptist Church in the U.S.A.-W.C.C. 정회원, 1948)

- 주소: P.O. BOX 851, First Avenue, Vally Forge, Pa. 19482, USA.
- TEL: (610)768-2000, FAX. (610)768-2320.
- 1995년도 교세: 신자 수 1,396,700명, 교회 수 5,740, 교역자 4,267명 (총 교역자 수 7,524명)[31]

1) 교단 역사

'미국침례교회'는 시민전쟁(Civil War)으로 인하여 1845년 남북 침례교 (Southern and Northern Baptist Church)로 분열될 때까지는 각 지역 협의체들로서 존재하여 왔다. 북침례교는 1950년 명칭을 '미국침례교'(A.B.C.)로 개칭하였다. 이 교단은 미국의 자유주의 교회들의 연합체인 미국교회협의회(N.C.C.C. in U.S.A.)와 전 세계 자유주의 교회들의 연합체인 세계교회협의회(W.C.C.)의 정회원으로서 특히 전국침례교, 7일침례교, 그리스도제자교회, 형제교회, 자유침례교 등과 밀접한 교류를 하고 있다.

이 교단도 여성안수는 물론 동성애 목사들을 수용하고 있다.

미국에는 코네티컷 주, 아이오와 주, 메사추세츠 주, 뉴햄프셔 주, 버몬트 주, 워싱톤 D.C. 오래곤 주, 워싱톤 주 등이 동성결혼이 합법화되어 있으며, 뉴욕 주 의회는 2011. 6. 15 동성애 결혼을 80:63으로 합법화하는 결혼평등법안(Marriage Equality Act)을 통과시켰다. 청교도들이 세운 미국이 500년이 지난 지금은 도덕·윤리적으로 그토록 타락되었다.

---

31) *Year Book of NCCC*, 2007, p. 371.

7. 캐나다연합교회(U.C.C.: United Church of Canada-W.C.C. 정회원, 1948)

- 주소: 3250 Bloor St. W., Suite 300 Etobicoke, Toronto, Ont. M4Y 3G2, Canada.
- TEL: (416)924-9192, FAX. (416)968-7983
- 교세: 신자 수 593,600명, 교회 수 3,527, 교역자 수 1,902명(2004년 교단 통계), W.C.C.에 가입(1948)

1) 교단 역사

'캐나다연합교회'는 1925년 6월 10일 회중교회, 감리교, 장로교(71%)가 합하여 캐나다연합교회가 되었다. 1968년에는 복음주의연합형제교회가 또 가입하였다. 처음에는 60만 신도였으나 지금은 가톨릭교 이외에는 캐나다에서 가장 큰 교단이 되었다.

2) 동성애자들(Homosexuals)에게 안수

캐나다연합교회는 캐나다에서는 처음으로 동성애자들에게도 다른 사람들과 동일하게 목사안수를 주기로 1988년 합법화 한 최초의 교단이 되었다.[32] 이 교단 산하 밴쿠버(Vancouver)에 있는 두 교회(Trinity and First)는 남자 동성애자들과 여자 동성애자들을 교회의 모든 분야에 받아들였다. 이 교회는 동성애자들을 받아들이는 첫 번째 경우(case)가 되었다.

- 트리니티연합교회 린다 얼빈(Linda Ervin) 여자 동성애 목사는 「밴쿠버 선」(*Vancouver Sun*) 신문에 "많은 남자 동성애자들과 여자 동성애자들이 교회를 반대하는 이유는 교회가 그들을 정죄하고 불친절하기 때문이다. 교회는 동성애자들을 위한 결혼, 특별장례, 교회의 직원, 비서, 찬양

---

32) *Christian News*, 1997. 10. 27, p. 5.

사역자 등으로 환영하며 채용하여야 한다"고 역설하였다.[33]

• 토론토(Toronto)에 있는 네 교회와 윈니펙(Winnipeg)에 있는 두 교회도 동성애자들을 받아들였다.

캐나다연합교회는 매우 급진적 자유주의 교회이다. 그러기에 산아제한 찬동, 사형제도 반대 등 비성경적, 반윤리적 입장을 취하고 있다. 살인죄인 산아제한은 찬동하고, 무고한 사람들을 살해 또는 이에 버금가는 중범죄를 범한 죄인들에게는 생명의 존엄성, 인권 운운하면서 사형제도를 반대한다.

8. 캐나다성공회(A.C.C. : Anglican Church of Canada-W.C.C. 정회원, 1948)

- 주소: 80 Hayden St. Toronto, Ont. M4Y 3G2, Canada
- TEL: (416)924-9192, FAX. (416)968-7983
- 교세: 신자 수 641,845명, 교회 수 2,884, 신부 수 1,930명, W.C.C. (1948)(2001년 통계)

1) 교단 역사

'캐나다성공회'는 영국선교회(British Missionary Societies)의 선교사들이 18, 19세기에 복음을 전하여 1893년 조직된 캐나다에서 세번째로 큰 교단이다. 캐나다성공회는 1979년 교회지침서(Church's Guidelines)에서 "모든 사람은 하나님 앞에서 평등하다. 동성애는 승인하지 않는다"라고 규정하였다. 그러나 근래에 와서는 1979년 교회지침서를 개정하여야 한다는 목소리가 커졌다.

---

[33] *Ecumenical News International*, Bulletin-97-0201.

2) 동성애자들(Homosexuals)에게 안수

여론 조사에 의하면 19명의 감독은 동성애자들을 적대시한 죄를 그들에게 사과해야 한다고 하였다.[34]

9. 영국교회(성공회: Church of England, Anglican Church-W.C.C. 정회원, 1948)

- 주소: General Synod, Church House, Great Smith ST.GB-London SWIP 3NZ, UK.
- TEL: 44-171-222-9011, FAX. 44-171-233- 2660
- 교세: 신자 수 27,200,000명, 교회 수 17,460, 교구 수 44, 신부 수 18,376명(5,197명 은퇴), W.C.C. 가입(1948)[35]

'영국교회'는 1534년 헨리 8세가 영국교회의 수장령(Supreme Head of the English Church)을 공포하고 로마가톨릭교로부터 독립하여 탄생한 교회이다. 그러나 지금은 로마가톨릭교와 다시 연합을 모색하고 있다.

성공회 감독들은 1991년 성명서를 발표하기를 "평신도들은 동성애를 받아들일 수 있으나 성직자들은 동성애를 받아들일 수 없다"고 하였다.

- 그러나 1997년 7월 14일 밤에는 평신도, 성직자 구별 없이 모두 동성애자들을 받아들이기로 결정하였다. 회의 기간 중 동성애자들은 회의장 밖에서 "우리는 포괄적·포용적 교회를 위하여 기도한다"(We are praying for an inclusive church)고 외쳤고, 이 결정을 전적으로 환영, 지지하였다.

이보다 바로 일주일 전 영국연합개혁교회는 동성애자들을 목사로 받아들일 것을 결의하였다. 물론 이 교회들 안에는 이런 결의가 있기 오래 전부터 동성애 목사들이 있어 왔다.[36]

---

34) Ibid.
35) *W.C.C. A Handbook of Churches and Councils*, 1985, pp. 185.
36) *Ecumenical News International*, 1997. 7. 23, 97-0312.

• 전(全) 글라스고(Glasgow)와 갤러웨이(Galloway)의 감독 디렉 라오클리프(Derek Rawcliffe)의 성공회 감독은 영국 BBC TV 방송 프로그램에 나와서 자신은 동성애자(gay)라고 말하고 교회로 하여금 동성애자들을 축복해 줄 것을 계속 요청해 왔다고 하였다. 그는 1981년부터 1991년까지 10년 동안 감독으로 있었다. [37]

10. 영국연합개혁교회(U.R.C.: United Reformed Church in the U.K.-W.C.C. 정회원, 1948)

• 주소: 86 Tavistock Place, GB-London WCIH 9RT, UK.
• TEL: 44-171-916-2020, FAX. 44-171-916- 2021
• 교세: 신자 수 190,941명, 교회 수 1,898, 교역자 수 1,080명(574명 은퇴), W.C.C. 가입(1948)[38]

1) 교단 역사
'영국연합개혁교회'는 16-17세기에 세워진 회중교회와 장로교가 1972년 10월에 통합되고, 1981년 9월에는 연합개혁교회와 재차 통합하여 현재의 연합개혁교회(U.R.C.)가 되었다. 즉 영국연합교회는 개혁교, 장로교, 회중교의 통합으로 탄생된 교회이다. 따라서 이 교단은 영국에서는 가장 큰 교단이며, 약 102,000신자, 1,750여 교회들이 영국, 웨일즈, 스코틀랜드 등지에 그 교단 교회들이 퍼져있다.

2) 동성애자들(Homosexuals)에게 안수
영국연합개혁교회는 1997년 7월 8일 지교회가 동성애자를 담임목사로 청빙하기를 원한다면 허락하기로 19인이 발의하고, 324:189로 결의하였

---
37) Ibid., 1995. 3. 14, 0071.
38) *W.C.C. A Handbook of Churches and Councils*, pp. 191-2.

다. 대 교단이 이와 같은 결정을 한 것은 영국에서는 처음이다.

• 영국연합개혁교에서 39년 동안 목회를 한 자넷 웨버(Janet Webber) 동성애 여자 목사는 20년 동안 동성애 생활을 한 동성애 여자(Lesbian) 목사이다. 그는 총회 석상에서 "우리는 그들을 말하는 것이 아니라 우리를 말하는 것이다. 얼마나 많은 목회자들, 장로들 그리고 교인들이 동성애자들인지 아무도 모른다. 왜냐하면 사회와 교회들이 숨기도록 강요하기 때문이다"라고 하였다.

• 영국연합개혁교에서 13년 동안 목회한 말틴 헤이젤(Martin Hazel) 동성애 목사는 말하기를 "동성애는 드디어 현실이 되었다"고 기뻐하였다.

• 영국연합개혁교 부총무 존 월러(John Waller) 목사는 일부 보수 교역자들과 평신도들이 탈퇴할 것에 대비하여 "사람들이 떠날 것이다. 그러나 나는 그들이 떠나지 않기를 바란다. 어떤 한 가지 문제로 사람이 교회를 떠나는 것은 좋은 생각이 아니다. 다른 견해들도 계속 존중시되어야 한다"[39]고 말하였다.

이 얼마나 타락되었는가! 동성애 목사! 문제 한 가지가 사소한 일인가?

11. 영국감리교회(Mathodist Church – U.K.–W.C.C. 정회원, 1948)

존 길레스피(John Gillespi) 목사 파면 당함- 동성애목사 반대함으로!!

길레스피 목사는 미국에서 영국으로 건너가서 루에스감리교회(Looes Methodist Church)를 7년 동안 시무하였다. 그는 영국감리교회가 동성애자들(남자들: gays, 여자들: lesbians)에게 안수하여 목사로 사역하도록 결의한 것에 대하여 반대하였다. 그러므로 길레스피 목사는 영국감리교로부터 파면당하였다. 그는 50여 명의 성도들과 함께 독립 개척하였다.[40]

---

[39] Ibid., 93-310.
[40] *Ecumenical Press Service*, 94.07.58.

12. 네덜란드개혁교회(Netherlands Reformed Church-NHK-State Church – W.C.C. 정회원)

- 주소: Postbus 405, Overgoo 11 NL-2260 AK Leidschendam, Netherlands
- TEL: 31-70-431-3131, FAX. 31-70-43- 1202
- 교세: 신자 수 2,700,000명, 교회 수 1,800, 교역자 수 1,775명, W.C.C.에 가입(1948)[41]

네덜란드개혁교회는 16세기 유럽의 종교개혁이 일어났을 때 정치적으로는 스페인으로부터 독립한 나라이며, 종교적으로는 로마가톨릭교로부터 독립한 교회이다. 개혁교회는 존 칼빈, 존 낙스, 츠빙글리 계통이다. 종교개혁이 일어날 당시는 마틴 루터가 독일에서 종교개혁에 가장 큰 영향을 끼쳤다. 그러나 1540년대 이후로는 존 칼빈이 제네바에서 더 많은 영향을 끼쳤다. 따라서 네덜란드에도 칼빈주의자들의 개혁교회들이 세워지고 부흥하게 되었다.

- 네덜란드개혁교회는 1970년대 이후 16세기 초에 시작된 복음주의루터교회(The Gerelerneende Kerken)와 통합하여 네덜란드연합개신교(Gereformeerole United Pretestant Church in Netherland)가 되었다. 복음주의 루터교 총무 Rene Van Den Berge는 말하기를 "우리는 동성애 관계를 받아들이며, 우리는 동성애자들을 목사들로 받아들인다. …우리 교단의 목사들 중 2/3정도는 동성애자들이다. 네덜란드개혁교회들도 동성애에 대하여 계속적 개방적 견해를 가지고 있다"고 하였다.

- 네덜란드연합개신교회는 W.C.C.산하 W.A.R.C.(개혁교세계연맹)의 주(主) 회원교회가 되었다. W.C.C. 제1대 총무 비서트 후프트(Vissert Hooft)도 이 교단 출신이다. 그러나 이 교회(교단)도 지금은 극도로 타락되어 동성애 목사들을 포함한 동성애자들에게도 축복하기로(bless) 결정하였

---

41) *W.C.C. A Handbook of Churches and Councils*, p. 162.

다.⁴²⁾ 한 걸음 더 나아가서 네덜란드개혁교회(N.H.K.) 대회(Synod)는 동성애자들을 치리하지 않기로 결정하였다.⁴³⁾

• 동성애자들에게 축복한다(bless)는 말은 그들의 결혼을 축복한다는 뜻이며, 네덜란드개혁교회의 대회(Synod)는 다른 교회들의 총회와 같은 것이다.

13. 네덜란드개혁교회(Reformed Church in the Netherlands-W.C.C. 정회원)

- 주소: Postbus 202 NL-3830 AE Leusden, Netherlands
- TEL: 31-33-496-0360, FAX. 31-33-496-8707
- 교세: 신자 수 844,427명, 교회 수 823, 교역자 수 1,168명, W.C.C.가입(1971)(1985년도 통계)

'네덜란드개혁교회'는 1886년 네덜란드개혁교회(Netherlands Reformed Church)로부터 분리된 교회이다. 특히 이 교단은 아브라함 카이퍼(Abraham Kuyper)의 영향 하에 1892년 이래 급성장하였다. 이 교단의 많은 신도들은 미국, 캐나다, 오스트레일리아, 뉴질랜드 등으로 이민을 가서 각기 개혁교회들을 세우고 네덜란드의 본 교회와 계속 유대관계를 맺고 있다. 이 교단은 칼빈주의에 기원하여 벨기에 신앙고백서, 하이델베르그신앙고백서, 돌트정경 등을 신앙고백서로 받아들였다.

그러나 이 교단도 세월이 흐름에 따라 신앙적으로, 도덕적으로 점점 변질 타락되어 지금은 동성애 목사들까지도 수용하게 되었다. 그리고 과거에 분리되었던 네덜란드개혁교회(N.R.C.)와 다시 통합을 시도하고 있다.

14. 스웨덴교회(Church of Sweden, 루터교-W.C.C. 정회원, 1948)

1) 역사

스웨덴은 약 900만 인구 중 루터교 약 760만 명(87%), 가톨릭 약 15만

---

42) *Ecumenical Press Service*, 89. 06. 35.
43) *Ecumenical News International*, 09. 18.

5천명, 동방정교회 약 9만 7천명, 회교 약 20만 명, 유대교 약 1만 6천명, 불교 약 3천명, 힌두교 약 3천명 등이다.

- 스웨덴은 루터교가 국교(State Church)이다. 따라서 모든 국민은 다른 종교를 선택하지 않는 한 자동적으로 루터파로 등록이 된다. 국민 대부분은 태어날 때부터 기독교(루터교)이지만 절대 다수인 95%는 거의 또는 전혀 교회에 나가지 않는다.
- 스웨덴은 마틴 루터가 독일에서 종교개혁을 일으킨 10년 후 1527년 거스타바스 바사(Gustarvas Vasa) 왕 때 종교개혁이 일어나기 시작하였으며, 1531년에는 제1대 웁살라(Uppsala) 대주교가 임명되었다.

1593년에는 웁살라성직자회의에서 스웨덴교회를 루터교로 확정하였다. 그리고 아우그스버그신앙고백서(Augsburg Confession of Faith)를 표준교리로 채택하였다.

그러나 종교개혁이 일어난 지 약 500년이 지난 지금은 스웨덴교회(루터교)도 극도로 타락되어 1958년 여자목사제도를 채택하고, 1960년 4월 10일 그 교단 역사상 처음으로 세 여성에게 목사 안수를 하였다. 목사 안수 받은 세 여성은 엘리자베스 율(Elisabeth Djurle), 잉그리드 퍼슨(Ingrid Person), 마지 살린(Margit Sahlin) 등이다. 그런데 여자 목사제도를 채택한 지 50년이 지난 2008년 4월 말 통계에 의하면 전체 목사 4,386명의 목사들 중 1915명의 목사가 여성이다.

교회개척 매니져 보엘 아오시엔(Boel Hassien)목사는 여성안수 50주년 기념예배에서 "희년(50년)과 함께 우리는 스웨덴교회는 남녀평등의 교회임을 축하하기를 원한다. 그리고 우리는 다 함께 미래에 확신을 깊게 한다"고 하였다.

2) 동성애 여자감독으로 선출

스웨덴루터교 스톡홀름(Stockholm) 교구에서는 2009년 5월 브르니(Brunne) 동성애 여자(a lesbian)가 한스 얼프베브란트(Hans Ulfvebrand)를

413대 365로 누르고 감독으로 당선되었다.

브르니는 자칭 세계에서 처음으로 나는 동성애 여자라고 공개적으로 밝히는 첫 번째 감독이라고 자처한다. 그 여자 감독은 감독으로 당선된 후 5월 26일(2009) "나는 힘없는 사람들 편에 서겠다. 다행히도 나는 힘이 있는데 이 힘을 힘없는 사람들을 위하여 사용할 것이다"라고 하였다.

이 여자 동성애자 감독이 말하는 "힘없는 사람들"이란 특히 동성애자들(Homosexuals)을 말한다.

- 스웨덴교회(루터교) 대감독 앤더스 웨어드(Archbishop Anders Wejryd)는 2009년 11월 8일 공개적으로 여자 동성애자(Lesbian)라고 자처하는 55세 여자의 에바 브르니(Eva Brunne)를 스톡홀름의 감독으로 임직할 때 "스웨덴교회는 사람들의 성 선택(sexual orientation)이 무엇이든지간에 성실하고 굳건한 관계를 북돋아 주어야한다"고 말했다.[44]
- 스웨덴교회(루터교)는 2009. 10. 22. 70%의 감독의 찬동으로 동성애 결혼을 승인하였다.[45]

교회의 속성들 중 하나는 거룩성(Holiness)인데 교회들이 이 정도 되었으니!

3) 스웨덴교회는 2006년 10월 27일 교회에서 동성애자들이 결혼을 할 수 있도록 동반합의(partnership agreement)를 결정하였다.

- 러시아정교회(Russian Orthodox Church)는 이에 반대하여 오랫동안 지속되어 온 스웨덴교회와의 우호관계를 잠정적으로 정지(파기)하였다. 러시아정교회 대외관계 책임자 키릴(Kiril) 대주교는 2005년 12월 말 성명서를 발표하면서, "우리는 스웨덴 루터교회가 소위 동성결혼에 대하여 반대하는 데 실패하였을 뿐만 아니라 동성애자들이 교회에서 결혼할 수 있도록 법령(a decree)을 제정한 것에 대하여 큰 실망과 슬픔을 금할 수

---

[44] *Ecumenical News International*, Peter Kenny, Geneva, 17. NOV.
[45] *Ecumenical News International*, 2009. 6. 29. Bulletin 09-0463.

없다…이것은 전 세계적으로 돌이킬 수 없는 영적, 도덕적 가치의 심각한 손해(damage)를 일으킨다고 하였다.[46]

• 아프리카 수단(Sudan)의 성공회 대주교 다니엘 뎅(Danial Deng)은 전 세계 감독들과 언론인들 앞에서 "그(로빈슨)는 교회를 위하여 물러나야 한다. 그를 감독으로 선출한 사람들은 전 세계 성공회 신자들을 울부짖게 하였기 때문에 대회 앞에 사죄하여야 한다"고 하였다.

뎅 대주교는 2003년 로빈슨이 주교로 선출되었을 때에도 "성공회 공동체의 분열을 가져올 뿐만 아니라, 아프리카 교회의 증거(church witness)에 심한 손해를 가져왔다…이슬람 세계 사람들은 우리를 비기독교인(이단자)이라고 부른다. 이 사람들은 악하며 우리의 사람들(이슬람인들)에게 더욱 해를 끼칠 수 있다."고 하면서 10년에 한 번씩 모이는 람베트 대회(Lambeth Conference) 참석을 거부하였다. 전 세계 38성공회 교구 중 17개로부터 150명 이상의 감독들이 뎅 대주교를 지지하였다.[47]

15. 덴마크복음주의루터교회(Evangelical Lutheran Church of Denmark -W.C.C. 정회원, 1948)

• 주소 : Vestergade 8, I. DK-1456 Copenhagen K. Denmark
• TEL: 45-3311-4488, FAX. 45-3311-9588
• 교세: 신자 수 4,500,000명, 교회 수 2,101, 교역자 수 약 2,000명(2006년 통계) W.C.C.에 가입(1948), www. Interchurch. dk.

덴마크에는 A.D. 825년경 프랑스 수도사 안스갈 베네딕틴(Ansgar Benedictine)에 의하여 기독교가 덴마크에 전래되었다. A.D. 960년경 헤랄드 왕(King Harald)은 기독교를 덴마크에 공식 국교로 받아들였다. 그리고 1520년경에는 루터의 종교개혁이 덴마크에서도 일어났다.

---

[46] *Ecumenical News International*, 2006. 1. 25. Bulletin 06-0001.
[47] *Ecumenical News International*, 2008. 8. 27. Bulletin-08-0648.

1849년 복음주의루터교는 국가가 지원하는 국가교회(State Church)가 되었다.

1903년 각 교구의 자치권을 가결하고, A.D. 1936년에는 Christian Ⅲ세 왕이 즉위하고 과거의 감독들을 7명의 새로운 감독들도 대체하였다. 뿐만 아니라 감독들이 소유하고 있는 토지를 모두 국가에 귀속시켰다.

1989년에는 12교구로 분할하고, 각 교구는 감독들을 선출하고, 여왕이 임명한다. 덴마크 인구의 약 85%인 약 450만은 덴마크루터교에 속해있다.

2002년에는 791곡으로 편집된 새찬송가집이 출판되었다. 이 교단은 덴마크의 다른 10여개 교단들과 에큐메니칼 운동을 같이하고 있다.[48]

이 대 교단도 타락하여 동성애 목사들이 있다. 포크루터교회(Lutheran Folk Church)의 신부는 "자신은 동성애자"라고 공언하였다.[49] 덴마크정부는 동성애자들도 부부(남편과 아내)로 법적으로 인정한다.

16. 독일복음교회(E.C.G.: Evangelical Church in Germany-W.C.C. 정회원, 1948)

독일복음교회(E.C.G.)산하 북엘리반복음루터교회(North Eliban Evangelical Church) 대회에서는 동성애자들 결혼을 축하하는 결의를 77대 7(11명 결)로 가결하였다.[50]

17. 이탈리아 W.C.C. 3개 회원교단 65명 목회자들 동성애 법안 찬동

• 유럽의회(The European Parliament)가 1994. 2. 25. 제출한 동성애에 관한 새로운 법률안은 이탈리아의 W.C.C. 3개 회원교단들 소속 65명의 목회자들이 환영하였다. 3개 회원교단들은 이탈리아복음침례교연맹

---

48) *A Handbook of W.C.C.*, pp. 368-369; *The History of Christianity*, p.385.
49) *Ecumenical Press Service*, 89. 10. 5.
50) *Ecumenical News International*, 97-0090.

(Evagelical Baptist Union of Italy), 이탈리아복음감리교(Evangelical Methodist Churst of Italy), 왈덴시안교회(Waldensian Church) 등이다.

• 이 W.C.C.회원교단들로 구성된 65명의 목회자들 중 대표적 인물들은 감리교의 서기오 아퀼란테(Sergio Azuilante) 감독, 루터교의 한스 게르트 필립피(Hans Gerth Philippi)목사, 왈도파의 파오로 리카(Paulo Ricca)목사 등이다.

• 이 65명의 목회자들은 "기독교 윤리는 역사적으로 다른 방법들(Ways)로 경험되어 왔다. 기독교 윤리의 핵심은 하나님의 형상대로 지음 받고, 사랑받고, 구원받은 개인들(the individuals)을 존중함이 지속유지 되어야 한다."

우리는 불필요한 도발을 유발하는 '결혼'(Marriage)이라는 단어를 빼버리고, 곧 '견고한 동거'(Stable cohabitation) 또는 '시민연합'(Civil union) 등의 좀 더 적합한 단어들을 선호하여야 한다고 하였다.[51]

• 동성애 축복(Same Sex Blessings, 2010년 8월 26일)

이탈리아의 왈도파교회와 감리교는 1979년 연합대회(The Joint Synod)로 통합하고, 연합대회는 교회들의 최고결의기구로 동성애 부부의 축복을 승인하였다. 180명의 대회 총대들 중 105:9로 동성애 축복(Homo Sex Blessings)을 가결하였고, 22명이 결석하였다.

대회 성명서는, "예수의 말과 실행은 복음서에서 보는 바와 같이 하나님의 사랑으로 표시된 각 사람의 경험과 각 사람의 선택을 우리로 하여금 환영하도록 요청한다"고 하였다.

대회의 말코(Marco) 회장은 "이 대회의 결정은 특히 교회와 동성애 부부 사이의 관계를 더 잘 정의한 분명하고 확고한 진일보로 나가는 결정이다"라고 하였다.[52]

그러나 왈도파는 1655년 왈도파 신앙을 장차 "어떤 대회도 결코 변경

---

51) *Ecumenical Press Service*, 94. 3. 14.
52) *Ecumenical News International*, 2010. 9. 27, p. 27.

할 수 없다"(never changed by any Synod)라고 규정하였었으며 동성애를 정죄하는 많은 성경구절들이 여기에는 언급되었었다. 옛 신앙을 헌신짝처럼 버리고 극도로 타락된 것이다.

18. 오스트레일리아연합교회(Uniting Church in Australia-W.C.C. 정회원, 1948)

- 주소: P.O. BOX A 2266. 222 Pitt st. Sydney South, NSW 2135, Australia,
- TEL: 61-2-92-87-0900, FAX. 61-2-92-87- 0999,
- 교세: 신자 수 1,850,000명, 교회 수 3,200, 대회 수 7, 교역자 수 2,200명.[53]

1) 교단 역사

'오스트레일리아연합교회'는 1977년 6월에 회중교회, 장로교회, 감리교회의 통합으로 이루어진 교회이다. 이 교단은 성공회와 가톨릭교에 뒤이어 오스트레일리아에서 세 번째로 큰 교단이다. 오스트레일리아연합교회(호주)는 1997년 7월 5일부터 12일까지 개최된 총회에서는 "목사안수에 있어서 성 선택(sexual orientation) 그 자체는 아무런 금지가 없다. 그래서 노회나 지역협의회에서는 동성관계를 인정하는 어떤 자료를 제공할 수 있다"고 하였다. 여기서 성 선택(sexual orientation)이란 성적 관계에 있어서 그 대상자가 동성이든, 이성이든 자신의 선택에 달려 있다는 것이다.

호주연합교회 소식통에 의하면 현재 교회의 정책은 "목회를 위한 응시자 또는 후보자는 성 선택에 대한 어떠한 규제도 없다"고 하였다.

2) 동성애자들(Homosexuals)에게 안수

오스트레일리아 연합교회는 1977년 7월 5일-12일까지 오스트레일리

---

53) *W.C.C. A Handbook of Churches and Councils*, p.240., W.C.C. 가입(1948)

아 서부 퍼스(Perth)에서 총회가 개최되었는데 이 총회에서 교회가 성 개방(open to sexuality)을 해야 한다고 주장하고 동성애자들을 성직에 임명하는 것을 지지하였다. 그들은 "동성애자들도 동성애 아닌 자들보다 목회사역에 덜 적합하다고 믿을 이유가 없다", "동성애 아닌 사람들은 새로운 성윤리(a new sexual ethic)를 발전시키도록 교회에 요청한다"고 하였다.[54] 이와 같은 발언은 동성애자들(gays and lesbians: 남자 동성애자들과 여자 동성애자들)도 동성애 아닌 자들보다 목회사역에 손해를 입지 않아야 한다는 말이다.

19. 브라질성공회(Episcopal Church of Brazil-W.C.C. 정회원, 1966)

- 주소: C. P. 11510 90 870-000 Porto Alegre, RS. Brazil
- TEL: 55-51-336-0651, FAX. 55-51-336-5087
- 교세: 신자 수 45,000명, 교회 수 63명, 감독 수 8명, 신부 수 110명, W.C.C.에 가입(1966)[55]

'브라질성공회'는 지금으로부터 약 104년 전 1893년경 설립되었다. 최근 7명의 감독들은 종족, 문화, 사회계급, 성 등을 사랑으로 받아들여야 한다고 권고하였다.[56] 이 건의서는 1997년 Porto Alegre에서 개최된 브라질성공회 제27차 총회에서 감독들이 서명하였다. 성(性; sex)도 사랑으로 받아들여야 한다는 말이 무슨 뜻인가? 동성애자들도 사랑으로 받아들여야 한다는 뜻이다. 이 교단에도 동성애자들이 많이 있다.

20. 남아프리카 교구교회(성공회)-동성애자들에게 공개사과(Church of the Province of Southern Africa-Anglican-W.C.C. 정회원)

남아프리카 교구교회(성공회)의 신부들(감독들)은 남아프리카공화국 케

---

54) *Ecumenical News International*, 1997. 5. 14. 97-0202.
55) *W.C.C. A Handbook of Churches and Councils*, p.260.
56) *Ecumenical News International*, 1997. 5. 14. 97-0201.

이프타운(Cape Town)에서 개최된 대회(Synod)에서 "교회 내에서 동성애 남자들(gays)과 동성애 여자들(lesbians)을 반대하여 용납할 수없는 편견으로 상처를 주어온 동성애자들에게 공적으로 사과드립니다. 우리는 교회가 세기가 넘도록 많은 사람들이 그들의 성 선택(Sexual Orientation) 때문에 상처를 입어온 데 대하여 책임을 통감합니다. 우리 교회 내에서 동성애자들을 적대시하는 것은 모든 사람을 사랑하는 우리 주님의 사랑과도 일치하지 않습니다. 우리는 지금까지 상처를 받아온 많은 동성애자들에게 회개하며 용서를 구합니다.

신부들(감독들)은 성경 원어인 헬라어와 히브리어 본문에 기록된 동성애에 관하여 교회가 더 연구하기를 요청한다. 우리는 어떤 특정한 본문을 단순한 해석에 기초하여 동성애자들을 공격하는 경향에 불쾌한다."[57]

• 남아프리카공화국의 투투 대주교(Archbishop Desmond Tutu), 미국성공회의 수장(首長, Edmond L. Browing) 등 전 세계 성공회 지도자들 300여명은 영국 남자동성애자 그룹(Gay Christian Group) 20주년에 공개적으로 동성애자들(Gays)에 축사하였다.

• L.G.C.M.(The Lesbian and Gay Christian Movement)은 동성애자들의 목사안수를 지지하였다.[58]

이외에도 W.C.C.안에는 동성애(Homo Sex) 교회들과 동성애를 찬동하는 교회들이 많이 있다. 극도로 타락된 말세 교회들이다.

21. W.C.C. 제8차 총회와 무가비 대통령(짐바브웨)과의 대충돌

짐바브웨 무가비 대통령은, "교회 일각에서는 매우 아름다운 건물들을 가지고 있으니 성경에 반대되는 길로 가고 있다. 그래도 아직도 하나님의 교회인가? …동성애 결혼이란 개 행동(dog behavior)과 같이 동성애자

---

57) *Ecumenical News International*, Bulletin-97-0123, East London, South Africa, 12 March.
58) *Ecumenical Press Service*-96-0090.

들은 돼지들이나 개들보다도 더 나쁘다"(Homo Sexuals are worse than pigs and dogs)라고 하였다.[59]

22. 조지아정교(Geogian Orthodox Church) W.C.C. 탈퇴

조지아정교는 W.C.C.가 ① 여자목사 안수 ② 동성애자 안수 ③ 포괄적 언어 성경 사용 ④ W.C.C.의 에큐메니칼 운동 등을 반대하여 1962년에 가입되어 오다가 1997년 5월 19일 W.C.C.를 탈퇴하였다.

• 전승에 의하면 안드레 사도(Apostle Andrew)가 이 지역에 복음을 전하고 5세기경부터는 자치, 1057년 안디옥공의회에서는 자치를 재확인하였고, 1811년 소련 정교에 흡수되었었다. 1917년 이래 다시 독립되었다. 교세는 500,000신도, 15관구, 200개 교회, 4명의 대주교, 6명의 감독, 180명의 사제이다.[60]

III. 동성애(Homosexual)에 대한 성경적 교훈(Biblical Teaching)

1. 동성애는 창조의 원리에 역행한다.

하나님은 태초에 남자와 여자를 창조하시고, 둘이 한 몸이 되어 한 가정을 이루고 행복하게 살도록 축복하셨다(창 1:27-28; 2:18-24; 롬 1:26).

창조주 하나님은 창조의 마지막 날 곧 여섯째 되는 날 "땅의 짐승"(wild animals)을 그 종류대로, 육축(livestock)을 그 종류대로, 땅에 기는 모든 것(move along the ground)을 그 종류대로 창조하시고(창, 1:11, 12, 24, 25), 최종적으로 사람을 하나님의 형상대로 그리고 만물의 영장으로, 남자

---

59) *Ecumenical News International*-10 0502/2010. 8. 23. No. 8. p.7
60) W.C.C. *A Handbook of Church and Councils*, Geneva,, 1985. p.181

(male)와 여자(female)로 창조하셨다. 성경은 남자와 여자(hetero-sex)이요, 동성(homo-sex)이 아니다.

하나님은 한 남자와 한 여자가 결합하여 한 가정을 이루어 행복하게 살도록 하셨다. 육체적·성적 결합, 정신적·심적 결합, 영적 결합으로 일평생 희로애락을 같이하며 부부생활을 하도록 축복하셨다.

부부의 행복한 생활로 사랑의 열매인 자녀들의 복도 축복하셨다.

잠언 5:18, "네가 젊어서 취한 아내를 즐거워하라."

시편 128:3, "네 집 내실에 있는 네 아내는 결실한 포도나무 같으며, 네 상에 둘린 자식은 어린 감람나무 같으리로다."

베드로전서 3:7, "남편들아 이와 같이 지식을 따라 너희 아내와 동거하고 그를 더 연약한 그릇이요 또 생명의 은혜를 함께 이어받을 자로 알아 귀히 여기라 이는 너희 기도가 막히지 아니하게 하려 함이라."

히브리서 13:4, "모든 사람은 결혼을 귀히 여기고 침소를 더럽히지 않게 하라 음행하는 자들과 간음하는 자들을 하나님이 심판하시리라."

그러나 사람은 인류의 시조 아담과 하와로부터 범죄·타락하므로 하나님의 도덕적 형상과 지능적 형상은 막대한 손상을 입게 되었다. 그 결과 나타나는 죄악된 징조들 중 하나는 동성애이다.

2. 동성애는 생육하고 번성하라는 축복의 말씀에 정면 위배된다.

창세기 1:28, "하나님이 그들에게 옷을 꿰매주시며 그들에게 이르시되 생육하고 번성하여 땅에 충만하라"고 축복하셨다. 그러므로 동성애는 하나님의 창조의 축복을 거부하고 하나님의 진노를 재촉하는 것이다.

동성애는 자녀를 낳지 못한다. 남자와 남자끼리, 여자와 여자끼리는 자녀를 낳을 수 없다. 가문의 대(代)가 끊어지기 마련이다.

3. 동성애 성행위는 가증하고 추잡한 죄이다.

신명기 23:17 "창기가 있지 못할 것이요 이스라엘 남자 중에 미동이 있지 못할찌니." 18, "… 둘은 다 네 하나님 여호와께 가증한 것이니라" 미동은 남자 창기(male prostitute)를 말한다.

레위기 18:22 "너는 여자와 교합함과 같이 남자와 교합하지 말라 이는 가증한 일이니라." 성경은 결혼 밖의 부도덕한 성관계는 하나님의 뜻을 거스르는 죄악으로 가르쳤다.

4. 동성애는 순리를 역리로 사용하는 것이다.

로마서 1:27, "그와 같이 남자들도 순리대로 여자 쓰기를 버리고 서로 향하여 음욕이 불 일듯 하매 남자가 남자와 더불어 부끄러운 일을 행하여 그들의 그릇됨에 상당한 보응을 그들 자신이 받았느니라."

순리(natural relations)는 자연적 관계 곧 남자는 여자와, 여자는 남자와 남녀 부부간의 성관계를 말한다. 반면에 역리(unnatural relations)는 남자와 남자, 여자와 여자끼리 부도덕한 성관계를 말한다. 이 같은 동성애는 수치스런 일, 가증한 일이다.

5. 구약시대 동성애자들에 대한 처벌은 최고형인 사형(死刑)이었다.

레위기 20:13, "누구든지 여인과 교합하듯 남자와 교합하면 둘 다 가증한 일을 행함인즉 반드시 죽일찌니 그 피가 자기에게로 돌아가리라."

신명기 27:21, "무릇 짐승들과 교합하는 자는 저주를 받을 것이라 할 것이요, 모든 백성은 아멘 할지니라."

이 계명은 신약시대에 폐지된 것이 아니다. 그 이유는 이 계명은 의식적 율법이 아니라, 도덕적 율법이기 때문이다. 도덕적 율법은 오히려 더욱 강화되었으며, 영구불변한 진리이다.

6. 동성애는 천벌인 에이즈(A.I.D.S.)병을 가져온다.

에이즈(A.I.D.S.)는 "Acquired(후천성) Immune(면역) Deficiency(결핍) Syndrome(증후군)"의 약자로 우리나라 말로는 후천성면역결핍증이라고 한다. 에이즈(A.I.D.S.)는 이성간 또는 동성간에 관계없이 문란한 성교(sex)·항문성교·질성교·구강성교 등으로 발생하는 불치의 병으로 98%가 주로 동성애자들(Homosexuals)에 의하여 발생되며, 아프리카 같은 개발도상국에서는 이성간의 성 접촉으로 발생하는 경우가 많으므로 선의의 피해를 당하는 희생자들도 수없이 많이 있다.

7. 소돔과 고모라를 위시한 여러 나라들의 멸망 중 하나는 동성애를 위시한 음행죄로 말미암음이었다(창 19:23-25)

소돔과 고모라(Sodom and Gomorrah)는 동성애로 멸망당하였다.

소돔과 고모라는 이스라엘의 사해(Dead Sea) 남서쪽에 위치한 인근 도시들이었다. 소돔과 고모라 사람들은 패역하고 음란하여 최후에는 하나님께서 불로 심판하셨다. 그리하여 후세에 경건치 아니할 자들에게 본을 보여 주셨다.

베드로후서 2:6, "소돔과 고모라 성을 멸망하기로 정하여 재가 되게 하사 후세에 경건하지 아니할 자들에게 본을 삼으셨으며"

유다서 1:7, "소돔과 고모라와 그 이웃 도시들도 그들과 같은 행동으로 음란하며 다른 육체를 따라 가다가 영원한 불의 형벌을 받음으로 거울이 되었느니라."

소도마잇(Sodomites)은 동성애자들을 가르킨다. 지금까지도 영어권 세계에서는 동성애자들을 소도마잇(Sodomites)이라고 부른다.

로마제국의 멸망의 원인들 중 하나도 동성애자들(Homo Sexuals)때문이었다. 말세지말에도 동성애는 멸망의 한 중요한 요인이다.

인류의 시조 아담과 하와가 범죄하여 타락한 후 아들 가인은 살인죄를 범했고(창 4장), 음란(창 9장), 간음(창 16장), 동성애(Homo), 음행(창 34장), 매춘(창 38장)등이 급속도로 퍼져나갔다. 말세가 되면 소돔·고모라 때, 노아 홍수 때같이 될 것이라고 예언하신 말씀이 응한지 벌써 오래되었다. 마땅히 자아가 깰 때가 벌써 되었다.

로마서 13:13-14, "낮에와 같이 단정히 행하고 방탕과 술 취하지 말며 음란과 호색하지 말며 쟁투와 시기하지 말고 오직 주 예수 그리스도로 옷 입고 정욕을 위하여 육신의 일을 도모하지 말라."

8. 교회는 동성애 죄를 책망해야 한다.

교회는 동성애자들의 영혼을 불쌍히 여기고, 그들이 자신들의 죄를 철저히 회개하고 180도 변하여 새 사람이 되도록 엄히 책망하므로 선지자적 사명을 감당하여야 한다. 동성애자들도 주 예수 그리스도를 구주로 영접하고 철저히 회개만 하면 자비하신 하나님은 피보다 더 진하고, 먹보다 더 검은 죄라도 주님의 보혈로 정결케 씻어주시고 구원하시며 영생 복락을 누리도록 축복해 주신다.

그럼에도 오히려 하나님의 집인 교회들은 극도로 타락하여 동성애자들을 성직(聖職)인 목사·감독·장로들을 세우고 있으니 이것이 말세의 현상이요 멸망받을 증거로다.

이사야 1:18, "여호와께서 말씀하시되 오라 우리가 서로 변론하자 너희 죄가 주홍 같을찌라도 눈과 같이 희어질 것이요 진홍같이 붉을찌라도 양털같이 되리라"

갈라디아서 6:1, "형제들아 사람이 만일 무슨 범죄한 일이 드러나거든 신령한 너희는 온유한 심령으로 그러한 자를 바로잡고 너 자신을 살펴보아 너도 시험을 받을까 두려워하라."

디모데전서 5:20, "범죄한 자들을 모든 사람 앞에서 꾸짖어 나머지 사람들로 두려워하게 하라."

요한복음 14:21, "만일 너희가 나를 사랑하면 내 계명을 지키리라."

고린도전서 5:11, "만일 어떤 형제가 일컫는 자가 음행하거나 탐람하거나 토색하거든 사귀지도 말고 그런 자와는 함께 먹지도 말라."

고린도전서 6:9-10, "음란하는 자나 우상 숭배하는 자나 간음하는 자나 탐색하는 자나 남색하는 나나 도적이나 탐람하는 자나 술 취하는 자나 후욕하는 자나 토색하는 자들은 하나님의 나라를 유업으로 받지 못하리라."

고린도전서 6:19-20, " 너희 몸은 너희가 하나님께로부터 받은바 너희 가운데 계신 성령의 전인 줄을 알지 못하느냐 너희는 너희의 것이 아니라 값으로 산 것이 되었으니 그런즉 너희 몸으로 하나님께 영광을 돌리라."

고린도후서 5:17, "그런즉 누구든지 그리스도 안에 있으면 새로운 피조물이라 이전 것은 지나갔으니 보라 새것이 되었도다."

웨스트민스터 신앙고백서 제30장 3절, "권징의 필요한 목적"은 다음과 같다.

① 범죄한 형제를 교정시켜 회복하기 위함.
② 다른 형제들로 하여금 동일한 죄에 빠지지 않도록 하기 위함.
③ 온 교회에 퍼질 것으로 우려되는 누룩을 제하기 위함.
④ 그리스도의 영광과 복음의 거룩함을 옹호하기 위함.
⑤ 하나님의 진노가 멈추어지도록 하기 위함.

교회 안에 패역한 범죄 사건은 하나님의 언약과 그 말씀에 영예를 더럽힐 수 있다. 그럼에도 불구하고 교회가 그 사건을 처리하지 않고 그대로 방임하는 경우에 하나님의 진노가 그 교회 전체에 임할까 우려된다.

특집 2

사형제도(Capital Punishment)의 정당성과 필요성

　Ⅰ. 사형이란 무엇인가?
　Ⅱ. 사형제도란 무엇인가?
　Ⅲ. 사형의 대상자들: 흉악한 살인범들
　Ⅳ. 사형제도 반대?
　Ⅴ. 사형의 방법들
　Ⅵ. 사형제도 폐지론자들의 궤변들
　Ⅶ. 하나님은 사형권을 세상 정부에 부여하였음
　Ⅷ. 사형제도 폐지- 엄청난 국고(國庫) 낭비

사형(死刑)에 관한 구약(O.T.): 하나님의 말씀

출애굽기 21:12, 14-16, "사람을 쳐죽인 자는 반드시 죽일 것이나…사람이 그 이웃을 짐짓 모살하였으면(의도적으로 죽이면) 너는 그를 내 단에서라도 잡아내려 죽일찌니라 자기 아비나 어미를 치는 자는 반드시 죽일찌니라 사람을 후린 자(납치한 자)가 그 사람을 팔았든지 자기 수하에 두었든지 그를 반드시 죽일찌니라."

민수기 35:30-31, "무릇 사람을 죽인 자 곧 고살자를 증인들의 말을 따라서 죽일 것이나 한 증인의 증거만 따라서 죽이지 말 것이요 살인죄를 범한 고살자의 생명의 속전을 받지 말고 반드시 죽일 것이며."

신명기 24:7, "사람이 자기 형제 곧 이스라엘 자손 중 한 사람을 후려다가(납치하여) 그를 부리거나 또는 판 것이 발견되거든 그 후린 자(납치한 자)를 반드시 죽일찌니 이같이 하여 너희 중에 악을 제할찌니라."

　동방의 예의지국(禮儀之國)이라고 자부해 온 우리나라 대한민국은 지난 수십년간 가정교육, 학교교육, 종교교육(기독교, 불교, 천주교…), 인성(人性)교육(도덕, 윤리)이 붕괴되어 왔다. 그 결과 오늘날과 같은 사회현상이 뿌려온 씨의 열매로 나타나고 있지 않는가?

Ⅰ. 사형이란 무엇인가?

　사형(Capital Punishment)은 흉악범들(중범자들)에 대한 최고의 형벌(punishment)이다. 사형은 도덕·윤리와 인류에 관한 문제들과 관련되어 있다. 사형은 흉악범들의 생명을 빼앗는 죽음의 형벌(death penalty)이다. 사형은 최고의 형벌(The highest penalty)이다.

　사형은 사람이 범죄 타락한 이래 흉악범들에 대한 형벌로서 인류 초기부터 존재해 왔다.

Ⅱ. 사형제도란 무엇인가?

　사형제도는 사형을 법적으로 규정하는 (국가의) 법칙(제도)이다.

Ⅲ. 사형의 대상자들: 흉악한 살인범들

　① 윤리·도덕적으로 → 납치·강간·절도·사기·공갈협박·마약·방화 등등으로 고귀한 생명을 빼앗는 흉악범들, 살인범들

　② 정치적으로·종교적으로 → 인류의 역사와 종교 역사를 고찰해 보면 정치적으로 이념·사상·주의·노선·정책·시행들의 반대로,

③ 종교적으로 신앙·교리·신념·노선 등의 반대로 사형이 시행되어 왔다. 그런데 본인이 여기서 논하고자 하는 사형제도 찬반 여부는 정치적 또는 종교적 측면에서가 아니라, 도덕적·윤리적·인륜적 측면에서 고찰하고자 한다.

Ⅳ. 사형제도 반대?

어떤 부류의 사람들이 사형제도를 반대하는가?

소위 인권운동자들, 소위 평화주의자들, 반전·반핵주의자들, 일부 사회학자들, 일부 좌경진보정치인들, 종교계(불교, 유교, 천주교, 기독교 등)의 급진 자유주의자들, 동성애자들(Homo Sexuals), 절대 다수의 살인범들, 그리고 영적·신앙적·도덕적 분별력과 표준이 없는 자들 등이다. 여기서 우리는 어떤 부류의 사람들이 주로 사형제도를 반대하는가를 분명히 알 수 있다. 사형제도를 반대하는 무리들, 단체들, 정당들, 종교인들 대(對) 사형제도를 적극 지지찬동하는 사람들, 단체들, 정당들, 종교인들 색깔이 판이하고 분명하다.

예수님은 말씀하시기를, "그들의 열매로 그들을 알지니…못된 나무는 나쁜 열매를 맺나니…열매로 그들을 알지니라"(마 7:18)고 말씀하셨다.

Ⅴ. 사형의 방법들

교수형(목매달아 죽임), 참수형(목 잘라 죽임), 화형(불에 태워 죽임), 돌로 때려죽임, 압사(눌러 죽임), 십자가 처형(십자가 형틀에 매달아 죽임), 사지 백체를 찢어 죽임 또는 절단해 죽임, 독가스로 죽임, 독약을 주사 또는 복용시켜 죽임, 때려죽임, 고압전기로 죽임 등이다. 근래에는 주로 교수형이나 고압전기로 사형을 집행한다.

Ⅵ. 사형제도 폐지론자들의 궤변들

1. 인간 생명의 존엄성(Dignity of Human Life)을 파괴하기 때문에 사형제도는 반대, 폐지되어야 한다는 주장과 궤변

사형제도 반대, 폐지론자들은 주장하기를, "헌법에 보장된 인간의 존엄과 생명권 등에 비추어 형벌의 이름으로 범죄자 생명을 박탈하는 것은 모순이자 자가당착이다", "사형은 인간의 존엄성과 가치를 인정하는 사회에서는 허용될 수 없다"고 궤변을 토한다.

반론(Counter Argument; 反論)
물론 사람 생명의 존엄성은 너무나 귀중하다. 그러므로 사람은 사람 생명의 존엄성을 중요시하여야 한다. 예수 그리스도는 사람 생명의 존엄성을 강조하여 말씀하시기를, "사람이 천하를 얻고도 자기 생명(Life)를 잃으면 무엇이 유익하리요?"(마 16:26, 막 8:36, 눅 9:25)라고 하셨다.

사람 생명의 존엄성이 가장 가치가 있고 또 중요한 이유는 사람은 하나님의 형상대로 지음을 받은 인격적 존재(人格的 存在)이기 때문이다(창 1:26).

하나님의 형상(The Image of God)이란 헬라어로 에이콘(εικων), 라틴어로 임마고(Imago), 영어로 임메이지(Image), 한국어로 형상이다.

형상이란 어떤 실체(實體)의 모방·표상·닮음·유사(replica, representation, similar, alike)를 뜻한다.

사형제도 반대·폐지론자들은 사람의 생명의 존엄성 때문에 사형제도를 폐지하여야 한다고 주장한다. 그러나 여기서 사람 생명의 존엄성이란 사형수들의 생명을 말하며 사형수들은 무고한 그리고 무죄한 사람들의 귀중한 생명들을 악랄하고 잔인하게 빼앗아 간 흉악범들·중범자들을 가리킨다. 다시 말하면 흉악범·중범자들의 생명은 귀하기 때문에 사형에 처하지 않아야 한다는 궤변이다.

① 그러면 그들에 의하여 빼앗긴 무죄한 사람의 생명의 존엄성은 무시·경시해도 된다는 말인가?

② 흉악범의 생명은 귀하고 무죄한 사람의 생명은 귀하지 않다는 말인가?

③ 흉악범의 인권이 재범방지보다 우선한다는 말인가?

④ 희생자들의 유가족들(남편, 아내, 부모, 자식, 형제, 친척, 이웃 등)의 슬픔, 고통 그리고 일평생동안 미치는 영향이 얼마나 큰가를 생각해보았는가?

우리는 사람들의 생명의 가치와 존엄성이 그토록 귀하기 때문에 그리고 그들의 생명을 보호하기 위하여 악한 자들·흉악범들은 이 사회에서 영원히 격리시켜야 한다. 죄의 값, 곧 죄를 범한 자가 받을 정당한 댓가는 사형이기 때문이다(롬 6:23).

2. 사형은 죄수들의 재활(Rehabilitation)의 기회를 박탈하기 때문에 사형제도는 폐지되어야 한다는 주장과 궤변

반론(Counter Argument; 反論)
살인자를 사형하는 것보다 개과천선하여 사회에 다시 돌려 보내야 한다는 주장이다.

물론 사람이 범죄하면 뉘우치고, 회개하고, 교화되어 새사람으로 거듭나 인생의 새 출발이 있기를 소원한다. 실제상 상당수의 죄수들은 범죄의 정도에 따라 사형선고를 받고 수감 생활을 하면서 재활의 준비를 한다. 그러나 죄수들 모두가 재활의 준비를 하는 것은 아니다. 오히려 어떤 죄수들은 수감 생활을 하는 동안 출감 후의 범죄를 계획하고, 모의한다. 21명을 살해한 유영철, 15명을 살해한 원언식, 10명을 살해한 강호순, 아버지, 어머니를 살해한 불효자식, 아내를 살해한 남편, 남편을 살해한 아내, 의붓자식을 살해한 계모 등 출감한 후 더욱 잔악한 죄를 범한다.

사형제도 반대·폐지론자들은 죄수들의 죄질의 정도와 형평성을 고려하지 않는다.

중범자들에 대한 형벌은 재활의 문제가 아니라 공의의 문제이다. 사람의 고귀한 생명을 빼앗은 자들에 대한 공평한 형벌은 자기들의 생명을 내어주는 것뿐이다. 흉악범들은 자신들이 범한 죄에 대한 도덕적 책임을 져야 마땅하다. 죄수들 중에는 재활을 위한 죄수들이 따로 있고, 중벌로 다스릴 죄수들이 따로 있다.

중범자들 중에는 혹시 정신 질환에 의한 범죄라 할지라도 큰 죄를 범하면 큰 죄에 상응하는 보응(형벌)을 반드시 받아야 마땅하다.

3. 사형은 범죄 방지에 효과가 없다는 주장과 궤변

사형제도 반대 폐지론자들은 주장하기를 사형은 범죄 방지책이 되지 못한다. 사형이 범죄 방지에 효과가 있다면 왜 범죄가 감소되지 않는가? 사형당할 것이 두려워서 범죄를 저지르지 않는다는 것은 상상일 뿐이다. 사형제도를 두고 있는 나라들에서 중죄(重罪)는 더 많이 발생하고 있다고 주장한다.

반론(Counter Argument; 反論)
인류의 역사를 보면 사람들의 도덕율과 윤리관이 높고 사회가 건전할 때에는 범죄율이 적고, 반면에 사람들의 도덕율이 낮을 때에는 사회가 타락되며 범죄율이 증가된다. 법(Law)이 엄하고 법을 엄격히 시행하면 범죄율이 적고, 반면에 법이 허술하고 법을 엄격히 시행하지 않으면 범죄율이 증가된다. 그 이유는 법이 허술하고 법을 엄격히 시행하지 않으면 범죄하고자 하는 심리적 충동이 더 많이 일어나기 때문이다. 범죄 타락한 인간의 본성(本性)은 죄의 성질(罪性, sinful nature) 이 있기 때문이다.

만일 살인자는 사형에 처하고, 도둑질하는 자는 손가락을 자르고, 강간(성폭행)자는 성기(性器)를 절단하고, 근거 없는 모함자는 엄하게 벌금을 부과하고 형벌을 가(加)한다면 범죄는 엄청나게 줄어들 것이다. 법이 엄하고, 법을 바로 시행하면 사람들이 법을 무서워하여 범죄할 수 없거나 또는 범죄율이 엄청나게 감소되기 마련이다.

사회의 범죄가 급속도로 증가하는 이유는 소위 인권·인권·인권을 주장하며, 법이 약하고, 세상이 점점 더 악해지기 때문이다. 이것은 말세의 현상이다.

사형은 범죄를 사전에 방지하기 위하여, 범죄로 인하여 형을 살거나 또는 사형을 받지 않기 위하여, 사회의 안녕질서를 위하여 절대 필요하다. 사형은 범죄를 억제하며 생명의 존엄성을 촉진시킨다(신 17:13).

먼저 법이 엄격하여야 하고, 법 집행자들은 법을 엄격히 집행하여야 한다. 흉악범들의 신상을 분명히 밝히고, 복면을 벗기고 얼굴을 만천하에 들어내게 하고 사회에서 영원히 격리시켜야 한다. 그리고 피해자 또는 피해자 가족들이 공포 속에서 벗어나 평안히 살도록 하는 사회가 되어야 한다.

4. 재판의 불공평성과 오판으로 돌이킬 수 없는 결과를 초래한다는 주장과 궤변

사형제도 반대, 폐지론자들은 사형은 무고한 사람에 대해 사형을 집행한 경우에는 회복할 수 없는 결과를 초래하게 되므로 폐지하여야 한다고 주장한다.

반론(Counter Argument; 反論)
물론 경찰, 검찰, 판사, 변호사 모두 사람들이요 사람들은 다 불완전하다. 뿐만아니라 재판에 있어서 불공평성과 오판의 가능성을 배제하거나 부인하지 않는다. 그러나 사법제도가 완비되어 있는 국가들은 법 자체의 재판이 끝날 때까지의 철저한 조사, 현장 검증, 증인 채택, 검사의 논고, 변호사의 변호, 등 상당한 법 절차를 밟아 판결을 내리게 되므로 오판이란 거의 희박하다.

오판일 경우 상부법원(고등법원, 대법원)에 상소할 수 있고 또 사면(pardon of commute) 제도도 있기 때문에 죄 없는 사람이 억울하게 피해를 입는다는 것은 거의 있을 수 없는 궤변들이다.

5. 사형은 사랑과 용서의 정신에 위배되므로 사형제도는 반대·폐지되어야 한다는 주장과 궤변

반론(Counter Argument; 反論)
물론 하나님은 사랑이시다(요일 4:8). 사랑은 깊은 애정(deep affection)이다. 하나님은 사람을 사랑하시고 사람의 죄를 용서하시기를 기뻐하신다. 그런데 하나님의 사랑과 용서는 공의에 기초하여 나타내신다. 다시 말하면 하나님은 그의 사랑하는 자들을 죄에서 구원하시기 위하여 독생자 예수 그리스도를 이 세상에 내보내시고, 예수 그리스도께서는 우리의 죄를 대신하여 십자가상에서 형벌을 받으심으로 우리의 죄를 용서하여 주셨다(요 3:16, 롬 8:3, 32).

하나님은 사랑이시나, 죄는 증오하신다. 공의를 배제한 사랑은 하나님의 사랑이 아니다. "하나님은 사랑이시라"는 슬로건을 내걸고 사형제도를 폐지하여야 한다는 주장은 비성경적, 비양심적, 비윤리적이다.

범죄자에게 죄에 해당하는 형벌을 가(加)하는 것은 인과보응의 법칙이며, 사회 안녕 질서의 근간이다.

6. 사형은 "살인하지 말라"(Thou shalt not kill)는 계명(제6계명)에 위배되므로 사형제도는 폐지되어야 한다는 주장과 궤변

반론(Counter Argument; 反論)
사람에게 생명을 부여하시는 이는 창조주 하나님 뿐이시오, 생명을 거두어 가시는 이도 하나님 뿐이시다. 하나님만이 사람의 생명과 죽음(生과 死)을 주관하시는 생명의 주관자이시다. 따라서 하나님 이외에는 아무도 사람의 생명을 취할 권한이 없다. 하나님은 우리로 하여금 "살인하지 말라"(제6계명, 출 20:13)고 명령하셨다.

그런데 사형제도 반대·폐지론자들은 무죄한 사람의 생명을 잔인하게 빼앗는 살인과 중범자들을 처벌하는 사형을 구분하지 못하고 혼돈하고 있다. 형사들은 생명을 내걸고 범죄자들을 검거하고, 검사들은 모든 범죄 사실들을 입증하여 법정에 제소하고, 판사는 공평한 법과 객관적 사실에 입각하여 사형을 언도하는 것도 살인죄인가? 하나님은 중범자들을 사형에 처하는 것은 살인이 아니며, 사형은 정당한 판결이라고 하셨다(민 35:27).

정당방위는 살인이 아니다. 무고한 사람이 범죄자들로부터 생명의 위협을 받을 때, 경찰이 범죄자를 추격하면서 생명의 위협을 받을 때 범죄자를 제거하는 것도 살인인가? 정당방위는 살인이 아니다. 정당방위는 정의를 사용하는 것이요, 생명을 보전하는 것이다.

"살인하지 말라"는 도덕적 계명이요, 도덕적 계명은 만고불변의 진리요, 생활규범이다.

7. 사형은 모세의 율법과 함께 폐지되었다는 주장과 궤변

사형제도 반대·폐지론자들은 사형은 모세의 율법과 함께 신약시대에는 폐지되었다고 주장한다. 그들은 마태복음 5:38-39, "또 눈은 눈으로, 이는 이로 갚으라 하였다는 것을 너희가 들었으나 나는 너희에게 이르노니 악한 자를 대적지 말라 누구든지 네 오른편 뺨을 치거든 왼편도 돌려 대라"는 주님의 말씀을 오용한다(출 21:23-25, fp 24:20).

반론(Counter Argument; 反論)
이 말씀은 '어떤 사람이 네 눈을 찔러 소경이 되게 하였으면 소경이 되게 하고, 어떤 사람이 네 이빨을 부서뜨렸으면 이빨을 부서뜨리고'는 재판장이 법정에서 공정한 재판을 하라는 뜻이요, 개인적으로 원수를 원수로 갚으라는 말씀이 아니다.

사형은 모세의 율법과 함께 신약시대에는 폐지되었다는 주장은 모세의 의식적 율법과 도덕적 율법을 구별하지 못하는 성경에 대한 무지(無知)와 화인(火印)맞은 양심에서 나오는 역설이다. 의식적 율법(Ceremonial Law)은 예수 그리스도께서 자신의 육체로 다 폐하셨다. 예수 그리스도는 율법의 완성자가 되셨다(마 5:17, 엡 2:15).

그러나 도덕적 율법(Moral Law)은 더욱 강화되었다. 예를 들면 탐심은 이미 도둑질이요, 증오는 이미 살인이요, 음욕은 이미 간음이라고 주님은 선언하셨다.

8. 예수님은 사형을 반대하였다는 주장과 궤변

사형제도 반대·폐지론자들은 주장하기를 예수님은 간음하다 잡힌 여인에게 "가서 다시는 더 이상 죄를 짓지 말라(요 8:11)"고 하심으로 사형을 반대하였다고 주장한다.

반론(Counter Argument; 反論)
율법에 적어도 두세 명의 증인이 요구되었는데 아무도 그녀를 비난하려 하지 않았으며, 예수님은 사형제도를 무효화하는 선언이 아니라 그 여인에 대한 죄의 용서이며, 간음이 큰 죄이나 신약시대에는 간음이 사형에 처할 것은 아니라는 교훈이다.

Ⅶ. 하나님은 사형권을 세상 정부에 부여하였음

사형제도 반대·폐지론자들은 주장하기를 "세상 정부가 사람의 생명을 빼앗는 것은 정당하지 않다. 사람의 생명은 국가의 소유물이 아니다"라고 한다.

반론(Counter Argument; 反論)

하나님은 세상 정부로 하여금 국토를 방위하고, 국민의 생명과 재산을 보호하며, 기본권(언론·집회·결사의 자유)을 보장하며 악한 자들을 징벌하므로 백성이 편안히 살도록 하셨다. 공의의 하나님, 심판의 하나님은 세상 정부로 하여금 악을 행하는 자들에게 징벌로 보응토록 하신다.

그렇게 함으로,

① 개인의 감정과 분노를 자제하게 하시고,

② 범죄 행위에 대한 처벌(형벌)을 더욱 객관적으로 공평하게 하시며,

③ 희생자들로 하여금 원수를 원수로 갚는 살인죄를 범치 않게 하신다. 만일 내가 원수를 갚는다면, 살인하지 말라는 계명을 범하게 될 것이다.

로마서 12:19, "내 사랑하는 자들아! 너희가 친히 원수를 갚지 말고 진노하심에 맡기라…"(신 32:35).

로마서 13:1, "위에 있는 권세들"(엑스시아이스 휘펠레쿠사이스, ἐξουσίαις ὑπερεχούσαις; the higher powers)은 정부의 위정자들(civil authorities)을 가리킨다.

히브리서 10:30, "원수 갚는 것이 내게 있으니 내가 갚으리라 하시고 또 다시 주께서 그의 백성을 심판하시리라"

Ⅷ. 사형제도 폐지 – 엄청난 국고(國庫) 낭비

사형제도 반대·폐지론자들은 사형을 종신형으로 개정할 것을 대안으로 제시한다. 종신형이란 무기징역과 달리 가석방이 안 되고 범죄자가 죽을 때까지 감옥 생활하는 것을 말한다.

반론(Counter Argument; 反論)

국고(국가의 재정)는 국가의 재정이요, 국가의 재정은 백성들이 바치는 혈세(血稅)이다. 사형제도를 폐지하고 사형을 무기징역으로 또는 무기 금

고(禁錮)로 개정·전환할 경우 흉악범들에게 쓰여지는 비용은 천문학적 숫자로 증가될 것이다. 수사를 위한 엄청난 인원·시간·수사·구금·재판·항소심·경호비·숙식비·변호사비·시설유지비, 그리고 종신 죽을 때까지 쏟아붓는 돈은 밑 빠진 독에 물 붓기이다.

참으로 사람 생명의 존엄성을 중요시한다면?
인간 사회의 안녕과 질서를 유지하기를 원한다면?
사형제도는 절대 필요하다.

주님 계신 곳으로

바람아, 나를 실어
주님 계신 곳으로 데려가 다오.

구름아, 나를 안아
주님 계신 곳으로 데려가 다오.

파도야, 나를 태워
주님 계신 곳으로 데려가 다오.

비둘기야, 내 사랑을
주님 계신 곳에 보내 다오.

- 시인 Eun Ye Cheung(정은예)
Seattle, U.S.A.

부록

인물 소개
(*Profiles*)

1. 박형룡 박사
2. 가이슬러
3. 구티에레즈
4. 그루뎀
5. 니버
6. 댑니
7. 디센
8. 랄프
9. 루터
10. 칼 맥킨타이어
11. 존 머레이
12. 메이첸
13. 바빙크
14. 반틸
15. 반하우스
16. 버즈웰
17. 벌코프
18. 브루너
19. 쉐드
20. 스트롱
21. 스펜스
22. 어거스틴
23. 오리겐
24. 제임스 오르
25. 요세푸스
26. 워필드
27. 차녹
28. 카이퍼
29. 칼빈
30. A. A. 핫지
31. 찰스 핫지
32. 안토니 후크마

1. 박형룡 박사(1897. 3. 28[음력] – 1978. 10. 25. 6시)

한국이 낳은 세계적 칼빈주의 신학자. 정통보수신앙과 신학의 변호자. 경건한 하나님의 사람.

- **출생지**: 박형룡 박사는 1897년 3월 28일(음)에 평안북도 백동읍에서 태어났다. 백동읍은 북쪽은 압록강, 남쪽은 동서로 뻗은 높은 준령을 이루고 있다. 기후는 만주 대륙에 접한 내륙부에 위치하여 기온의 교차가 심한 전형적 대륙성 기후로, 겨울에는 평균 영하 14-15도를 오르내리는 매우 추운 지방이다.

- **출생시의 역사적 배경**: 이때는 우리나라 고종 황제가 보위에 등극하여 대한제국을 창건한 광무(光武) 원년이었다. 기독교 역사는 이 땅에 언더우드(Underwood) 선교사가 복음을 전해 온 지 13년째 되는 해이다. 이 해에 평양에는 숭실학교가 개교되고, 선천읍교회(평북), 안악읍교회(황해), 김포읍교회(경기), 철산읍교회(평북), 중화읍교회(황해), 순안읍교회(평남), 고양읍교회, 사리원 서부교회(황해), 진남포 비석리교회(평남), 서울 광희문교회들이 설립되는 뜻깊은 해였다. 또 순교자 주기철 목사님이 출생한 해이기도 한다.

- **학문에 전념한 청년 시절**: 유년 시절부터 배움의 길에 힘쓰던 중
  1913 4월-1916년 3월 평북 선천 신성중학교 졸업
  1915년 구정 선천북교회에서 양정백 목사(평양신학교 1회 졸업)로부터 세례를 받음
  1916년 3월-1920년 3월 평양숭실대학 졸업
  1920년 4월-1921년 2월 숭실대학 전도대를 이끌고 순회전도 도중 목포에서 피검되어 옥로를 겪음
  1921년 9월-1923년 7월 중국 남경 금릉대학 수학(문학사)
  1923년 9월-1926년 5월 미국 프린스턴신학교 졸업(신학사 신학석사)
  1926년 9월-1927년 5월 미국 켄터키주 루이빌 시 소재, 남침례교신학교 졸업(철학박사)

- **젊은 시절의 열정적 목회**
  1927년 미국 유학에서 금의환국
  1927년 8-12월 신의주 제일교회 전도사 시무

1928년 1월 평양 산정현교회 전도사 시무
1929년 5월 평양 노회에서 목사 안수
1929년 5월-1930년 8월 산정현교회 동사 목사
동시에 숭실중학교 성경 교사와 모교인 숭실대학교와 평양신학교 강사로 나가는 중에 신학교 기관지인 「신학지남」에 변증학 논문을 게재하였다.

- **일평생 후진 양성에 전력**

  1928년 4월 1일부터 평양신학교 임시 교수로 취임
  1931년 4월 1일 교수로 취임
  1934년 9월-1938년 9월 정교수
  신학교 폐문과 만주 망명 · 귀국
- 일본제국주의자들이 한국 기독교를 말살하기 위하여 신사참배(神社參拜)를 강요하므로 신학교를 폐문하게 되었다. 일부에서는 신사참배를 하면서라도 학교를 계속하자는 주장도 있었으나 박 박사의 강력한 반대로 폐문하였다.
- 1938년 7월-1942년 8월 일본 동경에서 표준주석위원으로 고린도서, 전도서 저술
- 1942년 9월-1947년 7월 중국 만주로 건너가서 만주, 봉천신학교를 세우고 교수직과 교장직을 맡아 본국에서 망명해 오는 신학생들을 교육
- 1947년 10월-본국에서 당시 고려파 마산 문창교회 시무하던 송상식 목사께서 박형룡 박사님을 공산주의 만주 땅에서 극적으로 탈출시켜 귀국하셨다.
- 1947년 10월-1948년 5월 고려신학교 교장(부산에서)

  1948년 6월-1951년 7월 장로회신학교 교장(대구에서)
  1951년 9월 18일-1972년 2월 총회신학교(현 총신대학교) 조직신학, 변증학 교수, 교장, 대학원장 역임(서울에서)
  1972년 3월 명예대학장 추대

- 1975년 10월 서울 노회에서 공로목사로 추대. 12월 추대식 거행 현직에서 은퇴한 후에도 서울시 관악구 봉천동 자택에서 저작집 출간을 위하여 계속 원고정리와 연구를 하시다가 1978년 10월 25일 오전 6시 고요히 하나님의 부르심을 받아 천국 본향으로 가셨다. 슬하에는 장남 박아론 박사와 차남 박모세 군이 있다.
- **저서들**: 『교의신학』(조직신학; 서론, 신론, 인죄론, 기독론, 구원론, 교회론, 말세론), 『기독교 변증학』, 『험증학』, 『신학난제 선평상·하』, 『비교종교학주석』(고린도서, 전도서), 설교집(신앙을 지키라, 영혼의 피난처, 남겨둔 백성), 신학논문 1·2권, 회고록 등 주옥같은 다수의 저서들과 번역서『개혁주의 예정론』(로레인 뵈트니 저)과 소논문들이 있다.
- 이 불초(不肖)가 박형룡 박사님의 문하생으로 그분의 인격, 신앙, 경건, 깊은 학문, 그리고 정통보수신앙과 신학을 수호 변호하기 위한 교훈들을 8년 동안(1958. 3.~1967. 12.) 친히 배우게 된 것은 하나님의 크신 섭리와 은혜였다.

2. 가이슬러(Norman L. Geisler)

- **기독교변증학자. 조직신학자.**

윗튼대학(Wheaton College, B. A., M. A.) 졸업
윌리암 틴데일대학(William Tyndale College, Th. B.)
로욜라대학교(Loyola University)
미국남부복음주의신학교(Southern Evangelical Seminary) 총장

- **저서들**: 조직신학 총 4권, 몰몬교, 여호와의 증인, 뉴에이지 등 40권 이상의 저서들과 많은 논문들을 저술하였다.

When Cultits Ask, Baker Book, 1997.
Systematic Theology, Vol. I. *Introduction and Bible*, Bethany Hause, 2002.
Systematic Theology, Vol. 2, *God Creation*, Bethany Hause, 2003.

Systematic Theology, Vol. 3: *Sin Salvation*, Bethany Hause, 2004.
Systematic Theology, Vol. 4: *Church Last Things*, Bethany Hause, 2004.

3. 구티에레즈(Gustavo Gutierrez, 1928년 6. 8.-)

남미 페루의 신부. 제3세계 해방신학자. 마르크스주의자. 그의 해방신학은 한국의 민중신학과 좌경세력에 큰 영향을 끼쳤음.

- 구티에레즈는 처음에는 의사가 되기 위하여 리마(Lima)에 있는 산 마르코스대학교(San Marcos Univ.)에서 의학을 공부하면서 동시에 칼 마르크스(Karl Marx)의 저서들을 탐독하고 페루의 사회적, 경제적 불균형을 반대하는 기독교 단체운동에 적극 가담하였다. 후에 그는 신학에 관심을 가지고 신학을 공부한 후 1959년 사제(Priesthood)가 되었다.
- 구티에레즈는 칠레의 산티아고에서 신학을 마친 후에 루베인(Louvain)에서 철학과 심리학 분야의 학위를 받았고, 1959년에는 프랑스 리옹(Lyon)대학교에서 신학 분야의 철학박사(Ph. D.) 학위를 받았다. 그는 위의 두 유럽의 대학 시절에도 계속 칼 마르크스를 연구하였다.
- 구티에레즈는 페루로 귀국하여 1960년대 초 리마 교구의 신부(Priest)로, 또 리마대학교의 신학과와 사회과학과에서 강사(Instructor)로, 전국 천주교 학생연맹의 교목(Chaplain)으로 활동하였다.
- 구티에레즈는 1960년대 후반기부터는 가난한 자와 억압받는 자들의 희망으로 해방신학을 제시하였고, 1968년에는 콜롬비아의 메델린(Medellin)에서 개최되었던 라틴아메리카 감독회의의 신학고문으로 참석하여 가난하고 억압받는 자들의 해방을 외쳤다.
- 구티에레즈는 또 1973년 칠레에서 있었던 "사회주의를 위한 기독

인 대회"(Christian for Socialism)에서 연설하였고, 1975년에는 미국 디트로이트(Detroit)에서 개최된 "아메리카에서의 신학"(Theology in America) 대회에서 연설하였고, 1976-1977년에는 미국 뉴욕에 있는 유니온(Union)신학교에서 객원교수로 강의하였다. 1978년부터는 미국을 자주 방문하였다.

- **구티에레즈**는 그의 해방신학에서 마르크스주의의 사회분석법(Social Analysis)을 도입하여 정치적으로 억압받는 자, 경제적으로 가난한 자, 사회적으로 저변에 있는 자들을 기존 정치적, 경제적, 사회적 구조와 체제 그리고 집단들로부터 해방시키기 위하여는 계급투쟁에 적극 참여하여야 하며 해방은 참여행동으로 쟁취할 수 있다고 주장하였다. 그의 생애 대부분은 리마에서 가난한 자, 억압받은 자들을 위하여 보냈다.

- **저서들**: 『해방신학』(*A Theology of Liberation*), 1971, 영문 번역판 1973. 1985-12판; 한국어 번역(허병섭 역, 미래출판사, 1986. 8. 30), 『해방의 실천과 기독교 신앙』(*Praxis of Liberation and Christian Faith*, 1974), 『해방의 희망』(*The Hope of Liberation*, 1976)

4. 그루뎀(Wayne A. Grudem)

미국 트리니티복음주의신학대학원(Trinity Evangelical Divinity School)에서 성경과 조직신학을 가르치고 있다. 하버드대학(Harvard University, B.A.), 웨스트민스터신학교(Westminster Theological Seminary, M.Div.), 켐브리지대학(Cambridge University, Ph.D.)에서 학위를 받았다.

- **저서들**: 신약에 있어서 『예언의 은사』, 『베드로전서 주석』(Tyndale N.T. 주석), 『성경적 남성과 여성 회복』(John Piper와 공저), *The Gift of Prophecy in the N. T. and Today, the First Epistle of Peter*등이다.

5. 라인홀드 니버(Reinhold Niebuhr, 1892. 6 21.-1971)

칼 발트, 에밀 부르너와 더불어 신정통의 3大 거두. 미국루터교 목사, 신학자, 사회복음주의자.

- **출생**: 독일 복음루터교(Evangelical Synod of Lutheran Church)의 목사 아들로 미국 미조리(Missouri)주의 라이트시티(Wright City)에서 출생
- **교육**
    ① 엠허스트대학(Elmhust College) (교단대학)에서 공부
    ② 에덴(Eden)신학교에서 공부 (1913)
    ③ 예일신학대학원(Yale Divinity School)
- **목회**
    ① 1915년 목사안수 미국루터교복음주의대회(Minister of Evangelical Synod of Lutheran Church)
    ② 디트로이드 벨엘복음교회(Bethel Evangelical Church in Detroit, Michigan)에서 13년간 목회(1915-1928)
- **교수**: 디트로이드에서 뉴욕신학교 교수로!
    ① New York의 유니온신학교(Union Theo. Sem.)의 교수(1928-1960) 건강 악화로 은퇴할 때까지
- **영향**: 20세기 기독교의 사회와 정치참여의 제호(提號)로써 두각을 나타낸 신학자이다. 그리고 칼 마르크스(Karl Marx)의 영향을 받어 그 자신이 기독교 마르크스주의라 호칭 받았다. 사회복음주의는 마르크스주의 사상과 이론에 근거한 지상낙원(Utopia on Earth)을 주장한다.

또한 본훼퍼(Bonhoeffer)의 상황윤리에도 감염(感染)되고 민주주의 건실의 정의를 찾기에 노력하면서 급진적 사회복음주의 운동, 사회민주주의의 정치참여를 구호로 외쳤다. 미국 개신교(美國新敎)의 에큐메니칼운동(Ecumenical Movement)의 지도자 역할을 한 현대신학자이다. 니버는 미국의 여러 정치세력과 뉴욕주 자유당(The Liberal Party of N.Y. State), 기독교 사회주의자들의 우호단체(The Fellowship of Chirtian Socialists), 세계교회협

의회(WCC)에 깊이 참여.
- **저서들**: 『도덕인과 부도덕한 사회』(*Moral Man and Immoral Society*, 1932), 『비극을 넘어서』(*Beyond Trudgy*, 1937), 『인간의 성질과 운명』(*Nature and Destiny of Man*, 1941. 1943. 1953), 『신앙과 역사』(*Faith and History*, 1949), 『기독인 실재와 정치적 문제』(*Christian Realism and Political Probrlem*, 1953), 『국가와 제국의 구조들』(*The Structures of Nations and Empires*, 1959)
- Niebuhr의 중요신학사상 / 기독교 교리에는 관심없음.
  ① 계계승승(繼繼承承)의 역사적 기독의 신학에 도전
  ② 기독교인의 사회참여와 정치참여
  ③ 성경의 예언계시에 도전하여 인간의 실재론(Realism)에 치중
  ④ 마르크스주의 동경
  ⑤ 성경의 회의주의자
  ⑥ 사회강조와 인간윤리강조
  ⑦정치윤리로서 민주주의의 정의를 실현할려고 함
  ⑧ 일명 정치신학자라고 한다. 그리고 기독교 정치 사상가이다.
  ⑨ 합리주의자
  ⑩ 인간의 원죄부인과 인간의 선성(善性) 주장
- **참고문헌**

Douglas, *Who's Who in Chritian History*, Tyndale, Wheaton, Il. 1992, p.512

WCC, *Dictionary of the Ecumenycal Movement*, WCC, Geneva 2002, p.983-984.

Editon: Tim Dowley, *The History of Christianity*, Lion, Oxford, England, 1990. p.613.

Douglas(Editor), *New 20th Centry Encyclopedia of Religious Knowledge*, Baker, 1991. p.126, 599

6. 댑니(Robert Louis Dabney, 1820-1898년)

미국 남장로교 대표적 근본주의 신학자. 교육가.

- 댑니(Dabney)는 1820년 3월 5일 미국 버지니아 주 루이사 카운티 남 안나 강변(South Anna River in Louisa County, Va.)에서 6남매 중 4남으로 태어났다. 그의 부친 찰스 댑니(Charles Dabney)는 농장주로서 장로교의 장로였다. 댑니는 가정에서도 성경과 웨스트민스터 소요리문답을 배웠다. 그는 시골에서 그의 형과 다른 선생들로부터 라틴어, 헬라어, 산수, 기하 등을 배우고 일주일에 한 번씩은 어머니의 목사님이셨던 토마스 와리(Thomas Wharey) 박사에게 가서 수학을 배웠다.
- 댑니는 햄프덴-시드니대학(Hampden-Sydney College)에서 수학, 물리학, 라틴어, 헬라어 등 전 과목을 우등과 모범생으로 공부하였다(1836-1837년). 그는 1837년 9월 교내 부흥회에서 회심하고 "그 기간 중에 나에게 있어서 가장 중요한 사건은 그리스도를 믿는 나의 신앙고백이었다"(Johnson, Life and Letters, pp.42-43)라고 했다. 그는 계속해서 버지니아대학교(Charlottesville 소재, 1842. 7. 5. M.A.)와 유니온(Union)신학교(Richmond, Va. 소재, 1844. 11-1846)를 졸업하였다.
- 댑니는 남장로교 서부 하노버 노회(West Hanover Presbytery)에서 목사 안수를 받은 후 시골에서 목회사역을 시작하였으나 곧 명성이 높아져 팅클링스프링교회(Tinkling Spring Church)에 부임하여 목회하였으며(1847-1853년), 1853년에는 모교인 햄프덴-시드니대학으로부터 명예박사 학위를 받았다. 그리고 그는 모교인 버지니아 주의 유니온(Union)신학교 교회사 교수로 초청받아 1853년부터 1883년까지 교수하였다. 동시에 햄프덴-시드니대학교회 협동목사로 시무하였다.

댑니는 존경받는 하나님의 사람으로 1870년에는 남장로교 총회장에도 피선되었다.

1883년에는 건강상의 이유로 버지니아를 떠나 텍사스주 어스틴(Austin)으로 가서 텍사스(Texas)대학교 철학교수로 교수하면서(1883-

1894년), 어스틴신학교(Austin Theological Seminary)를 설립하는 일을 도왔으며 또한 교수로 있었다(1884-1895년).

1890년에는 건강이 더욱 쇠약해졌고 시력을 완전히 상실하였다.

- **댑니**는 시민전쟁(Civil War, 1861-1865년) 이전에는 남부 11개 주가 북부와 분리하는 것을 반대하였으나 곧 남부 진영에 가세하였다. 남북전쟁이 일어났을 때 댑니는 군목(Chaplain)으로 복무하였으며(1861년), 1862년에는 잭슨 장군(T. J. Jackson) 휘하의 전투병과 장교로 복무하였다.
- **댑니**는 남북전쟁 문제에 있어서는 남부의 주장이 옳다는 데 대하여 추호도 흔들림이 없었으며 남장로교 내에 어느 교회도 북장로교와 재연합하는 것을 반대하였다.
- **댑니**는 시민전쟁이 끝난 후 톤웰(J. H. Thornwell)과 함께 남장로교의 칼빈주의 보수신학의 지도자가 되었다. 그는 웨스트민스터 신앙고백서와 대·소요리문답에 담겨 있는 칼빈주의를 주장하였다. 북장로교에서 핫지(C. Hodge)가 큰 영향을 발휘한 것처럼 남장로교에서는 댑니가 큰 영향을 발휘하였다. 그러나 그의 영향력이 남부의 영역에서 벗어나지는 못하였다.
- **댑니**는 능력 있고, 참신하였다. 그는 종교적인 문제, 신학적 문제, 실제적 문제들에 대하여 깊은 관심을 가지고 해결하려고 힘썼다. 그러기에 어떤 이들은 댑니의 조직신학이 핫지의 조직신학보다 심오하다고도 한다. 그러므로 후일 핫지와 쉐드(A. A. Hodge and G. T. Shedd)는 댑니를 미국에서 가장 위대한 신학자라고 평하였다.

워필드(Warfield)는 "댑니는 영향력 있는 그리고 능력 있는 철학자, 신학자인 동시에 헌신하는 그리스도인"이라고 했다(*The Princeton Theological Review*, 1905).

- **저서들**:『잭슨 장군의 생애와 활동』(*Life and Campaigns of Lieut. General Thomas Jackson*, 1866),『버지니아 방어』(*A Defence of Virginia*,

1867), 『수사학』(*Sacred Rhetoric*, 1870), 『조직신학』(*Systematic Theology*, 1871), 『19세기 Sensualist 철학』(*The Sensualist Phylosophy of the 19th Century*, 1875), 『우리의 대속자 그리스도』(*Christ Our Penal Substitute, 19th Century*, 1897), 『실천 신학』(*The Practical Theology*, 1897), 『논단』(*Articles* 4권-다양한 주제) 등 10여 권

댑니는 1858년에는 햄프덴-시드니대학 학장으로, 1860년에는 뉴욕 제5교회 목사로, 동년에 프린스턴신학교 교수로 청빙을 받았으나 이 모든 기회를 사양하였다.

7. 디센(Henry C. Thiessen, 1883-1947년)

세대론적 복음주의. 신약, 조직신학자, 교수.

디센은 1883년 미국 네브라스카 주 해밀턴(Hamilton, Nebraska) 시에서 태어났으며

1909-1916년 오하이오 주 판도라(Pandora) 침례교 목사

1916-1923년 홀트웨인성경학교(Fort Wayne Bible School) 교사로

1919-1923년 홀트웨인성경학교(Fort Wayne Bible School) 교장으로

1925년 북침례신학교 졸업 신학사(Th. B.)

1925-1926년 북침례신학교 조교수

1927년 노스웨스턴대학교 문학석사(Northwestern Univ. A. B.)

1928년 북침례신학교(Northern Baptist Theological Seminary, B. D. 신학사)

1927년 남침례신학교(Southern Baptist Theological Seminary)에서 유명한 헬라어 학자인 로버트슨(A. T. Robertson) 박사 밑에서 교육받고 철학박사(Ph. D.) 학위 취득

1929-1931 뉴저지 주 복음주의대학교 신과대학장

1931-1935 달라스신학교(Dallas Theological Seminary) 대학원 교수부장

- **저서들**: 『신학개론』(*Introduction to the N.T.*, 1943.), 『조직신학 강의』(*Lectures in Systematic*, 1949.)

8. 얼 랄프(Earle Ralph)

- 헬라어 학자.
- **학력**: 미국 동부 나사렛대학(B.A.), 보스턴대학교(M.A.), 골든신학대학(B.D. and Th.D.), 하버드, 에딘버러대학교에서 연구
  1933-1945년 동부 나사렛대학 성경문학 교수(Wollaston, Mass.)
  1945년부터 나사렛신학교 원로 교수(Kansas City, Mo.)
- **저서들**: Word Meanings in the N.T., one volume, Baker Book House, 1986.

9. 루터(Martin Luther, 1483-1546년)

위대한 종교개혁자. 신학자. 설교자. 시인. 저술가. 찬송작곡가.

- **루터의 출생**: 루터는 1483년 11월 10일 색소니(Saxony)의 아이스레벤(Eisleben)에서 태어났다. 색소니는 그 당시 300개 이상의 지역구들 중의 한 곳으로 오늘날은 동부 독일지역이다.
- **루터의 가정**: 루터의 아버지는 건강한 광부였으며, 어머니는 신앙이 독실한 부인이었다. 그는 천주교 가정에서 태어나, 성장하고, 교육을 받았다.
- **루터의 교육과정**: 루터는 로마 천주교 학교에서 공부하였다. 그는 1501년(당시 18세)에 엘푸르트(Erfurt)대학교에 입학하여 1502년 학사학위(B.A.)를 받고, 1505년에는 석사학위(M.A.)를 받았다. 이 학교는 당시 독일에서 유명한 대학으로서 스콜라학파 사상과 인문학파 사상이 교류하는 곳이었다.
  루터는 스콜라철학이나 라틴 고고학을 아무리 열심히 탐구하여도 마음에 사상적 일치를 갖지 못하였다.

- **법학 공부의 시작과 중단**: 1505년 5월에 루터는 그의 아버지의 소원대로 법학을 공부하기 시작하였다. 루터 자신은 신학을 공부하기 위하여 수도원에 들어가기를 원하였으나 그의 아버지는 루터가 신부(Monk)가 되는 것보다 Lawyer가 되는 것이 가문에 더 도움이 된다고 믿었다. 그러나 루터는 법학 공부를 2개월 후 1505년 7월 2일에 갑자기 포기하였다. 그렇게 된 직접적인 동기는 그의 한 친구가 갑자기 세상을 떠난 일과 또 하나는 길 가다가 만난 심한 천둥, 번개, 벼락 치는 소리, 심한 태풍이 그의 마음을 동요시킨 것이라고 한다. 그때 두려워 떨면서 루터는 부르짖기를 "성 안나(St. Anna)여! 나는 수도사(Monk)가 되겠습니다"라고 맹세했다고 한다. 그리하여 루터는 1505년 어거스틴수도원(Augustian Monastery)에 들어갔다. 루터의 수도원 생활은 가장 헌신적 수도생활이었다. 그리고 1507년 수도사 사제(A Monk, a Priest)가 되었다.

사제가 된 후에 루터는 연구, 기도, 그리고 성례집행에 헌신하였다. 루터 자신은 기도, 금식, 수면 제약 등의 고행으로 자신의 죄에 대해 벌을 가하였다. 그러나 그것이 자신을 만족케 하거나 죄 문제를 해결하여 주지는 못하였다.

수도원장인 스타우피즈(Johanes Von Staupitz)는 루터에게 더 공부하도록 권면하였다. 스타우피즈는 루터의 지적 재능과 개혁자로서의 자격을 인정하였다.

- **사제와 교수**(Priest and Teacher)

루터는 1507년 사제가 되었다. 그리고 수도원장 스타우피즈가 추천하여 1502년에 설정된 비텐버그대학교와 엘푸르트대학교(Univ. of Wittenberg and Erfurt)에서 1508-1511년까지 논리학과 물리학을 가르쳤다.

1511년부터 그 이듬해에 걸쳐 로마에 가서 성당들의 온갖 허위를 돌아본 후에 돌아왔다. 1512년 스타우피즈의 권고로 모교인 엘푸르트대학교에서 신학박사 학위를 받았다. 당시 그의 나이는 29세였다.

그리고 1512년 비텐버그(Wittenberg)대학교로 돌아와서 신학교수가 되었다. 이 대학교에서 그는 성경에 관한 강의를 시작하게 되었다. 1513-1515년에는 시편을, 1515-1516년에는 로마서를, 1516-1517년에는 갈라디아서를, 1517-1518년에는 히브리서를 가르쳤다. 이 하나님의 말씀들이 루터에게 종교개혁을 하게 한 근본적 동력들이었다.

루터는 학자요, 저술가요, 동시에 설교가였다. 루터는 1516년, 비텐버그에서 사람들에게 일상적으로 설교하는 임무를 부여받았다. 그는 학교에서의 신학 강의와 교회에서의 설교로 명성을 떨치게 되었고 개혁을 향한 의지가 확고하게 되었다.

루터는 오랫동안의 영적 고뇌 끝에 "하나님의 의"를 이해하게 되었다. 그리하여 전통에 의한 모든 신학을 거부하고, 하나님의 말씀에 대한 개인의 이해를 강조하였다. 즉, 우리가 의롭게 된 것은 우리의 행위로가 아니라 믿음으로만 의롭게 된다는 이신칭의의 진리를 깨달았다.

- **95개 항목의 논제**(95 Theses)

루터는 면죄부(Indulgences) 판매, 고해성사, 연옥설, 성현들 숭배, 교황의 권위, 7성례 등이 잘못되었으므로 반대하였다. 그리고 그 항의문은 라틴어로 인쇄되어 전 유럽으로 확산되었다.

교황은 연옥(Purgatory)에 있는 영혼들이나 생존하고 있는 사람들의 죄를 면제하는 권한을 가지고 있다고 한다. 면죄부를 파는 사람들은 면죄부를 사는 사람들의 죄나 다른 사람들의 죄를 사함 받는 것으로 인식하도록 주력하였다.

목사로서, 그리고 신학자로서 루터는 이것들을 강하게 반대하고 95개 항의 논제를 비텐버그에 있는 교회문에 붙였다.

- **루터**가 95개항의 논제를 교회문에 붙인 것은 반역도 아니요, 급진적 과격한 행동도 아니다. 그것은 문제시되는 Issue들을 토론하기 위하여 학문을 하는 사람들을 초청하는 전통적 방식이었다. 그는 물론 95개항의 논제를 복사하여 그의 감독에게 보냈다. 그렇게 함으로 천주

교의 물질적 부패나 영적 타락상에 대하여 각성을 일으키고자 하는 것이 그의 관심이었다.

1517년 12월 메인즈(Mainz)의 감독은 로마 교황청에 루터에 대한 불만과 반대를 표시하였으나, 루터의 신앙적 입지는 더욱 견고해졌다. 루터는 아우구스부르크에 있는 카제탄(Cajetan) 추기경과 정면 대결하였다.

- 1518년 로마 천주교는 루터를 체포하라는 영장을 발부하였다. 루터는 피신하여 체포되지는 않았으나 천주교 당국자들의 압력은 더욱 증가되었다.

1519년 7월 라이프지(Leipzig)에서 독일의 천주교 신학자 엑크(Johann Eck)와의 논쟁에서 엑크와 그의 추종자들은 루터를 궁지에 몰아넣고 매장하려 하였으나 오히려 패배의 잔을 마셨다. 루터는 교황의 지상권(至上權; Supremacy)를 반대하고 신앙적, 신학적 입지를 더욱 분명히 했다.

1520년 6월에 교황 레오 10세(Leo X)는 교서(Bull)를 내려 출교의 위협을 가(加)하면서 루터에게 95개 조항을 취소하도록 압력을 가하였다.

1521년 1월 25일 제1차 의회를 열고 루터를 출교시켰다.

1521년 3월에 웜스(Wörms)성에서 개회되는 왕정의회와 찰스 5세(Charles V) 앞에 출두하도록 소환명령을 받았다. 그리하여 루터는 웜스로 가고 오는 신변의 안전을 보장받고 떠났다. 웜스로 가는 도중 수많은 사람들로부터 대환영을 받았으며 황제의 행차처럼 기세등등하게 입성하였다.

- 1521년 4월 17일에 황제와 왕정의회에 출두하였다.

2가지 질문을 받았다:

① "25권의 저서를 본인의 것으로 인정하는가"라는 질문에, 본인의 저서라고 대답하고

② "그것을 취소하겠는가"라는 질문에는 다음날까지 여유를 달라 하고 취소하지 않았다. "나는 취소할 수 없다. 나는 이 자리에 서 있다. 하나님이여! 나를 도와주소서. 아멘" 했다.

황제는 칙령을 발표하고 루터의 저서를 읽거나 배부하는 것을 금하고, 나라의 죄인으로 정죄하고, 루터를 돕는 자는 누구든지 생명과 재산을 압수하겠다고 했다. 그러나 루터는 세상의 군왕과 세속화된 교회의 세력 앞에 굴복하지 않았다.

- **루터**는 그 시(市)를 떠날 것을 허락받고 4월 26일 웜스를 떠나 비텐버그로 가는 도중 정체를 알 수 없는 기마병에 납치되어 비밀리에 왈트베르그 성(Wartburg Castle)으로 이송되었다. 이것은 색소니의 후레드릭(Frederick of Saxony) 공의 계획이었다. 루터는 그곳에서 무사처럼 변장하고 신약을 독일어로 번역하였다. 루터의 독일어 성경 번역은 영어의 K.J.V.에 버금가는 번역이다. 왈트베르그 성은 루터의 피난처요, 하나님의 귀한 사역을 이룬 곳이었다.

8개월 후 1522년 3월에 비텐베르크로 돌아온 루터는 미사 형태의 예배에서 탈피하고, 설교, 성찬 그리고 회중 찬송을 강조하였다.

- **루터**는 인문주의학자 에라스무스(Erasmus)와의 논쟁에서 구원은 전적으로 하나님의 주권에 달려 있다고 주장하였다. 에라스무스는 인간의 자유의지를 강조하고, 『자유의지의』(*A Diatribe on free Will*, 1524)를 썼고, 이에 대응하여 루터는 『의지의 노예』(*Bondage of the Will*, 1525)를 썼다.

루터는 어거스틴의 입장을 취하여 사람의 올바른 행위와 구원에 관한 한 인간의 의지는 아무 능력도 가지고 있지 않고, 전적으로 하나님의 손에 달려 있다고 주장하였다.

- **루터**는 성찬에 관하여는 "이것이 내 몸이라"(This is my body)는 말씀 중에 is(…이다)라는 말씀을 강조하여 공재설을 주장한 반면에 츠빙글리는 기념설을 주장하였다.

1530년에 루터는 멜랑톤이 초안한 아우그스부르크 신앙고백서(Augsburg Confession)를 승인하였다.

1537년에 루터는 많은 루터교 신학자들이 서명한 교리 성명서(Schmalkald Articles)를 썼다. 그의 마지막 팜플렛은 "마귀에 의하여 제정된 로마 교황권에 반대하여!"(Against the Roman Papacy, instituted by the Devil)이다.

- **이신칭의**(Justification by Faith)

마틴 루터는 "사람이 어떻게 하나님 앞에서 의인이 될 수 있을까" 하고 고민번뇌도 많았고, 인간의 행위로 의인이 되려고 수도원에서의 고행도, 생활에서 노력도 많이 했다. 그러나 노력하면 할수록 하나님 앞에서 점점 더 부족과 무능을 깨닫게 되고 인간의 노력과 행위로는 의인이 될 수 없다는 고민에 빠지게 되었다. 마침내 루터는 로마서 1:17과 씨름하다가 복음의 진수를 발견하였다. 그것은 곧, 의인은 믿음으로 살리라는 말씀이다. 이것이 복음이요, 복음은 기쁜 소식이다.

또한 시편 71편을 강의하다가 이신칭의의 진리를 깨달았다. 사람은 율법이 필요하다. 율법은 사람의 죄와 무능을 깨닫게 하고 회개의 필요성을 깨닫게 한다. 그런데 율법이 요구하는 것은 우리가 행할 수 없으니 사람 편에서는 절망이다.

로마서 1:17은 율법이 요구하는 것을 하나님이 해결하여 주신다고 계시하신다. 즉, 우리의 의는 예수 그리스도이시다. 예수 그리스도의 의를 하나님이 주신다고 깨달았다. 그러면 우리가 하나님의 의를 어떻게 받을 수 있는가? 믿음으로 그리스도의 온전한 의를 받는다. 뿐만 아니라 구원도 믿음으로 받는다(갈 3:22, 27; 2:16).

칭의와 성화는 엄격히 구별하여야 한다. 칭의는 그리스도의 의를 우리가 덧입는 것이요, 성화는 성령님의 능력을 힘입어 온전한 거룩을 향하여 나아가는 의로운 행위이다.

이신칭의의 교리는 성경 전체를 바로 깨닫는 열쇠요, 원리이다. 기독교는 은혜의 종교이지 행위의 종교는 아니다. 이 세상 모든 이방 종교는 행위의 종교요, 인본주의 사상에 근거한 종교이다.

마틴 루터는 광부의 아들로 태어나 이신칭의의 보화를 성경의 광맥에서 발굴하였다.

- 1525년 6월 13일(41세) 루터는 카타리나 본 보라(Katharina Von Bora)라는 수녀와 결혼하였다. 그녀는 수녀원에서 도피하여 루터의 보호를 받았다. 그녀와 결혼을 약속하였던 남학생이 변심한 후, 루터는 그의 친구를 중매하였으나 보라가 거절하고, 후에 루터와 결혼하게 되었다. 루터는 3남 3녀를 두었다.
- 그는 매일 3시간 이상 기도하였다. 기도의 사람이었다.

루터는 청소년 때부터 성경을 많이 읽고 암송하였다. 그러므로 성경에 어떤 내용이 어디에 있는지 곧 찾아낼 수 있었다.

- 신약전서의 독일어 번역판은 1521년 11월 또는 12월에 착수하여 그 다음해 3월에 원고를 끝냈으며, 1534년까지 16회 수정판이 나왔다. 또한 구약전서 전체를 독일어로 번역하여 1534년 출판하였다. 루터의 성경 번역은 하나님의 말씀 보급과 독일의 국어(國語) 결정에 지대한 공을 세웠다.
- **루터**는 조직신학 교재는 쓰지 않았으나 갈라디아서 주석, 시편 주석, 교리문답(1529)과 여러 논쟁의 쟁점이 되는 문제들을 썼다.

그는 시도 많이 썼다. 37편의 시는 찬송가로! 그중에서도 "내 주는 강한 성이요"(Our God is a Mighty Fortress)는 가장 유명하다.

식사 후에는 자녀들, 친구들과 함께 노래 부르고, 피리를 불고, 이야기하고 그림도 좋아하였다. 이솝의 이야기도 번역하였다.

- **루터**는 가끔 학생들을 집으로 초대하여 친교를 나누었다. 그는 나그네 대접을 잘했다. 후에 학생들은 루터 교수와 가진 여러 이슈들을 모아『루터의 식탁 대화』(Luther's Table Talk)라는 책을 출판하였다.
- **루터**는 그가 태어난 고향 아이스레벤(Eisleben)에서 그의 나이 63세로 세상을 떠났다(1546. 2. 18.). 그는 하나님의 종으로 일평생 기도와 성경 묵상, 저서 집필, 설교와 강의, 그리고 불신앙을 반대하

며 진리 수호를 위하여 헌신하였다.

그의 말기 약 15년간은 여러 가지 병들로 인하여 몸이 쇠약해짐에도 불구하고 매우 활동적이며 생산적인 생활을 했다.

10. 칼 맥킨타이어(Carl McIntire, 1906. 5. 17-2002. 3. 19.〈향년 95세 소천〉)

세계적 근본주의 지도자. 세계적 반공주의자. 성경적 성별주의자.

• 칼 맥킨타이어는 미시간 주의 웁실란티(Ypsilanti)에서 당시 (북)장로교 목사인 찰스 커티스 맥킨타이어(Charles Curtis McIntire)의 4형제 중 맏이로 태어났다. 맥킨타이어는 매우 경건한 교역자의 가정에서 태어났다. 그의 아버지는 옛 프린스턴신학교를 졸업한 근본주의 목사요, 유타주 쏠트레이크(Salt Lake)에서 목회하였으나, 정신병원에 입원하였고, 어머니는 홀로 듀란트(Durant)에서 자식들을 키웠다. 그의 어머니는 잠언서를 완전히 암송한 경건한 여성도로서 맥킨타이어를 매우 엄하게 그리고 경건하게 키웠다. 어려서부터 웨스트민스터 신앙고백서, 소요리문답을 암송하였다. 그는 어린 시절에 오클라호마 주 듀란트로 이사가 그곳에서 소년 시절을 보내며 성장하였다.

• **맥킨타이어**는 듀란트 고등학교를 졸업하고, 남동오클라호마주립대학(Southeastern Oklahoma State University)에 입학하였고, 졸업반에서는 총학생회장직을 맡았다. 학창시절에는 오클라호마 주 카도카운티(Caddo County)에서 청소 일을 하였고, 농가를 가가호호 방문하면서 지도(maps)를 팔았다.

1931년 5월 대학에서 같이 공부하던 페어리 데이비스(Fairy Eunice Davis)와 결혼하였다. 그는 신학교를 졸업할 때까지는 고등학교 영어 교사였다.

슬하에 세 아들을 두었고, 1992년 사모가 소천한 후 앨리스 고프(Alice Goff, 여러 해 동안 사무실 비서)와 재혼하였다.

1) 칼 맥킨타이어와 프린스턴신학교, 웨스트민스터신학교

맥킨타이어는 1927년 미조리 주 파크빌(Parkville)에 있는 파크대학(Park College)을 졸업(B.A.)하고, 1928년 그의 나이 22세 때 프린스턴(Princeton)신학교에 입학하여 메이첸 박사의 수제자가 되었다. 1920년대는 (북)장로교 교단과 신학교가 자유주의와 근본주의 사이의 신앙적, 신학적 논쟁들로 온통 영적 전쟁이 절정에 이르렀을 때였다. 그는 학생으로서 즉시 현대주의자들과 근본주의자들의 신앙적, 영적 전쟁에 직접 개입하기 시작하였다.

그러나 미국(북)장로교의 자유주의자들과 정치세력들이 야합하여 프린스턴신학교 실행 이사회를 재구성하고 자유주의 교수들이 득세하게 됨에 따라 메이첸과 윌슨(Robert Dick Wilson), 알리스(Oswald T. Allis), 반틸(Cornelius Van Til) 교수 등이 주축이 되어 옛 프린스턴신학교를 떠나 필라델피아에 웨스트민스터(Westminster)신학교를 설립하게 되었다. 그 때에 맥킨타이어는 보수근본주의 신약학자 메이첸 박사의 든든한 지원자가 되었다. 그리하여 웨스트민스터신학교는 근본주의 교수들을 따라 프린스턴을 떠난 약 50명의 학생으로 시작하였다. 이 학생들 중에는 후에 근본주의 운동에 세계적 지도자가 된 칼 맥킨타이어 박사와 신복음주의의 원로인 해롤드 오켄가(Harold Ockenga)도 있었다. 맥킨타이어는 1931년 그의 나이 25세 때 웨스트민스터신학교를 졸업(Th.B.)하였다.

2) 칼 맥킨타이어와 미국(북)장로교

칼 맥킨타이어 (북)장로교로부터 파면당함.

칼 맥킨타이어는 프린스턴신학교에 입학한 후 곧이어 1931년 뉴저지 주 아틀란틱 시 첼시아장로교(Chelsea Presbyterian Church)에서 사역하기 시작하였으며, 1933년 10월 그의 나이 27세 때부터는 뉴저지 주에서 가장 큰 콜링스우드(Collingswood) 장로교회에서 시무하기 시작하였다(1,600명의 신도들). 그때 그는 메이첸이 설립한 독립장로교 해외선교부(I.P.M.)에 적극 참여하였으며, 맥킨타이어를 반대하는 노회원들은

1935-1936년 메이첸, 맥킨타이어, 그외 7인을 노회에 6가지 죄명을 들어 탄핵할 것을 노회에 상소하였다.

  6항목의 상소 내용들
    ① 장로교의 권징과 정치에 불복, 무시, 도전하다.
    ② 교회의 평화를 소란케 한 죄
    ③ 교회 내의 형제들을 반역한 죄
    ④ 복음의 사역자로서 합당치 않음
    ⑤ 교회의 헌법적 권위를 반대하여 반역을 도모함
    ⑥ 안수서약 위반

총회는 위의 6항목의 상소들 중 ㉮, ㉯, ㉰ 항목을 적용시켜 1935년 그의 나이 29세 때에 목사직에서 파면시켰다. 그리고 그 결정을 1936년 6월 1일 공포하였다(1936년 총회록, pp.92-93). 이는 마치 마틴 루터(Martin Luther)가 로마 천주교와의 위대한 성전(Holy War)에서 파면당한 것과 같다(1936년 총회록, pp.92-93).

맥킨타이어와 그가 시무하는 콜링스우드장로교회는 1936년 6월 15일 총회의 불법 판결을 거부하였다. 그리고 성경장로교(B.P.C.)를 설립하였다.

3) 칼 맥킨타이어와 콜링스우드 성경장로교회

맥킨타이어는 27세 때부터 담임 목사로 시무하기 시작하였다.

그러나 1938년 3월에 세상 법정에서는 총회 탈퇴를 반대한 8명에게 그 큰 돌로 지은 교회를 넘겨주었다. 개(個)교회 재산이 교단 재단 법인에 등록되어 있기 때문이다. 1938년 마지막 주일에 성별된 성도들은 나와서 텐트(tent)를 치고 예배드리기 시작하였다. 새 교회는 콜링스우드성경장로교회(Collingswood Bible Presbyterian Church)로서 반세기 동안 전 세계 수많은 교단들, 교회들 선교부들을 자유주의 배교와 불신앙으로부터 보호하여 왔다. 그 교회의 헌금의 절반은 전 세계를 향한 선교, 구제 등으로 사용하였다.

4) 칼 맥킨타이어와 성경장로교(B.P.C.)

메이첸과 맥킨타이어는 (북)장로교에서 탈퇴한 후 1936년 그의 나이 30세 때에 아메리카장로교(P.C.A.=Presbyterian Church of America)를 설립하였다. 메이첸은 1937년 1월 1일 갑자기 폐렴으로 세상을 떠났다.

배교와 불신앙을 반대하고 나와서 따로 조직된 교단 내에는 두 가지 신앙적 흐름이 있었다. 그 한 부류는 주초문제에 관용하며, 무천년설을 주장하며, 독립장로교 해외선교부를 총회가 관할하기를 주장한 사람들과 또 다른 한 부류는 주초문제를 위시하여 악은 모양이라도 버리고 경건 생활에 힘쓸 것과 전천년설을 주장하며, 총회가 선교부를 관할하는 것을 반대하였다. 1937년 총회에서는 칼 맥킨타이어를 중심으로 한 성별주의자들이 패하자 새로운 교단 성경장로교를 창립하게 되었다.

제1차 창립 총회가 1938년 그의 나이 32세 때에 칼 맥킨타이어 목사가 시무하는 뉴저지 주 콜링스우드에서 개최되었다. 제1차 총회(대회, Synod라 칭함)는 미국(북)장로교 총회에서 결의한 사항들(메이첸과 맥킨타이어 파면, 해외선교부 불인정…)은 모두 무효라고 선언했다. 새로운 교단은 우리 주님이 영광 중에 나타나실 때까지 지속될 것이며, 웨스트민스터 신앙고백서를 신앙고백으로 받되 천년설과 관계된 제32장, 33장은 개정하여 채용하기로 결의하였다. 독립 해외선교부와 훼이스(Faith)신학교를 인준하였다.

- 새 교단을 창립하는 목적은
  ① 성도의 진정한 교제를 위하여
  ② 우리 주 예수 그리스도의 증거를 위하여
  ③ 미국(북)장로교의 배교 때문에
  ④ 미국(북)장로교가 역사적 기독교 신앙에서 떠났기 때문이다.
  총회(대회)는 다음과 같은 사항들을 채택한다.
  ① 신·구약 성경을 신봉함을 선언
  ② 웨스트민스터 신앙고백서와 요리문답들을 재확인
  ③ 성경의 전천년 교훈이 모호한 곳은 수정(정정)하기로 제안하다.

④ 장로교 정치를 재확인하다.

5) 칼 맥킨타이어와 훼이스신학교(Faith Theological Seminary)

메이첸 박사가 별세하고, 신앙과 행위 문제로 성별한 맥킨타이어는 맥크레이(Alan A. MacRae, 고고학의 제1인자, A.B. A.m. Th.B. Ph.D.), 버즈웰(Buswell, 조직신학의 제1인자), 브럼버(Roy T. Brumbaugh, 타코마 제1성경장로교 목사, 독립장로교 해외선교부 및 훼이스신학교 창립 멤버) 등과 더불어 1937년 9월 그의 나이 32세 때 22명의 학생으로 세계적 보수신학의 전당 훼이스신학교를 개교했다. 훼이스신학교는 지금까지도 명맥을 이어가고 있는 실정이다.

- **신학교의 이념과 노선은**
  ① **독립적**
  ② **전천년**
  ③ **성별된 생활**
  ④ **웨스트민스터 신앙고백서 등이다.**
- 여름성경학교를 1주일이 아니라 1개월 계속 강조
- 1년에 성경 1독 강조
- 사도신경, 니케아 신조, 칼빈의 기독교강요, 웨스트민스터 신앙고백서와 대소요리문답을 신앙의 표준으로 성별을 강조,

고린도후서 6:17, "그러므로 너희는 그들 중에서 나와서 따로 있고 부정한 것을 만지지 말라 내가 너희를 영접하여"

WCC, NAE…반대, WCC 총회 때마다.

6) 칼 맥킨타이어와 독립장로교 해외선교부(I.P.M.)

1934년 메이첸 박사가 중심이 되어 독립장로교 해외선교부를 조직할 때 메이첸의 초청으로 적극 가담하였으며, 메이첸 박사가 별세한 후 창립멤버 중의 한 사람인 칼 맥킨타이어 박사가 계승하여 전 세계에 선교활동을 해 오고 있다. 1933년에 창설된 이후 동선교부 선교사들은 세계

만방에 파송되어 선교, 봉사, 구제에 많은 업적을 쌓아 왔다.

특히 한국에는 동 선교부에서 파송받은 홀드크로프트(J. Gordon Holdcroft, 1903-1905년 한국), 마두원 선교사 부부(Dr. & Mrs. Malsbery), 후렌 선교사 부부(Dr. & Mrs. Flenn), 라보도 선교사 부부(Dr. & Mrs. R. S. Rapp), 고든 선교사 부부(Dr. & Mrs. Gordon), 그리고 한국계 미국 시민인 조영엽 선교사(Dr. Youngyup Cho) 등이 교육, 전도, 구제 등 다방면의 선교 활동을 해 왔다. 특히 홀드크로프트 선교사의 주일학교 공과지, 마두원 선교사의 강원도 지방선교(성경학교, 제이드 병원, 개척 교회들), 라보도 선교사의 신학교육, 조영엽 선교사의 보수 근본주의 신앙을 위한 변호는 열매가 컸다.

7) 칼 맥킨타이어와 크리스천 비콘지(Christian Beacon)

칼 맥킨타이어는 1936년 그의 나이 30세 때부터 콜링스우드에서 「크리스천 비콘」지(주간; weekly)를 50년 이상 발행해 왔다. 이 기관지는 그가 창설한 아메리카기독교연합회(A.C.C.C.)와 국제기독교연합회(I.C.C.C.)의 대변지로서 전 세계 자유주의 교회들의 연합단체인 세계기독교연합회의 기관지(W.C.C.'s E.P.S.와 Ecumenical Review), 미국의 자유주의 교회들의 연합단체인 미국기독교연합회(N.C.C.C.'s Chronicles), 신복음주의의 대변지 *Christianity Today* 등을 대항하여 40년 이상 역사적 기독교 신앙을 변호, 수호해 왔다.

8) 칼 맥킨타이어와 20세기 종교개혁의 시간(20 Century Reformation Hour)

칼 맥킨타이어는 1955년 그의 나이 51세 때부터 "20세기 종교개혁의 시간"(20th Century Reformation Hour)을 매일 아침 반 시간씩 600개 이상의 라디오 방송국 망을 통하여 40년 가까이 미국 전역으로 방송해 왔다. 그리고 단파를 이용하여 전 세계에 방송해 왔다. 그는 전 세계 어느 나라를 가든지 방송 시간이 되면 심지어는 국제 전화선을 연결하여서라도 방송을 쉬지 아니하였다.

9) 칼 맥킨타이어와 아메리카기독교연합회(American Council of Christian Churches)

칼 맥킨타이어는 미국 전역에 편만해 있는 기독교의 근본교리들을 신봉하는 교회(교파)들로 1941년 9월 17일 그의 나이 35세 때 아메리카기독교연합회(A.C.C.C.)를 조직하였다. A.C.C.C.는 미국이 자유주의 교회들의 연합체인 미국연방교회연합회(Federal Council of Churches, 1908년)와 자유주의 교회들과 타협하는 신복음주의 단체인 전국복음주의협의회(National Association of Evangelicals)에 반대하여 배교와 불신앙으로부터 교회의 순수성과 역사적 기독교 신앙을 수호하고자 하는 근본주의 교회들의 연합체이다.

※ F.C.C.는 1950년 11. 28.12. 1.부터 명칭을 N.C.C.C.로 변경하였다.

10) 칼 맥킨타이어와 국제기독교연합회(I.C.C.C.=International Council of Christian Churches)

칼 맥킨타이어는 그의 나이 42세 때 네덜란드의 암스테르담(1948년 8월 11일)에서 세계교회협의회(W.C.C.)를 반대하여 I.C.C.C.를 창설하였다. 이는 전투적 입장을 취하는 전 세계 보수교회(교파)들의 연합단체이다.

I.C.C.C.가 처음 탄생된 곳은 영국 개혁교회(English Reformed Church)였다. 원래 이 교회는 1419년 10월 19일 천주교 성당으로 헌당 되었던 교회였다. 그런데 이 교회당은 영국의 청교도들이 스크루비(Scrooby)를 떠나 네덜란드로 건너와 이 교회를 매입하고 개신교 예배에 맞도록 내부구조를 개조하고 1607-1619년에 예배드린 교회당이다.

I.C.C.C. 제1차 창립총회는 "성경의 그리스도"(The Christ of the Scriptures)라는 표어 아래 26개국의 39개 교단 150명의 대표들이 모여 20세기 종교개혁의 횃불을 밝혔다. 대표 총대들 이외에도 7개 교파에서 온 선교단체 대표들, 6개 기독교 교육기관들 그리고 많은 회중들이 참석하였다.

그 후 I.C.C.C.는 4-5년에 한 번씩 세계대회를 개최하고 100여 나라의

500여 교단들이 가입되어 있다. 1963년에는 미국 뉴저지 주 케이프메이(Cape May) 해변에 위치한 큰 어드마이럴호텔(Admiral Hotel)을 구입하여 성경집회, 세계대회 등을 개최하는 기독교 수양관으로 사용해 왔으며 그곳에 쉘턴대학(Shelton College)을 세웠다. 또한 1971년에는 플로리다 주 케이프캐나베랄(Cape Canaverrel)의 힐튼호텔을 구입하여 역시 성경집회, 세계대회 등을 여는 기독교 수양관으로 사용해 오고 있다.

11) 칼 맥킨타이어와 아메리카기독교연합회(A.C.C.C.)

맥킨타이어는 1952년 미국 자유주의 교회들의 연합단체인 N.C.C.C. in USA가 개정 표준성경(Revised Standard Version=R.S.V.)을 출판하였을 때 "성경으로 돌아가자!"(Back to the Bible)는 기치를 내걸고 전국적으로 대집회들을 열었다. 아메리카기독교연합회는 미국의 자유주의 교회들의 연합단체이며, R.S.V. 성경은 그들의 판권 소유로 미국뿐 아니라 전 세계의 자유주의 교회들이 경전으로 사용하고 있다.

12) 칼 맥킨타이어와 한국전쟁, 월남전쟁

맥킨타이어는 세계적 반공주의자(Anti-Communist)로서 세계평화에 큰 기여를 해 왔다. 그는 1950년대 미국 국가안보위원회(National Security Council)의 일원이었으며, 1950년 한국전쟁 당시 미군과 유엔군을 한국전에 파병하도록 미국 정부와 국민에게 호소하기도 했다. 그는 또한 월남전 당시에는 미국의 수도 워싱턴 D.C.에서 "승리를 위한 행진"(March for Victory)을 했으며(40만 명 이상이 참여), 한국의 이승만 대통령과 대만의 장개석 총통과는 친밀한 사이였다. 그러므로 장개석 총통 장례식에는 직접 참석하였다.

"자유는 각 사람의 비지네스이다. 당신의 비지네스, 나의 비지네스, 교회의 비지네스이다. 자신의 자유를 수호하기 위하여 자신의 자유를 사용하지 않는 사람은 자기의 자유를 보존하지 못한다."

"Freedom is everybody"s business, your business, my business, the

Churche"s business, and Who will not use his freedom to defend his freedom, does not deserve his freedom."

13) 칼 맥킨타이어와 한국교회

1959년 9월 총회에서 보수주의 교회들(합동측)과 자유주의 교회들(통합측)이 비성경적 연합운동(Unbiblical Ecumenical Movement) 문제로 분열된 후 1960년부터 한국을 방문하고 한국의 교회들을 영적, 신앙적 그리고 경제적 다방면으로 지원해 왔다. 합동측, 대신측, 호헌측, 성결교, 예수교 감리회, 침례교 등 여러 교파들과 합동측 총회신학교(현 총신대학교), 대한신학교, 성경장로교신학교, 성경신학원 등에 재정을 지원하였으며, 전국 농어촌 미자립 교회들, 고아원들, 병원들, 군목들에게 원조와 보조비를 다년간 지원해 왔다.

특히 장로교 보수진영(합동측)이 통합측과 분열된 후 신학교 교사가 없을 때 신학교육 시설자금으로 당시 10만 달러의 거액을 지원하였으며(그 자금으로 용산역 근처의 빌딩을 구입하고 신학교로 사용하다가 현 사당동으로 이전), 현 대한신학교 건물(서울역 뒤)도 구입하도록 지원하였다.

칼 맥킨타이어는 2002. 4. 19. 향년 95세로 소천하여 미국 동부 뉴저지주 캄덴 할리아공동묘지(Harligh Cemetery, Camden, N.J.)에 안장되었다.

11. 존 머레이(John Murray, 1898-1974년)

미국 장로교 개혁주의 신학자. 웨스트민스터신학교 조직신학 교수.

- 존 머레이는 영국 스코틀랜드의 서덜랜드(Southerland)에서 태어나 엄격한 자유장로교(Free Presbyterian Church) 가정에서 성장하였다. 그는 어렸을 때 웨스트민스터 신앙고백서 소요리문답을 배웠고, 글라스고대학교(Univ. of Glasgow)를 졸업한 후(1919-1923년, M.A.), 미국의 프린스턴(Princeton)신학교를 졸업하였다(Th.M., 1927년). 다시 영국으로 돌아가 에딘버러(Edinburgh)에서 계속 공부하던 중 당시 프린

스턴신학교 조직신학 교수였던 핫지(Casper Wistar Hodge)로부터 초청을 받아 1년간(1929-1930년) 조교수로 가르쳤다. 그는 프린스턴신학교 재학 시절 워필드와 게할더스 보스의 영향을 많이 받았다.
- **머레이**는 프린스턴신학교가 자유주의로 넘어가자 스승인 메이첸, 앨리스, 윌슨 교수 등을 따라 반틸과 함께 웨스트민스터신학교를 설립할 때 합류하였고, 1930년부터 1966년 은퇴할 때까지 핫지(C. Hodge)와 워필드(Warfield)의 신학적 전통을 이었다. 은퇴 후에는 세상 떠날 때까지 영국 전역에서 설교와 강의를 했다. 메이첸 박사가 소천한 후(1937. 1. 1.) 머레이 박사는 웨스트민스터신학교의 상징적 인물이 되었다. 그는 그가 속한 미국 정통장로교(O.P.C.)에서 1961년 총회장을 역임한 보수 신학자, 설교자였다. 그는 20세기 중엽 가장 영향력이 있는 개혁주의 신학자들 중 한 사람이었다(I. H. Murray, "The life of John Murray" in *Collected Writings of John Murray*, Vol. 3. 1976).

저서들: 『구속론』(*Redemption, Accomplished and Applied*, 1955), 『로마서』(*The Epistle to the Romans*, 2권, 1959, 1965), 『존 머레이의 선집』(*Collected Writings of John Murray*, Vol. Ⅰ, Ⅱ; 조직신학 Ⅰ, Ⅱ)

12. 메이첸(J. Gresham Machen, 1881-1937년)

미국 장로교 근본주의 신학자. 변증가. 교육가. 옛 프린스턴신학교 신약학 교수. 웨스트민스터신학교 설립자 및 초대 교장. 미국독립장로회 해외선교부 설립 및 초대 회장.
- **메이첸**은 미국 메릴랜드 주 발티모어(Baltimore)에서 부유한 변호사의 3형제 중 2남으로 태어났다. 그의 어머니도 남부 조지아(Georgia) 주의 저명한 가문의 딸이었다. 메이첸은 그의 생애에 부모의 영향을 크게 받았다.
- **메이첸**은 사립학교에서 교육을 받은 후, 존스홉킨스대학교(Johns Hopkins Univ.)를 졸업하고(고전문학 전공, 1901년) 난 후에도 1년

간 더 유하면서 당시 미국의 저명한 고전문학자 길더슬리브(Basil L. Gildersleeve)의 지도를 받으면서 대학원 과정을 밟았다.

그는 그 다음 해(1902년)에 프린스턴신학교(Princeton Theo. Sem.)에 입학하여 신학사(B.D.) 과정을 마치는 동안(1905년) 한편 프린스턴 대학교에서 철학석사(M.Ph.) 학위를 취득하였다. 그는 프린스턴신학교 재학 시절, 특히 워필드(B. B. Warfield)교수와 패튼(Francis Patton) 교수로부터 칼빈주의 보수신앙에 대한 많은 영향을 받았다. 그는 또 헬라문학에도 관심이 많았으므로 졸업반 시절에는 신약학 교수 암스트롱(William Park Amstrong)의 신약(선택과목)을 선택하였다. 메이첸의 재능과 실력을 인정한 암스트롱 교수는 메이첸에게 독일로 유학을 다녀올 것을 권유하였고 메이첸은 1905년 가을 신학을 더 연구하기 위하여 독일로 떠났다.

- 메이첸은 마르부르크대학교(Marburg Univ.)에서 바이스(Johannes Weiss), 쥘리허(Adolf Jülicher), 헤르만(Wilhelm Hermann) 교수들의 자유주의 신학에 잠간 매료되었고, 괴팅겐(Göttingen)대학에서는 부셋(W. Bousset) 같은 자유주의자들 밑에서 공부하였다. 그러나 독일에서 받은 자유주의 신앙사조를 떨쳐버리기 위하여는 8년이란 세월이 걸렸다. 점차 종교적 자유주의와 정통 기독교와는 거리가 먼 것을 확인하게 되었고, 종교적 자유주의에 반대하여 근본주의에 굳게 설 것을 결심하게 되었다.

- 모교인 프린스턴에 돌아온 메이첸은 1906-1914년에 신약학 강사로 강의하였다. 그는 자신이 맡은 일에 전적으로 헌신하여 탁월한 신학자, 교수, 설교자로 점점 각광을 받게 되었다. 그는 신학교 강사로 있으면서도 안수는 1914년에 가서야 받았다.

그때에는 미국의 많은 교회들(교파들)이 종교적 자유주의자들과 역사적 기독교 신앙을 수호하는 보수주의자들과의 사이에 영적, 신앙적, 신학적 논쟁이 심한 때였다. 물론 장로교와 장로교의 대표적 신학교였던 프린스턴도 예외는 아니었다.

- 1914년 **스티븐슨**(J. Ross Stevenson)이 신학교 교장으로 취임한 이후부터는 점점 자유주의자들이 득세하게 되었다. 장로교 내의 자유주의자들은 세월이 갈수록 점점 득세하여 드디어는 기독교의 근본교리들도 담대히 부인하는 지경에까지 이르렀다. 그러므로 총회는 1910, 1916, 1923년 총회시에 기독교의 근본교리들을 재확인하였다. 그러나 1,274명의 자유주의자들은 1924년 기독교의 근본교리들은 하나의 학설(theory)이요, 교리(doctrine)가 아니라고 주장하면서 소위 어번확약서(Auburn Affirmation)를 발표하게 되었다. 이러한 불신앙과 배교가 활개를 칠 때 메이첸은 『기독교와 자유주의』(*Christianity and Liberalism*, 1923)라는 책을 썼고, 기독교의 정통신앙을 변호하였다. 그는 종교적 자유주의와 정통 기독교는 전적으로 다른 종교이며, 자유주의는 기독교가 아니라고 단정하였다. 1926년 신학교 이사회에서 메이첸을 변증학 교수로 청원하였으나, 스티븐슨(Stevenson) 교장이 이끄는 재단 이사회에서 반대하였다. 드디어 이사회는 폐지되고 재단 이사회만이 학교를 완전히 지배하게 되었다.
- 신앙적, 신학적 논쟁들은 교단과 신학교들에서 계속 심화되면서 대세는 점점 자유주의자들에게로 유리하게 기울어졌다. 1929년 총회는 신학교를 보다 더 포괄적 신학체제로 재구성하도록 결의하였고, 이에 반대하는 메이첸, 앨리스, 윌슨, 반틸, 머레이 등 보수주의 핵심 교수들은 6월 프린스턴신학교를 떠나 동년 가을 웨스트민스터 신앙고백서와 옛 프린스턴신학교의 정신을 계승하여, 필라델피아에 웨스트민스터신학교를 설립하게 되었다.
- **메이첸**은 새로 설립한 학교의 초대 교장과 신약학 교수로 그리고 교단과 선교부의 일에도 헌신하였다. 교단의 많은 교회들과 신학교들도 자유주의화되니 해외에 나가 있는 선교사들 중에도 다수가 자유주의 노선에 가담하게 되었다.
- **메이첸과 보수주의 목사들**은 1933년 6월 27일 여러 나라에 파송되어 바른 복음을 전하는 보수주의 선교사들을 위하여 '독립장로회 해외선

교부'(Independent Board for Presbyterian Foreign Missions)를 조직하고 초대 회장에 메이첸을 추대하였다. 반면에 그 이듬해인 1934년 총회는 새로 조직된 선교부를 인정하지 않고, 1935년에는 메이첸을 면직하였다. 메이첸과 그의 수제자 칼 맥킨타이어를 위시한 보수주의자들은 1936년에 새로운 교단(미국 장로교, Presbyterian Church of America - 후에 정통장로교⟨O.P.C⟩로 개칭)을 창립하고 초대 회장에 메이첸을 추대하였다. 메이첸은 새 교단을 형성하기 위하여 노스다코다 주 비스마르크(Bismark, N.D.)로 가는 도중, 1937년 1월 1일 폐렴으로 소천하였다.

- **메이첸**은 역사적 기독교 신앙을 변호하고자 그의 생애를 불태웠다. 그는 그리스도에 대한 헌신과 깊은 열망 때문에 양심상 교회 내의 신앙, 교리, 생활 문제 등에 있어서 방관하거나 타협하거나 양보가 있을 수 없었다. 그는 교회의 생명과 순수성을 보존하기 위하여 온 심혈을 기울였다. 그는 결단코 진리를 위하여 우유부단함이나 약함을 허용치 아니하였다. 웨스트민스터신학교에서 메이첸의 뒤를 이어 신약학을 교수한 스톤하우스(Ned B. Stonehouse)는 "만일 이제까지 고결하고 관대하고 온화하며 상냥하고 인정이 많은 사람이 있다면 그 사람은 바로 메이첸이었다"[1]라고 했다. 메이첸이야말로 인간의 양면을 모두 겸비한 하나님의 사람이었다.

저서들: 『초보자들을 위한 신약 헬라어』(*N.T. Greek for Beginners*), 『바울 종교의 기원』(*The Origin of Paul's Religion*, 1921), 『기독교와 자유주의』(*Christianity and Liberalism*, 1923), 『신앙이란 무엇인가?』(*What is faith?*, 1925), 『그리스도의 동정녀 탄생』(*The Virgin Birth of Christ*, 1930), 『현대 세계에서의 기독교 신앙』(*The Christian Faith in the Modern World*: 세상 떠나기 전 방송설교 모음)

---

1) Ned B. Stonehouse, J. Gresham Machen, *A Biographical Memoir* (Grand Rapids: Eerdmans, 1955), p. 327

한국의 메이첸: 메이첸 박사님의 수제자이시요, 불초 저자의 스승이셨던 고(故) 박형룡 박사님(프린스턴신학교 졸업, 1926년)은 한국의 메이첸이었다. 이 영적 흑암의 시대에 박형룡 박사님의 인격·신앙·사상·사명의식을 이어받은 제2, 제3의 박형룡이 나오기를 소망한다. 이 불초가 한국계 및 미국시민으로서 메이첸 박사님이 설립하고, 맥킨타이어 박사님이 계승한 독립장로교회의 선교부(I.P.M.) 선교사로 봉직하게 된 것은 하나님의 크신 은혜요 섭리였다고 생각한다.

13. 바빙크(Herman Bavinck, 1854–1921년)

네덜란드 개혁주의 신학자.

바빙크는 네덜란드 드렌테(Drenthe) 루이 호그벤(Hogeveen)에서 1854년 12월 13일 태어났다.

Zwalle고등학교(the Gymnnasium)를 졸업했고, 네덜란드의 개혁 교단 신학교인 캄펜신학교(Kampen Theo. Sem.)와 레이덴대학교(Leiden Univ. Ph.D. 1880)를 나왔다.

- 졸업 후 후레인커(Franeker)에서 잠시 목회사역(1881-1882년)을 하고 1882년 1월 10일(29세)부터 1920년까지 모교인 캄펜신학교에서 교수로 있었고, 1902년부터 1921년 생애를 마칠 때까지 암스테르담에 있는 자유대학교(Free Univ.)에서 아브라함 카이퍼의 후임으로 조직신학 교수로 있었다. 바빙크는 종교, 사회, 정치, 문화 등 사회 전반에 걸쳐서 큰 영향력을 발휘하였다. 특히 네덜란드개혁교(Refermed Church)와 미국의 개혁교(C.R.C.), 남아프리카 공화국의 개혁교 등에서는 그의 신학적 영향력이 매우 크다.

- **바빙크**는 신학, 심리학, 교육학, 윤리학(가정, 여성, 전쟁) 분야의 여러 저서들을 출간하였으며, 왕립학술원의 일원으로, 네덜란드 정부의 상원(1911년)으로도 활약하였다.

저서들: 『개혁파 교리학』(*Gereformeerde Dogmatic*, 4권, 1895-1901)은 대표적 작품이다. 그중 제1권은 근본 변증학, 제2권은 신론이다. 『하나님의 큰일』(*Magnalia Dei*, 1907), 『우리의 이성적 신앙』(*Our Reasonable Faith*), 『계시의 신앙과 철학의 확실성』(*The Certainty of Faith and Philosophy of Revelation*, 1953) 등이다.

이 저서들 중 『개혁파 교리학』과 『하나님의 큰일』은 한국어로도 번역되었다.

14. 반틸(Van Til, 1895-1987년)

기독교 변증가. 옛 프린스턴신학교, 웨스트민스터신학교 변증학 교수.

반틸은 네덜란드의 그루테가스트(Grootegast)에서 태어나 기독교개혁교도인 그의 부모를 따라 1905년 미국으로 이민갔다.

- 반틸은 미국 미시간주 그랜드래피즈(Grand Rapids)에 있는 칼빈대학과 칼빈신학교를 졸업하고, 미국 프린스턴신학교와 프린스턴대학교에서 공부하고 1927년 기독교개혁교에서 안수를 받았다. 그리고 미시간에서 잠시 목회하고, 1929년 웨스트민스터신학교가 설립되기 전까지 프린스턴신학교에서 1년간 변증학을 강의하였다. 반틸은 1936년 미국정통장로교(O.P.C.)에 가입하고, 1975년 그의 나이 80세 은퇴시까지 교수직에 있었다.

- 반틸의 변증학의 대부(代父)는 존 칼빈과 직접적으로는 네덜란드 신학자 아브라함 카이퍼와 헤르만 바빙크 그리고 미국 프린스턴신학교의 탁월한 칼빈주의 신학자 찰스 핫지와 워필드이다.

그는 카이퍼와 바빙크의 저서들을 탐독한 후 기독교 변증학에 있어서 사람은 인간의 이성(reason)이나 또는 어떤 중립적 입장으로 출발할 것이 아니라, 하나님은 반드시 존재하시다는 것과 사람은 하나님께 책임이 있다는 것과 이 하나님에 관한 정확한 정보(information)는 영감된 성경뿐이라는 것을 전제하여야 한다는 것을 더욱 확신케 되었다. 이 대가정(presupposition)이 반틸의 변증학의 시작이요, 근간이다. 반틸은 "신학은 반드시 변증적 공격을 가져야 하며, 변증학은 반드시 신학을 해설하여야 한다"고 했다.

저서들: 『신앙의 변호』(*The Defense of the Faith*, 1955, 1963), 『기독교 신학』(*A Christian Theology of Knowledge*, 1969), 『조직신학 서론』(*An Introduction to Systematic Theology*, 1974) 등 20여 권의 저서와 많은 논문을 썼다.

15. 반하우스(Donald Grey Barnhouse, 1895-1960년)

미국 장로교 목사. 신복음주의 신학자. 성경 주석가. 기독지 편집인. 라디오 설교자.

- 반하우스는 캘리포니아주 왓슨빌(Watsonville)에서 태어나 17세에 로스앤젤레스성경학교(Biola)에 입학하여 부흥사 토레이(R. A. Torrey)로부터 세대론 신학을 배웠고(1913-1915년), 시카고대학교를 잠시 거쳐서 프린스턴신학교에 입학하였다가(1915년), 군 통신부대(Army Signal Corps)에 입대하기 위하여 학교를 떠났다(1917년). 그리고 미국 북장로교 뉴저지 주 몬마우스(Monmouth) 노회에서 목사 안수를 받고 선교사와 교사로서 프랑스와 벨기에에 가서 '벨기에 복음선교부'(Belgian Gospel Mission in Brussels, 1919-1921년)에서 봉사하였다. 동시에 프랑스 알프스(Alps)에 있는 두 개혁교회들에서도 목회하였다. 그는 1922년 여선교사 룻 티파니(Ruth Tiffany)와 결혼하고, 1923년에는 미국 달라스에 있는 복음주의신학교에서 명예신학박사(D.D.) 학위를 받았다. 1925년 미국으로 돌아와 필라델피아에 정착하고 그곳에서 펜실베이니아대학교(Univ. of Pennsylvania)대학원 과정을 밟았으며, 은혜장로교회(Grace Presbyterian Church)에서 목회했다. 한편 동부침례신학교를 졸업하였다(1926-1927년).

- 반하우스는 1927년 필라델피아제10교회에 부임하여 소천할 때까지 목회하면서 1928년부터는 라디오 방송을 시작하였으며, 1931년부터는 월간지 *Revelation*을 발간하기 시작하였다(1950년부터는 *Eternity*로 개칭). 그는 그의 생애 동안에『로마서』외 10여 권의 책들을 썼으며 많은 테이프(audiotapes)를 녹음하였다.
- 반하우스는 당시 동료들이 북장로교가 자유주의화되므로 교단을 떠났으나 자신은 그대로 머물러 있으면서 근본주의자들을 자유주의자들에게 행한 것처럼 비판하였다. 그러므로 근본주의자들에 의하여 비난을 받고 자유주의자들로부터 멸시를 받았다. 그러므로 그는 신복음주의의 지도자들 중 한 사람이었다.

16. 버즈웰(James Oliver Buswell, 1895-1977년)

미국 장로교 근본주의 신학자. 교육가.

미국 위스콘신주 멜론(Mellon)에서 태어나 미네소타대학교(Univ. of Minnesota, A.B., 1917), 매코믹신학교(McCormick Sem., B.D., 1923), 시카고대학교(Univ. of Chicago, M.A., 1924), 뉴욕대학교(Univ. of New York, Ph.D., 1949)를 졸업했다. 그는 1918년 미국(북)장로교에서 안수받고 군목으로 복무하고(1918-1919년), 밀워키(Milwaukee)장로교회(1919-1922년)와 브룩클린(Brooklyn)에 있는 개혁교회(1922-1926년)에서 시무하였다.

- 버즈웰은 메이첸이 추진하는 독립장로교 해외선교부(I.P.M.= Indepen-dent Board for Presbyterian Foreign Mission) 설립에 적극 가담하였기 때문에 당시 미국(북)장로교에서는 버즈웰을 파면하였다. 이때에 칼 맥킨타이어도 자신이 속한 노회에서 파면되었다.
- 버즈웰은 일리노이 주 윗튼에 있는 윗튼대학(Wheaton College)의 학장으로 재직시(1926-1940년) 학교를 높은 수준의 학문 전당으로 그리고 근본주의 센터로 올려놓았다.

※ 미국에서의 근본주의는 한국에서의 보수주의이다.

- **버즈웰**은 메이첸이 세상을 떠난 후(1937년 1월 1일) 칼 맥킨타이어가 성경장로교(B.P.C)를 창설할 때 깊이 참여하였고, 그 교단 신학교인 훼이스신학교(Faith Theo. Sem., 1940-1947년)와 쉘튼대학(Shelton College, 1941-1955년)에서 교수하였다. 물론 위의 두 학교는 근본주의(보수주의)의 세계적 지도자 칼 맥킨타이어 박사가 운영한 학교들이다.
- 1956년부터는 복음주의장로교(Evangelical Presbyterian Church-1937년 미국 정통장로교〈O.P.C.〉)에서 탈퇴하여 새로 조직한 작은 교단 지도자들의 주축으로 설립한 커버넌트대학(1956-1964년)과 신학교(Covenant Theological Seminary)에서 조직신학을 교수하였다(*Covenant Seminary Review*, 2:1-12, 1976).
- **버즈웰**은 11권의 저서와 많은 논문들을 썼는데 그의 대표적 저서는 『기독교 조직신학』(*A Systematic Theology of the Christian Religion*, 2 vols., 1962-1963)이며 그의 조직신학 저서는 신학계에서 큰 비중을 차지한다.

17. 벌코프(Louis Berkhof, 1873-1957년)

미국 개혁주의 조직신학자.

네덜란드의 드렌테 지역 엠멘(Emmen, Drenthe)에서 1873년 10월 13일에 출생하였다. 벌코프의 아버지는 개혁교회의 한 분파인 경건주의 정통파(Seceder)에 속한 사람이었다. 1882년 벌코프의 나이 8세 때에 그의 가족은 미국 미시간 주 그랜드래피즈(Grand Rapids, MI.) 시(市)로 이민했다. 그는 일생을 그곳에서 보냈다.

- **벌코프**는 청소년 시절 그랜드래피즈에서 조직된 개혁주의청년면려회 제1대 총무로 활약하였고, 19세 되는 9월에 기독교개혁교(C.R.C) 대학(후에 칼빈대학)에 입학했다.

그는 1900년 9월 16일 미시간주 알렌데일(Allendale)의 개혁교단에서 목사 안수를 받았다.

1902-1904년 프린스턴신학교에서 석사과정을 마치고 신학사(B.D.) 학위를 취득했다.

1904년 8월 그랜드래피즈 오크데일 파크 교회(Oakdale Park Ch.) 목사로 부임했다.

- 1906년에는 모교인 그랜드래피즈신학교(Grand Rapids Seminary —후에 Calvin신학교로 개칭)에 교수로 임명되어 1944년 은퇴할 때까지 38년 동안 교수로, 나중 13년은 교장으로 조직신학, 신약개론, 신구약사, 히브리어, 헬라어, 신구약 주해, 기독교 교육, 현대 신학사상, 기독교 교육, 전도, 선교 등 다양한 과목들을 강의하였다.
- **벌코프**는 1944년 은퇴 후에도 계속 저서들을 출판하면서 특강, 특별집회들을 인도하였다. 1920년대에는 세대론적 전천년설, 현대 고등비평, 자유주의를 비평하였다.
- **벌코프**는 네덜란드의 헤르만 바빙크(Herman Bavinck)의 교의신학(1906-1911년), 미국의 프린스턴신학교의 성경신학 교수였던 게할더스 보스(Gerhardus Vos, 1862-1949년)의 영향을 많이 받았다. 그는 주장하기를 신학의 유일한 원천(source)은 성경뿐이요, 인간의 이성, 경험, 또는 교회의 전통 등은 결코 신학의 원천에 부가될 수 없다고 했다. 그의 신학의 순수성과 건전성을 여기서 엿볼 수 있다.
- **벌코프**는 워필드, 핫지, 카이퍼, 바빙크 등의 별세 이후 개혁주의 신학자로서의 그의 명성은 더욱 두드러졌으며 그의 저서들은 여러 나라 언어들로 번역되어 개혁주의 신학 전수에 크게 공헌되고 있다. 그러나 벌코프는 개혁주의 신학의 대신학자이면서도 배교와 불신앙에 대한 전투적 입장을 취하지 않았으며 특히 종말론에 있어서는 무천년설을 주장하였다. 그러므로 우리나라의 보수신학의 대변자 고(故) 박형룡 박사는 그의 조직신학의 분류를 대부분 벌코프의 순서를 따랐으나 신학의 사상적 흐름은 찰스 핫지, 메이첸, 워필드 등의 노선을 밟았다. 그분의 문하생인 저자도 그러하다.

- **저서들**: 『조직신학』(*Systematic Theology*, 1932, 1939), 『기독교 교리 요약사』(*A Summary of Christian Doctrine*, 1938), 『기독교 교리사』(*The History of Christian Doctrines*, 1949), 『성경해석의 원리』(*Principles of Biblical Interpretation*, 1950), 『자유주의의 양상』(1951), 『하나님의 왕국』(*The Kingdom of God*, 1951), 『그리스도의 재림』(*The Second Coming of Christ*, 1953)

18. 에밀 브루너(Emil Brunner, 1889-1966년)

칼 발트, 라인홀드 니버와 더불어 신정통주의의 3大 거두

- **출생**: 스위스의 쥬리히 근처 Winterthur에서 1889년 12월 23일생
- **교육**
  ① 1908년까지 스위스의 쥬리히의 고등학교(the Gymnasium)에서 공부하고
  ② 그후 스위스의 쥬리히대학교, 독일의 베를린대학교, 미국 뉴욕의 유니온신학교(Union Theo.Sem.)에서 공부
  ③ 1913년 스위스의 쥬리히대학교에서 신학박사(Th. D.) 학위 수여 받음
- **사상의 영향**: 실존주의 철학자 쇠렌 키에르케고르(Søren Kierkegaard)의 영향을 받고 또 마르틴 부버(Martin Buber)의 실존주의에 감명을 받은바 있다.

  브루너(Brunner)의 초년에는 칼 바르트(Karl Barth)의 제일의 제자로서 추종(追從)하다가 1934년에는 칼 바르트의 자연계시 반대와 인간의 원죄타락 후 하나님 형상의 보존(保存)을 반대하여 칼 바르트와 결렬되었다. 브루너는 세계교회협의회(WCC) 제1차 총회 네덜란드의 암스텔담(Amsterdam, 1948) 에큐메니칼 총회를 위한 자료들을 준비제공 하였다.
- **목회**: Obstaldem 산악 교구 목사(1916-1924)

- 교수생활
    ① 쥬리히(Zurich)대학교에서 20년간 신학교수 (1924~1953)
    ② 미국 프린스턴신학교에서 교수(1938~1939)
    ③ 일본 동경의 기독교대학교(Christian University)에서 기독교 철학 교수 (1953~1955)
- 저서들:『교의학』(*Dogmatik*) 3권(1946-1960),『신의명령』(*Divine Imperative*, 1932),『반항의 인간』(*Man in Revolt*, 1936),『신과 인의 충동』(*Divine-Human Encounter*, 1937),『자연신학』(*Natural Theology*, 1934),『계시와 이성』(*Revelation and Reason*, 1942),『정의와 사회질서』(*Justice and the Social Order*, 1944),『기독교와 문명』(*Christianty and Civilazation*, 1948, 1949)
- 중요신학사상
    ① 성경의외(聖經意外)에 타(他) 계시가 있다고 신봉
    ② 진리는 성경에서 찾는 것이 아니라 신적상대에서 찾는다(I-Thon Relation)
    ③ 원죄 부인
    ④ 선택설 부인
    ⑤ 시간과 공간의 역사적 사실 부인
    ⑥ 생활면을 강조한 윤리신학
    ⑦ 그의 저서『교의학』(*Dogmatik*)은 페르디난드 에브넘(Ferdinand Ebnerm), 마르틴 부버(Martin Buber)의 영향받아
        Ⓐ 계시의 우선(Priority of Revelation)
        Ⓑ 변증법적 관계(Dialectical Relationship)
        Ⓒ 복음과 율법의 주제 (Gospel-Law Motif)
        Ⓓ 인간과 신과의 관계(Man-Divine Relation) 용어로서 신정통주의 신학의 연대(連帶)를 드러냈다.

19. 쉐드(William Greenough Thayer Shedd, 1820-1894년)

미국 칼빈주의 신학자. 교회사가.

쉐드는 미국 북동부 메사추세츠 청교도 가문의 16대손으로, 버몬트(Vermont)대학교와 앤도버(Andover)신학교를 졸업하였다. 그는 대학 학창시절 철학교수 제임스 마쉬(James Marsh)의 영향을 깊이 받았다. 그러므로 그는 유럽의 낭만주의(Romanticism)에 관심이 컸다.

- 쉐드는 앤도버신학교를 졸업한 후, 버몬트 주 브랜든(Brandon)에 있는 회중교회 목사로 잠시 시무하고 그 후 뉴욕 시 교회에서도 잠시 시무하였다. 그의 목회생활은 다 합하여 4년뿐이다. 그의 생애 대부분은 교수하는 일이었다: 7년간은 버몬트대학에서 영문학을, 2년간은 어번(Auburn)신학교에서 수사학(sacred rhetoric)을, 8년간은 앤도버신학교에서 교회사를 강의하였으며, 1863년부터는 뉴욕에 있는 유니온(Union)신학교에서 28년간 계속 강의하였다. 특히 1874년부터는 헨리 보인튼 스미스(Henry Boynton Smith) 교수의 뒤를 이어 조직신학 교수로 봉직하였다. 그는 구파(Old School) 장로교도로서 웨스트민스터 표준문서의 개정을 반대하였다.

저서들: 『기독교 교리사』(*A History of Christian Doctrine*, 1863), 『교의신학 3권』(*Dogmatic Theology*, 3vol. 1888-1894)

20. 스트롱(Augustus Hopkins Strong, 1836-1921년)

미국 북침례교 대표적 신학자. 신복음주의자.

뉴욕주 로체스터(Rochester) 시에서 부유한 신문사의 아들로 태어났다.
1857년 예일대학 졸업
1859년 로체스터신학교(Rochester Seminary) 졸업

- **스트롱**은 매사추세츠 주 하버힐(Haverhill) 침례교와 오하이오 주 클리브랜드(Cleveland) 침례교에서 잠시 시무한 후 1872년에는 고향 로체스터로 돌아와 모교인 로체스터신학교에서 40년간 교장과 조직신학 교수로 보냈다. 이 기간 동안에 그는 미국 침례교해외선교부 회장(1892-1895년), 북미 침례교 총회장(1905-1910년)을 역임하였다. 그는 1885-1910년까지는 미국 북침례교에서 가장 영향력 있는 신학자들 중의 한 사람이었다. 그의 저서 『조직신학』(*Systematic Theology*)은 1876년에 처음으로 출간된 이래 30회 이상 인쇄되었다. 그러나 그의 가장 창조적 작품은 1899년판 *Christ in Creation and Ethical Monism*이다.
- **스트롱**은 보수주의와 자유주의의 신앙적, 신학적 논쟁이 절정에 이르렀을 때에도 신학적 논쟁을 피하였다. 그러므로 어떤 이들은 그를 자유주의자로 혼동하기도 했다. 따라서 그의 입장은 신복음주의적이다. 그는 유신진화론을 주장하였다.

21. 스펜스(O. T. Spence, 1926. 6. 29.-2000. 7. 17.)

근본주의 신학자. 종교 음악가. 경건주의자.
- 스펜스 박사는 미국 워싱턴 D.C.(Washington, D.C.)에서 경건한 목사의 아들로 태어나 해군으로 군복무를 마치고, 피바디음대, 밥 존스대학교대학원, 임마누엘신학교, 조지워싱턴대학교, 옥스퍼드대학교 등에서 기독교 음악, 신학, 고고학, 원어(히브리어, 헬라어) 등을 전공하였다.
- 스펜스는 펜실베이니아 주, 워싱턴 D.C., 버지니아 주 등에서 12년간 목회하고, 두 개의 신학대학을 설립하고 최근(1999년)까지 구약, 신약, 헬라어, 히브리어, 교회 음악, 변증학, 신학 등을 강의해 왔다.
- 스펜스는 남아메리카, 멕시코, 북아일랜드, 한국, 싱가폴, 필리핀 등에서 강의, 세미나, 설교 등을 계속해 왔으며, 에딘버러, 스코틀랜드,

마닐라, 싱가폴, 미국의 밥존스대학교 등에서 개최된 근본주의세계대회(World Congress for Fundamentals)의 주요 연사로 연설하였다.

- 스펜스는 1975-1976년에는 미국 기독교계의 탁월한 인물상인 Who's Who in Religion상을 받았으며 현재까지 근본주의세계대회 국제위원, 파운데이션학교(Foundation Schools, 초등, 중등, 고등, 대학, 신학대학원)의 창설자, 교장, 파운데이션성경교회 목사, 라디오 방송 설교자로 봉직하면서 한 달에 100회 이상 강의, 설교 등을 강행해 왔다 (Foundation Bible College and Seminary, Dunn, N.C. 28334, U.S.A.). 그는 42권 이상의 저서들을 출간, 저술하였으며, 300곡 이상의 성곡들을 작곡하였다.

- **저서들**: 『기독교 순수성을 위한 탐구』(The Quest for Christian Purity Flutauviel), 『은사주의』(Charismatism), 『하나님, 은혜, 그리고 은사들』(God, Grace, and Gifts), 『헬라어 신약 어휘 해설』(The Lexi-Chord of the Greek N.T.), 『성경적 성별』(Scriptural Separation), 『사탄: 은신처 또는 체계?』(Satan: Sanctuary or System?), 『파운데이션의 청교도관』(The Foundation Pilgrim View), 『모세 5경 주석』(The Pentateuch) 등이 있다.

- 스펜스는 이 책의 저자인 본인의 저서에 추천서를 쓰셨고 한국에 약 15회 방문하여 강의, 설교 등을 통하여 많은 영적 각성을 불러일으켰다. 이 불초가 스펜스 박사님의 강의·설교·집회 등에 통역을 맡아 봉사한 것도 하나님의 크신 섭리라고 생각한다.

22. 어거스틴(Augustine of Hippo, A.D. 354. 11. 13-430. 8.28)

중세 초 라틴교부, 정통신학의 대부(大父), 위대한 저술가.

- 어거스틴은 A.D. 384. 11.13. 북아프리카의 북쪽(오늘날 알제리아) 해안가 한 작은 마을 누미디아의 타가스테(Tagaste of Numidia)에서 이교도의 하급관리인 파트리시우스(Patricius)와 경건한 그리스도인 모니

카(Monica) 사이에서 태어났다. 아버지는 화를 잘 내고, 다른 여자와 간통도 하고, 종종 아내를 구타하기도 하였다. 그러나 모니카는 남편을 위하여 그리고 아들 어거스틴을 위하여 항상 기도하며 선행을 보였다.

- **어거스틴**은 신앙이 독실한 어머니의 신앙적 교육을 받아 어렸을 때 예비신자(Catechuman)가 되었다. 그러나 그의 참회록에서 밝힌 바와 같이 어거스틴은 방탕한 생활, 종교적 철학적 번뇌 등으로 상당한 세월이 흘러서 387년 그의 나이 34세 부활절에야 비로소 밀라도의 감독 성 암브로스(St. Ambrose)로부터 세례를 받았다.

- **어거스틴**은 마다우라(Madaura)에서 초등교육을 받은 후, 부모의 희생적 교육정신으로 373년 17세에 이르러는 칼타고(Carthage)로 가서 수사학 학교에서 공부하였다.

  카르타고는 죄악의 도시로 어거스틴은 여러 해 동안 방황의 생활을 하게 되었다.

  뿐만 아니라 마니교(Manicheism)에 빠져서 9년이란 세월을 보냈다. 마니티즘이란 216년 바벨론에서 태어난 마니(Mani)가 주장한 주의로 빛(선)과 어두움(악)이 공존하여 때로는 선이 이기고, 때로는 악이…이긴다는 영원적 이원론(eternal dualism)의 개념이다. 절대적인 선은 없고 선과 악이 대립한다는 것이다. 마니교에서는 금욕주의를 강조했다.

- **어거스틴**은 그의 어머니와 함께 384년 밀란(Milan)으로 가서 감독 암브로스의 설교의 영향을 많이 받았다. 그리고 회심케 되었다.

  그는 밀란의 한 정원에서 집어 "읽어 보라"는 한 어린아이의 노래 소리를 듣고 로마서 13:13-14절 "낮과 같이 단정히 행하고 방탕과 술 취하지 말며, 음란과 토색하지 말며 쟁투와 시기하지 말고 오직 주 예수 그리스도로 옷 입고 정욕을 위하여 육신의 일을 도모하지 말라"는 말씀을 보고 회개하기에 이르게 되었다.

- **어거스틴**은 어머니가 세상을 떠난 이듬 해 388년 이탈리아를 떠나

히포로 돌아가서 열심히 수도생활을 하고, 히포의 주교(감독)가 되었으며(395)그 이후로 일평생 히포의 교회와 북아프리카의 교회들을 위하여 헌신 봉사하고, 난민들을 돌보아 열병으로 430년 8월28일 세상을 떠나 영원한 안식처로 들어가셨다.
- **어거스틴**은 교부시대 이레니우스, 터틀리안, 암브로스와 같은 초기 서방 신학자들의 신학사상을 계승하였으며, 중세교회와 개신교의 신학의 토대를 놓은 위대한 신학자이었다.

1) 어거스틴의 신학

(1) 신론(God)
- 하나님의 자존성(C G= 하나님의 도성⟨The City of God, XI.5⟩)
  비물질적, 영적(C G.1.6.)
  영원(Trinity: 3위 1체 XIV.25. 21)
- 불변성(C G. XI. 10, VII. 1.)
- 단순성(C G VIII. 6, XII. 1.)
- 전지(C G VII. 30.)
- 전능(C G V, 10.)

(2) 창조론(Creation)
- 창조는 영원적이 아니다(Confessions: 참회록 XI. 13. 15.)
- 무에서 창조(C G, 12.1. Confessions= C. XII. 7. 7.)
- 창세기의 날들(days)은 아마도 장기간(C G XI. 6-8)
- 영혼: 각기 영혼은 출생시 창조된 것이 아니라 부모를 통하여 계승된다(On Immortality of Soul: 영혼의 불멸 33), 영혼의 기원에 대하여 유전설을 취하였다.

(3) 성경(Bible)

- 신적(The Enchiridion = E. 1. 4.)
- 무오하며(C G. XI. 6.)
- 성경만이 최고의 권위(C G. XI. 3.)
- 기독교 교리에 대하여(Christian Doctrine = C D. VII. 6. 8.)
- 원문에는 오류 없고, 사본에 오류(Letters. 82. 3)
- 외경 중 11권은 정경의 일부로 포함. 그 이유는 70인역에 포함되어 있으므로(C D.: On Christian Doctrine), 순교자들의 놀라운 기사들이 포함되어 있으므로(C G. XVII. 42)
- 성경은 신약사도들로 마감됨(C G. XXXIX. 38)

(4) 죄론(Sin)

- 인간의 자유의지에 기인. 자유의지는 악을 행할 능력(ability to do evil, (G. XII. 6.)을 허용
- 죄는 자발적(TR. XIV. 27.), 강제적이 아님
  자아 결정적 행동(Free Will= F W III. 17. 49)
- 2 영혼들에 대하여(On Two Souls=T S X, 12)
- 타락한 인간은 하나님의 은총이 없이는 선을 행할 능력을 상실(E. 106), 그럼에도 불구하고 하나님의 은총을 받아드릴 자유선택의 능력을 보존(L. 215, 4. GFW. 7.), 참된 자유는 죄를 범하는 것이 아니라 선을 행하는 능력이다(C G. XIV. 11.)-구속함을 받은 자들만이 소유(E. 30),

(5) 인간론(Man)

- 사람은 죄 없는 무죄인으로 하나님이 직접 창조(On the Nature of God, 하나님의 성품에 관하여. 3.),
- 모든 인류는 아담으로부터(C G. XII. 21.),
- 아담이 범죄하므로 모든 사람이 죄 가운데 있게 됨(C G. XII. 21),
- 사람은 영혼과 육체로 구성(On the Morals of the Catholic Church = 가

톨릭교회의 도덕성에서. M C C. 4. 6.),
- 하나님의 형상은 영혼에(C D. I. 22. 20.),
  타락은 비록 죄로 말미암아 부패되었지만이 형상을 지우지 못함(S L. 48),(Against the Epistle of Manichaeus)
- 마니교에 반대하여 (XXXIII. 6.),
- 인간생명은 잉태 시부터 시작(Letter= E. 85.),
- 사람의 영혼은 육체보다 높고 더 좋다(CG. XII. 1.),
  영혼은 육체에 영향을, 육체는 영혼에 영향을 줌(interpenetration)
- 모든 사람은(의로운 자, 불의한 자) 육체적 부활이 있을 것(E. 84. 92.),
  의인은 천국에서 영생, 악인은 지옥에서 형벌

(6) 그리스도론(Christ)
- 그리스도는 완전한 사람(On Faith and the Creed= F C; 신앙과 신조에서 IV. 8),
- 죄 없으신 사람(E.24.),
- 그리스도의 인성은 처녀의 몸에 잉태시 부터(F C. IV. 8.),
- 동시에 본체는 영원부터 성부와 동일하심(T. I. 6. 9.),
- 그리스도는 1위(3위의 제2위)(E. 35.),
- 신성과 인성은 구별되며, 도성 인신이 신성이 된 것 아님(T. I. 7.14),

(7) 구원론(Salvation)
- 구원의 근원은 하나님의 영원적 작정에 있음(C G. XI. 21.),
- 불변하시며(C G. XXII. 2.),
- 예정은 사람의 자유선택에 의한 하나님의 전지와 일치(C G. V. 9),
- 선택자와 불택자 모두 예정(double-predestination)(SO IV.16),
- 구원은 오직 죄 없으신 예수 그리스도의 대리적 속죄의 죽음으로만(E. 33.),
- 믿음으로만 받음(E. 31.), 보편적 만인구원론을 반대(E. 99.),

(8) 윤리(Ethics)
- 사랑은 최상의 법(C G. XV. 16)
- 사랑으로 모든 덕을 정의(M C C. XII. 53)
- 하나님은 정당한 전쟁시에는 정당방위로 살인을 허용(C G. XIX. 7.),

2) 저서들
- 『행복한 삶』(*The Happy Life*, A. D. 386)
- 『영혼의 불멸에 대하여』(*On Immorality of the Soul*, 387)
- 『자유의지에 대하여』(*On Free Will* = F W 388-95)
- 『참회록』(*The Confessions* =T C. 397-401)
- 『마니교에 반대하며』(*Against the Manichean*, 398)
- 『3위 1체에 대하여』(*On the Trinity* = T. 400-416)
- 『공로와 면죄에 대하여』(*On the Merits and Remission Sins*=MRS, 415-12),
- 『그리스도의 은총과 원죄에 대하여』(*On the Grace of Christ and On Original Sin*, 418)
- 『은총과 자유의지에 대하여』(*On Grace and Free - Will* = G F W., 426)
- 『성도의 예정에 대하여』(*On Predestination of the Saints*, 428-29)
- 『하나님의 도성』(*The City of God* = C G. 413-26)
- 『재고록』(*Retractions*, 426-27)

  후에는 옆에 2명의 속기사를 두고 자신의 말을 받아 기록하도록 했다. 300이상의 논제들을 저술하였다.
  어거스틴은 신학과 철학 그리고 일반 학문을 같이 연구하는 중세 스콜라 학문과 교회와 신학의 토대를 놓은 위대한 신학자이었다.

23. 오리겐(Origen, A.D. 185-254년경)

- 오리겐은 A.D. 185년경 애굽의 알렉산드리아에서 기독교 가정의 7남매의 맏아들로 태어났다. 당시 알렉산드리아는 철학, 역사, 문학,

상업, 무역, 해상교통, 헬라 문명의 중심지였다.
- 오리겐은 알렉산드리아의 클레멘트(Clement, 약 A.D. 150-215년)으로부터 헬라 철학인 플라톤주의(Platonism)와 성경을 해석하기 위하여 히브리어를 공부하였다.
- 오리겐의 성경해석은 기독교 교리와 헬라 철학 등의 혼합으로 이루어진 상징적, 은유적 해석(Symbolical and Allegorical Interpretation)이다.
- 오리겐은 영혼의 선재, 만인구원설, 기독교 교리와 헬라 철학의 혼합주의 성경해석 등으로 아다나시우스, 제롬, 갑바도기아 신학자들, 안디옥 신학자들에 의하여 철학적, 비(非)성경적, 반(反)역사적, 독자적이라고 정죄를 받았다.
- 오랜 세월 후 3세기가 지나서 제2차 콘스탄티노플공의회(Constantinople Ⅱ, A.D. 553)에서 이단으로 정죄받았다. 오리겐의 은유적 해석은 무천년설자들의 해석의 기본이 되었다.

오리겐은 A.D. 220년에서 230년 사이 알렉산드리아에서

1) 제일 원리에 대하여(On First Principles)
하나님, 그리스도, 성령, 영혼, 천사들, 인간, 물질세계, 자유의지, 구원, 성령 등을 체계적으로 기록한 첫 조직신학이었다.

2) 셀수스에 반대하여(Against Celsus)
셀수스는 이방 철학자로서 영혼의 선재와 만인구원설을 신봉하였다. 셀수스는 기독교인들은 비밀리에 모이고, 로마제국을 지지하지 않고, 예수를 하나님의 아들이라고 가르치고, 덮어놓고 믿기만 하라고 주장하기 때문에 기독교를 반대하였다. 따라서 오리겐은 셀수스의 기독교에 대한 비평에 반박하는 글을 썼다.

3) 헥사플라(Hexapla)
구약 히브리어 성경을 70인역(헬라어로 번역한 구약성경)과 대조하여

글을 썼다. 이 저서는 초대교회 성경연구에 크게 이바지하였다.

- **오리겐**은 알렉산드리아 감독 데메트리우스(Demetrius)의 시기와 적개심 때문에 팔레스타인의 가이사랴로 떠나게 되었으며, 팔레스타인 방문시 가이사랴 감독으로부터 성직 안수를 받았다. 이에 격분한 알렉산드리아 감독은 오리겐은 교회법상 불법안수를 받았다고 공격하였다. 오리겐은 남은 여생을 가이사랴에서 살면서 여행도 많이 하였다.
- **오리겐**은 A.D. 254년 데키우스(Decius) 황제의 핍박으로 심한 상처를 입고 세상을 떠났다.

칼빈은 "하나님 안에 삼위가 계시다(The three persons in God…).

하나님의 본체는 단일하시며, 분할할 수 없다(The essence of God is simple and undivided).

『기독교 강요』(Institutes), Ⅰ. 13;2, "실로 성부, 성자, 성령이라는 말은 실제적인 구별을 의미한다. …이것은 구별이지 분할이 아니다(but a distinction, not a division).

『기독교 강요』(Institutes), Ⅰ. 13;17, "참으로 성경을 통하여 이미 충분히 입증된 한 하나님의 본체는 단일하시며, 분리되지 않는다는 것, 이 본질은 성부, 성자, 성령에 다같이 속한다는 것을 믿는다."

『기독교 강요』(Institutes), Ⅰ. 13;22, "우리는 위격(persons)을 본체에서 분리시키는 것이 아니고 오히려 그 본체 가운데 있는 위격들을 구별하되 그 각자가 본체 안에 그대로 머물러 있다는 사실이다."

24. 제임스 오르(James Orr, 1844-1913년)[2]

스코틀랜드 칼빈주의 신학자, 기독교 변증가

- **오르**(Orr)는 대부분 글라스고대학교(Glasgow University)에서 공부하

---

[2] Sinclair B. Ferguson, *New Dictionary of Theology*, pp. 482-483.

면서 기독교 철학과 신학에 두각을 나타내기 시작하였다. 그는 17년 동안 목회 사역 후에 『하나님과 세계에 대한 그리스도인의 관점』(*The Christian View of God and the World*, 1893)이라는 저서를 출판하였다.

- **오르**는 당시 스코틀랜드연합자유교회(United Free Church of Scotland)의 연합장로교회(United Presbyterian Church)의 지도적 칼빈주의 보수 신학자였다.

오르는 신학적, 신앙적 다방면의 도전에 직면했을 때 역사적 기독교 정통보수 신앙을 지키기 위하여 강의, 설교, 저술 활동에 총력을 기울였다.

- 1897년 알버트 릿출(Albrecht Ritschl)의 자유주의 신학을 비평하여 『릿츨 신학과 복음주의의 신앙』(*The Ritschlian Theology and the Evangelical Faith*)을 저술하였으며, 이 저서에서 릿츨 신학은 정통 기독교에 정면 위반된다는 것을 비평하였으며,

- 1905년 줄리어스 웰하우젠(Julius Wellhausen)의 모세오경 비평에 대하여 『구약의 문제에서』(*In the problem of the O.T.*)를 저술하여 웰하우젠의 모세오경 비평을 반박하였으며,

- 1905년 찰스 다윈(Charles Darwin)의 진화론을 반대하여 『사람 안에 있는 하나님의 형상에서』(*In God's Image in Man*) 사람의 기원에 대한 기독교 교리를 변증하였다.

- 1907년 『예수 그리스도의 처녀 탄생』(*The Virgin Birth of Jesus Christ*)을 저술하여 성령님의 잉태와 처녀 탄생에 대하여 변호하였다.

- 1910년 아돌프 하르낙(Adolf Harnack)의 신(新)신학을 비평하여 『계시와 영감』(*Revelation and Inspiration*)을 저술하여 축자영감(Plenary Inspiration)을 변호하였다.

- 1910-1915년 12권의 『근본주의자들』(*The Fundamentals*)에도 크게 공헌하였다.

오르는 1915년 『국제표준성경백과사전』(*ISBE=The International Standard Bible Encyclopedia*)의 편집인으로 위대한 공적을 남겼다.

25. 요세푸스(Josephus Falvius, A.D. 37-97년)

유대인 군장교, 사학가(역사가).

요세푸스의 생애

- 요세푸스는 A.D. 37년 예루살렘에서 여호야립(Jehoiarib, 대상 24:7)의 계보를 따라 유명한 제사장 맛디나의 아들로 태어났으며 2세기 초에 별세하였다.
- 요세푸스는 일찍이 교육을 많이 받았다. 그는 유대인의 율법과 헬라 문학에 지식이 깊었다. 그는 당시 유대교의 세 주류파들인 사두개파, 바리새파, 에세네파의 가르침에 대하여 연구하였으며, 18세 때에 바리새파에 합류하였다.
- 요세푸스는 A.D. 64년 바리새파의 일부 유대 제사장들의 석방을 탄원하기 위하여 바리새파의 대사로서 로마를 방문하고 로마제국의 권력에 깊은 감명을 받고 예루살렘으로 돌아왔다.
- 유대인들은 로마를 반대하여 폭동(revolt)을 일으켰는데 당시 산헤드린공의회는 요세푸스를 갈릴리지역 군사령관으로 임명하였다. 그는 군을 잘 지휘하였으나 갈릴리요새 요타파타(Jotapata)에서 6주간 치열한 전투 끝에 베스파시안(Vespasian) 로마 장군의 포로가 되어 A.D. 64년 로마에 포로로 끌려갔다.
- 요세푸스는 베스파시안이 장차 황제가 될 것이라고 예언하였고, 베스파시안은 A.D. 69년에 황제가 되었다. 요세푸스는 석방되고 베스파시안이 성(姓)인 홀라비우스(Flavius)를 따라 요세푸스 홀라비우스로 개명하였다.
- 요세푸스는 A.D. 70년 로마의 디도(Titus) 장군이 예루살렘을 침공할 때 통역관으로 입성하였으며 수차례에 걸쳐 유대인들이 항복할 것을 권유하였다.
- 요세푸스는 예루살렘 멸망한 후 다시 로마로 가서 로마 시민권을 취

득하였고, 보상도 받고 죽을 때까지 로마에서 살면서 자유로이 여러 권의 역사서들을 집필하였다.

요세푸스는 동족 유대인들에게 반역자라는 씻을 수 없는 죄를 씻으려고 노력도 많이 하였다.

요세푸스의 저서들

- 『유대전쟁사』(*The Jewish War*, A.D. 77-78년, 7권)

이 책은 유대인의 전쟁사(The history of Jewish War)로서 B.C. 168년 안디오커스 에피파네스의 침공 때부터 A.D. 66년 로마제국이 침공하여 예루살렘성 멸망 후까지의 역사적 개요이다.

- 『유대고대사』(*The Jewish Antiquites*, A.D. 93년, 20권)

이 책은 유대인의 역사를 처음부터 A.D. 66년까지 기술하였다.

- 『아비온 반박』(*Against Apion*, Book 1.2.2권)

이 책은 알렉산드리아의 교사 아비온의 반(反)유대(Anti-Semitic)에 대한 글을 반박하고 유대인과 율법을 변호하였다.

- 『자서전』(*Life*)

이 책은 요세푸스가 갈릴리 지역 군사령관으로서 당시의 활동들을 기술한 자서전이다.

이 저서들은 1세기 예루살렘 성전, 당시 유대교 종파들, 창조로부터 마사다와 그곳에서 일어난 대량학살 등 당시 정치·종교·인물·역사·문화 등 여러 배경을 기술한 것들로 역사적 연구에 최고의 가치가 있다. 이 저서들은 구약과 신약 사이 중간사와 신약사를 연구하는 데 절대 필요한 문헌들이다.

26. 워필드(Benjamin Breckenridge Warfield, 1851-1921년)

미국의 칼빈주의 신학자. 기독교 변증학자.

워필드는 미국 켄터키 주 렉싱톤(Lexington) 근교에서 태어났으며, 뉴저지대학(New Jersey College-후에 프린스턴대학교로 개칭)을 최우등생으로 졸업하고(1871년), 프린스턴신학교에서 찰스 핫지의 문하생으로 졸업(1876년)하였다. 곧이어 유럽을 여행하며 라이프치히대학교에서 공부하고(1876-1877년) 귀국하여, 발티모어(Baltimore) 제일장로교회에서 시무(1877-1878년)하고, 1878년부터는 펜실베이니아 주 알레게이니(Allegheny, 피츠버그 근교)에 있는 서부신학교(Western Seminary)에서 강사로 신약 헬라어와 문학을 가르치기 시작하였고, 그 다음 해인 1879년에는 정교수로 승진하였다.

- 1887년 A. A. 핫지(A. A. Hodge)가 세상을 떠난 후 워필드는 프린스턴신학교의 초청을 받고 세상 떠날 때까지 변증학 교수로서 6,000명 이상의 학생들에게 수준 높은 칼빈주의 정통신학을 교수하였다.
- 워필드는 20년 이상(1890-1903년) 프린스턴신학교 기관지인 *The Princeton Review*의 편집인으로 재직하면서 10권 이상 분량의 논문들을 정기간행물, 신문, 잡지, 사전 등에 기고하였다. 그는 물밀듯 밀어닥치는 자유주의자들의 신신학에 대항하여 경건하게 살면서 개혁주의 신학을 변호하였다.
- 워필드는 기독교의 정통교리들에 의심(doubt)을 품거나 부인(denial)하거나 재해석(reinterpretation)하는 종교적 자유주의자들의 불신앙을 폭로, 책망하였다.

  워필드는 모든 지식은 주관적, 상대적이므로 결코 객관성이 없다고 주장하는 주관주의(Subjectivism)를 반대하고 하나님과 성경의 절대성을 변증하였다.

- 워필드는 성경의 영감과 무오성을 변호하였다. **브릭스**(A. A. Briggs)와 스미스(Henry P. Smith) 같은 자유주의자들을 반대하여 성경의 영감, 무오, 원죄, 예정, 제한적 속죄 등 기독교의 핵심 교리들을 변호하였다. **브릭스**는 뉴욕의 유니온(Union)신학교 구약학(히브리어) 교수로서 성경의 영감과 무오를 부인하여 당시 북장로교 총회는 그를 목사직에서 파면하였으나(1893년) 신학교에서는 그를 계속 교수하게

했다. 스미스는 뉴욕의 유니온신학교 교수로서(1913-1925년) 성경의 무오성과 모세 5경의 저작권을 부인하면서 동료 교수 브릭스를 변호함으로써(1891년) 당시 북장로교 신시내티노회(Cincinnati Presbytery)에서는 그를 목사직에서 파면하고(1892년), 1894년 총회에서는 그를 유죄 판결하였다.

- **워필드**는 기독교의 독특성을 파괴하는 불신앙과 회의주의(Skepticism)를 반대하고 엄격한 칼빈주의 신학의 입장에서 성경적 세계관을 변증적 방법으로 변호하였다. 그는 어거스틴의 신앙고백을 신앙 양심의 모델(model)로, 칼빈을 정통 보수 신학자로 존경하고, 웨스트민스터 신앙고백서를 전폭 신봉하였다.
- **워필드**는 독일의 자유주의 신학자 슐라이어막허(F. Schleiermacher, 1768-1834년)의 경험론을 반대하고 하나님의 계시를 변호하였다.
- **워필드**는 영국의 진화론자 다윈(C. Darwin, 1809-1882년)의 진화론을 반대하고 성경의 창조론을 변증하였다.
- **워필드**는 독일의 튀빙겐 학파(Tübingen School)의 자유주의 불신앙을 공격하고 성경의 진리를 옹호하였다. 독일의 튀빙겐 학파 바우어(F. C. Baur, 1792-1860년)는 바울의 사도직과 바울의 에베소서, 빌립보서, 골로새서, 데살로니가전·후서, 디모데전·후서, 디도서, 빌레몬서 등의 저자임을 부인하였다. 바우어의 제자인 스트라우스(D. F. Strauss, 1808-1874년)는 하나님의 존재, 예수 그리스도의 이적을 부인하였다.
- **워필드**는 독일의 교회사가인 하르낙(Adolf Harnack, 1851-1930년)의 기독교와 세상 문화의 동화를 반대하여 기독교의 순수성을 옹호하였다.
- **워필드**는 부셋(Wilhelm Bousset)의 『종교란 무엇인가?』(*What is Religion?*, 1907)에서 주장한 비교 종교학을 반대하고, 기독교와 다른 종교들을 동일시할 수 없으며, 기독교는 인간의 상상물이 아니라고 변증하였다. 그는 웰하우젠(Julius Wellhausen, 1844-1918년, 독일 성경비평 신학자)이 성경의 영감과 모세오경의 저작권을 부인하는 것을 반

대하였다.

- **워필드**는 매킨토쉬(William Mackintosh)의 이적 부인, 제베르크(Reinhold Seeberg)의 성경의 권위 부인, 바이스(Johannes Weiss, 1863-1914년)의 양식비평(Form Criticism)을 비판하였다.

저서들: 『계시와 영감』(*Revelation and Inspiration*, 1927), 『칼빈과 칼빈주의』(*Calvin and Calvinism*, 1931), 『완전론주의』(*Perfectionism*, 1931-1932), 『성경의 영감과 권위』(*The Inspiration and Authority of the Bible*, 1948)

27. 스테펜 차녹(Stephen Charnock, A.D. 1628-1680년)[3]

영국 청교도 신학자, 저술가, 설교자

영국 임마누엘대학(Immanuel College), 캠브리지대학(Cambrige College)을 졸업하고 옥스퍼드대학교(Oxford University)에 진학하였다.

1654년에는 크롬웰(Cromwell, Oliver)이 주도하는 새 대학의 사감(proctor)으로, 크롬웰 사후에는 런던으로 돌아가 학문 연구에 몰두하며 가끔 설교도 하였다.

1675년 이후로는 왓슨(Watson, Thomas) 목사와 함께 런던장로교회의 동사 목사로 시무하였다.

1680년 차녹의 사후 그의 추종자들 중 아담스(Adamas)와 빌(Veal)은 차녹의 글들을 몇 권의 저서들을 편찬하였다.

『신적 섭리에 대한 설교』(*A Discourse on Divine Providence*), 『십자가에 못 박힌 그리스도에 대한 설교』(*A Discourse on Christ crucified*), 『하나님의 존재와 속성들에 관한 설교』(*A Discourse upon the Existence and Attributes of God*, 1682년) 등이다.

---

[3] J. D. Douglas, *Who's who in Christian History* (Wheaton: Tyndale, 1992), p. 155.

28. 카이퍼(Abraham Kuyper, A.D. 1837-1920년)

네덜란드 개혁주의 신학자, 정치인, 교수, 교육가, 저술가, 언론인.

- 카이퍼는 1837년 네덜란드의 마아스루이스(Maassluis)에서 개혁교의 목사 아들로 태어났다.
- 1855-1862 레이덴(Leiden) 대학교에 입학하여 1862년 신학박사 학위를 받았다. 대학교에 입학하여는 자유주의 신학과 그 당시 자유주의 신학자들의 견해들을 받아들였다. 그러나 그가 비스드(Beesd)에서 처음 목회하기 시작한 때로부터는 경건한 목회자들의 영향을 받아 네덜란드의 전통적인 칼빈주의 신앙과 신학으로 돌아서기 시작하였으며, 그후로 쥬리히, 암스텔담, 그리고 타지역에서도 성공적인 목회를 하게 되었다.
- 1870년대부터는 정치에 깊이 관계하기 시작하였고, 1874년 카이퍼는 새로 창당한 반(反)혁명당(Anti-Revolutionary Party)의 대표로 의회에 진출하였다. 정치활동의 시작이다. 이 정당은 네덜란드에서 처음 정당이었다.
- 1875-1925년까지 카이퍼는 국가와 교회에 새로운 칼빈주의 운동을 펴나갔다.
- 1886년에는 1618년 시작된 네덜란드개혁교회(Dutch Reformed Church-State Church, 국가교회)에서 나와서 네덜란드개혁교회(Reformed Churches in Netherlands)를 창립하고, 캄펜신학교(Kampen)를 교단 신학교로 하고, 1902년 자신과 밀접한 관계에 있는 헤르만 바빙크(H. Bavinck)를 조직신학 교수로 청빙하였다.

카이퍼는 두 신문사를 창간 운영하였다.
- 일간지 *De Standaard* - 정치사회
  주간지 *De Heraut*(*The Herald*) - 교회
- 1900년 반(反)혁명당에 출마하여 1901년부터 1905년까지 4년간 수상직을 수행했으며, 1908년 다시 네덜란드 의회에 진출하여 별세 전

까지 정치활동을 계속하였다. 카이퍼는 전체독재주의의 위험성을 바로 인식한 자유민주주의 찬동자이었다.
- **카이퍼**는 신학·철학·정치학 그리고 사회의 현안들에 대하여 신문지상에 많은 글들을 게재하였으며, 다수의 대회 연설과 설교를 하였으며, 1898년 신학백과사전, 1899년 칼빈주의, 1900년 성령의 역사 등을 편집·저술하였다.
- 카이퍼는 네덜란드에서 미국으로 이민 온 북미의 개혁교회(C.R.C. = Christian Reformed Church)를 성장·발전시키는 일에 크게 공헌하였다. 그러나 지금 미국의 개혁교회는 깊이 타락되었다.

29. 존 칼빈(John Calvin, 1509-1564년)

종교개혁자. 위대한 정통 신학자. 정치가.

존 칼빈은 프랑스 파리에서 동북쪽으로 약 58마일 떨어진 피카디 성 노욘(Noyon, Picady)에서 1509년 7월 10일 5남매 중 둘째로 태어났다. 당시 노욘은 북유럽의 로마 천주교의 중심지였다. 칼빈의 아버지 제랄드 칼빈(Gerard Calvin)은 조직적이고 독립성이 강한 사람으로 감독의 비서 및 법률가였고, 어머니 제니 칼빈(Jeanne Calvin)은 신앙심이 깊은 경건한, 존경받는 부인이었다.
- **칼빈**은 한 번 본 것은 잊지 않고, 한 번 배운 것은 거의 기억하는 천재적 재질과 종교적 경건심을 지닌 것은 선천적으로 받은 은사에 근거한 자신의 헌신이었다. 그가 어렸을 때에는 그 성(城)의 귀족인 맘모르 가정의 아이들과 함께 교육을 받았다.
- 1521년 5월 19일, 그의 나이 12세 때 칼빈은 벌써 일종의 장학생으로 노욘의 사제직을 위한 수업을 받을 수 있는 자격을 얻었다.

1523년 8월, 그의 나이 14세 때에 그의 아버지는 칼빈을 장차 성직자가 되게 할 목적으로 파리에 있는 드라·마르쥬 고등학교에 입학시켰다. 같은 해에 몬테규(Montaigu)고등학교로 전학시켰다. 그는 이 학교에서 개혁주의의 선구자인 레 페레스의 영향을 많이 받았다. 또, 개혁주의 사상가 콜듀라는 교수는 칼빈을 진심으로 지도하였다. 그곳에서 칼빈은 개혁운동을 일생 같이한 파렐(William Farel)을 만났다.

- 그러므로 칼빈은 후에 데살로니가전서 주석을 스승 콜듀에게 드리는 것으로 했다. 그는 그의 글에서 "제가 선생님의 문하에서 배우게 된 것은 후에 하나님의 교회에 매우 유효하게 봉사하기 위한 가장 훌륭한 준비였습니다"라고 했다.
- **칼빈**은 1527년 말, 또는 1528년 초에 몬테규고교를 졸업하고, 1528년 2월 그의 나이 19세 때 그의 아버지는 칼빈에게 법학을 공부하게 했다. 그리하여 올리안스(Orleans)대학에 입학하였고, 그 다음 해(1529년)는 불제(Bourges)대학으로 전학하였다. 이 학교에서는 헬라어 교수이며, 복음주의자 오르만 교수에게 지도를 받아 고전문학과 성경 연구에 진력하였다. 그 결과, 건강이 쇠약해졌다. 그는 교수가 결강시에는 대신 강의하는 위치에 있었다. 칼빈은 위의 두 대학에서 많은 것을 배웠다. 칼빈이 루터보다 조직적이고, 체계적이고, 신학적으로 개혁을 할 수 있었던 것이 이해가 간다.
- **칼빈**은 1531년 5월 26일(22세 때) 그의 아버지가 별세한 후, 문학을 공부하기 위하여 파리대학에 입학하였고, 그 다음 해인 1532년 4월에는 『세네카(Seneca)의 관용론 주석』(*Commentary on Seneca's De Clementia*)을 출판하여 그의 학적 재질을 인정받았다.
- 후에 **칼빈**은 "나의 아버지는 내가 법률 공부하는 것이 점차 부유하게 한다는 것을 알았다. …그리하여 법률을 배우기 위하여 철학 연구에서 물러서게 한 것이다. 나는 아버지의 뜻을 순종하기 위하여 나 스스로를 굽혀 법률 연구에 충성했다. 그러나 당시 하나님은 신비한 섭리에 의하여 나의 방향을 다른 길로 전환시켰다. 내가 아직 교황의 교훈과 미신에 고착되어 깊은 흙구덩이에서 헤매어 나오지 못할 때 하나님은 급격한 회심으로 나의 연령에 비해서 완고한 나의 마음을 교도하기에 족하도록 만드셨다"라고 고백하였다.

- 이처럼 하나님은 칼빈을 라틴어, 헬라어, 히브리어, 문학, 법학, 신학 등을 광범위하게 공부할 수 있도록 인도하셨다. 아버지는 칼빈이 법률가가 되기를 소원했고, 칼빈 자신은 문학가가 되기를 소원하였으나 하나님은 그를 이런저런 과정을 통하여 위대한 종교개혁가로, 정통 신학자로 만드셨다.
- **칼빈**은 1534년 4월 최초로 신학 서적을 펴냈다. 당시 죽은 영혼은 부활시까지 잠잔다는 재세례파의 혼수설을 반박하는 영혼 혼수설을 발표하였다.
- **칼빈**은 1534년 5월 4일, 노욘으로 돌아가 로마 천주교와 결별하고, 그 해 가을에 파리로 가서 10월 17일 미사는 그리스도의 속죄 사역을 부인하는 것이요, 교황은 적그리스도라고 주장하였다.
- **칼빈**은 1535년 1월, 스위스의 바젤(Basel)로 갔다. 거기서 경건한 호구라인 부인 댁에 유숙하게 되었고, 거기서 『기독교 강요』(*Institutes of the Christian Religion*)을 1536년 3월, 그의 나이 27세 때 라틴어로 출판하였다. 그는 하룻밤 사이에 유명해졌다. 로마 천주교에서는 칼빈의 『기독교 강요』를 "이단자의 코란"이라고까지 불렀다.
- 그 후 **칼빈**은 1536년 7월 하순경 프랑스로 돌아가는 길에 알프스 산 동쪽 끝에 위치한 스위스의 제네바를 통과차 1박 하려다 거기서 이미 개혁운동을 하던 대학 동창 파렐(William Farel)을 만났고, 그의 강한 권유로 그곳에 머무르게 되었다.
- **파렐**은 칼빈에게 말하기를 "그대가 만일 하나님의 일보다 고요한 생활로 독서나 즐기는 일을 한다면 하나님은 반드시 그대를 저주하리라"고 했다. 그러므로 **칼빈**은 후에 그의 시편 주석 서문에서 파렐이 자신에게 한 말을 기록했다. 칼빈은 또 "만일 내가 선택의 자유가 있었다면 나는 결코 제네바에 가지 않았을 것이다. 그러나 나는 나 자신의 주인이 아니라고 생각하고 있기에 나는 나의 마음을 오로지 하나님께 제물로 바친다"고 했다.
- **칼빈**의 『기독교 강요』는 개혁주의 신학의 탄생을 가져왔고 기독교

역사의 방향을 달리한 몇 권의 책들 중 하나이다. 그의 신구약 주석(전권)은 시대를 초월하여 성경해석의 시금석이 되었다.

- **첫 번째 제네바 사역**(1536-1538년): 칼빈은 1536년 10월부터 제네바 대학교에서 교수로 바울 서신을 강의하기 시작하였다. 1537년 1월 16일에는 60명으로 구성된 의회를 조직하고 "제네바 교회와 예배의 조직에 관한 칙령"을 제정하였는데 이것이 교회의 헌법이 되었다. 회중이 시편을 찬송으로 부르고, 성만찬을 1개월에 한 번씩 거행하고, 교회의 순수성을 보존하기 위하여 권징 치리, 장로 면직을 시행하였다. 그때 많은 사람들이 칼빈을 반대하였다.

제네바 시의회에서 추방 명령: 1538년 4월 13일 제네바 시의회에서는 칼빈, 파렐, 콜라우드(Calvin, Farel, Coraud)에게 3일 이내에 제네바를 떠나라는 추방령을 내렸다. 그러므로 칼빈은 바젤로 피신하고, 파렐은 뉴샤텔(Neuchatel)로 가서 목회하고, 콜라우드는 곧 세상을 떠났다.

칼빈은 1538년 8월부터 3년간 독일 남서쪽 스트라스부르크(Strassburg)에서, 프랑스에서 피난 온 사람들을 위하여 목회하면서 동시에 신학교수로 신학생들에게 교수하였다. 이 기간에 로마서 주석을 저술하고(1539년), 목회 상담, 권징, 성찬식(1개월에 한 번씩), 회중 찬송, 심방, 예배 순서(기원, 신앙고백, 선언, 찬송, 기도, 감사, 설교, 사도신경 암송, 축도 등) 등을 시행하였다.

1540년 9월에는 재세례파에서 개종한 과부 이델레뜨 드 뷔러(Idelette de Bure)와 결혼하여 8년간 행복한 생활을 했다. 그러나 아내는 1549년 세상을 떠났다.

한편 칼빈을 추방한 후의 제네바는 더욱 타락하므로 제네바 시의회는 1540년 9월 20일 칼빈을 다시 초청하기로 제의하고 같은 해 10월 19-20일에는 200명의 시의원들이 인준하였다. 그리하여 스트라스부르크에서 목회와 신학교수 저술 활동을 잘하던 칼빈은 국가와 교회를 개혁할 의지로 1541년 9월 13일 제네바로 다시 돌아가게 되었다. 사실상 칼빈 자신은 제네바를 "이 세상에서 제일 무서운 곳"이라고 하면서 제네바에 흥미가 없었다.

- **두 번째 제네바 사역**(1541-1564년): 칼빈은 국가와 교회를 개혁하기 위한 의지를 가지고 돌아왔다; 우상 숭배, 도박, 연극, 하나님의 성호 모독, 종교 방해 등을 엄격히 규제하고, 예배시 조용할 것, 정직, 결혼, 사유 재산 보호 등을 골자로 시(市) 법 개정안을 시의회에 제출하고 시의회는 그것을 승인하였다. 칼빈은 제네바 시민들이 교회의 도덕 규범을 지키도록 하는 데 노력하였다.

  1541년 11월 20일, 일반 총회에서
  목사들은 설교, 성례, 목사 후보생 시험, 치리(장로와 함께),
  교사들은 말씀으로 교훈, 신학, 문학 강의,
  장로들은 교회의 교리와 헌법을 감독하고, 교회를 다스림,
  집사들은 헌금 관리, 구제, 성찬시와 세례 거행시 보조, 병자 문안, 장례식 등을 돕도록 가결하였다.

- **투쟁기간**(1541-1555년): 14년간 논쟁과 풍랑이 심하였다. 정치계에서 반발하고, 신학계에서 생활의 엄격한 규제를 반대하고, 제네바 귀족들이 반대하고 사람들은 개인의 자유와 육신의 쾌락을 원하였다.
  1553년에는 칼빈과 삼위일체 교리를 반대하는 미가엘 설베터스(Michael Servetus)를 체포하여 화형에 처하였다. 그들은 이단을 용납하지 않았다.

- **승리의 기간**(1555-1564년): 칼빈의 제네바 생활은 더욱 보람되었다. 칼빈은 제네바 시를 유럽에서의 하나님의 도성으로 만들려고 힘썼다. 회심케 하거나 또는 처형하고, 영적 자유를 보장하며, 장로들을 시의회에 진출시키고, 종교 자유 피난민 5,017명을 1549년부터 1559년까지 제네바 시에 거주토록 하고, 그들 중 다수는 시민권을 획득케 하고, 1558년에는 그들을 공무원으로 채용케 했다.

- 1559년 3월 5일에는 제네바에 신학교(Academy of Geneva)를 162명의 학생들과 함께 개교하였다. 그때 베자(Beza)는 헬라어 학자로 강의하였다. 1565년에는 1,600명의 학생들이 유럽 중서부, 특히 프랑스에서 몰려들었다. 존 낙스(John Knox)는 말하기를, "사도시대 이후 이 지상(地上)에서 가장 완전한 기독교 학교이다"라고 격찬하였다. 이 학교에서 수많은 사람들이 칼빈의 교육을 받고 유럽 대륙과 영국 등지로 가서 종교개혁을 했다.
- **칼빈**은 하나님의 절대주권과 이중 예정(선택과 유기)을 믿었다.
- **칼빈**은 교회가 국가로부터 어떠한 제재도 받지 않아야 한다고 주장하였다.
- **칼빈**은 로마 천주교의 7세례를 반대하고 세례와 성찬만을 성례로 간주하였다.

칼빈은 1564년 5월 27일, 하나님의 부르심을 받아 소천하였다.

30. A. A. 핫지(Archibald Alexander Hodge, 1823-1886년)

찰스 핫지의 맏아들, 신학자, 프린스턴신학교 조직신학 교수.

1841년 뉴저지대학(New Jersey College → Princeton University의 전신) 졸업.

1846년 프린스턴신학교(Princeton Theological Seminary) 졸업.

1847년 목사 안수

    장로교 선교사 - 온 가족과 함께 인도의 알라하바드(Allahabad)에서 3년 → 건강 때문에 귀국.

1851-1862년 메릴랜드 주(M.D.), 버지니아 주(VA.), 펜실베니아 주(PA.)에서 장로교 목사로 시무.

1864년 웨스턴신학교(Western Seminary, Allegheny, Pa.) 조직신학 교수

1877년 프린스턴신학교 교수

1878년 C. 핫지(부친) 소천 후 조직신학, 주경신학, 교무부장

저서들: 『찰스 핫지의 생애』(*The Gift of Charles Hodge*, 1880), 『신학개론』 (*Outlines of Theology*, 1860, 1879).

A. A. 핫지는 교회와 국가(Church and State)의 분리를, 칼빈주의의 재부활을 주장한 보수 신학자로 그의 종말론은 후천년설 입장이었다.

31. 찰스 핫지(Charles Hodge, 1797-1878년)

개혁주의 신학자. 옛 프린스턴신학교 조직신학 교수.

- 찰스 핫지는 미국 펜실베이니아 주 필라델피아(Philadelphia)에서 태어났다. 그는 뉴저지대학(New Jersey College-후에 프린스턴대학교로 개칭)에서 공부하였으며(1815년) 그곳에서 부흥사경회 기간 동안에 회심하게 되었다. 1819년에는 프린스턴신학교(Princeton Seminary)를 졸업하였다.
- 찰스 핫지는 프린스턴신학교가 설립된 지 10년 후 그리고 자신이 졸업한 지 3년 후 1822년부터 1826년까지 성경 문학을 강의한 후 현대신학 사조의 부족한 지식을 더 얻기 위하여 독일로 유학을 갔다. 그는 독일에 2년 유학하는 동안(1826-1828년) 할레(Halle)에 있는 독일의 경건주의(Pietism, 독일 루터파의 일부), 칸트(Immanuel Kant) 이후의 철학, 슐라이어마허(Fredrich Schleiermacher)의 사색적, 경험적 신학, 그리고 동유럽 나라들의 부흥에 대하여 관찰하고 귀국하여 1878년 세상 떠날 때 가까이까지 프린스턴에서 지식적으로, 도덕적으로 정통신학과 경건생활을 강조하며 교수하였다.
- 핫지의 지도하에 「프린스턴지」(*Princeton Review*)를 발행하기 시작하였는데 이 학교 기관지는 구파(Old School)의 칼빈주의를 변호하고 보수 신앙을 수호하는 일에 크게 공헌하였다. 좀더 구체적으로 말하면 그는 독일에서 시작된 성경비평(biblical criticism)에 도전하여 성경의 축자영감(verbal and plenary inspiration)을 주장하였으며, 인간의

전적 부패와 무능을 부인하고 인간의 능력으로 구원 얻을 수 있다고 주장하면서 알미니안주의(Arminianism)를 회복시키려는 회중교회의 신학자 테일러(Nathaniel William Taylor)의 New Heaven Theology(일명 신천 신학)에 도전하여 범죄한 이후의 사람은 영적으로는 전적으로 부패되고 무능하므로 인간의 자력(自力)으로는 구원이 불가능하고 오로지 예수 그리스도의 대리적 속죄의 공로를 믿음으로만 구원을 받을 수 있다는 이신득구(Salvation by Faith in Jesus Christ)의 교리를 변호할 뿐만 아니라, 당시 유명한 부흥사 찰스 피니(Charles Finney)의 주장, 즉 사람 자신이 회개할 능력이 있으며, 회심으로 사회를 개혁하고, 하나님의 지상왕국을 건설할 수 있다는 알미니안주의적 인본주의를 반대하고 칼빈주의 신학을 변호하였다. 그는 장로교 교단 내에 흐르는 두 신학사조들 중에서 보수주의 신앙을 가진 구파(Old School)를 전적으로 지지하였다.

- **저서들**: 『로마서 주석』(1835) - 1880년 19판, 『생명의 길』(1841 - 미국 주일학교를 위한 평신도 신학), 『에베소서 주석』(1856), 『고린도전서』(1857), 『고린도후서』(1859), 『조직신학 3권』(1871 - 1873), 『다윈주의(Darwinism)는 무엇인가?』(1873), 『교회정치 논의』(1878)

특히 그의 저서들 중 3권으로 된 『조직신학』은 그가 1860년대 초부터 20년 이상 강의한 노트들(notes)을 집대성한 대작이다.

- 19세기 유럽과 미국 대륙의 프로테스탄트(개신교)의 칼빈주의적 정통신학의 주류(main stream)는 프린스턴신학교였으며, 프린스턴신학교하면 찰스 핫지(Charles Hodge) 박사였다. 그는 존 칼빈 이후로 네덜란드의 바빙크, 미국의 워필드, 댑니, 메이첸 등과 더불어 가장 위대한 보수 신학자들 중의 제일인이었다. 그가 당대와 후세에 미치는 신앙적, 신학적 영향이란 매우 지대하다. 그는 3,000명 이상을 목회자로 배출한 위대한 보수 신학자였다. 그러기에 1872년 그의 신학교 교

수직 50주년 기념일에는 그를 존경하여 상점들도 문을 닫았다(David F. Wells, *Reformed Theology in America*, pp.39-64, Mark A. Noll, *The Princeton Theology*, pp.107-185, Daniel G. Reid, *Dictionary of Christianity in America*, pp.537-538, J. D. Douglas, *Who's who in Christian History*, p.323).

32. 안토니 후크마(Anthony A. Hoekema, 1913-1988년)

미국 개혁주의 신학자. 조직신학 교수(벌코프 후임으로 칼빈신학교에서).
1913년 네덜란드에서 출생하여 1923년 부모님을 따라 미국으로 이민했다.

학력: 칼빈대학교(B.A.), 칼빈신학교(Th.B.), 미시간대학교(M.A.), 프린스턴신학교(Ph.D., 1953), 논문(헤르만 바빙크의 언약의 교리).
그는 1955-1978년까지 23년간 칼빈신학교 조직신학 교수로, 은퇴 후에도 계속 저술 활동을 했다.

저서들: 『4대 이단들』(*The Four Major Cults*), 『방언이란 무엇인가?』(*What about the Tongues-Movement?*), 『성령세례』(*Baptism of the Holy Spirit*), 『조직신학 3권』(*Systematic Theology*, 3volumes)이 있다.
Created in God's Image, Eerdmans, 1986.
Saved by Grace, Eerdmans, 1984.
The Bible and the Future, Eerdmans, 1994.

참고문헌 The Bibliography

Bible

성경전서(개역 한글판).

Kehlenberger, Jonh R. Interlinear O. T.

Brenton, S. L. The Septuagint: Greek and English.

Spiros Zodhiates. Hebrew-Greek Study Bible.

Alford, Henry. The Greek Testament. 4 vols.

Marshall, Alfred. Greek New Testament.

_____. Parallel N.T. in Greek.

Nestle-Aland. Greek-English New Testament.

New King James Version.

New American Standard Bible.

New International Version.

New Revised Standard Version(미국 자유주의 교회들의 연합단체인 미국교회협의회〈NCCC〉의 판권소유)

The Catholic Answer Bible.

히브리어·헬라어 사전(Hebrew—Greek Lexicons)

Abbott-Smith, A Manual Greek Lexicon of the N. T.

Amstrong, Readers Hebrew-English Lexicons of the Old Testament. 4 vols.

Brooks, James A. Syntax of New Testament Greek. University Press. 1979.

Brown-Driver-Briggs, Hebrew-English Lexicon of the Old Testament.

Bauer-Arndt-Gingrich, Greek-English Lexicon.

Bullinger, Critical Lexicon and Concordance to English and Greek New Testament.

Davidson, Benjamin, The Analytical Hebrew and Chaldee Lexicon.

Kubo, Readers Greek-English Lexicon of the New Testament.

Liddell & Scott, A Greek-English Lexicon. 9th ed.
Moulton, Analytical Greek Lexicon Revised.
Pershbacher, The New Analytical Greek Lexicon.
Thayer, J. H. Greek-English Lexicon of the N. T.
Tregles, S. P. Gesenius Hebrew and Chaldee Lexicon.

성경 색인(Bible Concordance)

Edwin Hatch and Herry A. Redpath. A Concordance to the Septuagint and the Other Greek Versions of the Old Testament.
Eliezer Katz. (ed.). Topical Concordance of the O. T.
Kohlenberger, John and Edward Goodrick. The NIV Exhaustive Concord-ance. Zondervan, 1990.
Metzger, Bruce M. (ed.). The NRSV Exhaustive Concordance (unabrid-ged). Nelson. 1991. pp 1696.
Moulton & Geden. A Concordance to the Greek N. T. 5th edit.
Smiths J. B. Greek-English Concordance to the N. T.
Strong, James. The New Strongs Exhaustive Concordance. Nelson. 1990
Thomas, Robert L. (Gen. Ed.). NAS Exhaustive Concordance. Holman. 1981.
Young, Robert. Youngs Analytical Concordance(revised). Nelson. 1982.
Whitaker, Richard E. RSV Analytical Concordance. Eerdmans. 1988.
Winter, Ralph. Word Study New Testament and Concordance. 2 volumes, Tyndale, 1978.
Wigram, New Englishmans Greek Concordance.

성경 사전(Bible Dictionaries)

Harrison, E. F. (ed.). Bakers Dictionary of Theology. Grand Rapids: Baker. 1960.
Brown Colin (ed.). New International Dictionary of New Testament Theology. 4 volumes. Zondervan. 1986.
Buttrick, G. Interpreters Dictionary of the Bible. 5 volumes Abingdon, 1962.
Butler, Trent C.(Gen. Ed.). Holman Bible Dictionary. Holman. 1991.
Cross F. L. and Livingston, E. A. Oxford Dictionary of the Christian Church. 2nd Edition.
Douglas, J. D.(ed.). New Bible. Tyndale. 1984.

Elwell, Walter(ed.). Evangelical Dictionary of Theology. Baker. 1984.

Freedman, David Noel (ed.). Anchor Bible Dictionary. 6 vol.

Ferguson, Sinclair B. David Wright and Packer, J. I. New Dictionary of Theology. Inter Varsity. 1988.

Gehman, Henry. The New Westminster Dictionary of the Bible. Westminster. 1970.

Gentz, William H.(ed.). The Dictionary of Bible and Religion. Abingdon. 1986.

Kittel, Gerhard (edited by G. W. Bromiley) Theological Dictionary of the New Testament. 6 vol.

Hastings, James. Hastings Dictionary of the Bible. 5 volumes. Hendrickson. 1898.

Harrison, R. K. editor, New Ungers Bible Dictionary.

Hendricken, Wm. 1 & 2 Timothy & Titus.

Huey, F. B. JR. and Corley, Bruce. A Students Dictionary for Biblical Studies. Zondervan Publishing House. 1983.

Kelly, J.N.D. The Oxford Dictionary of Popes.

Lockyer, Hebert(ed.). Nelsons Illustrated Bible Dictionary. Nelson. 1986.

Reid, Daniel G. Dictionary of Christianity in America.

Richardson, Alan. Westminster Dictionary of Christian Theology. Westminster. 1983.

Shepherd, M. H. The Interpreters Dictionary of the Bible.

Vine, W. E. An expository Dictionary of the Old and New Testament Words.

Websters New World Dictionary.

WCC, Dictionary of The Ecumenical Movement, Geneva, WCC. 2002.

Zodhiates, Spiros. The Complete Word Study Dictionary New Testament.

성경 어휘 연구(Biblical Word Studies)

Harris, R. Laird. Theological Wordbook of the O. T. vol. 2. Moody Press. 1988.

Earle, Ralph. Word Meanings in the N. T. Baker, 1988.

Richardson, Alan. A Theological Wordbook of the Bible. Macmillan. 1950.

Robertson, A. T. A New Short Grammar of the Greek Testament.

_____. A Grammar of the Greek N. T. in the Light of Historical Research.

Vincent, Martin R. Word Studies in the N. T. Eerdmans, 1975.

Vines Expository Dictionary of the Biblical Words. Nelson, 1977.

Wuests Word Studies in the Greek New Testament, 3 volumes.

Zodgiates, Spiros. Complete Word Study New Testament with Parallel Greek Text.

성경 백과사전(Bible Encyclopedia)

Watter A. Elwell, The Baker Encyclopedia of the Bible.

Warfield, Benjamin B. International Standard Bible Encyclopedia.

Bromiley, Geoffirey W.(ed.). The International Standard Bible Encyclo-pedia. Eerdmans. 1988.

Douglas, J. D. Encyclopedia of Religious Knowledge. Baker, 1991.

Orr, James. The International Standard Bible Encyclopedia. 4 volumes. Eerdmans. 1943.

Tenncy, Merrill(ed.). Zondervan Pictorial Bible Encyclopedia. 5 volumes. Zondervan. 1976.

신학 서적(Theological Books)

고 박형룡 박사님의 『교의신학 전집』. 한국기독교교육연구원. 1978.

조영엽, 『신론』(개정5판), CLC, 2012.

_____. 『기독론』(개정5판), CLC, 2012.

_____. 『구원론』(개정3판), CLC, 2012.

_____. 『교회론』(개정증보5판), CLC, 2012.

_____. 『성령론』, CLC, 2013.

_____. 『종말-내세론』(개정증보판), CLC, 2013.

_____. 『인죄론』(개정증보3판), CLC, 2014.

Bancroft, Emery H. Christian Theology. Zondervan. 1949.

_____. Elemental Theology. Zondervan. 1977.

C. K. Banet, The Gospel according to John.

Barclay, William. New Testament Wordbook.

Barnes Notes on the New Testament.

Bailey, Kenneth E. Cultural Studies in I Corinthians, IVP. 2011.

Barinck, Herman. Reformed Dogmatics, Baker Academic, Grand Rapids,

 Vol. I. Prolegomena, 2009.

 Vol. II. God and Creation, 2009.

 Vol. III. Sin and Salvation in Christ, 2009.

 Vol. IV. Holy Sprit, Church, and New Creation, 2008.

Baxter, J. Sidlow, A New Call to Holiness.

Beasley - Murray, Jesus and The Last Days, Hendrickson, 1993.

Belgic Confession.

Berkhof, Louis. Systematic Theology. Eerdmans. 1939.

_____. History of Christian Doctrine. Baker. 1937.

_____. Summary of Christian Doctrine, Eerdmans, 1983.

Berkouwer, Gerrit Cornerlis. Studies in Dogmatics. Eerdmans. 1952-76. 14 vols.

_____. The Conflict with Rome.

Blake, Everett C. Biblical Site in Turkey. Redhouse, Istambul. 1990.

Boettner, Loraine. Studies in Theology, Presbyterian & Reformed. 1947.

_____. Immortality.

Brown, William Adams. Christian Theology in Outline. New York: Charles Scribners Sons. 1907.

Bruce, F. F. The Time is Fulfilled. Eerdmans. 1978.

Burtner, Robert W. and Robert E. Chiles. John Wesleys Theology: A Collection from His Works. Abingdon. 1954.

Buswell, James Oliver. A Systematic theology of the Christian Religion. Zondervan. 1978.

Calvin, John. Institutes of the Christian Religion. 2 volumes edited by John T. Mcneill. Westminster. 1960.

Calvins Commentaries.

Cambron, Mark G. Bible Doctrines: Beliefs that Matter. Zondervan. 1977.

Canon of Dort.

Catechism of the Catholic Church. Vatican. 1997.

Chafer, Lewis Sperry. Systematic Theology. 8 vols. Dallas: Dallas Seminary Press. 1948.

_____. Major Bible Themes, Zondervan. 1974.

Clouse, Robert G. edited, The Meaning Millenium 4 views. IVP. 1973.

_____. The Rapture. Academie Book. 1984.

Cohen, Arthur A. and Marvin Harlverson. A Handbook of Christian Theology. Abingdon. 1958.

Coleman. Ancient Christianity Exemplified.

Cox, William E. Amillennialism Today. P & R. 1966.

Dabney, Charles. Lectures in Systematic Theology. Zondervan. 1972.

Dabney, Robert Lewis. Systematic Theology. Banner of Truth. 1878.

Douglas, J. D. Whos Who in Christian History. Tyndale. 1992.

Dowley, Tim. The History of Christianity. A Lion Book, Sydney. 1990.

Eerdmans Handbook to Christianity in America.

Erickson, Millard J. Christian Theology. Baker. 1985.

Evans, Williams. The Great Doctrines of the Bible. Moody Press. 1974.

_____. The Great Doctrines of Faith. Moody Press. 1974.

Finney, Charles. Finneys Systematic Theology. Bethany. 1976.

Fitzwater, P. B. Christian Theology. Eerdmans. 1948.

Geisler, Norman, Systematic Theology, Bethany House, Mineapolis,

    Vol. I. Bible, 2002.

    Vol. II. God. Creation, 2003.

    Vol. III. Sin. Salvation, 2004.

    Vol. IV. Church. Last Things, 2005.

George, Timothy. Theology of the Reformers. Broadman. 1988.

George, Twigg-Porter, What About Those Councils?, Gueenship Pub.

Gower, Ralph. The New Manners and Customers of Bible Times. Moody Press. 1993.

Gulston, Charles. Jerusalem. Zondervan. 1978.

Hagin, Word of Faith.

Heidelberg Confession.

Henry, Carl F. H. ed. Basic Christian Doctrines. Baker. 1979.

Hodge, Archibald Alexander. Outlines of Theology, Eerdmans. 1957.

Hodge, Charles. Systematic Theology, 3 volumes. Eerdmans. 1872.

Hoekema. Anthony. A. Reformed Dogmatics. Reformed Free Publishing Association. 1966.

_____. Created in God's Image, Eerdmans, 1994,

_____. Saved by Grace. Eerdmans. 1984.

_____. The Bible and the Future, Eerdmans, 1994.

Horton, Michael, Pilgrim Theology, Zondervan, 2011.

Jacquet, Constant H. Jr. NCCC in USA yearbook. 2002.

Kelly, J. N. D. The Oxford Dictionary of Popes. Oxford University Press. 1987.

Ladd, George. A Theology of the New Testament, Eerdmans. 1974.

_____. The Gospel of the Kingdom, Eerdmans. 1987.

_____. The Last Things. Eerdmans, 1982.

Lamsa, George M. Idioms in the Bible Explained. Harper & Row. 1985.

_____. The Bible and The Future.

Lenski, R. C. H. New Testament Commentaries. 12 vol. Augsburg. 1961.

Lohse, Bernhard. A Short History of Christian Doctrine, Fortress, 1978.

Luthers Works.

McKim, Donald(ed.). Major Themes in the Reformed Tradition. Eerdmans. 1992.

McRay, John. Paul His Life and Teaching, Baker, Grand Rapids, 2004.

Miley, John. Systematic Theology. 2 volumes. Hendrickson. 1893.

Morris, Leon. The Gospel according to John.

Mueller, J. T. Christian Dogmatics. Concordia. 1934.

Murray, John. Collected Writings of John Murray. vol. 2. Edinburgh: Theology. Abingdon. 1992.

_____. Redemption.

_____. The Epistle to the Romans.

Pache, Ren . The Return of Jesus Christ. Moody Press. 1975.

Pink, Arthur W. The Antichrist. Kregel Pub. Co. 1988.

Pannenberg, Wolfhart. Systematic Theology. Volume 1. Eerdmans. 1991.

Pool, Matthew. Commentaries 3 vols. Hendrickson, 2000.

Reymond, Robert L. A New Systematic Theology, Nelson. 1983.

Ridderbos, Herman. Paul An Outline of His Theology. Trans. John R. De Witt. Eerdmans. 1975(orig pub. 1966).

_____. The Coming of the Kingdom. Kampen, Trans. 1987.

Robertson, A. T. A Grammar of the Greek New Testament in Light of Historical Research.

Robinson, William. The Biblical Doctrine of the Church.

Rohls, Jan. Reformed Confessions. English translation, John Knox Press. 1998.

Ryrie, Charles Caldwell. Biblical Theology of the New Testament. Moody Press. 1959.

_____. Survey of Bible Doctrine. Moody. 1972.

_____. Basic Theology. Victor Book. 1987.

Spence O. Tallmage, The Quest for Christian Purity. Old Paths Tract Society. 1988.

_____. Satan: Sanctuary or System. Foundations. 1989.

_____. Pentecostalism: Purity or Peril?

Shedd, William. Dogmatic Theology. 3 vols. 1888-94. Zondervan.

Steele, David H. Five Points of Calvinism. Presbyterian & Reformed. 1963.
Stott, John R. Galatians.
_____. The Cross of Christ.
Strong, Augustus Hopkins. Systematic Theology. Judson Press. 1979.
Thiessen, Henry. Lectures in Systematic Theology. Eerdmans. 1989.
Torrance, T. F. The Israel of God.
Trench, R. C. Synonyms of the New Testament.
Towns, Elmer L. What The Faith is All About. Tyndale House. 1983.
Van Til, Cornelius. Christianity and Barthianism. Presbyterian & Reformed. 1962.
_____. Defense of the Faith. Presbyterian & Reformed, 1967.
Wall, Robert W. Revelation, NIBC, Hendrickson. 1991.
Walvoord, John F. The Millennial Kingdom. Zondervan. 1989.
_____. The Church in Prophecy. 1990.
Wanamaker, Charles A. The Epistles to The Thessalonians, Eerdmans, 1998.
Warfield, Benjamin. Biblical & Theological Studies. Presbyterian & Reformed. 1968.
Westminster Confession of Faith.
Wiley, H. Orton. Christian Theology. 3 volumes. Beacon Hill.
Williams, Rodman. Renewal Theology. volume 2. Zondervan. 1990.
Williamson, G. L. Westminster Confession of Faith: A Study Guide. Presbyterian & Reformed. 1964.
_____. Shorter Catechism: A Study Manual 2 vols. Presbyterian & Reformed. 1970.
Wise, Robert. The Fall of Jerusalem. Nelson. 1994.
Wood, Leon. A Survey of Israels History. Zondervan. 1979.
Zuck, Roy B. A Biblical Theology of the N. T. Moody. 1993.

찾아보기 Index

■ 성구색인(Scripture Verses)

창세기 1:25-28 / 118
　　　　1:26-27 / 92, 119
　　　　1:27 / 98
　　　　1:28 / 109, 292
　　　　1:29 / 129
　　　　2:1 / 39
　　　　2:7 / 48, 118, 122, 239
　　　　2:19-20 / 35, 128
　　　　2:16-17 / 137
　　　　2:18 / 123
　　　　3:6 / 150
　　　　3:7 / 150
　　　　3:7-13 / 152
　　　　3:11-12 / 151
　　　　3:15 / 160
　　　　3:17-18 / 160
　　　　3:19 / 155, 237
　　　　3:23-24 / 156
　　　　9:3 / 129
출애굽기 20:1-7 / 214
시편 8:4-8 / 109
전도서 12:7 / 48

예레미야 17:9 / 193
마태복음 1:1 / 27, 29
　　　　1:1-17 / 28
　　　　5:37 / 208
　　　　6:25 / 48
　　　　9:14 / 192
　　　　10:28 / 48
　　　　12:30 / 208
　　　　13:15 / 192, 234
　　　　15:18-20 / 194
　　　　27:50 / 57
마가복음 3:28-30 / 220
누가복음 3:23 / 33
　　　　3:23-38 / 31-32
　　　　8:55 / 53, 56, 72
고린도전서 1:21 / 189
　　　　2:14-4:4 / 67
　　　　8:7 / 192
　　　　10:4 / 246
　　　　14:14 / 69
　　　　15:42-44 / 243
고린도후서 3:14 / 187
　　　　4:4 / 84, 112, 188
　　　　5:6 / 49

5:19 / 171
5:21 / 172
갈라디아서 5:19-21 / 194
로마서 1:27 / 293
5:1 / 176
5:12 / 166, 181, 229
5:19 / 174
에베소서 2:1-3 / 154
4:18 / 188, 193
4:24 / 103
빌립보서 1:21-24 / 49
1:23-24 / 49
골로새서 1:15 / 112
데살로니가전서 5:23 / 62
디모데전서 4:2 / 191
6:5 / 187
디모데후서 3:8 / 187
디도서 1:15 / 186, 191
히브리서 2:7 / 127
4:12 / 65
6:4-6 / 223
10:26-29 / 225
야고보서 2:26 / 50
베드로전서 2:24 / 172

■ 원어색인(히, 헬)

게위야 / 232
그라파이 / 176
그라페 / 176
기노스코 / 202

네베라 / 232
네페쉬 / 54, 55, 56
노모스 / 202, 204
누스 / 69, 83, 107, 186
니스마트 / 121
다나토스 / 170
데라페이안 / 144
데무트 / 94
델레마 / 87, 193
독사조 / 130
디아노이아 / 83, 188
디아데케 / 134
디아프데이로 / 187
디카이오오 / 176
디코토메오 / 47
라다 / 109
로기조마이 / 164, 176
메리스모스 / 66
바샤르 / 232
바이노 / 203
베리트 / 133-134
삵스 / 52, 232, 242
소마 / 48, 51, 232, 242
쉬네이데시스 / 85
쉰데케 / 134
스코토오 / 188
아그노에마 / 202
아노미아 / 204, 206
아다마 / 120
아디키아 / 203
아쿠오 / 201

아파르 / 120
아팔 / 161
아포카라도키아 / 161
에안 / 70
에이셀코마이 / 166
에이콘 / 93, 95, 112, 113
첼렘 / 93
카이논 / 103
칼디아 / 190
케팔레 / 247
코스모스 / 166
템노 / 47, 60
트리카 / 60
파라노미아 / 202
파라데이소스 / 129
파라바시스 / 203
파라코에 / 201
파랍토마 / 169, 204
파퀴노 / 192
포네라 / 192
프뉴마 / 53, 56
프로네마 / 83, 189
프로니모스 / 145
프쉬케 / 48, 54
하말타노 / 167, 200, 226
하말티아 / 168, 200, 207
하샤브 / 164
호모이오시스 / 94
휘오스 / 30, 256

■ 인명(Names)

그린 / 33
델리취 / 62, 65, 66
댑니 / 317
디센 / 319
라드 / 96
라이리 / 87
마틴 루터 / 281
매튜 헨리 / 147
머레이 / 71, 96, 335
메이첸 / 336
바빙크 / 340, 341, 345
박형룡 / 309
반틸 / 341
밴크로프트 / 87
버즈웰 / 343
벌코프 / 344, 345
빈센트 / 53, 114
쉐이퍼 / 98
스탈린 / 200
스트롱 / 348
어거스틴 / 325, 350
얼 랄프 / 320
엘리코트 / 63, 113
어서 / 24
오리겐 / 76, 355
웨스트코트 / 66
이레니우스 / 61, 352
저크 / 86
제임스 오르 / 357

조하리 / 35
찰스 파인버그 / 96
찰스 핫지 / 361, 371
칼빈 / 341, 365
크리머 / 200, 204
테일러 / 113, 193, 372
플라톤 / 46, 76
필로 / 76
헤인즈 / 135
호크마 / 95, 111, 151
A. A. 핫지 / 222, 361, 370

■중요단어(Important Words)

구속 언약 / 132
권면 / 321
단일체 / 58, 121
동성애 / 257, 261, 268, 274, 291
마음 / 84
모양 / 94
몸 / 231
물질적 요소 / 45, 50
벨기에 신앙고백서 / 93
부활체 / 239
불멸 / 106, 128
사형제도 / 297
삼(3)분설 / 60
양심 / 85
영생 / 138
영적 죽음 / 140, 153
영혼 선재설 / 76

영혼 유전설 / 78
영혼 창조설 / 81
유전죄 / 211
육에 속한 사람 / 68
육체적 죽음 / 140, 154
원소들 / 120, 161
원인 / 91
원죄 / 209
웨스트민스터 신앙고백서 / 318, 327, 330, 336, 362
은혜 언약 / 251
의지 / 87, 88
이(2)분설 / 46
인간의 자유 / 88
인죄론 / 21
자범죄 / 213
전가 / 163
전가설 / 180
전적 무능 / 195
전적 부패 / 184
정신 / 83
정죄 / 168
족보 / 27, 29, 31
죽음 / 140
진화론 / 37, 38
70인역 / 95, 232, 357
행위 언약 / 131, 132
형상 / 91, 93
훼방죄 / 220
흙 / 120, 122

Personal History Statement(영문이력서)

Name	Rev. Youngyup Cho, Ph. D.

EDUCATION(Schools attended and graduated)

1. Dai Kwang Middle and High School in Seoul
   (6 years: March, 1953 to February, 14, 1958)

2. Presbyterian General Assembly Theological College/Chong Shin University
   (2 years: March, 1958 to December, 1959)

3. Adjutant General School of R.O.K Army, Administration Department
   (300 hours: January, 1962 to May, 1962)

4. Dan Kook University, English Department
   B.A. Degree (2 years: March 1964 to December. 26. 1966)

5. Presbyterian General Assembly Theological Seminary/Chong Shin University
   M.Div. Degree (3 years: March 1960 to December 4. 1964)

6. Graduate School of the General Assembly Theological Seminary/Chong Shin University Th.M. Degree (2 years: March 1965 to December 14. 1967)

7. Faith Theological Seminary
   D.Min. Degree (February 1980 to May 19. 1981)

8. Grace Graduate School
   Ph.D. (March 1974 to June 13. 1982)

---

1. Passed examination for study abroad of the Ministry of Education in Korea in 1966.

2. Passed licensed Evangelist Examination of the General Assembly of the Presbyterian Church of Korea in June, 1967.

3. Passed Minister's Examination of GyungGi Presbytery of the Presbyterian Church of Korea in November, 1968.

4. Received ordination from Soo Do Presbytery of the Presbyterian Church of Korea(Hap Dong) on October 12, 1972. (See: The Record of Soo Do Presbytery, Vol. II, 1972).

MILITARY SERVICE(3 years)

1. Nonsan Korea Army Training Center(KATC) 27th Regiment
   (Military service number: 10961569)

2. Completed from Adj. General School of R.O.K Army (at Young-Chun, Gyungbuk) (January, 1962 to May, 1962)

3. Served as a Sergeant in Adjutant General Office of R.O.K Army HQ (Samgakji Yongsan in Seoul) (May, 1962 to June, 1962)

4. Served as a Sergeant in Army Chaplain HQ Office
   (June, 1962 to December, 1964)

VOCATION

1. Evangelist of Sam-Yang Presbyterian Church in Seoul (July, 1960 to December, 1961)

2. Evangelist of Uijeongbu First Presbyterian Church in Uijeongbu (January, 1965 to July, 1967)

3. Chaplain for prisoners of Uijeongbu National Prison (January, 1965 to July, 1967)

4. Licensed Evangelist of Pyung-Ahn Presbyterian Church in Seoul (October, 1968 to August, 1969)

5. Interpreter and Assistant for Dr. Dwight R. Malsbary, ICCC and IBPFM in Korea Office (5 years: July, 1967 to August, 1972)

6. Assistant Pastor of Itaewon Presbyterian Church in Seoul (September, 1971 to December, 1972)

7. Lecturer to the following seminaries (5 years: March, 1968 to December, 1972)
    1. Covenant Theological Seminary
    2. Korea Presbyterian Seminary
    3. Bible Presbyterian Seminary
    4. Jesus Methodist Seminary
    5. Maranatha Seminary
    6. Covenant Bible Institute

8. Pastor of Korean Church in Akron, Ohio (USA) (1975 to 1976)

9. Appointed as a missionary under the Independent Board for Presbyterian Foreign Missions founded by Dr. J. G. Machen 1933. 6. 27. December 20, 1984 - July 8, 1988.

10. President, Presbyterian General Assembly Theological Seminary(Hap Dong Bo Soo) (September, 1989)
11. Professor, R.O.K Army, Academy of military spiritual power - Mid 1980's
12. Preacher: Far East Broadcasting Radio, Asia Broadcasting Radio and CBS Radio for several years
13. Professor: Covenant Graduate School of Theology (March, 2000 - August. 29. 2011)
14. Professor, Hope Academy in East Soo Won (March, 2008 – present)
15. Professor, Presbyterian General Assembly Theological Seminary(Bible Conservative) (March, 2011 - present)
16. Chairman, Association of Bible Conservative Reformed Churches & Organizations (July, 2012 - present)
17. The Christian Council of Korea - A special member of the Theology Committee (July, 2012 – present)

I, the undersigned, hereby certify that the above statements are correct, complete, and true to the best of my knowledge and belief.

Rev. **Joseph Youngyup Cho**

정결케 하소서

나의 마음을 만져 주시고,
나의 눈물을 닦아 주소서.

나의 상처를 싸매 주시고,
나의 아픔을 치유해 주소서.

나의 쓴뿌리를 도려 내시고,
나의 더러움을 씻어 주소서

나의 매인것을 풀어 주시고,
나의 연약함을 도와 주소서.

말씀의 물로 날 씻으시고,
성령의 불로 날 태우소서.

나의 영.혼.육을 정결케 하사,
깨끗한 세마포를 입혀 주소서.

◈ 이는 주께서 심판하는 영과 소멸하는 영으로 시온의 딸들의 더러움을
  씻기시며 예루살렘의 피를 그 중에서 청결하게 하실 때가 됨이라(사 4:4).

    － 시인 Eun Ye Cheung(정은예)
                Seattle, U.S.A.

고통의 터널

고통의 터널과 사망의 골짜기에서,
깨지고 부서지는 불시험속에서,
조롱받고 짓밟히는 고난속에서,
나는 무엇을 배워야 했을까?

생명의 말씀을 배우기 위해
천둥은 그렇게 울어야 했고,
사랑과 용서를 배우기 위해
흰눈이 땅을 덮어야 했으며,
순종의 도리를 배우기 위해
폭풍은 그렇게 불어야 했나.

쓰라린 고통과 신음속에서,
쓰라린 상처와 아픔속에서,
불같은 시련과 고난속에서,
주님의 율례를 배웠나이다!

◈ 고난당한 것이 내게 유익이라 이로 인하여 내가 주의 율례를 배우게 되었나이다(시 119:71).

- 시인 Eun Ye Cheung(정은예)
Seattle, U.S.A.

나는 향기를 날리리라

동풍이 불어도
서풍이 불어도
나는 향기를 날리리라.

남풍이 불어도
북풍이 불어도
나는 향기를 날리리라.

파도가 날 때려도
천둥이 날 밟아도
나는 향기를 날리리라.

태양이 날 태워도
어둠이 날 덮어도
나는 향기를 날리리라.

폭풍이 불어도
눈보라가 쳐도
나는 향기를 날리리라.

나를 지으시고,
만물을 지으신 이가
내 안에서 향기를 뿜어내시리라.

◆ 북풍아 일어나라 남풍아 오라 나의 동산에 불어서 향기를 날리라 나의 사랑하
  는 자가 그 동산에 들어가서 그 아름다운 실과 먹기를 원하노라(아 4:16).

- 시인 Eun Ye Cheung(정은예)
Seattle, U.S.A.

인죄론 The Doctrine of Man and Sin

2014년 2월 14일 초판 발행

저　자 | 조영엽

편　집 | 박상민, 박예은
디자인 | 박희경, 박슬기
펴낸곳 | 사)기독교문서선교회
등　록 | 제16-25호(1980. 1. 18)
주　소 | 서울시 서초구 방배로 68
전　화 | 02) 586-8761~3(본사)　031) 942-8761(영업부)
팩　스 | 02) 523-0131(본사)　031) 942-8763(영업부)
홈페이지 | www.clcbook.com
이메일 | clckor@gmail.com
온라인 | 기업은행 073-000308-04-020, 국민은행 043-01-0379-646
　　　　　예금주: 사)기독교문서선교회

ISBN 978-89-341-1349-2 (94230)
　　　 978-89-341-1140-5 (세트)

* 낙장·파본은 교환해 드립니다.

이 도서의 국립중앙도서관 출판시 도서목록(CIP)은
서지정보유통지원시스템 홈페이지(http://seoji.nl.go.kr)와
국가자료공동목록시스템(http://www.nl.go.kr/kolisnet)에서
이용하실 수 있습니다.
(CIP제어번호: CIP2014000431)

조영엽 박사 저서

"A Critique of the World Council of Churches"
(박사학위 논문), 1982. 5. 15. 339면

1. 신론(개정5판), 기독교문서선교회, 2012. 5. 416면
2. 기독론(개정5판), 기독교문서선교회, 2012. 3. 648면
3. 구원론(개정3판), 기독교문서선교회, 2012. 10. 392면
4. 교회론(개정증보4판), 기독교문서선교회, 2012. 9. 808면
5. 성령론, 기독교문서선교회, 2013. 6. 384면
6. 종말-내세론(개정증보판), 기독교문서선교회, 2013. 10. 5. 400면
7. 인죄론, 기독교문서선교회, 2014. 2. 14. 392면
8. 사도신경 변호, 큰샘출판사, 2004. 5. 648면
9. 가톨릭교회교리서 비평, 기독교문서선교회, 2010. 3. 304면
10. W.C.C.의 정체(개정3판), 도서출판 언약, 2013. 4. 480면
11. 사도 바울의 생애와 선교, 기독교문서선교회, 2011. 3. 416면
12. 디모데전·후서 주석, 성광문화사, 2005. 5. 720면
13. 열린예배와 현대복음송(개정3판), 기독신보사, 2007. 3. 216면
14. 찬송가 對 현대복음송(개정3판), 기독신보사, 2007. 3. 304면
15. 목적이 이끄는 삶(PDL)-교회를 타락시키는 베스트셀러, 성광문화사 제 2판, 2008. 5. 368면
16. 해방신학 분석 평가 및 비판, 국군정신전력학교, 1988. 10
17. 민중신학 분석 평가 및 비판, 국군정신전력학교, 1988. 10
18. 사도신경변호, 중화인민공화국 양회, 2008. 11
19. 신론·인죄론, 중화인민공화국 양회, 2008. 11